# BIBLIOTHÈQUE
# LATINE-FRANÇAISE

PUBLIÉE

PAR

C. L. F. PANCKOUCKE.

PARIS. — IMPRIMERIE DE C. L. F. PANCKOUCKE,
Rue des Poitevins, n. 14.

# LE SATYRICON

DE

# T. PÉTRONE

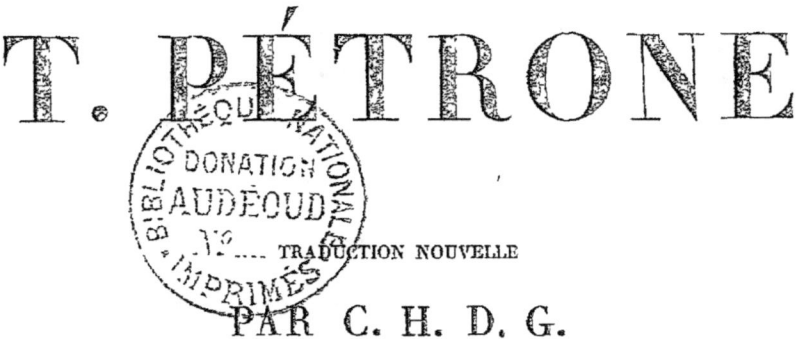

TRADUCTION NOUVELLE

PAR C. H. D. G.

AVEC LES IMITATIONS EN VERS,
ET LES RECHERCHES SCEPTIQUES SUR LE SATYRICON
ET SUR SON AUTEUR

DE J. N. M. DE GUERLE.

TOME SECOND.

PARIS
C. L. F. PANCKOUCKE
MEMBRE DE L'ORDRE ROYAL DE LA LÉGION D'HONNEUR
ÉDITEUR, RUE DES POITEVINS, N° 14

M DCCC XXXV.

# PÉTRONE.

# T. PETRONII ARBITRI

EQUITIS ROMANI

# SATYRICON.

### CAPUT LXXIX.

Neque fax ulla in præsidio erat, quæ iter aperiret errantibus, nec silentium noctis jam mediæ promittebat occurrentium lumen. Accedebat huc ebrietas, et imprudentia locorum, etiam interdiu obscura. Itaque quum hora pæne tota, per omnes scrupos, gastrorumque eminentium fragmenta, traxissemus cruentos pedes, tandem expliciti acumine Gitonis sumus. Prudens enim pridie, quum luce etiam clara timeret errorem, omnes pilas columnasque notaverat creta, quæ lineamenta evicerunt spississimam noctem, et notabili candore ostenderunt errantibus viam. Quamvis non minus sudoris habuimus, etiam postquam ad stabulum pervenimus. Anus enim ipsa, inter diversitores diutius ingurgitata, ne ignem quidem admotum sensisset : et forsitan pernoctassemus in limine, ni tabellarius Trimalchionis intervenisset,

# LE SATYRICON
# DE T. PÉTRONE

CHEVALIER ROMAIN.

## CHAPITRE LXXIX.

N'ayant pas de flambeaux pour nous guider, nous errions à l'aventure. Il était minuit, et le silence qui régnait partout ne nous laissait aucun espoir de rencontrer quelqu'un qui nous procurât de la lumière. Pour surcroît de malheur, nous étions ivres, et nous ignorions les chemins qui, en cet endroit, sont difficiles à trouver, même en plein jour. Aussi ne fut-ce qu'après avoir marché pendant près d'une heure, à travers les gravois et les cailloux qui nous mirent les pieds en sang, que l'adresse de Giton nous tira enfin de ce mauvais pas. En effet, la veille, en plein midi, craignant de s'égarer, il avait eu la sage précaution de marquer, chemin faisant, tous les piliers et toutes les colonnes avec de la craie dont la blancheur, victorieuse des plus épaisses ténèbres, nous indiqua la route que nous cherchions. Arrivés au logis, nouvel embarras ! Notre vieille hôtesse, qui avait passé la nuit à boire avec des voyageurs, dormait si profondément, qu'on aurait pu la brûler vive sans la réveiller. Nous courions donc grand risque de coucher à la porte,

decem vehiculis dives. Non diu ergo tumultuatus, stabuli januam effregit, et nos per eamdem fenestram admisit. [ Cubiculum ingressus, cum fratre lectum petii; et opipare epulatus, ardensque tentigine, me totum voluptatibus ingurgitavi. ]

Qualis nox fuit illa, di, deæque!
Quam mollis torus! hæsimus calentes,
Et transfudimus hinc et hinc labellis
Errantes animas. Valete, curæ
Mortales! ego sic perire cœpi.

Sine causa gratulor mihi. Nam quum, solutus mero, amisissem ebrias manus, Ascyltos, omnis injuriæ inventor, subduxit mihi nocte puerum, et in lectum transtulit suum; volutatusque liberius cum fratre, non suo, sive non sentiente injuriam, sive dissimulante, indormivit alienis amplexibus, oblitus juris humani. Itaque ego experrectus, pertreclavi gaudio despoliatum torum; si qua est amantibus fides, ego dubitavi, an utrumque trajicerem gladio, somnumque morti jungerem. Tutius demum secutus consilium, Gitona quidem verberibus excitavi; Ascylton autem truci intuens vultu: — Quoniam,

si le hasard n'eût conduit en ce lieu un des messagers de
Trimalchion. Cet homme, riche pour son état (il possédait dix chariots), se lassa bientôt d'appeler en vain, et,
brisant la porte de l'auberge, il nous fit entrer avec lui
par la brèche. Je ne fus pas plus tôt dans ma chambre,
que je me mis au lit avec mon cher Giton. Le repas
succulent que je venais de faire avait allumé dans mes
veines un feu dévorant que je ne pus éteindre qu'en me
plongeant dans un océan de voluptés :

> Dieu d'amour, quelle nuit! quels transports ravissans!
> Rien ne pouvait calmer la fièvre de nos sens;
> Nos lèvres s'unissaient dans des baisers de flamme,
>     Et, pour jouir, nous ne formions qu'une âme.
> Ah! que ne puis-je encore, au gré de mon désir,
>     Dans les bras de ce que j'aime,
>     Goûter ce bonheur suprême,
>     Et mourir à l'instant même,
>     Mais y mourir de plaisir!

J'avais tort, cependant, de me féliciter de mon sort; car,
profitant du sommeil léthargique où le vin m'avait plongé,
Ascylte, toujours fertile en inventions pour me nuire,
enleva Giton d'entre mes bras engourdis par l'ivresse, et
le porta dans son lit. Là, foulant aux pieds tous les droits
humains, il usurpa sans scrupule des plaisirs qui n'étaient
dûs qu'à moi, et s'endormit sur le sein de Giton, qui ne
sentit pas, ou peut-être feignit de ne pas sentir l'injure
qu'Ascylte me faisait. A mon réveil, je cherchai vainement
dans ma couche solitaire l'objet de mon amour : pour
me venger des deux parjures, je fus tenté de leur passer
mon épée au travers du corps, et de les envoyer du sommeil à la mort; mais enfin, prenant le plus sage parti,
je réveillai Giton par quelques soufflets : puis, jetant

inquam, fidem scelere violasti, et communem amicitiam; res tuas ocius tolle, et alium locum, quem polluas, quære. — Non repugnavit ille, sed postquam optima fide partiti manubias sumus, — Age, inquit, nunc et puerum dividamus.

## CAPUT LXXX.

Jocari putabam discedentem : at ille gladium parricidali manu strinxit, et, — Non frueris, inquit, hac præda, super quam solus incumbis. Partem meam, necesse est, vel hoc gladio, contentus abscindam. — Idem ego ex altera parte feci, et, intorto circa brachium pallio, composui ad prœliandum gradum. Inter hanc miserorum dementiam infelicissimus puer tangebat utriusque genua cum fletu, petebatque suppliciter, ne Thebanum par humilis taberna spectaret, neve sanguine mutuo pollueremus familiaritatis carissimæ sacra. — Quod si utique, proclamabat, facinore opus est, nudo, ecce ! jugulum, convertite huc manus; imprimite mucrones ! Ego mori debeo, qui amicitiæ sacramentum delevi ! — Inhibuimus ferrum post has preces : et prior Ascyltos, — Ego, inquit, finem discordiæ imponam. Puer ipse, quem vult, sequatur, ut sit illi saltem in eligendo fratre salva libertas. — Ego vetustissimam consuetúdinem putabam, in sanguinis pignus transiisse, nihil timui,

sur Ascylte un regard farouche : — Scélérat, lui dis-je, puisque, par un lâche attentat, tu as violé les lois de l'amitié, prends ce qui t'appartient, pars, et cesse de souiller ces lieux de ta présence. — Ascylte parut y consentir ; mais dès que nous eûmes partagé nos nippes de bonne foi : — Maintenant, dit-il, partageons aussi cet enfant.

## CHAPITRE LXXX.

Je crus d'abord que c'était une plaisanterie, et qu'il allait partir ; mais lui, tirant son épée d'une main fratricide : — Tu ne jouiras pas seul, s'écria-t-il, de ce trésor que tu prétends t'approprier. Il faut que j'en aie aussi ma part, et ce glaive va sur-le-champ me la donner. — Je saute aussi sur mon épée, et, roulant mon manteau autour de mon bras, je me mets en garde. Pendant ces transports furieux, le malheureux enfant embrassait nos genoux, et, baigné de larmes, nous suppliait de ne pas faire de cette méchante auberge le théâtre d'une nouvelle Thébaïde, de ne pas souiller du sang d'un frère nos mains qu'unissait naguère la plus tendre intimité. — Oui, s'écria-t-il, si la mort d'un de nous est nécessaire, voici ma gorge, frappez, plongez-y vos épées ; c'est à moi de mourir, à moi qui ai brisé les liens de votre amitié mutuelle. — Désarmés par ces prières, nous remîmes nos épées dans le fourreau. Ascylte, prenant alors l'initiative : — J'ai trouvé, dit-il, un expédient pour nous mettre d'accord. Que Giton soit à celui qu'il préférera ; laissons-le, du moins, choisir librement celui de nous deux qu'il veut pour son frère. — Plein de confiance dans l'ancienneté de mes liaisons avec cet enfant, qui semblaient m'unir

immo conditionem præcipiti festinatione rapui, commisique judici litem : qui ne deliberavit quidem, ut videretur cunctatus, verum statim ab extrema parte verbi consurrexit, fratrem Ascylton elegit. Fulminatus hac pronuntiatione, sicut eram sine gladio, in lectulum decidi, et attulissem mihi damnatas manus, si non inimici victoriæ invidissem. Egreditur superbus cum præmio Ascyltos, et paulo ante carissimum sibi commilitonem, fortunæque etiam similitudine parem, in loco peregrino destituit abjectum.

> Nomen amicitiæ, si, quatenus expedit, hæret,
>   Calculus in tabula mobile ducit opus.
> Quum Fortuna manet, vultum servatis, amici:
>   Quum cecidit, turpi vertitis ora fuga.
> Grex agit in scena mimum, pater ille vocatur,
>   Filius hic, nomen divitis ille tenet:
> Mox ubi ridendas inclusit pagina partes,
>   Vera redit facies, assimulata perit.

## CAPUT LXXXI.

Nec diu tum lacrymis indulsi, sed veritus, ne Menelaus etiam antescholanus, inter cetera mala, solum me in diversorio inveniret, collegi sarcinulas, locumque secretum, et proximum litori, mœstus conduxi. Ibi triduo inclusus, redeunte in animum solitudine, atque contemtu, verberabam ægrum planctibus pectus, et inter tot altissimos gemitus frequenter etiam proclamabam :

à lui par une sorte de parenté, j'acceptai avec empressement le parti qu'Ascylte me proposait, et je m'en rapportai au jugement de Giton : mais lui, sans balancer, sans paraître hésiter un seul instant, choisit Ascylte pour son frère. Foudroyé par cet arrêt, je n'eus pas même l'idée de disputer Giton par la voie des armes, et tombant sur mon lit, je me serais donné la mort, si je n'eusse craint d'augmenter le triomphe de mon rival. Fier du succès, Ascylte sort avec le trophée de sa victoire, laissant un ancien camarade, le compagnon de sa bonne comme de sa mauvaise fortune, qu'hier encore il appelait son ami, seul et sans secours dans un pays étranger.

> L'amitié n'a d'attraits qu'autant qu'elle est utile.
> Comme au jeu l'échec quitte ou suit l'échec mobile,
> Tel, l'ami qu'à son gré la fortune conduit,
> Nous sourit avec elle, avec elle nous fuit.
> Telle encor, sur la scène affichant la sagesse,
> La plus vile Phryné parle, agit en Lucrèce :
> Mais baissez le rideau, le rôle est terminé :
> Lucrèce disparaît, et fait place à Phryné.

## CHAPITRE LXXXI.

Cependant je séchai bientôt mes larmes; et craignant que, pour comble de malheur, Ménélas, notre sous-maître, ne me trouvât seul dans cette auberge, je fis un paquet de mes hardes, et j'allai tristement me loger dans un quartier peu fréquenté, sur le bord de la mer. Là, je restai trois jours sans sortir : le souvenir de mon abandon et des mépris de Giton me revenait sans cesse à l'esprit; je me frappais la poitrine en poussant des sanglots déchirans; et, dans mon violent désespoir, je

Ergo me non ruina terra potuit haurire? non iratum etiam innocentibus mare? Effugi judicium, arenæ imposui, hospitem occidi, ut inter audaciæ nomina mendicus, exsul, in diversorio græcæ urbis jacerem desertus? Et quis hanc mihi solitudinem imposuit? Adolescens omni libidine impurus, et sua quoque confessione dignus exsilio : stupro liber, stupro ingenuus, cujus anus ad tesseram veniit, quem tanquam puellam conduxit etiam, qui virum putavit. Quid ille alter? o dii ! qui, tanquam togam virilem, stolam sumsit; qui, ne vir esset, a matre persuasus est; qui opus muliebre in ergastulo fecit; qui, postquam concubavit, et libidinis suæ solum vertit, reliquit veteris amicitiæ nomen, et, proh pudor ! tanquam mulier secutuleia, unius noctis tractu omnia vendidit? Jacent nunc amatores obligati noctibus totis, et forsitan mutuis libidinibus attriti, derident solitudinem meam; sed non impune. Nam aut vir ego, liberque non sum, aut noxio sanguine parentabo injuriæ meæ.

m'écriais souvent : Pourquoi la terre ne s'est-elle pas ouverte pour m'engloutir? pourquoi la mer, si funeste même aux innocens, m'a-t-elle épargné? J'ai tué mon hôte, et cependant j'ai échappé au châtiment; je me suis sauvé de l'arène où l'on me croyait mort; et, pour prix de tant d'audace, me voilà seul, abandonné comme un mendiant, comme un exilé, dans cette méchante auberge d'une ville grecque! Et quel est celui qui me plonge dans cette horrible solitude? un jeune homme souillé de toute espèce de débauches, qui, de son propre aveu, a mérité d'être banni de son pays; qui n'a dû sa liberté et son affranchissement qu'aux plus honteuses complaisances; dont les faveurs furent vendues à l'encan, et, que l'on acheta, le sachant homme, pour s'en servir comme d'une fille. Et que dirai-je, grands dieux! de cet autre, de ce Giton, qui prit la robe de femme à l'époque où l'on prend la toge virile; qui, dès sa plus tendre enfance, renonça aux attributs de son sexe; qui, dans une prison, s'abandonna aux caresses des plus vils esclaves; qui, après avoir passé de mes bras dans ceux d'un rival, abandonne tout à coup un ancien ami, et, comme une vile prostituée, ô honte! dans l'espace d'une seule nuit, sacrifie tout à sa nouvelle passion? Maintenant, couple heureux, ils passent les nuits entières dans les plus douces étreintes. Peut-être même qu'en ce moment, épuisés par l'excès du plaisir, ils se raillent de mon triste abandon. Les lâches! ils ne jouiront pas impunément de leur trahison. Ou je ne suis pas un homme, et un homme libre, ou je laverai mon outrage dans leur sang infâme.

## CAPUT LXXXII.

Hæc locutus, gladio latus cingor, et, ne infirmitas militiam perderet, largioribus cibis excito vires, mox in publicum prosilio, furentisque more omnes circumeo porticus. Sed, dum attonito vultu efferatoque nil aliud quam cædem et sanguinem cogito, frequentiusque manum ad capulum, quem devoveram, refero; notavit me miles, sive ille planus fuit, sive nocturnus grassator : et, — Quid tu, inquit, commilito, ex qua legione es, aut cujus centuriæ? — Quum constantissime et centurionem et legionem essem ementitus, — Age ergo, inquit ille, in exercitu vestro phæcasiati milites ambulant? — Quum deinde vultu, atque ipsa trepidatione mendacium prodidissem, ponere jussit arma, et malo cavere. Despoliatus ergo, immo præcisa ultione, retro ad diversorium tendo, paulatimque, temeritate laxata, cœpi grassatoris audaciæ gratias agere.

## CAPUT LXXXIII.

[ Interim mihi arduum erat, amorem vindictæ superare, et mediam noctem anxius consumsi, sed tristitiæ sublevandæ, injuriæque propellendæ causa, egressus di-

## CHAPITRE LXXXII.

A ces mots, je ceins mon épée, et, de peur que mes forces ne trahissent mon ardeur belliqueuse, pour augmenter ma vigueur je fais un repas plus copieux que de coutume; puis, prenant mon essor, je m'élance hors du logis, et, comme un furieux, je parcours à grands pas tous les portiques. Je marchais d'un air effaré, avec des gestes menaçans, je ne respirais que sang, que carnage; à chaque instant je portais la main à la garde de mon épée, de cette épée vouée aux furies vengeresses. Un soldat me remarqua, j'ignore si c'était un vagabond ou un voleur de nuit : — Qui es-tu, camarade? me dit-il; quelle est ta légion, ta centurie? — Moi, sans me troubler, je me forgeai sur-le-champ une légion et un centurion. — Allons donc, répondit-il, est-ce que dans votre troupe les soldats portent des souliers de baladin? — La rougeur de mon visage et le tremblement de tous mes membres trahirent bientôt mon imposture. — Bas les armes! et prends garde à toi, me cria le soldat. — Me voyant ainsi désarmé et privé de tout moyen de vengeance, je rebroussai chemin vers mon auberge; ma colère se calma peu à peu, et je ne tardai pas à savoir bon gré à ce coupe-jarret de son audace.

## CHAPITRE LXXXIII.

Ce ne fut toutefois qu'avec peine que je triomphai du désir de me venger, et je passai une partie de la nuit dans une grande agitation. Vers le point du jour, pour chasser ma tristesse et le souvenir de mon injure, je

luculo, omnes circuivi porticus, et ] in pinacothecam perveni, vario genere tabularum mirabilem : nam et Zeuxidos manus vidi, nondum vetustatis injuria victas; et Protogenis rudimenta, cum ipsius naturæ veritate certantia, non sine quodam horrore tractavi. Jam vero Apellis, quam Græci monochromon appellant, etiam adoravi. Tanta enim subtilitate extremitates imaginum erant ad similitudinem præcisæ, ut crederes, etiam animorum esse picturam. Hinc aquila ferebat, cœlo sublimis, deum. Illinc candidus Hylas repellebat improbam Naida. Damnabat Apollo noxias manus, lyramque resolutam modo nato flore honorabat. Inter quos etiam pictorum amantium vultus, tanquam in solitudine exclamavi : Ergo amor etiam deos tangit ? Jupiter in cœlo suo non invenit, quod eligeret, et peccaturus in terris, nemini tamen injuriam fecit. Hylam Nympha prædata, imperasset amori suo, si venturum ad interdictum Herculem credidisset. Apollo pueri umbram revocavit in florem, et omnes fabulæ quoque habuerunt sine æmulo complexus. At ego in societatem recepi hospitem, Lycurgo crudeliorem. Ecce autem, ego dum cum ventis litigo, intravit pinacothecam senex canus, exercitati vultus, et qui videretur nescio quid magnum promittere; sed cultu non proinde speciosus, ut facile appareret, cum ex hac nota litteratorum esse, quos odisse divites

sortis et je parcourus de nouveau tous les portiques.
J'entrai dans une galerie ornée de divers tableaux très-
remarquables. J'en vis, de la main de Zeuxis, qui ré-
sistaient encore à l'injure du temps, et des ébauches
de Protogène, qui disputaient de vérité avec la nature
elle-même, et que je n'osai toucher qu'avec un frémis-
sement religieux. Je me prosternai devant des grisailles
d'Apelles (espèce de peinture que les Grecs appellent
*monochrome*). Les contours des figures étaient dessinés
avec tant d'art et de naturel, que l'on eût cru que le
peintre avait trouvé le secret de les animer. Ici, sur
les ailes d'un aigle, on voyait un dieu s'élever au plus
haut des airs. Là, l'innocent Hylas repoussait les caresses d'une lascive Naïade. Plus loin, Apollon déplo-
rait le meurtre commis par sa main, et décorait sa lyre
détendue d'une fleur d'hyacinthe nouvellement éclose.
Au milieu de toutes ces peintures de l'amour, oubliant
que j'étais dans un lieu public, je m'écriai : Ainsi donc
l'amour n'épargne pas même les dieux ! Jupiter, ne trouvant dans les cieux aucune beauté digne de son choix,
descend sur la terre pour satisfaire ses caprices ; mais
du moins il n'enlève à personne un objet aimé. La
Nymphe qui ravit Hylas eût sans doute imposé silence
à sa passion, si elle eût pensé qu'Hercule viendrait le
réclamer. Apollon fit revivre dans une fleur l'enfant
qu'il adorait ; enfin toutes les fables sont pleines d'amou-
reuses liaisons qui ne sont point traversées par des rivaux ; mais moi, j'ai admis dans mon intimité un hôte
plus cruel encore que Lycurgue. Tandis que je prodi-
guais aux vents mes plaintes inutiles, je vis entrer dans
la galerie un vieillard à cheveux blancs, dont le visage
annonçait la réflexion et semblait promettre quelque

solent. Is ergo, ut ad latus constitit meum, — Ego, inquit, poeta sum, et, ut spero, non humillimi spiritus, si modo coronis aliquid credendum est, quas etiam ad imperitos deferre gratia solet. Quare ergo, inquis, tam male vestitus es? Propter hoc ipsum: amor ingenii neminem unquam divitem fecit.

    Qui pelago credit, magno se foenore tollit;
    Qui pugnas et castra petit, praecingitur auro;
    Vilis adulator picto jacet ebrius ostro;
    Et qui sollicitat nuptas, ad praemia peccat:
    Sola pruinosis horret Facundia pannis,
    Atque inopi lingua desertas invocat artes.

## CAPUT LXXXIV.

Non dubie ita est; sed qui, vitiorum omnium inimicus, rectum iter vitae coepit insistere, primum propter morum differentiam odium habet (quis enim potest probare diversa?). Deinde, qui solas exstruere divitias curant, nihil volunt inter homines melius credi, quam quod ipsi tenent. Jactentur itaque, quacunque ratione

chose de grand; mais dont la mise n'était pas très-soignée : tout dans son extérieur trahissait au premier abord un de ces hommes de lettres qui, pour l'ordinaire, sont en butte à la haine des gens riches. Il s'arrêta près de moi : — Je suis poète, me dit-il, et, je me flatte, poète de quelque mérite, s'il faut en croire ceux qui m'ont décerné des couronnes publiques : il est vrai qu'on les accorde souvent par faveur à des ignorans. Pourquoi donc, me direz-vous, êtes-vous si mal vêtu? Par cela même que je suis poète; l'amour des lettres n'a jamais enrichi personne :

> Le marchand qui brava les fureurs de Neptune,
> Après mille dangers, arrive à la fortune;
> Mars, de l'or des vaincus enrichit le vainqueur;
> Aux frais d'un vil Crésus s'engraisse un vil flatteur;
> Tandis que tour-à-tour, trafiquant du scandale,
> Un fat à vingt beautés vend sa flamme banale.
> Seul, hélas ! le savant, dans ce siècle pervers,
> Ébloui par l'appât d'une gloire stérile,
> Mal nourri, mal vêtu, sans patron, sans asile,
> Invoque les beaux-arts dans leurs temples déserts.

## CHAPITRE LXXXIV.

Cela n'est que trop vrai : qu'un philosophe, ennemi du vice, marche droit son chemin dans le sentier de la vie, le contraste de ses mœurs avec celles du siècle lui attire aussitôt la haine générale (qui pourrait, en effet, approuver dans autrui les vertus qu'il n'a pas?). Ensuite, ceux qui sont uniquement occupés du soin d'amasser des richesses, veulent persuader à tous les hommes que cet or qu'ils possèdent est le souverain bien. Qu'on prône donc,

possunt, litterarum amatores, ut videantur illi quoque infra pecuniam positi. — Nescio, [inquam,] quo modo bonæ mentis soror est paupertas; [et suspirabam. — Merito, inquit senex, sortem doles litteratorum. — Non illud, inquam, suspiriorum materia; dolendi mihi altera causa est, et longe gravior! — simulque, ut propensio humana alienis auribus proprios dolores deponit, fortunam meam illi exposui, inprimisque Ascylti perfidiam exaggeravi, proclamans inter tot gemitus:] — Vellem, tam innocens esset frugalitatis meæ hostis, ut deliniri posset. Nunc veteranus est latro, et ipsis lenonibus doctior. — [Visus ego seni ingenuus, me solari cœpit; utque tristitiam leniret meam, quid sibi in amoribus olim contigerat narravit:]

## CAPUT LXXXV.

In Asiam quum a quæstore essem stipendio eductus, hospitium Pergami accepi: ubi quum libenter habitarem, non solum propter cultum ædicularum, sed etiam propter hospitis formosissimum filium, excogitavi rationem, qua non essem patrifamiliæ suspectus amator. Quotiescunque enim in convivio de usu formosorum mentio facta est, tam vehementer excandui, tam severa tristitia violari aures meas obsceno sermone nolui, ut me,

disent-ils, tant qu'on voudra, les hommes de lettres, pourvu que, dans l'opinion publique, ils cèdent le pas aux hommes d'argent. — Je ne sais comment il se fait que la pauvreté soit la sœur du génie, dis-je à Eumolpe en soupirant. — Vous avez raison, reprit le vieillard, de déplorer le sort des gens de lettres. — Ce n'est pas cela, répliquai-je, qui me fait soupirer; j'ai bien d'autres sujets d'affliction! — Et, par ce penchant naturel qui nous porte à déposer nos chagrins dans le sein d'autrui, je lui fis sur-le-champ le récit de ma triste aventure, et je lui peignis sous les plus odieuses couleurs la perfidie d'Ascylte. — Plût au ciel! ajoutai-je en gémissant, que l'ennemi cruel qui me force à la continence fût assez honnête homme pour se laisser attendrir; mais c'est un scélérat endurci, qui en remontrerait aux débauchés de profession! — Ma franchise ingénue me gagna le cœur de ce vieillard: il se mit à me consoler; et, pour faire diversion à mon chagrin, il me raconta en ces termes une aventure galante de sa jeunesse:

## CHAPITRE LXXXV.

Dans un voyage que je fis en Asie, à la suite d'un questeur, je logeai chez un habitant de Pergame. Je me plaisais beaucoup chez mon hôte, moins à cause de l'élégance des appartemens, que de la beauté merveilleuse de son fils. J'eus recours à cet expédient pour que le bon père ne soupçonnât pas la vive passion que m'inspirait cet enfant. Toutes les fois qu'il était question à table de l'amour anti physique, je me répandais en invectives si violentes contre cet infâme usage, je défendais d'un ton si sévère que l'on tînt devant moi ces discours obscènes

mater præcipue, tanquam unum ex philosophis intueretur. Jam ego cœperam ephebum in gymnasium deducere, ego studia ejus ordinare, ego docere, ac præcipere, ne quis prædator corporis admitteretur in domum. Forte quum in triclinio jaceremus, quia dies solemnis ludum arctaverat, pigritiamque recedendi imposuerat hilaritas longior : fere circa mediam noctem intellexi puerum vigilare. Itaque timidissimo murmure votum feci; et, Domina, inquam, Venus, si ego hunc puerum basiavero, ita ut ille non sentiat, cras illi par columbarum donabo. Audito voluptatis pretio, puer stertere cœpit. Itaque aggressus simulantem aliquot basiolis invasi. Contentus hoc principio, bene mane surrexi, electumque par columbarum attuli exspectanti, ac me voto exsolvi.

## CAPUT LXXXVI.

Proxima nocte, quum idem liceret, mutavi optionem: et, Si hunc, inquam, tractavero improba manu, et ille non senserit, gallos gallinaceos pugnacissimos duos donabo patienti. Ad hoc votum ephebus ultro se admovit, et, puto, vereri cœpit, ne ego obdormissem. Indulsi ergo sollicito, totoque corpore citra summam volupta-

qui blessaient, disais-je, mes chastes oreilles, que tous, et surtout la mère de mon élève, me regardaient comme un des sept sages. Je fus donc bientôt chargé de le conduire au gymnase : je réglais ses études, je lui donnais des leçons; et je recommandais par dessus toutes choses à ses parens de n'admettre chez eux aucun séducteur de la jeunesse. Un jour de fête, après avoir terminé nos travaux plus tôt qu'à l'ordinaire, nous étions couchés dans la salle à manger (car la nonchalance, suite ordinaire d'un long et joyeux festin, nous avait empêchés de remonter dans notre chambre); lorsque, vers le milieu de la nuit, je m'aperçus que mon élève ne dormait pas. Je fis alors à voix basse cette prière à Vénus : O déesse! si je puis embrasser cet aimable enfant, sans qu'il le sente, je fais vœu de lui donner demain une paire de colombes! L'espiègle n'eut pas plus tôt entendu quel était le prix de cette faveur, qu'il se mit à ronfler. Pendant qu'il feignait de dormir, je m'approchai de lui, et je lui dérobai plusieurs baisers. Content de cet essai, je me levai de bonne heure le lendemain, et, pour combler son attente, je lui apportai une belle paire de colombes. C'est ainsi que je m'acquittai de ma promesse.

## CHAPITRE LXXXVI.

La nuit suivante, encouragés par sa facilité, mes vœux changèrent de nature : Si je puis, disais-je, promener sur son corps une main lascive, sans qu'il le sente, pour récompense de sa docilité, je lui donnerai deux coqs gaulois, des plus acharnés au combat. A cette promesse, le bel enfant s'approcha de lui-même : il semblait, je crois, appréhender que je ne m'endormisse. Pour dissi-

tem me ingurgitavi. Deinde, ut dies venit, attuli gaudenti, quidquid promiseram. Ut tertia nox licentiam dedit, consurrexi ad aurem male dormientis : Dii, inquam, immortales ! si ego huic dormienti abstulero coitum plenum et optabilem, pro hac felicitate cras puero asturconem macedonicum optimum donabo, cum hac tamen exceptione, si ille non senserit. Nunquam altiore somno ephebus obdormivit. Itaque primum implevi lactentibus papillis manus, mox basio inhæsi, deinde in unum omnia vota conjunxi. Mane sedere in cubiculo cœpit, atque exspectare consuetudinem meam. Scis, quanto facilius sit, columbas, gallosque gallinaceos emere, quam asturconem; et præter hoc etiam timebam, ne tam grande munus suspectam faceret humanitatem meam. Ergo aliquot horis spatiatus, in hospitium reverti, nihilque aliud, quam puerum basiavi. At ille circumspiciens, ut cervicem meam junxit amplexui, — Rogo, inquit, domine, ubi est asturco? — [ Difficultas, inquam, elegantem nanciscendi, munus differre coegit, sed intra paucos dies promissis stabo. — Quid hoc sibi vellet, scite intellexit ephebus, et motus internos prodidit vultus.]

per son inquiétude, je parcourus tout son corps avec un plaisir au delà de toute expression. Puis, dès que le jour parut, je le comblai de joie en lui apportant ce que je lui avais promis. Dès que la troisième nuit vint ouvrir une nouvelle carrière à mon audace, je m'approchai de l'oreille du prétendu dormeur : Dieux immortels! m'écriai-je, faites que je puisse, au gré de mes vœux, goûter dans ses bras une jouissance complète, sans, toutefois, qu'il en sente rien ; et, pour prix de tant de bonheur, je lui donnerai demain un beau bidet de Macédoine. Jamais mon élève ne dormit d'un sommeil plus profond. D'abord je promenai mes mains avides sur son sein d'albâtre, puis je le couvris d'ardens baisers; enfin je concentrai tous mes vœux dans le siège même du plaisir. Le lendemain, assis dans sa chambre, il attendait avec impatience mon offrande ordinaire. Il n'est pas aussi facile, vous le savez, d'acheter un bidet que des colombes et des coqs gaulois : outre la dépense, je craignais qu'un cadeau de cette importance ne rendît ma générosité suspecte à ses parens. Donc, après m'être promené quelques heures, je rentrai chez mon hôte les mains vides, et, pour tout présent, je donnai un baiser à mon jeune ami : mais lui me saute au cou pour m'embrasser, et, jetant de tous côtés des regards inquiets : — Mon cher maître, dit-il, où donc est le bidet? — La difficulté d'en trouver un beau m'a forcé, lui répondis-je, à différer cette emplette; mais, d'ici à peu de jours, je tiendrai ma parole. — L'enfant comprit fort bien ce que cela voulait dire, et l'expression de son visage trahit son secret mécontentement.

## CAPUT LXXXVII.

Quum ob hanc offensam præclusissem mihi aditum, quem feceram, iterum ad licentiam redii. Interpositis enim paucis diebus, quum similis nos casus in eamdem fortunam retulisset, ut intellexi stertere patrem, rogare cœpi ephebum, ut reverteretur in gratiam mecum, id est, ut pateretur satisfieri sibi, et cetera, quæ libido distenta dictat. At ille, plane iratus, nihil aliud dicebat, nisi hoc : — Aut dormi, aut ego jam dicam patri. — Nihil est tam arduum, quod non improbitas extorqueat. Dum dicit, Patrem excitabo, irrepsi tamen, et male repugnanti gaudium extorsi. At ille, non indelectatus nequitia mea, postquam diu questus est, deceptum se, et derisum, traductumque inter condiscipulos, quibus jactasset censum meum, — Videris tamen, inquit, non ero tui similis. Si quid vis, fac iterum. — Ego vero, deposita omni offensa, cum puero in gratiam redii, ususque beneficio ejus, in somnum delapsus sum. Sed non fuit contentus iteratione ephebus plenæ maturitatis, et annis ad patiendum gestientibus. Itaque excitavit me sopitum ; et, — Numquid vis? inquit. — Et non plane jam molestum erat munus. Utcunque igitur, inter anhelitus sudoresque tritus, quod voluerat, accepit, rursusque in somnum decidi, gaudio lassus. Inter-

## CHAPITRE LXXXVII.

Bien que mon manque de foi m'eût fermé ce cœur où j'avais su m'ouvrir un accès, je ne tardai pas, cependant, à reprendre les mêmes libertés. En effet, quelques jours après, un heureux hasard m'ayant de nouveau procuré l'occasion que j'épiais, dès que je vis son père profondément endormi, je priai ce cher enfant de faire sa paix avec moi, en me laissant lui procurer plaisir pour plaisir ; enfin j'employai tous les argumens qu'inspire une ardente passion ; mais, pour toute réponse, il me dit du ton le plus courroucé : — Dormez, où je vais appeler mon père. — Il n'est point d'obstacle dont ne triomphe une audace persévérante. Tandis qu'il me menace d'éveiller son père, je me glisse dans son lit ; il ne m'oppose qu'une faible résistance, et je lui arrache les plaisirs qu'il me refusait. Il parut prendre goût à cette violence, et se plaignant, pour la forme, de ce que, par mon ingratitude, je l'avais exposé aux railleries de ses camarades, auxquels il avait vanté ma générosité : — Pour vous prouver, ajouta-t-il, que je ne vous ressemble pas, vous pouvez recommencer, si cela vous plaît. — La paix étant faite et mon pardon obtenu, j'usai de la permission qu'il m'accordait, et je m'endormis dans ses bras. Mais l'adolescent, déjà mûr pour l'amour, et que l'ardeur de l'âge excitait au plaisir, ne se tint pas pour content de cette double épreuve. Il m'éveilla donc : — Eh quoi ! me dit-il, vous ne demandez plus rien ? — Je me sentais encore un reste de vigueur ; je m'évertuai donc du mieux que je pus, et, couvert de sueur, hors d'haleine, je parvins enfin à

posita minus hora, pungere me manu cœpit, et dicere :
— Quare non facimus ? — Tum ego, toties excitatus,
plane vehementer excandui, et reddidi illi voces suas :
— Aut dormi, aut ego jam patri dicam.

## CAPUT LXXXVIII.

Erectus his sermonibus, consulere prudentiorem
cœpi ætates tabularum, et quædam argumenta mihi obscura, simulque causam desidiæ præsentis excutere,
quum pulcherrimæ artes periissent, inter quas pictura ne
minimum quidem sui vestigium reliquisset. Tum ille, —
Pecuniæ, inquit, cupiditas hæc tropica instituit. Priscis
enim temporibus, quum adhuc nuda virtus placeret, vigebant artes ingenuæ, summumque certamen inter homines erat, ne quid profuturum seculis diu lateret. Itaque,
Hercules alter, herbarum omnium succos Democritus
expressit; et, ne lapidum virgultorumque vis lateret,
ætatem inter experimenta consumsit. Eudoxus quidem
in cacumine excelsissimi montis consenuit, ut astrorum
cœlique motus deprehenderet : et Chrysippus, ut ad
inventionem sufficeret, ter helleboro animum detersit.
Verum, ut ad plastas convertar, Lysippum, statuæ unius
lineamentis inhærentem, inopia exstinxit : et Myron,

satisfaire son envie; mais alors, épuisé par cette triple jouissance, je me rendormis. Une heure n'était pas écoulée, qu'en me pinçant, il me dit : — Est-ce que nous en restons-là? — Fatigué d'être si souvent réveillé, j'entrai dans un violent accès de colère, et, lui rendant la monnaie de sa pièce : — Dormez, lui dis-je à mon tour, ou j'éveille votre père.

## CHAPITRE LXXXVIII.

Ranimé par ce récit plaisant, je me mis à interroger le vieillard, plus instruit que moi, sur l'âge de chacun de ces tableaux et sur le sujet de quelques-uns dont je ne pouvais me rendre compte. Je lui demandai ensuite à quelles causes il attribuait la décadence des beaux-arts dans notre siècle, et surtout de la peinture qui a disparu jusqu'à la dernière trace. — L'amour des richesses, me répondit-il, a produit ce triste changement. Chez nos ancêtres, lorsque le mérite seul était en honneur, on voyait fleurir les beaux-arts, et les hommes se disputaient à l'envi la gloire de transmettre aux siècles suivans toutes les découvertes utiles. Alors on vit Démocrite, l'Hercule de la science, distiller le suc de toutes les plantes connues, et passer sa vie entière à faire des expériences, pour connaître à fond les propriétés diverses des minéraux et des végétaux. Eudoxe vieillit sur le sommet d'une haute montagne pour observer de plus près les mouvemens du ciel et des astres; et Chrysippe prit trois fois de l'ellébore pour purifier son esprit et le rendre plus apte à de nouvelles découvertes. Mais, pour en revenir à l'art plastique, Lysippe mourut de faim, en se bornant à perfectionner les contours d'une seule statue;

qui pæne hominum animas ferarumque ære comprehendit, non invenit heredem. At nos, vino scortisque demersi, ne paratas quidem artes audemus cognoscere; sed, accusatores antiquitatis, vitia tantum docemus, et discimus. Ubi est dialectica? ubi astronomia? ubi sapientiæ consultissima via? Quis, inquam, venit in templum, et votum fecit, si ad eloquentiam pervenisset? quis, si philosophiæ fontem attigisset? Ac ne bonam quidem valetudinem petunt : sed statim, antequam limen Capitolii tangant, alius donum promittit, si propinquum divitem extulerit : alius, si thesaurum effoderit : alius, si ad trecenties HS. salvus pervenerit. Ipse senatus, recti bonique præceptor, mille pondo auri Capitolino promittere solet : et, ne quis dubitet pecuniam concupiscere, Jovem quoque peculio exorat. Noli ergo mirari, si pictura deficit, quum omnibus diis hominibusque formosior videatur massa auri, quam quidquid Apelles, Phidiasve, Græculi delirantes, fecerunt. Sed video, te totum in illa hærere tabula, quæ Trojæ halosin ostendit : itaque conabor opus versibus pandere.

et Myron, qui fit, pour ainsi dire, passer dans le bronze l'âme humaine et l'instinct des animaux, ne trouva personne qui voulût accepter son héritage. Pour nous, plongés dans la débauche et l'ivrognerie, nous n'osons pas même nous élever à la connaissance des arts inventés avant nous; superbes détracteurs de l'antiquité, nous ne professons que la science du vice dont nous offrons à la fois l'exemple et le précepte. Qu'est devenue la dialectique? l'astronomie? la morale, cette route certaine de la sagesse? Qui voit-on aujourd'hui entrer dans un temple, et invoquer les dieux pour atteindre à la perfection de l'éloquence, ou découvrir les sources cachées de la philosophie? On ne leur demande pas même la santé. Suivez cette foule qui monte au Capitole : avant même d'atteindre le seuil du temple, l'un promet une offrande, s'il a le bonheur d'enterrer un riche parent; l'autre, s'il découvre un trésor; un troisième, s'il parvient, avant de mourir, à entasser trente millions de sesterces. Que dis-je? n'a-t-on pas vu souvent le sénat lui-même, le sénat, l'arbitre de l'honneur et de la justice, vouer mille marcs d'or à Jupiter? et ne semble-t-il pas encourager la cupidité, lorsqu'il tâche ainsi, à prix d'argent, de se rendre le ciel favorable? Cessez donc de vous étonner de la décadence de la peinture, puisque les dieux et les hommes trouvent plus de charmes dans la vue d'un lingot d'or que dans tous les chefs-d'œuvre d'Apelles, de Phidias et de tous ces radoteurs de Grecs, comme ils les appellent. Mais je vois que ce tableau, qui représente la prise de Troie, absorbe toute votre attention : je vais donc tâcher de vous en donner l'explication dans le langage des Muses.

## CAPUT LXXXIX.

Jam decima mœstos, inter ancipites metus,
Phrygas obsidebat messis, et vatis fides
Calchantis atro dubia pendebat metu:
Quum, Delio profante, cæsi vertices
Idæ trahuntur, scissaque in molem cadunt
Robora, minacem quæ figurarent equum.
Operitur ingens claustrum, et obducti specus,
Qui castra caperent. Huc decenni prœlio
Irata virtus abditur: stipant graves
Equi recessus Danai, et in voto latent.
O patria! pulsas mille credidimus rates,
Solumque bello liberum: hoc titulus fero
Incisus, hoc ad fata compositus Sinon
Firmabat, et mendacium in damnum potens.
Jam turba portis libera, ac bello carens
In vota properant: fletibus manant genæ,
Mentisque pavidæ gaudium lacrymas habet,
Quas metus abegit: namque Neptuno sacer,
Crinem solutus, omne Laocoon replet
Clamore vulgus; mox reducta cuspide
Uterum notavit: fata sed tardant manus,
Ictusque resilit, et dolis addit fidem.
Iterum tamen confirmat invalidam manum,
Altaque bipenni latera pertentat. Fremit
Captiva pubes intus, et, dum murmurat,
Roborea moles spirat alieno metu.
Ibat juventus capta, dum Trojam capit,

## CHAPITRE LXXXIX.

Pergame, après dix ans de siège, de carnage,
Bravait encor des Grecs le superbe courage.
Ces Grecs si fiers, armés sur la foi de Calchas,
Comptaient en frémissant leurs stériles combats.
Mais l'oracle a parlé : sous la hache abattues,
L'Ida voit ses forêts à ses pieds descendues.
De leurs débris formé, terrible, menaçant,
Un cheval monstrueux s'élève; et dans son flanc
Mille guerriers cachés, contre dix ans d'offense,
Méditent sans honneur une lâche vengeance.
D'Atride cependant la flotte a disparu.
Ilion! à la paix tu crus ton sol rendu.
Fatal aveuglement! ces voiles fugitives,
Un perfide à dessein rejeté sur tes rives,
Ce coursier que des Grecs le repentir pieux,
Pour les calmer, dit-il, offre enfin à tes dieux :
Tout flattait ta pensée; et l'heureuse Phrygie
Ressaisit en espoir le sceptre de l'Asie.
Déjà de ses remparts le peuple, à flots pressés,
S'élance; humide encor des pleurs qu'il a versés,
Son œil sur chaque objet librement se promène:
Il sourit, mais son cœur se rassure avec peine;
Et dans ce camp désert, si long-temps redouté,
Un reste de frayeur se mêle à sa gaîté.
Laocoon paraît. Pontife de Neptune,
Vers ce cheval hideux dont l'aspect l'importune,
Il marche, tourmenté d'un noir pressentiment.
Ses cheveux sur son sein descendent tristement,
Et la cendre a souillé sa barbe vénérable.
« Fuyez, fuyez! dit-il d'une voix lamentable;
Ce présent vient des Grecs, c'est le don de la mort!»
A ces mots, de sa main qu'anime un noble effort,
Un trait part..... Mais quel dieu rend ce trait inutile?
Il tombe, et meurt au pied du colosse immobile:

Bellumque totum fraude ducebat nova.
Ecce alia monstra! Celsa qua Tenedos mare
Dorso repellit, tumida consurgunt freta,
Undaque resultat scissa tranquillo minor,
Qualis silenti nocte remorum sonus
Longe refertur, quum premunt classes mare,
Pulsumque marmor, abiete imposita, gemit.
Respicimus, angues orbibus geminis ferunt
Ad saxa fluctus : tumida quorum pectora,
Rates ut altæ, lateribus spumas agunt :
Dat cauda sonitum : liberæ ponto jubæ
Consentiunt; luminibus fulmineum jubar
Incendit æquor, sibilisque undæ tremunt :
Stupuere mentes. Infulis stabant Sacri
Phrygioque cultu, gemina nati pignora
Laocoonte, quos repente tergoribus ligant
Angues corusci : parvulas illi manus
Ad ora referunt : neuter auxilio sibi,
Uterque fratri; transtulit pietas vices.
Morsque ipsa miseros mutuo perdit metu.
Accumulat, ecce! liberum funus parens,
Infirmus auxiliator; invadunt virum,
Jam morte pasti, membraque ad terram trahunt.
Jacet sacerdos, inter aras victima,
Terramque plangit. Sic profanatis sacris,
Peritura Troja perdidit primum deos.
Jam plena Phœbe candidum extulerat jubar,
Minora ducens astra radianti face,
Quum inter sepultos Priamidas nocte et mero,
Danai relaxant claustra, et effundunt viros.

Un vain peuple applaudit à cet arrêt des cieux.
La hache cependant porte un coup plus heureux :
Le monstre est ébranlé ; ses entrailles mugissent ;
Sous leur abri douteux, les Grecs tremblans pâlissent :
Le cri qu'en cet instant leur arrache la peur,
Redouble des Troyens la pieuse ferveur ;
Et, dans ses murs livrés, tout un peuple avec joie
Introduit ces captifs qui vont conquérir Troie.
La ruse a triomphé ! Mais un prodige affreux
Vient alors de la foule épouvanter les yeux.
Des bords où Ténédos s'élève au sein de l'onde,
Un bruit sourd est parti..... la mer s'émeut et gronde,
Le flot poursuit le flot qui murmure et s'enfuit :
Tel Neptune se plaint dans l'ombre de la nuit,
Quand la rame, docile à la main qui la guide,
De ses coups redoublés fend la plaine liquide.
Tout à coup, déployant leurs immenses anneaux,
Deux serpens monstrueux s'avancent sur les eaux :
Sous leurs bonds convulsifs, en temps égaux pressée,
L'onde écume, et jaillit jusqu'aux cieux élancée ;
Leurs yeux, rouges de sang, lancent d'affreux éclairs,
Qui semblent de leurs feux incendier les mers ;
Leurs sifflemens aigus font trembler le rivage.
Tout tremble. Cependant, sur cette même plage,
Deux frères, fruits jumeaux d'un hymen plein d'appas,
Du pontife, leur père, avaient suivi les pas :
Revêtus comme lui de la robe sacrée,
Du bandeau phrygien leur tête était parée.
Mais les monstres déjà, sur leur proie élancés,
D'inextricables nœuds les tiennent enlacés.
Les enfans vainement, de leurs mains impuissantes,
Repoussent des serpens les têtes menaçantes ;
Et tous deux, s'oubliant en ce combat cruel,
Se prêtent l'un à l'autre un secours mutuel :
Ils succombent tous deux. Et toi, malheureux père !
Toi qui vois déchirer, par la dent meurtrière,
Le corps de ces enfans qui te doivent le jour,

Tentant in armis se duces, ceu ubi solet
Nodo remissus Thessali quadrupes jugi
Cervicem, et altas quatere ad excursum jubas.
Gladios retractant, commovent orbes manus,
Bellumque sumunt. Hic graves alius mero
Obtruncat, et continuat in mortem ultimam
Somnos; ab aris alius accendit faces,
Contraque Troas invocat Trojæ sacra.

## CAPUT XC.

Ex his, qui in porticibus spatiabantur, lapides in Eumolpum recitantem miserunt. At ille, qui plausum ingenii sui noverat, operuit caput, extraque templum profugit. Timui ego, ne me poetam vocarent. Itaque subsecutus fugientem, ad litus perveni: et, ut primum extra teli conjectum licuit consistere, — Rogo, inquam, quid

Pour les sauver, hélas ! tu n'as que ton amour.
Mais que peut ton courage et l'ardeur qui t'anime ?
Le pontife, à son tour, remplaçant la victime,
Tombe ; et, roulant aux pieds des autels profanés,
Vers les murs d'Ilion, des dieux abandonnés,
Il tourne en gémissant sa mourante paupière.
Phébé venait d'atteindre au haut de sa carrière,
Et son char, dans les cieux, s'avançait escorté
Des astres moins brillans qu'éclipsait sa clarté.
Dans le sommeil profond que procure l'ivresse,
Les Troyens oubliaient leurs dangers et la Grèce.
Insensés ! ils rêvaient un heureux lendemain.
Mais du cheval fécond le flanc s'ouvre, et soudain,
Libre de sa prison, une nombreuse élite
Dans les murs de Priam court et se précipite :
Tel, affranchi du mors, vole un coursier fougueux,
L'œil fier, et de ses crins battant ses flancs poudreux.
Déjà le sang ruisselle, et le glaive homicide
Moissonne les Troyens comme un troupeau timide :
Engourdis par le vin, ils passent sans effort
De la mort du sommeil au sommeil de la mort ;
Et, sur l'autel de Troie, une torche allumée
Fournit les feux vengeurs dont Troie est consumée.

## CHAPITRE XC.

A peine Eumolpe achevait son récit, que ceux qui se promenaient sous les portiques firent pleuvoir sur lui une grêle de pierres. Accoutumé à de pareils suffrages, il se couvrit la tête et s'enfuit hors du temple. Craignant qu'on ne me prît aussi pour un poète, je le suivis de loin jusqu'au bord de la mer : là, dès que je me vis hors de la portée des coups, je m'arrêtai ; et apostrophant Eumolpe : — D'où vous vient, lui dis-je,

tibi vis cum isto morbo? Minus quam duabus horis mecum moraris, et saepius poetice, quam humane, locutus es. Itaque non miror, si te populus lapidibus prosequitur. Ego quoque sinum meum saxis onerabo, ut, quotiescunque coeperis a te exire, sanguinem tibi a capite mittam. Movit ille vultum; et: — O mi, inquit, adolescens, non hodie primum auspicatus sum: immo quoties theatrum, ut recitarem aliquid, intravi, hac me adventitia excipere frequentia solet. Ceterum, ne et tecum quoque habeam rixandum, toto die me ab hoc cibo abstinebo. — Immo, inquam ego, si ejuras hodiernam bilem, una coenabimus: —[simulque] mando aedicularum custodi coenulae officium, [ et continuo in balneum ivimus. ]

## CAPUT XCI.

Ibi, video Gitona, cum linteis et strigilibus parieti applicitum, tristem confusumque. Scires non libenter servire. Itaque, ut experimentum oculorum caperem, convertit ille solutum gaudio vultum; et: — Miserere, inquit, frater: ubi arma non sunt, libere loquor. Eripe me latroni cruento, et qualibet saevitia poenitentiam judicis tui puni. Satis magnum erit misero supplicium, tua voluntate cecidisse. — Supprimere ego querelam jubeo, ne quis consilia deprehenderet: relictoque Eumolpo

cette manie? il y a à peine deux heures que nous sommes ensemble, et, au lieu de parler comme tout le monde, vous ne m'avez débité que des vers. Je ne m'étonne plus si le peuple vous poursuit à coups de pierre. Je vais faire aussi ma provision de cailloux, et toutes les fois que cet accès vous prendra, je vous tirerai du sang de la tête. — Il secoua les oreilles et répondit : — Jeune homme, ce n'est pas d'aujourd'hui seulement que l'on me traite de la sorte : je ne parais jamais sur le théâtre, pour réciter quelques vers, sans recevoir un pareil accueil des spectateurs. Quoi qu'il en soit, pour n'avoir pas aussi maille à partir avec vous, je consens à me sevrer de ce plaisir tout le reste du jour. — Et moi, répliquai-je, si vous tenez en bride votre Pégase, je vous promets un bon souper. — Je donnai sur-le-champ à mon hôtesse les ordres nécessaires pour le repas, et je me rendis au bain avec Eumolpe.

## CHAPITRE XCI.

En y entrant, j'aperçus Giton appuyé contre la muraille et tenant dans ses mains des frottoirs et des racloirs d'étuviste. A son air triste et abattu, on devinait sans peine que c'était contre son gré qu'il servait Ascylte. Tandis que je le regardais attentivement, pour m'assurer que c'était bien lui, il m'aperçut, et, tournant vers moi son visage où brillait la joie la plus vive : — Grâce, mon frère! s'écria-t-il; ayez pitié de moi. Ici, je ne vois plus briller les armes, et je puis vous faire connaître mes vrais sentimens. Délivrez-moi de la tyrannie d'un brigand sanguinaire, et, pour me punir de l'arrêt que j'ai prononcé contre vous, infligez-moi le plus

(nam in balneo carmen recitabat), per tenebrosum et sordidum egressum extraho Gitona, raptimque in hospitium meum pervolo. Præclusis deinde foribus, invado pectus amplexibus, et perfusum os lacrymis vultu meo contero. Diu vocem neuter invenit : nam puer etiam singultibus crebris amabile pectus quassaverat. — O facinus, inquam, indignum! Quod amo te, quamvis relictus; et in hoc pectore, quum vulnus ingens fuerit, cicatrix non est. Quid dicis, peregrini amoris concessio? Dignus hac injuria fui? — Postquam se amari sensit [Giton], supercilium altius sustulit. [— Sed, inquam ego,] nec amoris arbitrium ad alium judicem tuli ; sed nihil jam queror; nihil jam memini, si bona fide pœnitentiam emendas. — Hæc quum inter gemitus lacrymasque fudissem, detersit ille pallio vultum; et: — Quæso, inquit, Encolpi, fidem memoriæ tuæ appello : Ego te reliqui, an tu prodidisti? Equidem fateor et præ me fero, quum duos armatos viderem, ad fortiorem confugi. — Exosculatus pectus sapientia plenum, injeci cervicibus manus: et, ut facile intelligeret rediisse me in gratiam, et optima fide reviviscentem amicitiam, toto pectore adstrinxi.

sévère châtiment; mais n'est-ce pas déjà, pour le malheureux Giton, un supplice assez cruel que d'avoir perdu votre affection? — Je lui ordonne de cesser ses plaintes, de peur d'attirer l'attention des curieux; puis, laissant Eumolpe dans le bain où il déclamait déjà un de ses poëmes, j'entraîne Giton hors de ces lieux, par une obscure et fétide issue; et nous fuyons à toutes jambes vers mon auberge. Là, fermant la porte sur nous, je me précipite dans ses bras; et par d'ardens baisers, je sèche les pleurs dont ses joues sont inondées. Nous restâmes long-temps sans pouvoir proférer une seule parole; car cet aimable enfant se brisait la poitrine à force de sanglots. — Quelle honte pour moi, lui disais-je, de t'aimer encore après ton lâche abandon! je cherche en vain dans mon cœur la profonde blessure que tu y as faite, et je n'en trouve plus même la cicatrice. Comment te justifier de m'avoir ainsi quitté pour voler à de nouvelles amours? avais-je mérité un tel affront? — Giton, voyant que je l'aimais encore, prit une contenance plus hardie. — Cependant, poursuivis-je, je n'ai point cherché d'autre arbitre que toi pour juger qui, d'Ascylte ou de moi, méritait le mieux ton amour : mais je supprime de justes plaintes; j'oublie tout, pourvu que ton repentir soit sincère. — En prononçant ces mots, je gémissais et je versais un torrent de larmes. Giton, m'essuyant le visage avec son manteau, me dit : — Soyez juste, mon cher Encolpe; j'en appelle à votre mémoire. Est-ce moi qui vous ai abandonné? et ne vous êtes-vous pas trahi vous-même? je l'avouerai franchement et sans détour, quand je vous vis tous deux les armes à la main, je me rangeai du côté du plus fort. — A ces mots, je me jetai à son cou,

## CAPUT XCII.

Et jam plena nox erat, mulierque cœnæ mandata curaverat, quum Eumolpus ostium pulsat. Interrogo ego: — Quot estis? — obiterque per rimam foris speculari diligentissime cœpi, num Ascyltos una venisset? Demum, ut solum hospitem vidi, momento recepi. Ille, se ut in grabatum rejecit, viditque Gitona in conspectu ministrantem, movit caput; et: — Laudo, inquit, Ganymedem: oportet hodie bene sit: — Non delectavit me tam curiosum principium, timuique ne in contubernium recepissem Ascylti parem. Instat Eumolpus, et, quum puer illi potionem dedisset, — Malo te, inquit, quam balneum totum: — siccatoque avide poculo, negat sibi unquam aridius fuisse: — Nam et, dum lavor, ait, pæne vapulavi, quia conatus sum circa solium sedentibus carmen recitare : et, postquam de balneo, tanquam de theatro, ejectus sum, circuire omnes angulos cœpi, et clara voce Encolpion clamitare. Ex altera parte juvenis nudus, qui vestimenta perdiderat, non minore clamoris indignatione Gitona flagitabat. Et me quidem pueri,

et je baisai la bouche d'où était sortie une réponse si sensée ; puis, pour mieux le convaincre que je lui pardonnais le passé, et que mon amour pour lui était aussi vif et aussi sincère que jamais, je lui prodiguai les plus tendres caresses.

## CHAPITRE XCII.

Il était nuit close, et l'hôtesse avait ponctuellement exécuté mes ordres pour le souper, lorsqu'Eumolpe vint frapper à ma porte. — Combien êtes-vous? lui demandai-je. — Et, avant d'ouvrir, je regardai par le trou de la serrure si Ascylte n'était pas avec lui. Quand je vis qu'il était seul, je lui ouvris sur-le-champ. Dès qu'il fut entré, il se jeta sur un lit de repos, et, apercevant Giton qui dressait la table, il me fit un signe de tête, et me dit : — Je vous fais mon compliment de votre Ganymède : il faut nous divertir ce soir. — Un début si gaillard ne me plut nullement, et je craignis d'avoir reçu chez moi un second Ascylte. Eumolpe n'en resta pas là; car Giton lui ayant présenté à boire : — Je t'aime plus, lui dit-il, que tous les mignons que j'ai vus au bain. — Puis vidant la coupe d'un seul trait : — Je n'ai jamais été si altéré, poursuivit-il; car, en me baignant, j'ai failli être assommé, parce que, pour distraire ceux qui étaient assis autour du bassin, j'ai essayé de leur déclamer un de mes poëmes. Chassé du bain, comme je l'ai si souvent été du théâtre, je vous cherchais dans tous les coins, et je criais à tue-tête : Encolpe! Encolpe! quand du côté opposé, un jeune homme tout nu et qui avait perdu ses habits, se mit à crier aussi fort que moi, et d'une voix qu'animait la

tanquam insanum, imitatione petulantissima deriserunt : illum autem frequentia ingens circumvenit cum plausu et admiratione timidissima. Habebat enim inguinum pondus tam grande, ut ipsum hominem laciniam fascini crederes. O juvenem laboriosum ! puto illum pridie incipere, postero die finire. Itaque statim invenit auxilium : nescio quis enim eques romanus, ut aiebant, infamis, sua veste errantem circumdedit, ac domum abduxit : credo, ut tam magna fortuna solus uteretur. At ego ne mea quidem vestimenta ab officioso recepissem, nisi notorem dedissem. Tanto magis expedit, inguina, quam ingenia fricare. — Hæc Eumolpo dicente, mutabam ego frequentissime vultum : injuriis scilicet inimici nostri hilaris, commodis tristis. Utcunque tamen, tanquam non agnoscerem fabulam, tacui, et cœnæ ordinem explicui. [Vixdum finieram, quum cœnula allata est : cibus scilicet plebeius, sed succosus et nutritivus, quem Eumolpus, doctor famelicus, devoravit. Satur vero philosophos de negotio ejicere cœpit, et multa jactare in illos, qui vulgo nota contemnunt, raraque solum plurimi faciunt.]

colère : Giton ! Giton ! Il y avait cependant cette différence entre nous, que les valets du bain se moquaient de moi comme d'un fou, et me contrefaisaient insolemment ; tandis que la foule nombreuse qui l'entourait, lui prodiguait les applaudissemens et les témoignages d'une respectueuse admiration. Il faut vous dire que la nature l'a si richement doté des attributs de la virilité, qu'à la grandeur de ses proportions on le prendrait pour Priape lui-même. O le vigoureux champion ! je crois qu'il pourrait soutenir une lutte amoureuse deux jours entiers sans discontinuer. Aussi ne fut-il pas long-temps dans l'embarras ; car je ne sais quel chevalier romain, connu, m'a-t-on dit, pour un infâme débauché, le voyant courir ainsi tout nu, le couvrit de son manteau et l'emmena chez lui, sans doute pour s'assurer le monopole de cette bonne fortune. Mais moi, je n'aurais pas même pu retirer mes habits du vestiaire, si je n'eusse produit un témoin qui affirma qu'ils m'appartenaient. Tant il est vrai qu'on fait plus de cas des dons du corps que de ceux de l'esprit !
— A chaque mot que disait Eumolpe, je changeais de couleur : car si l'accident arrivé à mon ennemi m'avait réjoui d'abord, j'étais désolé de le voir ainsi tourner à son avantage. Toutefois, comme si j'eusse été complètement étranger à cette aventure, je gardai le silence sur mes relations avec Ascylte, et je détaillai à Eumolpe le menu de notre souper. A peine avais-je cessé de parler, qu'on nous servit. Ce n'était que des mets assez communs, mais substantiels et nutritifs : notre poète famélique les dévora avec une effrayante avidité. Lorsqu'il fut enfin rassasié, il se prit à moraliser, et se répandit en invectives contre ces hommes qui dédaignent

## CAPUT XCIII.

[Corruptæ menti, inquit,] vile est, quod licet, et animus, errore tentus, injurias diligit.

Nolo, quod cupio, statim tenere,
Nec victoria mihi placet parata.
Ales Phasiacis petita Colchis,
Atque afræ volucres placent palato,
Quod non sunt faciles : at albus anser,
Et pictis anas enotata pennis,
Plebeium sapit. Ultimis ab oris
Attractus scarus, atque arata Syrtis,
Si quid naufragio dedit, probatur ;
Mullus jam gravis est. Amica vincit
Uxorem. Rosa cinnamum veretur.
Quidquid quæritur, optimum videtur.

— Hoc est, inquam, quod promiseras, ne quem hodie versum faceres? Per fidem, saltem nobis parce, qui te nunquam lapidavimus. Nam si aliquis ex his, qui in eodem synœcio potant, nomen poetæ olfecerit, totam con-

tout ce qui est d'un usage commun et vulgaire, et n'estiment que ce qui est rare.

## CHAPITRE XCIII.

Par une dépravation vraiment déplorable, dit-il, on méprise les jouissances faciles, et on se passionne avec entêtement pour celles qui nous semblent interdites :

> Je ne veux point d'une facile gloire :
> L'obstacle ajoute un lustre à la victoire.
> Aux bords du Phase habite le faisan ;
> Voilà son prix. La poule numidique
> A vu le jour dans les sables d'Afrique :
> Pour un gourmet, c'est un morceau friand.
> Pauvre canard, ta chair est fine et molle ;
> Fidèle oison, des fureurs du Gaulois,
> Ton cri jadis sauva le Capitole ;
> Mais humblement vous croissez sous nos toits :
> Vous n'êtes bons qu'à nourrir des bourgeois.
> Du bout du monde, où le sort l'a fait naître,
> La sargue accourt ; on l'achète à grands frais ;
> Et le barbeau, de la table du maître,
> Ne fait qu'un saut à celle des valets.
> La rareté fait le prix de la chose :
> Le cinnamome, enfant d'un sol lointain,
> Fait oublier les parfums d'une rose ;
> Et pour l'amour on néglige l'hymen.

— Est-ce ainsi, dis-je à Eumolpe, que vous tenez votre promesse de faire, pour aujourd'hui, trêve à la poésie ? De grâce, épargnez nos oreilles, à nous qui ne vous avons jamais lapidé ! Car, si quelqu'un de ceux qui boivent près de nous, dans cette auberge, venait à

citabit viciniam, et nos omnes sub eadem causa obruet. Miserere, et, aut pinacothecam, aut balneum cogita.— Sic me loquentem objurgavit Giton, mitissimus puer, et negavit recte facere, quod seniori conviciarer : simulque oblitus officii, mensam, quam humanitate posuissem, contumelia tollerem, multaque alia moderationis verecundiæque verba, quæ formam ejus egregie decebant.

## CAPUT XCIV.

O felicem, inquit [Eumolpus,] matrem tuam, quæ te talem peperit! Macte virtute esto! Raram facit mixturam cum sapientia forma. Itaque, ne putes, te tot verba perdidisse, amatorem invenisti. Ego laudes tuas carminibus implebo. Ego, pædagogus et custos, etiam quo non jusseris, sequar : nec injuriam Encolpius accipit; alium amat. — Profuit etiam Eumolpo miles ille, qui mihi abstulit gladium; alioquin, quem animum adversus Ascylton sumseram, eum in Eumolpi sanguinem exercuissem. Nec fefellit hoc Gitona. Itaque extra cellam processit, tanquam aquam peteret, iramque meam prudenti absentia exstinxit. Paululum ergo intepescente sævi-

flairer un poète, il mettrait tout le voisinage en rumeur; et, nous prenant pour vos confrères en Apollon, on nous assommerait tous trois en même temps. Cessez, par pitié! et rappelez-vous ce qui vient de vous arriver aux bains et sous le portique. — Giton, dont le caractère était naturellement doux et compatissant, me gronda de parler de la sorte. — Ce n'est pas bien, me dit-il, d'injurier un homme plus âgé que vous. Outrager ainsi celui que vous avez invité à votre table, c'est manquer aux lois de l'hospitalité, c'est perdre tout le fruit de votre politesse. — A cette remontrance, il ajouta des discours pleins de modération et de décence, qui avaient une grâce toute particulière dans la bouche de ce bel enfant.

## CHAPITRE XCIV.

Trois fois heureuse, dit Eumolpe, la mère qui t'a mis au monde. Courage, mon garçon! persévère dans ces bons sentimens; offre toujours le rare assemblage de la sagesse et de la beauté. Ce n'est pas en vain que tu as pris ma défense: tu as gagné mon cœur, je t'aime; et je veux désormais consacrer ma muse à chanter tes louanges. Je veux être ton précepteur, ton gardien; je te suivrai partout, bon gré malgré: Encolpe n'en peut prendre ombrage, car je sais qu'il aime ailleurs. — Fort heureusement pour notre poète, je n'avais plus l'épée que le soldat m'avait enlevée: bien lui en prit; car tout le courroux qu'Ascylte avait allumé dans mon âme, je l'aurais éteint dans le sang d'Eumolpe. Giton s'en aperçut; et, sous le prétexte d'aller chercher de l'eau, il quitta la chambre: son départ opportun apaisa mon res-

tia,—Eumolpe, inquam, jam malo vel carminibus loquaris, quam ejusmodi tibi vota proponas : et ego iracundus sum, et tu libidinosus ; vide, quam non conveniat his moribus. Putas igitur, me furiosum esse ? cede insaniæ, id est, ocius foras exi. — Confusus hac denuntiatione Eumolpus, non quæsiit iracundiæ causam, sed, continuo limen egressus, adduxit repente ostium cellæ, meque, nihil tale exspectantem, inclusit, exemitque raptim clavem; et ad Gitona investigandum cucurrit. Inclusus ego, suspendio vitam finire constitui : et jam semicinctio stanti ad parietem spondæ me junxeram, cervicesque nodo condebam; quum reseratis foribus intrat Eumolpus cum Gitone, meque a fatali jam meta revocat ad lucem. Giton præcipue, ex dolore in rabiem efferatus, tollit clamorem, me, utraque manu impulsum, præcipitat super lectum. — Erras, inquit, Encolpi, si putas, contingere posse, ut ante moriaris. Prior cœpi, in Ascylti hospitio gladium quæsivi. Ego, si te non invenissem, periturus per præcipitia fui : et, ut scias, non longe esse quærentibus mortem, specta invicem, quod me spectare voluisti. — Hæc locutus, mercenario Eumolpi novaculam rapit, et, semel iterumque cervice percussa, ante pedes collabitur nostros. Exclamo ego attonitus, secutusque labentem, eodem ferramento ad mortem viam quæro. Sed neque Giton ulla erat suspicione vulneris læsus,

sentiment ; et, devenu plus calme : — J'aime encore mieux, dis-je à Eumolpe, vos vers que votre prose, quand vous exprimez de semblables désirs. Vous êtes libertin, et moi colère : nos caractères ne pourront jamais sympathiser. Je vous parais, sans doute, un insensé, un furieux ? eh bien, soit ; évitez les accès de ma folie ; ou, pour parler clairement, décampez au plus vite. — Étourdi de cette apostrophe, Eumolpe, sans m'en demander l'explication, sort sur-le-champ, tire la porte sur lui, la ferme à double tour, met la clef dans sa poche, et court à la recherche de Giton. J'étais loin de m'attendre à une pareille ruse, et, me voyant ainsi renfermé, dans mon désespoir je résolus de me pendre. En conséquence je dressai le bois du lit contre la muraille, et j'y attachai ma ceinture : déjà je passais mon cou dans le nœud fatal, c'en était fait de moi.... lorsqu'Eumolpe, accompagné de Giton, ouvre brusquement la porte et me rend à la vie. Giton, surtout, passant, à cette vue, de la douleur à la rage, jette un grand cri, me prend dans ses deux bras, et me jetant à la renverse sur le lit : — Vous vous trompez, Encolpe, me dit-il, si vous pensez qu'il vous soit possible de mourir avant moi. Je vous avais prévenu dans ce dessein : quand j'étais chez Ascylte, j'ai vainement cherché une épée ; mais j'avais résolu, si je ne parvenais pas à vous rejoindre, de chercher la mort au fond d'un précipice : et, pour vous prouver que la mort ne se fait jamais attendre au malheureux qui la cherche, jouissez, à votre tour, du spectacle que vous me destiniez tout-à-l'heure. — A ces mots, il arrache un rasoir des mains du valet d'Eumolpe, en passe deux fois le tranchant

neque ego ullum sentiebam dolorem. Rudis enim novacula, et in hoc retusa, ut pueris discentibus audaciam tonsoris daret, instruxerat thecam. Ideoque nec mercenarius ad raptum ferramentum expaverat, nec Eumolpus interpellaverat mortem mimicam.

## CAPUT XCV.

Dum hæc fabula inter amantes luditur, diversitor cum [altera] parte cœnulæ intervenit, contemplatusque fœdissimam jacentium volutationem, — Rogo, inquit, ebrii estis, an fugitivi, an utrumque? quis autem grabatum illum erexit? aut quid sibi vult tam furtiva molitio? Vos, me Hercules! ne mercedem cellæ daretis, fugere nocte in publicum voluistis; sed non impune. Jam enim faxo, sciatis, non viduæ hanc insulam esse, sed M. Manicii. — Exclamat Eumolpus, Etiam minaris? — simulque os hominis palma excussissima pulsat. Ille, tot hospitum potionibus ebrius, urceolum fictilem in Eumolpi caput jaculatus est, solvitque clamantis frontem, et de cella se proripuit. Eumolpus, contumeliæ impatiens, rapit ligneum candelabrum, sequiturque abeun-

sur sa gorge, et tombe à nos pieds. Saisi d'épouvante, je jette de grands cris, et je me précipite sur le corps de Giton : armé du même rasoir, je veux le joindre dans la tombe. Mais l'espiègle ne s'était pas fait la moindre égratignure, et je ne sentais moi-même aucune douleur. C'était, en effet, un de ces rasoirs émoussés que l'on donne aux apprentis barbiers pour encourager leur maladresse. Aussi le valet, en voyant Giton le prendre dans sa trousse, n'avait pas témoigné le plus léger effroi, et Eumolpe avait considéré de sang-froid cette tragédie pour rire.

## CHAPITRE XCV.

Au dénoûment de cette farce, où Giton et moi nous jouions les rôles d'amoureux, survint le maître de l'auberge qui nous apportait le second service : nous voyant ainsi étendus par terre dans le plus grand désordre : — Qui êtes-vous ? s'écria-t-il ; des ivrognes ou des vagabonds, ou peut-être l'un et l'autre ? qui de vous a dressé ce lit contre le mur ? quel secret dessein avez-vous machiné ? Je crois, ma foi, que vous vouliez déloger cette nuit sans payer le loyer de votre chambre ; il n'en sera rien. Je vous ferai voir que cette maison isolée n'appartient pas à quelque pauvre veuve sans appui, mais à Marcus Manicius. — Tu oses nous menacer ! s'écrie Eumolpe. — Et en même temps il donne à l'aubergiste un vigoureux soufflet ; mais celui-ci, échauffé par les nombreuses libations qu'il avait faites avec ses hôtes, lance à la tête d'Eumolpe une cruche de terre qui lui meurtrit le front, et s'enfuit à toutes jambes. Notre poète, furieux d'un tel outrage, se saisit

tem, et creberrimis ictibus supercilium suum vindicat. Fit concursus familiæ, hospitumque ebriorum frequentia. Ego autem, nactus occasionem vindictæ, Eumolpum excludo, redditaque scordalo vice, sine æmulo scilicet, et cella utor, et nocte. Interim coctores insulariique mulcant exclusum : et alius veru, extis stridentibus plenum, in oculos ejus intentat : alius, furca de carnario rapta, statum prœliantis componit : anus præcipue lippa, sordidissimo præcincta linteo, soleis ligneis imparibus imposita, canem ingentis magnitudinis catena trahit, instigatque in Eumolpum. Sed ille candelabro se ab omni periculo vindicabat.

## CAPUT XCVI.

Videbamus nos omnia per foramen valvæ, quod paulo ante ansa ostioli rupta laxaverat, favebamque ego vapulanti. Giton autem, non oblitus misericordiæ suæ, reserandum ostium, succurrendumque periclitanti censebat. Ego, durante adhuc iracundia, non continui manum, sed caput miserantis stricto acutoque articulo percussi. Et ille flens quidem consedit in lecto : ego au-

d'un grand chandelier de bois, poursuit le fuyard, et, l'en frappant à tour de bras, lui rend avec usure le coup qu'il a reçu au front. Les valets de l'auberge et un grand nombre d'ivrognes accourent à ce bruit. Quant à moi, profitant de cette occasion pour me venger d'Eumolpe et rendre la pareille à ce brutal, je ferme la porte sur lui, bien résolu à jouir sans concurrent de ma chambre et des plaisirs que la nuit me promet. Cependant les marmitons et tous les habitans de l'auberge tombent sur le pauvre diable, dont j'ai coupé la retraite : l'un armé d'une broche, chargée de viandes encore fumantes, menace de lui crever les yeux ; un autre, saisissant un croc à suspendre les viandes, se place dans une attitude belliqueuse. Je remarquai surtout une servante vieille et chassieuse, qui, ceinte d'un torchon horriblement sale et chaussée de sabots dépareillés, traînait par la chaîne un énorme dogue et l'agaçait contre Eumolpe ; mais notre héros parait adroitement avec son chandelier tous les coups qu'on lui portait.

## CHAPITRE XCVI.

Nous regardions toute cette bagarre à travers une fente qu'Eumolpe, un instant auparavant, avait faite à la porte, dont il avait brisé le heurtoir. J'applaudissais aux coups qu'il recevait ; mais Giton, toujours compatissant, était d'avis qu'il fallait lui ouvrir et le secourir dans ce pressant danger. Mon ressentiment n'était pas encore apaisé, et, pour punir Giton de sa pitié hors de saison, je ne pus m'empêcher de lui donner sur la tête une chiquenaude bien appliquée. Le

tem alternos opponebam foramini oculos, injuriæque Eumolpi advocationem commodabam, et veluti quodam cibo me replebam : quum procurator insulæ, Bargates, a cœna excitatus, a duobus lecticariis in mediam rixam perfertur : nam erat etiam pedibus æger. Is, ut rabiosa barbaraque voce in ebrios fugitivosque diu peroravit, respiciens ad Eumolpum, — O poetarum, inquit, disertissime, tu eras? et non discedunt ocius nequissimi servi, manusque continent a rixa? — [ Tum ad aures Eumolpi accedens, ] — Contubernalis mea, [ inquit submissius, ] mihi fastum facit. Ita, si me amas, maledic illam versibus, ut habeat pudorem.

## CAPUT XCVII.

Dum Eumolpus cum Bargate in secreto loquitur, intrat stabulum præco cum servo publico, aliaque sane non modica frequentia, facemque fumosam magis, quam lucidam, quassans, hæc proclamavit :

*Puer in balneo paulo ante aberravit, annorum circa* xvi, *crispus, mollis, formosus, nomine Giton. Si quis eum reddere, aut commonstrare voluerit, accipiet nummos mille.*

pauvre enfant, fondant en larmes, alla se jeter sur le lit. Pour moi, je mettais, tantôt un œil, tantôt l'autre, au trou de la porte, et je jouissais de voir Eumolpe ainsi maltraité ; c'était un aliment dont se repaissait ma colère : quand tout à coup survint Bargate, le procurateur du quartier. Il avait quitté son souper pour venir mettre le holà ; et se faisait porter dans sa litière sur le champ de bataille, parce qu'il était perclus de ses deux jambes. Il déclama long-temps d'une voix terrible et courroucée contre les ivrognes et les vagabonds ; puis, reconnaissant Eumolpe : — Quoi ! c'est vous, lui dit-il, vous, la fleur de nos poètes ! et ces pendards de valets ne s'enfuient pas au plus vite ! et ils osent lever la main sur vous ! — Puis s'approchant d'Eumolpe, il lui dit tout bas à l'oreille : — Ma femme prend avec moi des airs dédaigneux : veuillez, pour l'amour de moi, faire une bonne satire contre elle, afin qu'elle rougisse de sa conduite.

## CHAPITRE XCVII.

Pendant que Bargate était en conversation secrète avec Eumolpe, entre dans l'auberge un crieur public, suivi d'un valet de ville et d'une grande foule de curieux : secouant un flambeau qui répandait plus de fumée que de lumière, il lut à haute voix cette proclamation :

*Un jeune homme d'environ seize ans, nommé Giton, aux cheveux frisés, d'une complexion délicate et d'un extérieur agréable, vient de s'égarer dans le bain : mille écus de récompense à quiconque le ramènera ou pourra indiquer le lieu de sa retraite.*

Nec longe a præcone Ascyltos stabat, amictus discoloria veste, atque in lance argentea indicium, et fidem præferebat. Imperavi Gitoni, ut raptim grabatum subiret, annecteretque pedes et manus institis, quibus sponda culcitam ferebat: ac, sicut olim Ulyxes utero arietis adhæsisset, extentus infra grabatum, scrutantium eluderet manus. Non est moratus Giton imperium, momentoque temporis inseruit vinculo manus, et Ulyxem astu simillimo vicit. Ego, ne suspicioni relinquerem locum, lectulum vestimentis implevi, uniusque hominis vestigium ad corporis mei mensuram figuravi. Interim Ascyltos, ut pererravit omnes cum viatore cellas, venit ad meam: et hoc quidem pleniorem spem concepit, quo diligentius oppessulatas invenit fores. Publicus vero servus, insertans commissuris secures, claustrorum firmitatem laxavit. Ego ad genua Ascylto procubui, et per memoriam amicitiæ, perque societatem miseriarum, petii, ut saltem ostenderet fratrem; immo, ut fidem haberent fictæ preces, — Scio te, inquam, Ascylte, ad occidendum me venisse: quo enim secures attulisti? Itaque satia iracundiam tuam: præbeo, ecce ! cervicem, funde sanguinem, quem sub prætextu quæstionis petiisti. — Amolitur Ascyltos invidiam; et, se vero nihil aliud, quam fugitivum suum, dixit, quærere; mortem nec hominis concupisse,

Près du crieur se tenait Ascylte, vêtu d'un robe bigarrée de diverses couleurs, et portant dans un plat d'argent la récompense promise. Sans perdre un instant, j'ordonnai à Giton de se fourrer sous le lit, et, comme autrefois Ulysse s'était caché sous le ventre d'un bélier, d'entrelacer ses pieds et ses mains dans les sangles qui soutenaient le matelas pour échapper aux perquisitions de ceux qui le cherchaient. Giton s'empressa de m'obéir, et se suspendit si bien aux sangles du lit, qu'Ulysse se serait avoué vaincu par notre ruse. De mon côté, pour éloigner tout soupçon, j'étendis mes vêtemens sur le lit, et, m'y couchant, j'y imprimai la forme d'un homme de ma taille. Cependant Ascylte, après avoir visité toutes les chambres avec le valet du crieur, s'arrêta devant la mienne : voyant que la porte était soigneusement fermée, il en conçut d'autant plus d'espoir. Mais le valet, introduisant sa hache entre la porte et son chambranle, en fit sauter les ferrures. Alors, me jetant aux pieds d'Ascylte, je le conjurai, au nom de notre ancienne amitié et des mauvais jours que nous avions supportés ensemble, de me laisser voir pour la dernière fois le frère que je regrettais. Et pour donner plus de vraisemblance à mes prières hypocrites : — Je sais, lui dis-je, Ascylte, que vous êtes venu dans l'intention de m'ôter la vie : ne le vois-je pas à ces haches qui vous accompagnent? assouvissez donc votre haine : voilà ma tête ; versez mon sang dont vous êtes altéré, car vos recherches ne sont qu'un vain prétexte. — Ascylte, indigné d'un pareil soupçon, jura qu'il n'avait d'autre but que de rattraper son fugitif; qu'il ne demandait la mort de personne, encore moins celle d'un suppliant dans lequel il ne pouvait,

nec supplicis; utique ejus, quem post fatalem rixam habuit carissimum.

## CAPUT XCVIII.

At non servus publicus tam languide agit, sed raptam cauponi arundinem subter lectum mittit, omniaque etiam foramina parietum scrutatur. Subducebat Giton ab ictu corpus, et, reducto timidissime spiritu, ipsos cimices ore tangebat. [ Illis autem vix egressis, ] Eumolpus, quia effractum ostium cellæ neminem poterat excludere, irrumpit perturbatus, et, — Mille, inquit, nummos inveni : jam enim persequar abeuntem præconem, et, in potestate tua esse Gitonem, meritissima proditione monstrabo. — Genua ego perseverantis amplector, ne morientes vellet occidere : et, — Merito, inquam, excandesceres, si posses proditum ostendere. Nunc inter turbam puer fugit, nec, quo abierit, suspicari possum. Per fidem, Eumolpe, reduc puerum, et vel Ascylto redde. — Dum hæc ego' jam credenti persuadeo, Giton, collectione spiritus plenus, ter continuo ita sternutavit, ut grabatum concuteret. Ad quem motum Eumolpus conversus, salvere Gitona jubet. Remota etiam culcita, videt Ulyxem, cui vel esuriens Cyclops potuisset parcere. Mox conversus ad me, — Quid est, inquit, latro ? Ne deprehensus quidem ausus es mihi verum di-

même après un fâcheux démêlé, méconnaître le plus cher de ses amis.

## CHAPITRE XCVIII.

Cependant le valet de ville se montrait plus actif ; armé d'une canne qu'il avait arrachée au cabaretier, il sondait le dessous du lit, et fouillait tous les coins et recoins de la chambre. Mais Giton évitait adroitement tous les coups, et retenait sa respiration, malgré les punaises qui lui couraient sur le visage. Dès qu'ils furent partis, Eumolpe, profitant de ce que la fracture de la porte ouvrait un libre accès à tout le monde, se précipita dans la chambre ; et, transporté de joie, s'écria : — J'ai gagné mille écus ! Je vais courir après le crieur qui s'en va, et, pour vous punir du tour que vous m'avez joué, je lui déclarerai que Giton est entre vos mains. — Voyant qu'il persistait dans sa résolution, j'embrasse ses genoux et je le conjure de ne pas donner le dernier coup à des malheureux déjà plus qu'à demi morts. — Vous auriez raison de vous venger, ajoutai-je, s'il était en votre pouvoir de trouver celui que vous voulez livrer ; mais le pauvre enfant vient de s'échapper dans la foule, et je ne sais où il est allé. Au nom des dieux ! Eumolpe, tâchez de le retrouver, dussiez-vous même le rendre à Ascylte. — Il commençait à ajouter foi à cette histoire, lorsque Giton, ne pouvant plus long-temps retenir son haleine, éternua trois fois de suite avec tant de force, que le lit en trembla. — Les dieux vous bénissent ! — dit Eumolpe, se tournant du côté d'où venait ce bruit ; et, soulevant le matelas, il aperçut notre Ulysse, qu'un Cyclope même à jeun eût épargné. A cette vue, il m'a-

cere? Immo, ni deus quidam, humanarum rerum arbiter, pendenti puero excussisset indicium, elusus circa popinas errarem. — [At] Giton longe blandior, quam ego, primum araneis oleo madentibus vulnus, quod in supercilio factum erat, coarctavit; mox palliolo suo laceratam mutavit vestem, amplexusque jam mitigatum, osculis, tanquam fomentis, aggressus est: et, — In tua, inquit, pater carissime, in tua sumus custodia. Si Gitona tuum amas, incipe velle servare. Utinam me solum inimicus ignis hauriret! utinam hibernum invaderet mare! Ego enim omnium scelerum materia, ego causa sum. Si perirem, conveniret inimicis. — [Eumolpus, tum Encolpii, tum Gitonis, commotus ærumnis, et præcipue blanditiarum Gitonis non immemor, — Stultissimi, inquit, certe estis vos, qui virtute præditi, felices esse potestis, vitam tamen ærumnosam degitis, et singulis diebus vos ultro novis torquetis cruciatibus.]

## CAPUT XCIX.

Ego sic semper et ubique vixi, ut ultimam quamque lucem, tanquam non redituram, consumerem: [ id est,

postropha de la sorte : —Scélérat! pris sur le fait, tu as encore l'effronterie de nier la vérité! Que dis-je? si la divinité qui ne souffre pas que le crime reste impuni, n'eût forcé cet enfant à me découvrir sa retraite, dupe de tes artifices, je serais maintenant à courir les cabarets pour l'y chercher. — Mais Giton, qui s'entendait bien mieux que moi à cajoler son monde, commença par panser, avec une toile d'araignée trempée dans de l'huile, la blessure qu'Eumolpe avait reçue au front; ensuite, à la robe déchirée du poète, il substitua son petit manteau; puis, voyant qu'il commençait à se calmer, pour dernier lénitif il le prit dans ses bras et le couvrit de baisers : —O mon père! mon tendre père! s'écria-t-il, notre sort est entre vos mains. Si vous aimez un peu votre petit Giton, commencez par le sauver. Plût au ciel, hélas! que je fusse dévoré par les flammes; plût au ciel que la mer orageuse m'engloutît! moi qui suis l'unique sujet, la seule cause de ces criminels débats : du moins, ma mort rapprocherait deux amis que j'ai brouillés. — Eumolpe, touché de mes maux et de ceux de Giton, attendri surtout par les caresses que lui avait prodiguées cet aimable enfant : — Fous que vous êtes, nous dit-il, avec le mérite que vous avez, vous pourriez vivre heureux, et cependant vous passez votre misérable existence dans des inquiétudes continuelles : chaque jour vous vous créez à vous-mêmes de nouveaux chagrins.

## CHAPITRE XCIX.

Pour moi, toujours et partout, j'ai vécu comme si chaque jour dont je jouissais était le dernier de mes

in tranquillitate : si me vultis imitari, sollicitudines animis mittite. Ascyltos hic vos insectatur : fugite illum, et me profecturum in regiones extraneas sequimini. In navigio vector proxima forsan nocte proficiscar : ibi plane notus sum, et gratiose accipiemur. [— Prudens utileque hoc consilium mihi visum est, quia Ascylti vexationibus me vindicabat, vitamque pollicebatur feliciorem. Eumolpi victus humanitate, nuper illi injuriam fecisse, maxime dolui; meæque æmulationis, tot malorum causæ, pœnitentiam agere cœpi.] Profusis ego lacrymis rogo, quæsoque, ut mecum quoque redeat in gratiam : neque enim in amantium esse potestate furiosam æmulationem : daturum tamen operam, ne aut dicam, aut faciam amplius, quo possit offendi. Tantum omnem scabitudinem animo, tanquam bonarum artium magister, deleret sine cicatrice. Incultis asperisque regionibus diutius nives hærent : ast, ubi ex aratro domefacta tellus nitet, dum loqueris, velut pruina dilabuntur. Similiter in pectoribus ira considit : feras quidem mentes obsidet, eruditas prælabitur. — Ut scias, inquit Eumolpus, verum esse, quod dicis, ecce! etiam osculo iram finio. Itaque, quod bene eveniat, expedite sarcinulas, et vel sequimini me, vel, si mavultis, ducite. — Adhuc loquebatur, quum crepuit ostium impulsum, stetitque in limine barbis horrentibus nauta ; et : — Mo-

jours, et ne devait jamais revenir; c'est-à-dire, sans m'inquiéter du lendemain. Suivez donc mon exemple, et narguez les soucis. Ascylte vous poursuit ici; fuyez loin de lui. Je suis sur le point de faire un voyage dans un pays lointain ; venez avec moi : le vaisseau sur lequel je dois m'embarquer mettra peut-être à la voile cette nuit : je suis connu des gens de l'équipage, et nous y serons bien reçus. — Ce conseil me parut sage et utile; il me délivrait des persécutions d'Ascylte, et me promettait une existence plus heureuse. Vaincu par la générosité d'Eumolpe, je me repentais amèrement des mauvais procédés que je venais d'avoir à son égard, et je me reprochais la jalousie qui en avait été la cause. Je le conjurai donc, les larmes aux yeux, de me pardonner : — Il n'est pas, lui dis-je, au pouvoir d'un homme qui aime de réprimer cette violente passion, mais je ferai en sorte de ne rien dire et de ne rien faire à l'avenir qui puisse vous déplaire. Vous devez donc, en véritable philosophe, bannir de votre esprit le souvenir des différens qui se sont élevés entre nous, de manière qu'il n'en reste aucune trace. Les neiges séjournent long-temps sur un sol inculte et raboteux ; mais sur une terre unie et domptée par la culture, elles se fondent aussitôt, comme une gelée blanche. Il en est de même de la colère, elle prend racine dans un esprit grossier, mais elle effleure à peine une âme éclairée. — Pour confirmer, répondit Eumolpe, la vérité de ce que vous dites, tenez, je vous donne le baiser de paix. Maintenant, pour que tout aille à bien, faites au plus vite vos paquets, et suivez-moi ; ou, si vous le préférez, soyez mes guides. — Il parlait encore, quand on heurta rudement à la porte, qui,

raris, inquit, Eumolpe, tanquam properandum ignores?
— Haud mora, omnes consurgimus, et Eumolpus quidem mercenarium suum, jam olim dormientem, exire cum sarcinis jubet. Ego cum Gitone, quidquid erat, in altum compono, et, adoratis sideribus, intro navigium.

## CAPUT C.

[In puppis constrato locum semotum elegimus, et, nondum orta die, Eumolpus dormitabat. Ego vero Gitonque, ne quidem minimum somni haurire potuimus. Anxius perpendebam, me in societatem recepisse Eumolpum, Ascylto formidabiliorem æmulum, et illud valde me torquebat. Ratione vero dolorem vincente,] molestum [inquam] quod puer hospiti placet. Quid autem, non commune est, quod natura optimum fecit? Sol omnibus lucet. Luna, innumerabilibus comitata sideribus, etiam feras ducit ad pabulum. Quid aquis dici formosius potest? in publico tamen manant. Solus ergo amor furtum potius, quam præmium, erit? Immo vero nolo habere bona, nisi quibus populus inviderit. Unus, et senex, non erit gravis: etiam quum voluerit aliquid sumere, opus anhelitu perdet. Hoc ut infra fiduciam posui, sedavique animum diffidentem, cœpi somnum,

en s'ouvrant, offrit à nos regards un marin à la barbe touffue : — Qui vous arrête? dit-il à Eumolpe; ne savez-vous pas qu'il faut se hâter? — Nous nous levons aussitôt, et Eumolpe, réveillant son valet qui dormait depuis long-temps, lui ordonne de partir avec notre bagage. Moi et Giton, nous faisons un paquet de tout ce qui nous reste de vivres ; et, après une fervente prière aux astres protecteurs de la navigation, nous montons à bord.

## CHAPITRE C.

Nous nous plaçâmes dans un endroit écarté, près de la poupe; et comme il ne faisait pas encore jour, Eumolpe s'endormit. Quant à Giton et à moi, il nous fut impossible de fermer l'œil. Je réfléchissais tristement à l'imprudence que j'avais faite en recevant dans ma société Eumolpe, rival plus dangereux encore qu'Ascylte : sa présence m'inspirait les plus vives inquiétudes. Enfin, pour triompher de mon chagrin, j'appelai la raison à mon secours : — Il est fâcheux, disais-je en moi-même, que cet enfant plaise à Eumolpe. Mais, après tout, la nature n'a-t-elle pas mis en commun, pour l'usage de tous, ses plus belles créations? Le soleil luit pour tout le monde. La lune, accompagnée d'un cortège innombrable d'étoiles, ne refuse pas même sa lumière aux bêtes sauvages qui cherchent leur pâture pendant la nuit. Qu'y a-t-il de plus beau que les eaux? cependant elles coulent pour tous les habitans de la terre. Pourquoi donc l'amour seul serait-il le prix d'un larcin, plutôt que la récompense du mérite? et, toutefois, nous n'estimons que les biens dont les autres nous envient la possession.

obruto tunicula capite, mentiri. Sed repente, quasi destruente Fortuna constantiam meam, ejusmodi vox super constratum puppis congemuit : — Ergo me derisit ? — At hæc quidem virilis, et pæne auribus meis familiaris, animum palpitantem percussit. Ceterum cadem indignatione mulier lacerata ulterius excanduit ; et : — Si quis deus manibus meis, inquit, Gitona imponeret, quam bene exsulem exciperem ! — Uterque nostrum, tam inexspectato ictus sono, amiserat sanguinem. Ego præcipue, quasi somnio quodam turbulento circumactus, diu vocem collegi, tremulisque manibus Eumolpi, jam in soporem labentis, laciniam duxi ; et, — Per fidem, inquam, pater, cujus hæc navis est? aut quos vehat, dicere potes? — Inquietatus ille, moleste tulit; et: — Hoc erat, inquit, quod placuerat tibi, ut super constratum navis, occuparemus secretissimum locum, ne nos patereris requiescere? Quid porro ad rem pertinet, si dixero, Lycam Tarentinum esse dominum hujusce navigii, qui Tryphænam exulem Tarentum ferat?

Mais, après tout, je n'ai plus qu'un rival, et encore si vieux, que, s'il voulait prendre quelques libertés avec Giton, il perdrait haleine avant d'en venir à son honneur? — Rassurée par le peu de vraisemblance d'une pareille tentative, mon humeur jalouse se calma, et, me couvrant la tête de mon manteau, je feignis de dormir. Mais, au même instant, comme si la Fortune eût pris à tâche d'abattre ma constance, j'entendis, dans la chambre de poupe, retentir ces terribles paroles : — C'est donc ainsi qu'il s'est joué de ma crédulité? — Les sons mâles de cette voix, qui ne m'était pas tout-à-fait inconnue, me frappèrent d'épouvante. Mais que devins-je, lorsqu'une femme, qui paraissait également irritée, s'écria d'un ton encore plus animé : — Si quelque divinité faisait tomber Giton entre mes mains, comme je recevrais ce fugitif! — Cette rencontre imprévue nous glaça à tous deux le sang dans les veines. Moi, surtout, comme étouffé par un horrible cauchemar, je fus long-temps sans pouvoir proférer une seule parole. Enfin, d'une main tremblante, tirant Eumolpe, déjà endormi, par le pan de sa robe : — Mon père, lui dis-je, au nom du ciel! à qui appartient ce navire? ne pourriez-vous m'apprendre quels passagers y sont embarqués? — Troublé dans son sommeil, il me répondit avec humeur : — Était-ce donc pour nous empêcher de dormir, qu'il vous a plu de choisir l'endroit le plus écarté du tillac? En serez-vous plus avancé, quand je vous aurai dit que ce vaisseau appartient à Lycas de Tarente, qui ramène dans cette ville une voyageuse nommée Tryphène?

5.

## CAPUT CI.

Intremui post hoc fulmen attonitus, juguloque detecto, — Aliquando, inquam, totum me, Fortuna, vicisti. — Nam Giton quidem, super meum pectus positus, animam egit. Deinde, ut effusus sudor utriusque spiritum revocavit, comprehendi Eumolpi genua : — Miserere, inquam, morientium, id est, pro consortio studiorum, commoda manum. Mors venit, quæ, nisi per te non licet, potest esse pro munere. — Inundatus hac Eumolpus invidia, jurat per deos deasque, se neque scire, quid acciderit, nec ullum dolum malum consilio adhibuisse; sed mente simplicissima, et vera fide in navigium comites induxisse, quo ipse jam pridem fuerit usurus. — Quæ autem hic insidiæ sunt? inquit, aut quis nobis Annibal navigat? Lycas Tarentinus, homo verecundissimus, et non tantum hujus navigii dominus, quod regit, sed fundorum etiam aliquot, et familiæ negotiantis, onus deferendum ad mercatum conduxit. Hic est cyclops ille, et archipirata, cui vecturam debemus : et præter hunc Tryphæna, omnium feminarum formosissima, quæ voluptatis causa huc atque illuc vectatur. — Hi sunt, inquit Giton, quos fugimus : — simulque raptim causas odiorum, et instans periculum trepidanti Eumolpo exponit. Confusus ille, et consilii egens, jubet

## CHAPITRE CI.

Ces paroles furent pour moi un coup de foudre. Je frissonnai de tous mes membres, et, présentant ma gorge à découvert : — Fortune, m'écriai-je, tu l'emportes ! je suis perdu sans ressource. — Giton, renversé sur mon sein, y resta long-temps sans connaissance. Enfin, lorsqu'une abondante sueur nous eut rendu l'usage de nos sens, embrassant les genoux d'Eumolpe : — Ayez pitié, lui dis-je, de deux mourans. Au nom de cet enfant, nos communes amours, délivrez-nous de la vie : la mort est devant nous, et, si vous n'y mettez obstacle, nous la recevrons comme un bienfait du ciel. — Étourdi de cette violente apostrophe, Eumolpe jure ses grands dieux qu'il ignore de quel évènement nous sommes menacés, qu'il n'a eu aucun mauvais dessein, qu'il ne nous a tendu aucun piège ; mais que c'est de bonne foi, et le plus innocemment du monde, qu'il nous a conduits sur ce navire, où son passage était arrêté depuis long-temps. — Quelles sont donc, dit-il, les embûches que vous redoutez ici ? quel nouvel Annibal se trouve à bord parmi nous ? Lycas de Tarente, à la fois le pilote et le propriétaire de ce vaisseau, est un fort honnête homme qui possède, en outre, plusieurs domaines : il a embarqué une troupe d'esclaves qu'il transporte à Tarente pour y être vendus. Voilà le cyclope, le pirate auquel nous devons notre passage. Il y a aussi sur ce vaisseau Tryphène, la plus belle des femmes, qui aime à voyager de côté et d'autre pour son plaisir. — Ce sont justement, reprit Giton, les ennemis que nous fuyons ! — Et, sur-le-champ, il raconta suc-

quemque suam sententiam proponere : et, — Fingite, inquit, nos antrum Cyclopis intrasse. Quærendum est aliquod effugium, nisi naufragium ponimus, et omni nos periculo liberamus. — Immo, inquit Giton, persuade gubernatori, ut in aliquem portum navem deducat, non sine præmio scilicet; et affirma ei, impatientem maris fratrem tuum in ultimis esse. Poteris hanc simulationem et lacrymis, et vultus confusione obumbrare, ut misericordia permotus gubernator indulgeat tibi. — Negavit hoc Eumolpus fieri posse; — quia magna navigia portibus se gravatim insinuant, nec, tam cito fratrem defecisse, verisimile erit. Accedit his, quod forsitan Lycas, officii causa, visere languentem desiderabit. Vides, quam valde nobis expediat, ultro dominum ad fugientes accedere. Sed finge, navem ab ingenti posse cursu deflecti, et Lycam non utique circumiturum ægrorum cubilia : quomodo possumus egredi nave, ut non conspiciamur a cunctis? opertis capitibus, an nudis? Opertis, et quis non dare manum languentibus volet? Nudis? et quid erit aliud, quam se ipsos proscribere.

cinctement à Eumolpe, muet de surprise, les motifs de haine que ces gens avaient contre nous, et les périls dont nous étions menacés. Interdit, et ne sachant quel parti prendre : — Que chacun, dit le poète, expose son avis. Figurez-vous que nous sommes dans l'antre de Polyphème ; il nous faut chercher quelque moyen d'en sortir : à moins que nous ne préférions nous jeter à la mer,, ce qui nous délivrerait à l'instant de tout danger. — Il vaudrait mieux, reprit Giton, tâcher d'obtenir du pilote, moyennant salaire, bien entendu, qu'il nous débarque au port le plus voisin. Vous affirmerez que votre frère, tourmenté du mal de mer, est à toute extrémité. Pour donner à ce mensonge un air de vérité, vous vous présenterez au pilote les larmes aux yeux et le visage renversé, afin qu'ému de compassion, il se rende à votre prière. — Cela n'est pas possible, répondit Eumolpe ; un grand vaisseau comme le nôtre n'entre que bien difficilement dans un port ; et, d'ailleurs, il ne serait pas vraisemblable que votre frère eût pu perdre la santé en si peu de temps. Ajoutez à cela que Lycas, par humanité, voudra peut-être visiter le moribond. Voyez maintenant s'il est de votre intérêt d'attirer auprès de vous ce même capitaine que vous fuyez. Mais supposons qu'il soit facile de détourner le vaisseau de sa destination lointaine ; supposons même que Lycas ne visitera pas la cabine du prétendu malade : comment parviendrons-nous à descendre du vaisseau sans être vus de tout le monde ? Sortirons-nous la tête couverte, ou nue ? Si nous nous couvrons la tête, tout le monde voudra présenter la main à de pauvres malades ; si nous allons tête nue, ce sera nous jeter dans la gueule du loup.

## CAPUT CII.

Quin potius, inquam ego, ad temeritatem confugimus, et per funem lapsi descendimus in scapham, præcisoque vinculo, reliqua Fortunæ committimus? Nec ego in hoc periculum Eumolpum arcesso. Quid enim attinet, innocentem alieno periculo imponere? Contentus sum, si nos descendentes adjuverit casus. — Non imprudens consilium, inquit Eumolpus, si aditum haberet. Quis enim non euntes notabit? Utique gubernator, qui, pervigil, nocte siderum quoque motus custodit. Et utcunque imponi vel dormienti posset, si per aliam partem navis fuga quæreretur : nunc per puppim, per ipsa gubernacula delabendum est, a quorum regione funis descendit, qui scaphæ custodiam tenet. Præterea illud miror, Encolpi, tibi non succurrisse, unum nautam stationis perpetuæ, interdiu noctuque, jacere in scapha, nec posse inde custodem, nisi aut cæde expelli, aut præcipitari viribus. Quod an fieri possit, interrogate audaciam vestram. Nam, quod ad meum quidem comitatum attinet, nullum recuso periculum, quod salutis spem ostendit. Nam sine causa quidem spiritum, tanquam rem vacuam impendere, nec vos quidem existimo velle. Videte, numquid hoc placeat? Ego vos in duas jam pelles conjiciam, vinctosque loris inter vestimenta pro sar-

## CHAPITRE CII.

Trève, m'écriai-je, à ces timides conseils ! n'ayons recours qu'à l'audace ; laissons-nous couler dans la chaloupe le long du câble, coupons-le, et abandonnons le reste au hasard. Cependant, cher Eumolpe, mon intention n'est pas de vous associer à nos périls : il n'est pas juste que l'innocent s'expose pour le coupable. Tous mes vœux seront comblés, si la fortune seconde notre fuite. — Excellent avis ! dit Eumolpe, s'il était praticable. Espérez-vous donc que personne ne s'apercevra de votre départ ? Échapperez-vous aux regards du pilote, qui, toujours éveillé, passe la nuit à observer le cours des astres ? Et quand bien même il viendrait à s'endormir, vous ne pourriez vous flatter de tromper sa vigilance qu'en vous échappant par le côté du vaisseau opposé à celui où il se tient : mais c'est à la poupe, auprès du gouvernail, qu'est attaché le câble qui retient la chaloupe, et c'est par là qu'il vous faut descendre. Je m'étonne d'ailleurs, Encolpe, que vous n'ayez pas songé au matelot qui est de garde jour et nuit dans cette chaloupe, et que vous n'en pourrez chasser qu'en le tuant ou en le jetant à la mer de vive force. Vous sentez-vous capable d'un coup si hardi ? Consultez votre courage. Quant à moi, je suis prêt à vous suivre et aucun danger ne m'arrêtera, pourvu qu'il y ait quelque chance de salut ; car je ne vous crois pas assez fous pour exposer votre vie de gaîté de cœur et sans aucun espoir de succès. Voyez si vous préférez l'expédient que voici : je vous mettrai avec mes habits dans deux valises, qui seront censées faire partie de mon bagage, et j'en fer-

cinis habebo, apertis scilicet aliquatenus labris, quibus et spiritum recipere possitis, et cibum. Conclamabo deinde, nocte servos, pœnam graviorem timentes, præcipitasse se in mare: deinde, quum ventum fuerit in portum, sine ulla suspicione, pro sarcinis vos efferam. — Ita vero, inquam ego, tanquam solidos alligaturus, quibus non soleat venter injuriam facere; an tanquam eos, qui sternutare non soleamus, nec stertere? an quia hoc genus furti semel mihi feliciter cessit? Sed finge, una die vinctos posse durare : quid ergo? si diutius aut tranquillitas nos tenuerit, aut adversa tempestas, quid facturi sumus? Vestes quoque, diutius vinctas, ruga consumit, et chartæ alligatæ mutant figuram. Juvenes adhuc laboris expertes, statuarum ritu patiemur pannos et vincula? Adhuc aliquod iter salutis quærendum est. Inspicite, quod ego inveni. Eumolpus, tanquam litterarum studiosus, utique atramentum habet. Hoc ergo remedio mutemus colores, a capillis usque ad ungues. Ita, tanquam servi æthiopes, et præsto tibi erimus, sine tormentorum injuria hilares, et, permutato colore, imponemus inimicis. — Quin tu, inquit Giton, et circumcide nos, ut Judæi videamur; et pertunde aures, ut imitemur Arabes; et increta facies, ut suos Gallia cives putet : tanquam hic solus color figuram possit pervertere, et non multa una oporteat consentiant, ut omni ratione

merai les courroies, en y laissant seulement une petite ouverture, par laquelle vous puissiez respirer et recevoir des alimens : puis, demain matin, je publierai que mes deux esclaves, craignant un châtiment encore plus rigoureux, se sont jetés à la mer pendant la nuit; et lorsque le vent nous aura conduits au port, je vous ferai débarquer avec mes valises, sans exciter aucun soupçon. — A merveille ! m'écriai-je; nous prenez-vous pour des corps solides que l'on peut enfermer à volonté? Croyez-vous donc que nous soyons exempts des nécessités ordinaires à tous les hommes; que nous soyons habitués à rester immobiles, sans éternuer, sans ronfler? Vous fiez-vous à ce que ce stratagème m'a réussi une fois? Mais je vous accorde que nous puissions rester tout un jour empaquetés de la sorte: qu'en résultera-t-il? Si le calme ou les vents contraires nous retiennent en mer, que deviendrons-nous? nous moisirons comme des habits renfermés trop long-temps, ou comme des livres dont les caractères sont devenus illisibles. Jeunes comme nous le sommes, et peu faits à ce genre de fatigue, nous resterions emballés, emmaillottés comme des statues! Cherchons donc, je vous prie, quelqu'autre moyen de salut. Que vous semble, par exemple, de cette invention? Eumolpe, en sa qualité d'homme de lettres, doit avoir avec lui sa provision d'encre: servons-nous-en pour nous teindre en noir de la tête aux pieds; ainsi déguisés, nous passerons pour des esclaves éthiopiens, nous vous servirons comme tels, trop heureux d'éviter ainsi le châtiment dont nous sommes menacés; et notre changement de couleur nous rendra méconnaissables aux yeux même de nos ennemis. —

mendacium constet. Puta, infectam medicamine faciem diutius durare posse : finge, nec aquæ asperginem imposituram aliquam corpori maculam, nec vestem atramento adhæsuram, quod frequenter, etiam non arcessito ferrumine, infigitur : age, numquid et labra possumus tumore teterrimo implere? numquid et crines calamistro convertere? numquid et frontes cicatricibus scindere ? numquid et crura in orbem pandere? numquid et talos ad terram deducere? numquid barbam peregrina ratione figurare? Color, arte compositus, inquinat corpus, non mutat. Audite, quid dementi succurrerit. Præligemus vestibus capita, et nos in profundum mergamus.

## CAPUT CIII.

Nec istud dii hominesque patiantur, Eumolpus exclamat, ut vos tam turpi exitu vitam finiatis! Immo potius facite, quod jubeo : mercenarius meus, ut ex novacula comperistis, tonsor est : hic continuo radat utriusque non solum capita, sed etiam supercilia. Sequar ego, frontes notans inscriptione sollerti, ut videamini stigmate

Oui-dà ? reprit Giton ; que ne nous proposez-vous aussi de nous circoncire, afin qu'on nous prenne pour des Juifs ; de nous percer les oreilles, pour ressembler à des Arabes ; ou de nous frotter le visage avec de la craie, pour paraître de vrais Gaulois ? comme si, en changeant notre couleur, nous pouvions aussi changer nos traits. Cela ne suffit pas ; il faut encore que tout concoure, que tout soit d'accord pour soutenir un pareil rôle. Supposons que la drogue dont on nous barbouillera soit long-temps sans s'effacer ; que l'eau qui tombera par hasard sur notre corps n'y fasse aucune tache ; que l'encre ne s'attachera pas à nos habits, ce qui arrive souvent, même lorsqu'on n'y met point de gomme : dites-moi, pourrons-nous aussi nous faire des lèvres d'une grosseur démesurée, comme les Éthiopiens ; friser nos cheveux comme les leurs, nous tatouer comme eux le visage, nous courber les jambes en cerceaux, marcher sur les talons, et imiter la laine qui leur couvre le menton ? croyez-moi, cette couleur artificielle nous salira le corps sans le changer. Écoutez l'avis que m'inspire le désespoir : enveloppons-nous la tête de nos robes, et jetons-nous à la mer.

## CHAPITRE CIII.

Que les dieux et les hommes, s'écrie Eumolpe, vous préservent d'une mort si misérable ! faites plutôt ce que je vais vous dire. Mon valet est barbier, comme vous l'avez pu voir à sa trousse : il va vous raser sur-le-champ à tous deux, non-seulement la tête, mais même les sourcils ; ensuite je tracerai adroitement sur vos fronts une inscription qui indiquera que vous avez été

esse puniti. Ita cædem litteræ, et suspicionem declinabunt quærentium, et vultus umbra supplicii tegent. — [Placuit, et] non est dilata fallacia; sed ad latus navigii furtim processimus, capitaque cum superciliis denudanda tonsori præbuimus. Implevit Eumolpus frontes utriusque ingentibus litteris, et notum fugitivorum epigramma per totam faciem liberali manu duxit. Unus forte ex vectoribus, qui, acclinatus lateri navis, exonerabat stomachum, nausea gravem, notavit sibi ad lunam tonsorem, intempestivo inhærentem ministerio, exsecratusque omen, quod imitaretur naufragorum ultimum votum, in cubile rejectus est. Nos, dissimulata nauseantis devotione, ad ordinem tristitiæ redimus, silentioque composito, reliquas noctis horas male soporati consumsimus. [Postero die statim atque Eumolpus e lecto Tryphænam consurrexisse intellexit, diætam Lycæ intravit; ubi postquam locutum est de felicissima navigatione, quam cœli serenitas augurabat, Lycas respiciens ad Tryphænam,]

## CAPUT CIV.

Videbatur [inquit] mihi secundum quietem, Priapus dicere: Encolpion, quem quæris, scito, a me in navem tuam esse perductum. — Exhorruit Tryphæna; et: — Putes, inquit, una nos dormiisse; nam et mihi simula-

marqués pour désertion : ces stigmates d'un honteux supplice déguiseront votre visage et mettront en défaut la sagacité de ceux qui vous cherchent. — Cet avis prévalut, et l'on se mit sur-le-champ à l'œuvre. Nous nous approchons à pas de loup du bord du vaisseau, et nous livrons notre tête au barbier, qui fait tomber sous son rasoir nos cheveux et nos sourcils; alors Eumolpe, d'une main exercée, nous couvre à grands traits le visage entier des lettres dont on marque ordinairement les esclaves fugitifs. Par malheur, un des passagers qui, penché sur le flanc du navire, soulageait son estomac travaillé du mal de mer, aperçut, au clair de la lune, notre barbier en fonctions à cette heure indue ; maudissant cette action comme un funeste présage (car ce n'est qu'au moment du naufrage que les nautonniers font le sacrifice de leur chevelure), il se rejeta dans son lit. Pour nous, faisant semblant de ne pas entendre ses imprécations, nous reprîmes notre air triste ; et, gardant le plus profond silence, nous passâmes le reste de la nuit dans un sommeil agité. Le lendemain matin, dès qu'Eumolpe apprit que Tryphène était levée, il entra dans la chambre de Lycas. On s'entretint d'abord du beau temps et de l'heureuse navigation qu'il nous promettait; puis Lycas, s'adressant à Tryphène, lui parla en ces termes :

## CHAPITRE CIV.

Cette nuit, Priape m'est apparu en songe : Apprends, m'a-t-il dit, que j'ai conduit à bord de ton vaisseau cet Encolpe que tu cherches. — Tryphène tressaillit et s'écria : — On dirait que nous avons dormi sur le même oreiller; car cette statue de Neptune, que

crum Neptuni, quod Baiis in peristylo notaveram, videbatur dicere : In navi Lycæ Gitona invenies. — Hinc scies, inquit Eumolpus, Epicurum hominem esse divinum, qui ejusmodi ludibria facetissima ratione condemnat :

> Somnia, quæ mentes ludunt volitantibus umbris,
> Non delubra deum, nec ab æthere numina mittunt;
> Sed sibi quisque facit. Nam, quum prostrata sopore
> Urget membra quies, et mens sine pondere ludit :
> Quidquid luce fuit, tenebris agit. Oppida bello
> Qui quatit, et flammis miserandas sævit in urbes;
> Tela videt, versasque acies, et funera regum,
> Atque exundantes perfuso sanguine campos.
> Qui causas orare solent; legesque forumque,
> Et pavido cernunt inclusum corde tribunal.
> Condit avarus opes, defossumque invenit aurum.
> Venator saltus canibus quatit. Eripit undis,
> Aut premit eversam periturus navita puppim.
> Scribit amatori meretrix. Dat adultera nummos.
> Et canis, in somnis, leporis vestigia latrat.
> [In noctis spatio miserorum vulnera durant.]

Ceterum Lycas, ut Tryphænæ somnium expiavit, —

j'avais remarquée sous le péristyle du temple de Baïes, m'est aussi apparue, et m'a dit : Tu trouveras Giton dans le navire de Lycas. — Cela vous prouve, reprit Eumolpe, combien le divin Épicure a eu raison de blâmer, d'une manière fort plaisante, ceux qui ajoutent foi à ces vaines illusions.

<blockquote>
Ces songes, légers fils de l'ombre et du sommeil,<br>
Que la nuit a formés, que détruit le réveil,<br>
N'annoncent point du ciel les avis fatidiques :<br>
L'homme à ses souvenirs doit leurs jeux fantastiques.<br>
Dès que ce dieu pesant qui donne le repos,<br>
Sur nos sens engourdis a versé ses pavots,<br>
Des entraves du corps l'âme débarrassée,<br>
Des scènes de la veille amuse la pensée,<br>
Et, de l'illusion empruntant le pinceau,<br>
D'un objet qui n'est plus trace un vivant tableau.<br>
Voyez ce conquérant : fécond en funérailles,<br>
Son bras de vingt cités sape encor les murailles,<br>
Met les rois au tombeau, force leurs bataillons,<br>
Et de ruisseaux de sang inonde les sillons.<br>
L'avocat, au barreau, désarme la justice,<br>
Et sauve son client des rigueurs du supplice.<br>
Harpagon, en creusant pour enfouir son or,<br>
Dans son champ, tout à coup, trouve un nouveau trésor;<br>
Et dans ses billets doux une épouse coquette<br>
Réclame d'un galant les plaisirs qu'elle achète.<br>
Le pilote englouti s'agite, et presse en vain<br>
La planche du salut qui se brise en sa main.<br>
Tandis que le chasseur, sur la plume immobile,<br>
Derrière ses rideaux poursuit un cerf agile;<br>
Par un rêve emporté, le chien, du lièvre absent,<br>
Dans un bois idéal suit la piste en jappant.<br>
De l'homme riche ainsi doublant les jouissances,<br>
La nuit du malheureux prolonge les souffrances.
</blockquote>

Cependant Lycas, après avoir fait les ablutions né-

Quis, inquit, prohibet navigium scrutari, ne videamur divinæ mentis opera damnare? — Is, qui nocte miserorum furtum deprehenderat, Hesus nomine, subito proclamat: — Ergo illi qui sunt, qui nocte ad lunam radebantur? Pessimo, me dius fidius, exemplo. Audio enim, non licere cuiquam mortalium in nave neque ungues, neque capillos deponere, nisi quum pelago ventus irascitur.

## CAPUT CV.

Excanduit Lycas, hoc sermone turbatus; et: — Itane, inquit, capillos aliquis in nave præcidit, et hoc nocte intempesta? attrahite ocius nocentes in medium, ut sciam, quorum capitibus debeat navigium lustrari. — Ego, inquit Eumolpus, hoc jussi, nec non eodem futurus navigio, auspicium mihi feci: et quia nocentes horridos longosque habebant capillos, ne viderer de nave carcerem facere, jussi squalorem damnatis auferri: simul ut notæ quoque litterarum, non adumbratæ comarum præsidio, totæ ad oculos legentium accederent. Inter cetera apud communem amicam consumserunt pecuniam meam, a qua illos proxima nocte extraxi, mero unguentisque perfusos. Ad summam, adhuc patrimonii mei reliquias olent. — Itaque, ut Tutela navis expiare-

cessaires pour expier le songe de Tryphène : — Qui nous empêche, dit-il, de faire la visite de ce navire, pour n'avoir point à nous reprocher de mépriser ces avertissemens du ciel? — Le passager qui, pour notre malheur, avait été témoin de notre déguisement nocturne, Hésus était son nom, entre tout à coup chez Lycas, et s'écrie : — Quels sont donc les misérables qui se sont fait raser la tête cette nuit au clair de la lune? Par Hercule! ce sacrilège est d'un très-dangereux exemple; car j'ai ouï dire qu'il n'est permis à personne de se couper les ongles ou les cheveux sur un vaisseau, si ce n'est lorsque la mer devient orageuse.

## CHAPITRE CV.

Épouvanté par ces paroles, Lycas devint furieux : — Est-il possible, dit-il, que quelqu'un des passagers ait eu l'audace de se couper les cheveux sur mon navire, et cela dans le calme de la nuit! Qu'on amène ici les coupables, afin que je sache quels sont ceux dont le sang doit purifier ce navire. — C'est par mon ordre, dit Eumolpe, que cela s'est fait. Comme je devais faire route avec eux sur le même bâtiment, j'ai voulu par là me rendre les auspices favorables. En punition de leurs crimes, ils portaient leur chevelure longue et en désordre : pour ne pas faire un bagne de ce navire, j'ai ordonné à mon barbier de les nettoyer de leurs souillures : j'ai voulu, en outre, que les stigmates d'infamie gravés sur leur front, n'étant plus cachés sous l'ampleur de leurs cheveux, tout le monde pût y lire leur faute et leur châtiment. Parmi leurs autres méfaits, ils man-

tur, placuit, quadragenas utrisque plagas imponi. Nulla ergo fit mora. Aggrediuntur nos furentes nautæ cum funibus, tentantque vilissimo sanguine Tutelam placare. Et ego quidem tres plagas spartana nobilitate concoxi. Ceterum Giton, semel ictus, tam valde exclamavit, ut Tryphænæ aures notissima voce repleret. Non solum ergo turbata est, sed ancillæ quoque omnes, familiari sono inductæ, ad vapulantem decurrunt. Jam Giton mirabili forma exarmaverat nautas, cœperatque etiam sine voce sævientes rogare, quum ancillæ pariter proclamant : — Giton est, Giton, inhibete crudelissimas manus ; Giton est, domina, succurre! — Deflectit aures Tryphæna, jam sua sponte credentes, raptimque ad puerum devolat. Lycas, qui me optime noverat, tanquam et ipse vocem audisset, accurrit : et nec manus, nec faciem meam consideravit, sed continuo ad inguina mea luminibus deflexis, movit officiosam manum ; et : — Salve, inquit, Encolpi. — Miretur nunc aliquis, Ulyxis nutricem post vicesimum annum cicatricem invenisse, originis indicem, quum homo prudentissimus, confusis omnibus corporis indiciorumque lineamentis, ad unicum fugitivi argumentum tam docte pervenerit. Tryphæna lacrymas effudit, decepta supplicio : vera enim stigmata credebat captivorum frontibus impressa, sciscitarique submissius cœpit, Quod ergastulum intercepisset

geaient chez une prostituée, qu'ils avaient en commun, l'argent qu'ils me volaient : c'est là que je les ai surpris, la nuit dernière, parfumés d'essences et ivres-morts. Enfin, je crois que ces marauds flairent encore le reste de mon patrimoine. — Néanmoins, Lycas, pour purifier son vaisseau, nous condamna l'un et l'autre à recevoir quarante coups de garcette. L'exécution suivit de près l'arrêt. Les matelots, armés de câbles, se jettent sur nous comme des furieux, et se disposent à apaiser leur divinité tutélaire par l'effusion de notre sang obscur. — Pour moi, je digérai les trois premiers coups avec la fermeté d'un Spartiate; mais Giton, dès la première décharge, jeta un cri si perçant, que Tryphène s'émut aux accens de cette voix connue ; ses femmes en furent frappées comme elle, et s'élancèrent aussitôt vers le pauvre patient. Mais déjà l'extrême beauté de Giton avait désarmé les matelots eux-mêmes, et ses regards seuls, plus puissans que sa voix, plaidaient pour son pardon ; lorsque les suivantes de Tryphène crièrent toutes à la fois : — C'est Giton ! c'est Giton ! Barbares ! suspendez ce cruel châtiment ! C'est Giton, madame ; venez à son secours ! — Ce nom n'eût pas plus tôt frappé les oreilles de Tryphène (on croit sans peine ce que l'on désire), qu'elle vole vers l'aimable enfant. Quant à Lycas, qui ne me connaissait que trop, il n'eut pas besoin d'entendre ma voix; certain de ma présence, il accourt ; et, sans s'arrêter à examiner mes mains ou mon visage, il fixe ses regards plus bas que ma ceinture, et, par un simple attouchement, s'assure de mon identité. — Bonjour, Encolpe, me dit-il aussitôt. — Qu'on s'étonne maintenant que la nourrice du roi

errantes? aut cujus tam crudeles manus in hoc supplicium durassent? Meruisse quidem contumeliam aliquam fugitivos, quibus in odium bona sua venissent.

## CAPUT CVI.

Concitatus iracundia prosiliit Lycas; et: — O te, inquit, feminam simplicem! tanquam vulnera, ferro præparata, litteras biberint. Utinam quidem hacce inscriptione frontis maculassent! haberemus nos extremum solatium. Nunc mimicis artibus petiti sumus, et adumbrata inscriptione derisi. — Volebat Tryphæna misereri, quia non totam voluptatem perdiderat: sed Lycas, memor adhuc uxoris corruptæ, contumeliarumque, quas in Herculis porticu acceperat, turbato vehementius vultu, proclamat: — Deos immortales rerum humanarum agere curam, puto, intellexisti, o Tryphæna! nam imprudentes noxios in nostrum induxere navigium, et, quid fecissent, admonuerunt pari somniorum consensu.

d'Ithaque l'ait reconnu ; après vingt ans d'absence, à une cicatrice qu'elle avait remarquée en lui, puisque cet habile homme, malgré la confusion des traits de mon visage et le déguisement de toute ma personne, reconnut sur-le-champ son fugitif à un si léger indice ! Tryphène, trompée par l'apparence, prenait pour réels les stigmates gravés sur nos fronts, et nous demandait tout bas, en versant un torrent de larmes, quelle était la prison où l'on nous avait jetés comme vagabonds, quel était le bourreau qui avait eu le courage de nous infliger ce cruel supplice. — Votre fuite, disait-elle, méritait sans doute un châtiment, ingrats, qui avez dédaigné les bienfaits dont vous comblait mon amour.

## CHAPITRE CVI.

Pauvre femme ! reprit Lycas transporté de fureur, vous êtes assez simple pour croire que ces lettres ont été imprimées sur leur front avec un fer chaud ! Plût aux dieux que ces marques d'infamie fussent véritables ! nous serions enfin vengés ! Mais en ce moment même on cherche à nous abuser par cette comédie, et cette inscription postiche est un nouveau tour qu'on veut nous jouer. — Tryphène, heureuse de n'avoir pas entièrement perdu son amant, penchait vers l'indulgence ; mais Lycas, qui conservait un vif ressentiment de mes liaisons avec Doris, son épouse, et de l'affront qu'il avait reçu sous le portique d'Hercule, s'anima de plus en plus, et, le visage enflammé, s'écria : — Ne voyez-vous pas, ô Tryphène ! dans cet évènement, une preuve convaincante de la sollicitude des dieux pour les choses d'ici-bas ? C'est conduits par eux

Ita vide ut prosit illis ignosci, quos ad pœnam ipse Deus deduxit. Quod ad me attinet, non sum crudelis; sed vereor, ne, quod remisero, patiar. — Tam superstitiosa oratione Tryphæna mutata negat se interpellare supplicium, immo accedere etiam justissimæ ultioni : nec se minus grandi vexatam injuria, quam Lycam, cujus pudoris dignitas in concione proscripta sit. [Ut ad vindictam unanimem et propensam vidit Tryphænam Lycas, nova jussit addi supplicia : quæ ut intellexit Eumolpus, his eum mitigare conatus est.

## CAPUT CVII.

Infelices, inquit, illi, quorum te vindice stat exitium, tuam, Lyca, implorant misericordiam, et] me, utpote hominem non ignotum, elegerunt ad hoc officium, petieruntque, ut se reconciliarem aliquando amicissimis. Nisi forte putatis, juvenes casu in has plagas incidisse, quum omnis vector nihil prius quærat, quam cujus se diligentiæ credat. Flectite ergo mentes, satisfactione lenitas, et patimini, liberos homines ire sine injuria, quo destinant. Sævi quoque, implacabilesque

que ces coupables sont venus, sans s'en douter, sur notre vaisseau ; ce sont eux qui, pour nous en avertir, nous ont envoyé à tous deux le même songe. Voyez maintenant s'il nous est permis de faire grâce à des scélérats que les dieux même ont livrés à notre justice. Pour moi, je ne suis pas un barbare; mais je craindrais, en leur pardonnant, d'attirer sur moi la vengeance céleste. — Ces paroles superstitieuses changèrent tellement les dispositions de Tryphène, que, bien loin de s'opposer à notre supplice, elle déclara qu'elle consentait de grand cœur à ce juste châtiment; ajoutant qu'elle avait essuyé les mêmes outrages que Lycas, et que nous l'avions aussi exposée à la risée publique par d'infâmes propos contre son honneur. Lycas, voyant que Tryphène le secondait dans ses projets de vengeance, donna de nouveaux ordres pour rendre notre torture encore plus cruelle : ce qu'Eumolpe ayant entendu, il s'efforça de le fléchir par ces paroles :

## CHAPITRE CVII.

Ces infortunés, dont vous avez résolu la perte pour vous venger, implorent, ô Lycas! votre pitié. Sachant que je ne vous étais pas inconnu, ils m'ont choisi pour leur avocat auprès de vous, et m'ont prié de les réconcilier avec d'anciens amis qui leur sont toujours chers. Vous croyez peut-être que c'est le hasard qui a conduit ces jeunes gens sur votre bord; mais il n'est pas un seul passager qui ne s'informe avant toutes choses du nom de celui à qui il va confier son existence. Cette démarche spontanée doit vous satisfaire et fléchir votre courroux : laissez donc des hommes libres naviguer en

domini crudelitatem suam impediunt, si quando pœnitentia fugitivos reduxit; et dedititiis hostibus parcimus. Quid ultra petitis? Aut quid vultis? In conspectu vestro supplices jacent, juvenes, ingenui, honesti, et, quod utroque potentius est, familiaritate vobis aliquando conjuncti. Si, me Hercules! intervortissent pecuniam vestram, si fidem proditione læsissent; satiari tamen potuissetis hac pœna, quam videtis. Servitia, ecce! in frontibus cernitis, et vultus ingenuos voluntaria pœnarum lege proscriptos. — Interpellavit deprecationem supplicis Lycas; et : — Noli, inquit, causam confundere, sed impone singulis modum. Ac primum omnium, si ultro venerunt, cur nudavere crinibus capita? vultum enim qui permutat, fraudem parat, non satisfactionem. Deinde, si gratiam a legato moliebantur; quid ita omnia fecisti, ut, quos tuebaris, absconderes? Ex quo apparet, casu incidisse noxios in plagas, et te artem quæsisse, qua nostræ animadversionis impetum eluderes. Nam, quod invidiam facis nobis, ingenuos honestosque clamando, vide, ne deteriorem facias confidentia causam. Quid debent læsi facere, ubi rei ad pœnam confugiunt? At enim amici fuerunt nostri? eo majora meruerunt supplicia. Nam, qui ignotos lædit, latro appellatur : qui amicos, paulo minus, quam parricida. — Resolvit Eumolpus tam iniquam declamationem, et : — Intelligo, inquit, nihil

paix vers leur destination. Le maître le plus cruel, le plus implacable, oublie son ressentiment dès que le repentir amène à ses pieds son esclave fugitif. Comment ne pas pardonner à un ennemi qui se livre à notre merci ? que voulez-vous, que prétendez-vous de plus ? Vous voyez, supplians devant vous, des jeunes gens aimables, bien nés, et, ce qui doit surtout vous toucher, des jeunes gens avec lesquels vous avez vécu naguère dans la plus étroite intimité. Certes, s'ils vous eussent volé votre argent, s'ils eussent répondu à votre confiance par la plus lâche trahison, vous seriez assez vengés par le châtiment que vous lisez sur leur front. Nés libres, ils se sont volontairement infligé, pour expier leur offense, ces marques de la servitude qui les isolent à jamais de la société. — Lycas interrompant la défense d'Eumolpe : — Ne confondons pas les objets, dit-il, et réduisons chaque chose à sa juste valeur. Et d'abord, s'ils sont venus ici de leur plein gré, pourquoi se sont-ils fait raser la tête ? Quiconque se déguise a dessein de tromper, et non d'offrir une satisfaction. En second lieu, s'ils avaient l'intention d'obtenir leur grâce par votre entremise, pourquoi cacher à tous les yeux ceux que vous veniez défendre ? Il est donc clair que le hasard seul les a conduits dans nos filets, et qu'ensuite vous avez cherché par vos artifices à les soustraire aux transports de notre ressentiment. Quant à ce que vous affectez de dire, pour nous intimider, que ce sont des hommes libres et de bonne famille, prenez garde de gâter votre cause par cet argument qui vous inspire tant de confiance. Que doit faire un homme offensé, lorsque le coupable court de lui-même au devant du châtiment ? Mais, dites-vous,

magis obesse juvenibus miseris, quam quod nocte deposuerunt capillos : hoc argumento incidisse in navem videntur, non venisse. Quod velim, tam candide ad vestras aures perveniat, quam simpliciter gestum est. Voluerunt enim, antequam conscenderent, exonerare capita molesto et supervacuo pondere, sed celerior ventus distulit curationis propositum. Nec tamen putaverunt ad rem pertinere, ubi inciperent, quod placuerat ut fieret : quia nec omen, nec legem navigantium noverant. — Quid, inquit Lycas, attinuit supplices radere? nisi forte miserabiliores calvi solent esse? Quamquam quid attinet, veritatem per interpretem quærere? Quid dicis tu, latro? quæ salamandra supercilia excussit tua? Cui deo crinem vovisti? Pharmace, responde.

## CAPUT CVIII.

Obstupueram ego, supplicii metu pavidus, nec, quid in re manifestissima dicerem, inveniebam : turbatus, et deformis, præter spoliati capitis dedecus, superciliorum

ils ont été nos amis? C'est par cela même qu'ils méritent un traitement plus rigoureux. Offenser un inconnu, ce n'est qu'un crime ordinaire; mais outrager un ami, c'est presqu'un parricide. — Eumolpe rétorqua ainsi cette fausse argumentation : — Je vois, dit-il, que ce qui fait le plus de tort à ces malheureux jeunes gens, c'est de s'être fait raser les cheveux pendant la nuit : vous concluez de là que le hasard, et non leur volonté, les a conduits sur ce vaisseau. Je vais tâcher d'expliquer ce grief aussi simplement et avec autant de bonne foi qu'il a été commis. Mes amis, avant de s'embarquer, voulaient décharger leur tête d'un fardeau incommode et inutile; mais les vents, en précipitant leur départ, les ont forcés à remettre à un autre temps l'exécution de ce projet. Ils ont cru qu'ils pouvaient le réaliser ici aussi bien qu'ailleurs, sans que cela tirât à conséquence; car ils ignoraient le présage funeste qu'on en pouvait tirer, et les lois de la navigation. — Qu'avaient-ils besoin, dit Lycas, de se raser la tête, pour s'offrir à nous en supplians? depuis quand un front chauve est-il plus digne de compassion? Mais à quoi bon m'arrêter à chercher la vérité dans le verbiage de leur avocat? Qu'as-tu à dire, infâme voleur? quelle salamandre a fait tomber tes sourcils? à quelle divinité as-tu fait le sacrifice de ta chevelure? Réponds, misérable, réponds.

## CHAPITRE CVIII.

La crainte du supplice avait glacé ma langue, et, convaincu par l'évidence, je ne trouvais pas une seule parole pour me justifier. Troublé, confus de ma laideur, il me semblait qu'avec une tête nue comme un

etiam æquali cum fronte calvitie, ut nihil nec facere deceret, nec dicere. Ut vero spongia uda facies plorantis detersa est, et liquefactum per totum os atramentum, omnia scilicet lineamenta fuliginea nube confudit, in odium se ira convertit. Negat Eumolpus, passurum se, ut quisquam ingenuos contra fas legemque contaminet, interpellatque sævientium minas, non solum voce, sed et manibus. Aderat interpellanti mercenarius comes, et unus, alterque infirmissimus vector, solatia magis litis, quam virium auxilia. Nec quidquam pro me deprecabar, sed, intentans in oculos Tryphænæ manus, usurum me viribus meis, clara liberaque voce clamavi, ni abstineret a Gitone mulier damnata, et in toto navigio sola verberanda. Accenditur audacia mea iratior Lycas, indignaturque, quod ego, relicta mea causa, tantum pro alio clamo. Nec minus Tryphæna contumelia sævit accensa, totiusque navigii turbam diducit in partes. Hinc mercenarius tonsor ferramenta sua nobis, et ipse armatus, distribuit : illinc Tryphænæ familia nudas expedit manus. Ac ne ancillarum quidem clamor aciem destituit, uno tantum gubernatore, relicturum se navis ministerium, denuntiante, si non desinat rabies, libidine perditorum collecta. Nihilominus tamen perseverat dimicantium furor; illis pro ultione, nobis pro vita pugnantibus. Multi ergo utrinque semimortui labuntur,

genou, et des sourcils rasés au niveau du front, je ne pouvais rien dire ni rien faire qui ne me rendît encore plus ridicule. Mais dès que l'on eut passé l'éponge sur mon visage baigné de pleurs, lorsque l'encre, en se délayant, confondit tous les caractères qui y étaient tracés, et me couvrit la figure d'un masque noir comme de la suie ; alors la colère qui m'animait se changea en fureur. Cependant, Eumolpe proteste qu'il ne souffrira pas qu'au mépris des lois et du droit des gens, on maltraite ainsi des hommes libres : il repousse les menaces de nos bourreaux, non-seulement de la voix, mais du geste. Il est secondé dans ses efforts par son valet à gages, et par un ou deux passagers, mais si faibles, qu'ils peuvent tout au plus nous offrir des consolations, sans augmenter la force de notre parti. Trop irrité pour implorer la clémence de mes ennemis, je menace de mes ongles les yeux de Tryphène, criant à haute et intelligible voix, que si l'on fait le moindre mal à Giton pour cette prostituée, qui seule mérite d'être fustigée aux yeux de tout l'équipage, je ferai contre elle usage de toutes mes forces. Mon audace redouble la rage de Lycas, qui s'indigne que j'oublie ma propre défense pour embrasser celle d'autrui. Tryphène, non moins exaspérée de mes outrages, se livre aux mêmes transports. Enfin, tout l'équipage se partage en deux camps. D'un côté, le barbier d'Eumolpe s'avance, armé d'un rasoir, après nous avoir distribué le reste de sa trousse. Du côté opposé, les esclaves de Tryphène, retroussant leurs manches, se disposent à jouer des mains. Les servantes elles-mêmes, à défaut d'autres armes, excitent par leurs cris l'ardeur des combattans. Seul, tranquille à son poste, en vain le pilote

plures cruenti vulneribus referunt, veluti ex prœlio, pedem : nec tamen cujusquam ira laxatur. Tunc fortissimus Giton ad virilia sua admovit novaculam infestam, minatus, se abscissurum tot miseriarum causam : inhibuitque Tryphæna tam grande facinus, non dissimulata missione. Sæpius ego cultrum tonsorium super jugulum meum posui, non magis me occisurus, quam Giton, quod minabatur, facturus. Audacius ille tamen tragœdiam implebat, quia sciebat se illam habere novaculam, qua jam sibi cervicem præciderat. Stante ergo utraque acie, quum appareret, futurum non stlatarium bellum, ægre expugnavit gubernator, ut, caduceatoris more, Tryphæna inducias faceret. Data ergo, acceptaque, patrio more, fide, protendit ramum oleæ, a Tutela navigii raptum, atque in colloquium venire ausa,

— Quis furor, exclamat, pacem convertit in arma?
Quid nostræ meruere manus? Non Troius hostis

déclare qu'il va quitter le gouvernail, si l'on ne fait cesser ce vacarme excité par quelques débauchés. La lutte se prolonge avec le même acharnement : Lycas et les siens combattent pour se venger ; nous, pour défendre notre vie. Déjà, de part et d'autre, plusieurs champions sont tombés demi-morts de frayeur ; un plus grand nombre, couverts de sang et de blessures, se retirent de la mêlée ; cependant la fureur des deux partis ne se ralentit point. Alors Giton, approchant bravement son rasoir des organes de sa virilité, menace de couper dans sa racine la cause de tant de désordres ; mais Tryphène, en lui faisant espérer sa grâce, s'oppose à la consommation d'un si grand sacrifice. Pour moi, j'avais déjà plusieurs fois appuyé sur ma gorge le fer du barbier, sans avoir plus d'envie de me tuer, que Giton de se faire eunuque ; néanmoins, il jouait son rôle plus hardiment que moi, car il savait que le rasoir qu'il tenait était le même dont il avait feint déjà de vouloir se couper la gorge. Les deux armées étaient toujours en présence, et le combat était sur le point de recommencer plus sérieux que jamais, quand le pilote obtint à grande peine que Tryphène ferait l'office de héraut, et proposerait une trêve. Après avoir, selon la coutume, reçu le serment des deux partis, Tryphène, tenant à la main un rameau d'olivier dont elle a dépouillé la divinité tutélaire du vaisseau, s'avance hardiment au milieu des combattans, et leur adresse cette allocution :

> Quelle fureur impie alluma cette guerre,
> Et du sein de la paix vous appelle aux combats ?

Hac in classe vehit decepti pignus Atridae;
Nec Medea furens fraterno sanguine pugnat:
Sed contemtus amor vires habet. Heu! mihi fata
Hos inter fluctus quis raptis evocat armis?
Cui non est mors una satis? Ne vincite pontum,
Gurgitibusque feris alios imponite fluctus.

## CAPUT CIX.

Haec ut turbato clamore mulier effudit, haesit paulisper acies, revocataeque ad pacem manus intermisere bellum. Utitur poenitentiae occasione dux Eumolpus, et, castigato ante vehementissime Lyca, tabulas foederis signat, queis haec formula erat:

Ex tui animi sententia, ut tu, Tryphaena, neque injuriam tibi factam a Gitone quereris, neque, si quid ante hunc diem factum est, objicies, vindicabisve, aut ullo alio genere persequendum curabis: ut tu imperabis puero repugnanti, non amplexum, non osculum, non coitum Venere constrictum, nisi pro qua re praesentes numeraveris denarios centum. Item, Lyca, ex tui animi sententia, ut tu Encolpion nec verbo contumelioso insequeris, nec vultu, neque quaeres, ubi nocte

A-t-on vu parmi nous une Hélène adultère,
Oser flétrir l'honneur d'un nouveau Ménélas?
Ou Médée, en fuyant, pour arrêter son père,
Lui jeter de son fils les membres palpitans?
Non; l'amour méprisé veut venger son outrage.
Eh bien! d'un seul trépas, cruels, soyez contens:
Puisse ma mort, du moins, assouvir votre rage!
N'allez pas, surpassant Neptune en ses fureurs,
Des flots de votre sang grossir ses flots vengeurs.

## CHAPITRE CIX.

Ce discours, prononcé d'un son de voix qui trahissait l'émotion de Tryphène, parut calmer un peu l'ardeur des puissances belligérantes qui, ramenées à des sentimens plus pacifiques, conclurent une suspension d'armes. Eumolpe, comme chef de son parti, voyant que l'heure du repentir avait sonné, profita de l'occasion; et, après avoir fait à Lycas une verte réprimande, dressa les articles d'un traité d'alliance dont voici la teneur:

Vous, Tryphène, consentez, de votre plein gré, à oublier tous les sujets de plainte que vous avez contre Giton, à ne jamais lui reprocher les torts qu'il peut avoir eus envers vous jusqu'à ce jour, à ne pas en tirer vengeance et à n'exercer envers lui aucune espèce de poursuite pour ce motif; comme aussi à ne rien exiger de lui par force, ni caresses, ni baisers, ni faveurs plus tendres: le tout, sous peine de lui payer cent deniers comptant pour chaque contravention. De votre côté, Lycas, vous vous engagez volontairement à n'adresser à Encolpe aucune parole injurieuse, à ne pas lui faire mauvaise mine, à ne pas chercher à le surprendre dans

dormiat? aut si quæsieris, pro singulis injuriis numerabis præsentes denarios ducentos.

In hæc verba, fœderibus compositis, arma deponimus; et, ne residua in animis etiam post jusjurandum ira remaneret, præterita aboleri osculis placet. Exhortantibus universis, odia detumescunt; epulæque, ad certamen prolatæ, conciliant hilaritate convivium. Exsonat ergo cantibus totum navigium, et, quia repentina tranquillitas intermiserat cursum, alius exsultantes quærebat fuscina pisces; alius hamis blandientibus convellebat prædam repugnantem. Ecce! etiam per antennam pelagiæ consederant volucres, quas textis arundinibus peritus artifex tetigit. Illæ, viscatis illigatæ viminibus, deferebantur ad manus. Tollebat plumas aura volitantes, pennasque per maria inanis spuma torquebat. Jam Lycas redire mecum in gratiam cœperat; jam Tryphæna Gitona extrema parte potionis spargebat, quum Eumolpus, et ipse vino solutus, dicta voluit in calvos tineososque jaculari: donec, consumta frigidissima urbanitate, rediit ad carmina sua, cœpitque capillorum elegidarion dicere:

Quod solum formæ decus est, cecidere capilli,
Vernantesque comas tristis abegit hiems.

son lit pendant la nuit; ou, le cas échéant, à lui payer pour chaque violence deux cents deniers comptant.

Le traité étant ainsi conclu, nous mîmes bas les armes; et, pour qu'aucun levain de haine ne fermentât dans nos âmes après ce serment, pour ratifier l'oubli complet du passé, on se donna de part et d'autre le baiser de paix. Alors les haines se calment, et, à la demande générale, le champ de bataille se transforme en un banquet où la gaîté achève de concilier les esprits. Tout le vaisseau retentit de chants joyeux; et comme un calme subit était venu suspendre notre navigation, les uns, armés de crocs, harponent les poissons qui bondissent sur l'eau; les autres, couvrant leurs hameçons d'un appât perfide, enlèvent leur proie, qui se débat en vain. Des oiseaux de mer étaient venus se percher sur nos antennes, un matelot les frappe d'une claie de roseaux artistement préparée : les malheureux volatiles, retenus par la glu, se laissent prendre à la main : l'air emporte leur léger duvet; leurs plumes, plus pesantes, tombent dans la mer et roulent avec l'écume des flots. Déjà s'opérait un raccommodement entre Lycas et moi; déjà Tryphène, folâtrant avec Giton, lui aspergeait le visage des gouttes de vin qui restaient dans sa coupe; lorsqu'Eumolpe, échauffé par l'ivresse, se mit à plaisanter sur les chauves et les teigneux. Après s'être épuisé en fades railleries sur ce sujet, son accès poétique le reprit, et il nous débita cette espèce d'élégie sur la perte des cheveux :

> Où sont ces beaux cheveux dont ton front s'ombrageait?
> A travers leurs flots d'or, le zéphyr voltigeait.

Nunc, umbra nudata sua, jam tempora mœrent:
Areaque attritis ridet adusta pilis.
O fallax natura deum! quæ prima dedisti
Ætati nostræ gaudia, prima rapis.

Infelix, modo crinibus nitebas,
Phœbo pulchrior, et sorore Phœbi:
At nunc lævior ære, vel rotundo
Horti tubere, quod creavit unda,
Ridentes fugis, et times puellas.
Ut mortem citius venire credas,
Scito, jam capitis perisse partem.

## CAPUT CX.

Plura volebat proferre, credo, et ineptiora præteritis; quum ancilla Tryphænæ Gitona in partem navis inferiorem ducit, corymbioque dominæ pueri adornat caput. Immo supercilia etiam profert de pyxide, sciteque jacturæ lineamenta secuta, totam illi formam suam reddidit. Agnovit Tryphæna verum Gitona: lacrymisque turbata, tunc primum bona fide puero basium dedit. Ego, etiamsi repositum in pristinum decorem puerum gaudebam, abscondebam tamen frequentius vultum, intelligebamque, me non tralatitia deformitate esse insignitum, quem alloquio dignum nec Lycas quidem crederet. Sed huic tristitiæ eadem illa succurrit ancilla, sevoca-

Les grâces avec eux ont quitté ton visage :
Tel l'arbuste, en hiver, privé de son feuillage,
Languit seul à l'écart, et dans ses rameaux nus,
Appelle, mais en vain, le printemps qui n'est plus.
Sort cruel! en naissant voués à la vieillesse,
Nous mourons chaque jour : la fleur de la jeunesse
Compte peu de matins, comme la fleur des champs,
Et les premiers à fuir sont nos premiers beaux ans !
Rival du blond Phébus, et conquérant des belles,
Hier, tu défiais l'orgueil des plus cruelles ;
Leur vengeance aujourd'hui montre au doigt ta laideur.
Tu crains, pauvre tondu, leur sourire moqueur.
Cache de ses attraits ta tête dépouillée !
La rose, par l'orage une fois effeuillée,
N'a qu'un moment à vivre ; et la pâle Atropos,
Sur le fil de tes jours a levé ses ciseaux.

## CHAPITRE CX.

Ce n'était là que le prélude, et il allait nous débiter de plus grandes inepties, quand une servante de Tryphène emmena Giton dans l'entrepont du vaisseau, et orna la tête du pauvre enfant d'un *corymbion* appartenant à sa maîtresse. Elle tira aussi d'une boîte des sourcils postiches et les ajusta avec tant d'adresse sur les endroits qui avaient été rasés, qu'elle lui rendit tous ses charmes. Retrouvant alors en lui le véritable Giton, Tryphène en fut émue jusqu'aux larmes, et cette fois l'embrassa de tout son cœur. Je n'étais pas moins enchanté qu'elle de revoir Giton dans tout l'éclat de sa beauté ; et cependant je me cachais le visage le plus que je pouvais ; car je comprenais sans peine tout ce que ma laideur avait de repoussant, puisque Lycas lui-même dédaignait de m'adresser la parole. Mais cette même servante vint

tumque me non minus decoro exornavit capillamento : immo commendatior vultus enituit, quia flavicomum corymbion erat. Ceterum Eumolpus, et periclitantium advocatus, et præsentis concordiæ auctor, ne sileret sine fabulis hilaritas, multa in muliebrem levitatem cœpit jactare : quam facile adamarent ; quam cito etiam philorum obliviscerentur ; nullamque esse feminam tam pudicam, quæ non peregrina libidine usque ad furorem averteretur : nec se tragœdias veteres curare, aut nomina seculis nota ; sed rem, sua memoria factam, expositurum se esse, si vellemus audire. Conversis igitur omnium in se vultibus auribusque, sic exorsus est :

## CAPUT CXI.

Matrona quædam Ephesi tam notæ erat pudicitiæ, ut vicinarum quoque gentium feminas ad sui spectaculum evocaret. Hæc ergo, quum virum extulisset, non contenta, vulgari more, funus sparsis prosequi crinibus, aut nudatum pectus in conspectu frequentiæ plangere; in conditorium etiam prosecuta est defunctum, positumque in hypogeo, græco more, corpus custodire, ac flere totis noctibus diebusque cœpit. Sic afflictantem se, ac

à mon secours et dissipa mon chagrin : me prenant à part, elle me couvrit la tête d'une chevelure d'emprunt, non moins belle que celle de Giton. Mon visage en devint même plus agréable, parce que ce corymbion était blond. Cependant Eumolpe, notre défenseur au moment du danger, et l'auteur de notre réconciliation, voulant entretenir notre gaîté par des propos plaisans, se mit à débiter mille folies sur la légèreté des femmes, sur leur facilité à s'enflammer, sur leur promptitude à oublier leurs amans. — Il n'y a pas, disait-il, de femme, quelque prude qu'elle soit, qu'une passion nouvelle ne puisse porter aux plus grands excès. Je n'ai pas besoin, pour prouver ce que j'avance, de recourir aux tragédies anciennes et de citer des noms fameux dans les siècles passés ; je vais, si vous daignez m'écouter, vous raconter un fait arrivé de nos jours. — Tout le monde se tourna aussitôt vers lui, et, voyant qu'on lui prêtait une oreille attentive, il commença en ces termes :

## CHAPITRE CXI.

Il y avait à Éphèse une dame en si grande réputation de chasteté, que les femmes même des pays voisins venaient la voir par curiosité, comme une merveille. Cette dame, ayant perdu son mari, ne se contenta pas des signes ordinaires de la douleur; de marcher, les cheveux épars, à la suite du char funèbre; de se meurtrir le sein devant tous les assistans : elle voulut encore accompagner le défunt jusqu'à sa dernière demeure, le garder dans le caveau où on l'avait déposé, selon la coutume des Grecs, et pleurer nuit et jour auprès de

mortem inedia perſequentem, non parentes potuerunt abducere, non propinqui: magistratus ultimo repulsi abierunt: complorataque ab omnibus singularis exempli femina, quintum jam diem sine alimento trahebat. Assidebat ægræ fidissima ancilla, simulque et lacrymas commodabat lugenti, et, quoties defecerat positum in monumento lumen, renovabat. Una igitur in tota civitate fabula erat; et, solum illud affulsisse verum pudicitiæ amorisque exemplum, omnis ordinis homines confitebantur; quum interim imperator provinciæ latrones jussit crucibus affigi, secundum illam casulam, in qua recens cadaver matrona deflebat. Proxima ergo nocte, quum miles, qui cruces servabat, ne quis ad sepulturam corpora detraheret, notasset sibi et lumen, inter monumenta clarius fulgens, et gemitum lugentis audisset, vitio gentis humanæ, concupiit scire, quis, aut quid faceret? Descendit igitur in conditorium; visaque pulcherrima muliere, primo, quasi quodam monstro, infernisque imaginibus turbatus, substitit. Deinde ut et corpus jacentis conspexit, et lacrymas consideravit, faciemque unguibus sectam; ratus scilicet id, quod erat, desiderium exstincti non posse feminam pati: attulit in monumentum cœnulam suam, cœpitque hortari lugentem, ne perseveraret in dolore supervacuo, et nihil profuturo gemitu pectus diduceret: omnium eumdem

lui. Son affliction était telle, que ni parens, ni amis ne purent la détourner du dessein qu'elle avait formé de se laisser mourir de faim. Les magistrats eux-mêmes, ayant voulu faire une dernière tentative, se retirèrent sans avoir pu rien obtenir. Tout le monde pleurait comme morte une femme qui offrait un si rare modèle de fidélité, et qui avait déjà passé cinq jours sans prendre aucune nourriture. Une servante fidèle l'avait accompagnée dans sa triste retraite, mêlant ses larmes à celles de sa maîtresse, et ranimant la lampe placée sur le cercueil toutes les fois qu'elle était prête à s'éteindre. Il n'était bruit dans la ville que de ce sublime dévoûment, et les hommes de toute classe le citaient comme un exemple vraiment unique de chasteté et d'amour conjugal. Dans ce même temps, il advint que le gouverneur de la province fit mettre en croix quelques voleurs, tout proche de ce même caveau où notre matrone pleurait la perte récente de son époux. La nuit suivante, le soldat qui gardait ces croix, de peur que quelqu'un ne vînt enlever les corps des pendus, pour leur donner la sépulture, aperçut une lumière qui brillait au milieu des tombeaux, et entendit les gémissemens de notre veuve. Cédant à la curiosité innée chez tous les hommes, il voulut savoir qui c'était et ce qu'on faisait en cet endroit. Il descend donc dans le caveau ; et, d'abord, à l'aspect de cette femme d'une beauté plus qu'humaine, il s'arrête, immobile d'effroi, comme s'il avait devant ses yeux un fantôme ou une apparition surnaturelle. Mais bientôt ce cadavre étendu sur la pierre, ce visage baigné de larmes, ces marques sanglantes que les ongles y ont creusées, tout ce qu'il voit dissipe son illusion ; et il comprend enfin, comme cela était vrai,

exitum esse, sed et idem domicilium; et cetera, quibus exulceratæ mentes ad sanitatem revocantur. At illa, ignota consolatione percussa, laceravit vehementius pectus, ruptosque crines super pectus jacentis imposuit. Nec recessit tamen miles, sed eadem exhortatione tentavit dare mulierculæ cibum, donec ancilla, vini certe ab eo odore corrupta, primum ipsa porrexit ad humanitatem invitantis victam manum : deinde refecta potione et cibo, expugnare dominæ pertinaciam cœpit. Et, — Quid proderit, inquit, hoc tibi, si soluta inedia fueris? si te vivam sepelieris? si, antequam fata poscant, indemnatum spiritum effuderis?

Id cinerem aut manes, credis, curare sepultos?

Vis tu reviviscere? vis tu, discusso muliebri errore, quamdiu licuerit, lucis commodis frui? ipsum te jacentis corpus commonere debet, ut vivas. — Nemo invitus audit, quum cogitur aut cibum sumere, aut vivere. Itaque mulier, aliquot dierum abstinentia sicca, passa est

que c'était une veuve qui ne pouvait se consoler de la mort de son époux. Il commença donc par apporter dans le caveau son pauvre souper de soldat, et se mit à exhorter la belle affligée à ne pas s'abandonner plus long-temps à une douleur inutile, à des gémissemens superflus : — La mort, lui dit-il, est le terme commun de tout ce qui existe; le tombeau est pour tous le dernier asile. — Enfin il épuisa tous les lieux communs qu'on emploie pour guérir une âme profondément ulcérée. Mais ces consolations qu'un inconnu ose lui offrir, irritent encore plus la douleur de la dame : elle se déchire le sein de plus belle, s'arrache les cheveux et les jette sur le cadavre. Le soldat ne se rebute point pour cela; il lui réitère, avec de nouvelles instances, l'offre de partager son souper. Enfin, la suivante, séduite sans doute par l'odeur du vin, ne put résister à une invitation si obligeante, et tendit la main vers les alimens qu'il lui présentait; puis, dès qu'un léger repas eut restauré ses forces, elle se mit à battre en brèche l'opiniâtreté de sa maîtresse : — Et que vous servira, lui dit-elle, de vous laisser mourir de faim, de vous ensevelir toute vivante, de rendre au destin une âme qu'il ne réclame pas encore ?

> Non, madame, des morts les insensibles restes
> N'exigent point de nous des transports si funestes.

Croyez-moi, revenez à l'existence ; défaites-vous d'une erreur trop commune chez notre sexe; et, tandis que vous le pouvez, jouissez de la lumière des cieux. Ce cadavre, ici présent, vous dit assez quel est le prix de la vie. — Comment fermer l'oreille aux discours d'un ami, qui vous engage à prendre des alimens ? comment résis-

frangi pertinaciam suam : nec minus avide se replevit cibo, quam ancilla, quæ prior victa est.

## CAPUT CXII.

Ceterum scitis, quid tentare plerumque soleat humanam satietatem ? Quibus blanditiis impetraverat miles, ut matrona vivere vellet, iisdem etiam pudicitiam ejus aggressus est. Nec deformis, aut infacundus juvenis castæ videbatur, conciliante gratiam ancilla, ac subinde dicente :

> ........Placitone etiam pugnabis amori ?
> Nec venit in mentem, quorum consederis arvis ?

Quid diutius moror? ne hanc quidem partem corporis mulier abstinuit, victorque miles utrumque persuasit. Jacuerunt ergo una, non tantum illa nocte, qua nuptias fecerunt, sed postero etiam ac tertio die, præclusis videlicet conditorii foribus, ut, si quis ex notis cognatisque ad monumentum venisset, putasset exspirasse super corpus viri pudicissimam uxorem. Ceterum delectatus miles et forma mulieris, et secreto, quidquid boni per facultates poterat, coemebat; et prima statim nocte in monumentum ferebat. Itaque cruciarii unius parentes, ut viderunt laxatam custodiam, detraxerunt nocte

ter à l'instinct de la conservation? La pauvre veuve, exténuée par une si longue abstinence, laissa vaincre son obstination : elle but et mangea avec la même avidité que sa servante; mais elle se rendit la dernière.

## CHAPITRE CXII.

Vous savez qu'un appétit satisfait éveille bientôt de nouveaux désirs? Notre soldat, encouragé par le succès, employa, pour triompher de la vertu de la dame, les mêmes argumens dont il s'était servi pour lui persuader de vivre. Or, le jeune homme n'était ni sans esprit, ni d'un extérieur désagréable ; et notre chaste veuve s'en était aperçue : la servante, pour lui gagner les bonnes grâces de sa maîtresse, lui répétait souvent :

> Pouvez-vous résister à de si doux penchans,
> Et, dans ces tristes lieux, consumer vos beaux ans?

Enfin, pour abréger, vous saurez que la bonne dame, après avoir cédé aux besoins de son estomac, ne défendit pas mieux son cœur; et que notre heureux soldat obtint une double victoire. Ils dormirent donc ensemble, non-seulement cette nuit, qui fut témoin de leurs noces impromptu, mais le lendemain et le jour suivant. Toutefois, ils eurent soin de fermer les portes du caveau, si bien que quiconque, parent ou ami, fût venu en cet endroit, eût pensé que la fidèle veuve était morte de douleur sur le corps de son mari. Le soldat, charmé de la beauté de sa maîtresse et du mystère de leurs amours, achetait tout ce qu'il pouvait se procurer de meilleur, selon ses moyens, et, dès que le soir était venu, le portait au tombeau. Ce-

pendentem, supremoque mandaverunt officio. At miles, circumscriptus dum residet, ut postero die vidit unam sine cadavere crucem : veritus supplicium, mulieri, quid accidisset, exponit : nec se exspectaturum judicis sententiam, sed gladio jus dicturum ignaviæ suæ : commodaret modo illa perituro locum, et fatale conditorium familiari, ac viro faceret. Mulier non minus misericors, quam pudica, — Nec istud, inquit, dii sinant, ut eodem tempore duorum mihi carissimorum hominum duo funera spectem : malo mortuum impendere, quam vivum occidere. — Secundum hanc orationem jubet corpus mariti sui tolli ex arca, atque illi, quæ vacabat, cruci affigi. Usus est miles ingenio prudentissimæ feminæ ; posteroque die populus miratus est, qua ratione mortuus isset in crucem.

## CAPUT CXIII.

Risu excepere fabulam nautæ, et erubescente non mediocriter Tryphæna, vultum suum super cervicem Gitonis amabiliter posuit. At non Lycas risit; sed iratum commovens caput, — Si justus, inquit, imperator fuisset, debuit patrisfamiliæ corpus in monumentum referre,

pendant les parens d'un des voleurs, voyant qu'il n'était plus gardé, enlevèrent son corps pendant la nuit, et lui rendirent les derniers devoirs. Mais que devint le pauvre soldat, qui, renfermé dans le caveau, ne songeait qu'à son plaisir, lorsque, le lendemain matin, il vit une des croix sans cadavre? Effrayé du supplice qui l'attend, il va trouver la veuve et lui fait part de cet évènement: — Non, lui dit-il, je n'attendrai point ma condamnation, et ce glaive, prévenant la sentence du juge, va me punir de ma négligence. Daignez seulement, quand je ne serai plus, m'accorder un asile dans ce tombeau; placez-y votre amant auprès de votre époux. — Me préservent les dieux, répondit la dame, non moins compatissante que chaste, d'avoir à pleurer en même temps la perte de deux personnes si chères! J'aime mieux pendre le mort que de laisser périr le vivant. — Après ce beau discours, elle ordonne que l'on tire du cercueil le corps de son mari, et qu'on l'attache à la croix vacante. Notre soldat s'empresse de suivre le conseil ingénieux de cette femme prudente; et le lendemain le peuple criait miracle, ne pouvant concevoir comment un mort était allé de lui-même au gibet.

## CHAPITRE CXIII.

Cette histoire fit beaucoup rire les matelots; et Tryphène, pour cacher la rougeur qui couvrait son visage, se penchait amoureusement sur le cou de Giton. Mais Lycas ne goûta point la plaisanterie; et secouant la tête d'un air mécontent: — Si le gouverneur d'Éphèse eût fait justice, il eût fait replacer dans sa tombe le

mulierem affigere cruci. — Non dubie redierat in animum cubile, expilatumque libidinosa migratione navigium. Sed nec fœderis verba permittebant meminisse; nec hilaritas, quæ præoccupaverat mentes, dabat iracundiæ locum. Ceterum Tryphæna, in gremio Gitonis posita, modo implebat osculis pectus, modo concinnabat spoliatum crinibus vultum. Ego mœstus, et impatiens fœderis novi, non cibum, non potionem capiebam, sed obliquis trucibusque oculis utrumque spectabam. Omnia me oscula vulnerabant, omnes blanditiæ, quascunque mulier libidinosa fingebat; nec tamen adhuc sciebam, utrum magis puero irascerer, quod amicam mihi auferret, an amicæ, quod puerum corrumperet. Utraque inimicissima oculis meis, et captivitate præterita tristiora. Accedebat huc, quod neque Tryphæna me alloquebatur, tanquam familiarem, et aliquando gratum sibi amatorem, nec Giton me aut tralatitia propinatione dignum judicabat, aut, quod minimum est, sermone communi vocabat : credo, veritus, ne inter initia coeuntis gratiæ recentem cicatricem rescinderet. Inundavere pectus lacrymæ dolore paratæ, gemitusque, suspirio tectus, animam pæne submovit. [Mœrenti tamen mihi, quum novum decus adderet flavum corymbion, Lycas novo etiam incensus amore, amasiis oculis mi nictitabat, et ] in partem voluptatis tentabat admitti, nec domini supercilium

corps du défunt et fait pendre la veuve à sa place. — Sans doute l'injure que j'avais faite à sa couche, notre fuite et le pillage du vaisseau d'Isis lui revenaient en ce moment à l'esprit. Mais les clauses du traité s'opposaient à toute récrimination de sa part, et la gaîté qui s'était emparée de tous les esprits l'empêchait de donner un libre cours à sa colère. Cependant Tryphène, toujours couchée sur Giton, couvrait son sein de baisers et rajustait sur son front chauve les boucles de sa chevelure postiche. Pour moi, leur raccommodement me causait tant d'impatience et de chagrin, que je ne pouvais ni boire ni manger. Je leur lançais à tous deux de farouches regards; les baisers, les caresses de cette femme impudique étaient pour moi autant de coups de poignard; je ne savais contre lequel des deux devait se tourner ma fureur, ou contre Giton, qui m'enlevait ma maîtresse, ou contre Tryphène, qui me débauchait ce bel enfant. Tous deux m'offraient un spectacle odieux et plus triste encore que ma captivité passée. Pour surcroît de chagrin, Tryphène évitait ma conversation et semblait méconnaître en moi un ami, un amant qui, naguère, lui était si cher! Giton, de son côté, ne me trouvait pas digne qu'il bût, comme d'usage, à ma santé, ou que, du moins, il m'adressât la parole dans la conversation générale : il craignait, je pense, dans ces premiers momens de réconciliation, de rouvrir la plaie encore saignante dans le cœur de Tryphène. Navré de douleur, j'inondais ma poitrine de larmes, et mes sanglots, que je cherchais à étouffer, pensèrent me suffoquer. Cependant, malgré ma tristesse, la chevelure blonde dont on m'avait paré prêtait sans doute de nouveaux charmes à mon visage; car Ly-

induebat, sed amici quærebat obsequium, [et diu frustraque tentavit : tandem omnino repulsus, amorem vertit in furorem, et vi gratiam extorquere conatus est, quum inexspectata Tryphæna, oppido ingressa, illius procacitatem notavit. Ille perturbatus diligenter amicitur, et fugit. Hinc Tryphæna, majori libidine concitata, — Quo pertinet, inquit, illa petulans Lycæ molitio ? — Et fari coegit : narratione ardentior facta, et antiquæ familiaritatis memor, ad pristinas me voluit revocare voluptates. Ast ego, tot voluptatibus fatigatus, illius blanditias respui. Illa autem amore furens, amplexu effusissimo me invasit, et tam arcte me complexa est, ut subito exclamaverim. Ex ancillis una ad clamorem accurrit, facileque credidit, me, quam gratiam dominæ negaveram, ab ea extorquere conari ; et irrumpens amplexus solvit. Tryphæna sic repudiata, furorisque libidinosæ impatiens, durius me excepit, et additis minis, convolat ad Lycam, ut eum in me magis commoveret, meque vindicta communi insectarent. Scies autem, me olim huic ancillæ acceptissimum fuisse, quum dominæ familiaris eram : itaque iniquo tulit animo, me cum Tryphæna deprehendisse, et gemitus duxit altissimos, quorum ardenter causam sciscitatus sum,] dum ancilla restitans in hæc erupit — Si quid ingenui sanguinis habes, non pluris illam facies, quam scortum : si vir

cas, dont l'amour pour moi s'était rallumé, me lançait des regards passionnés, et tâchait de partager avec moi les plaisirs que Tryphène goûtait avec Giton : il ne prenait pas le ton d'un maître qui ordonne, mais celui d'un amant qui implore une faveur. Il me pressa longtemps sans succès : enfin, se voyant rebuté, son amour se changea en fureur, et il voulait m'arracher de force ce que je refusais à ses prières ; quand Tryphène, entrant tout à coup au moment où il s'y attendait le moins, fut témoin de sa brutalité. A son aspect, il se trouble, se rajuste à la hâte et s'enfuit. Cet incident ranime les désirs de Tryphène : — Quel était, me dit-elle, le but des pétulantes attaques de Lycas ? — et elle me force à lui tout conter. Ce récit allume encore plus sa passion, et, se rappelant nos anciennes liaisons, elle veut m'exciter à prendre avec elle les mêmes libertés que par le passé. Mais, fatigué de ces plaisirs qu'on m'offrait contre mon gré, je repoussai dédaigneusement ses avances. Alors sa passion devient une frénésie : elle m'enlace dans ses bras et me serre si fortement contre son sein, que la douleur m'arrache un cri. Une suivante accourt à ce bruit, et s'imaginant, avec vraisemblance, que je voulais ravir à sa maîtresse les faveurs que je lui refusais en réalité, elle s'élance sur nous et nous sépare. Tryphène, furieuse de mes refus et de n'avoir pu satisfaire sa lubricité, me charge d'injures, et sort en me menaçant d'aller trouver Lycas, pour l'exciter encore plus contre moi, et m'accabler sous le poids de leur commune vengeance. Or, vous saurez que la suivante avait pris un goût très-vif pour moi, dans le temps de mes liaisons avec Tryphène : affligée de m'avoir surpris avec sa maîtresse, elle pous-

fueris, non ibis ad spurcam. — Hæc animi pendentem angebant. Sed me nihil magis pudebat, quam ne Eumolpus sensisset, quidquid illud fuerat, et homo dicacissimus carminibus vindicaret creditam noxiam : [hoc enim ardens studium haud dubie me traduxisset, et illud valde timebam. Quum autem apud me perpenderem, quo pacto, ne id resciret Eumolpus, efficere possem, ecce subito ipse ingreditur rei peractæ haud ignarus : Tryphæna enim omnia Gitoni retulerat, ipsaque repulsæ meæ pensationem, fratris sumptibus, habere tentaverat : unde vehementer excandescebat Eumolpus, et eo magis, quod petulantiæ illæ signatum fœdus aperte violarent. Quum senex me conspexit, sortem meam dolens, narrare jussit, ut res se habuerat. Lycæ ergo stuprosam petulantiam, Tryphænæque libidinosum impetum jam bene monito ingenue exposui : quibus auditis,] jurat Eumolpus verbis conceptissimis, [se nos haud dubie vindicaturum, et deos æquiores esse, ut tot crimina paterentur impunita.]

sait de gros soupirs ; je la pressai vivement de m'en apprendre la cause ; et, après quelque résistance, sa douleur s'exhala en ces termes : — S'il existe encore dans votre âme quelques sentimens honnêtes, vous ne devez pas faire plus de cas de Tryphène que d'une coureuse : si vous êtes un homme, vous ne devez pas rechercher les caresses d'une prostituée. — Cette chaîne d'aventures me causait de vives inquiétudes ; mais ce que je redoutais le plus c'était qu'Eumolpe n'en fût instruit, et que ce railleur impitoyable ne voulût me venger, par une satire, de l'affront qu'il prétendrait que j'avais reçu ; car son zèle aveugle m'eût couvert par là d'un ridicule dont l'idée seule me faisait trembler. Je réfléchissais, à part moi, aux moyens de lui tout cacher, quand je le vis entrer. Il était déjà au fait de cette histoire, dont Tryphène avait fait confidence à Giton, aux dépens duquel elle avait voulu s'indemniser de mes refus : ce qui excitait d'autant plus la colère d'Eumolpe, que ces coupables violences étaient des contraventions manifestes au traité de paix que nous venions de conclure. L'officieux vieillard, s'apercevant de ma tristesse, parut compatir à mon sort, et m'ordonna de lui raconter comment la chose s'était passée. Voyant qu'il était instruit de tout, je lui avouai franchement les brutales attaques de Lycas et les lascifs emportemens de Tryphène. A ce récit, il jura formellement de nous venger, ajoutant que les dieux étaient trop justes pour laisser tant de crimes impunis.

## CAPUT CXIV.

Dum hæc taliaque jactamus, inhorruit mare, nubesque undique adductæ obruere tenebris diem. Discurrunt nautæ ad officia trepidantes, velaque tempestati subducunt. Sed nec certos fluctus ventus impulerat, nec, quo destinaret cursum, gubernator sciebat. Siciliam modo ventus dabat, sæpissime italici litoris Aquilo possessor convertebat huc illuc obnoxiam ratem : et, quod omnibus procellis periculosius erat, tam spissæ repente tenebræ lucem suppresserant, ut ne proram quidem totam gubernator videret. Itaque, Hercules! postquam tempestas convaluit, Lycas trepidans ad me supinas porrigit manus, et : — Tu, inquit, Encolpi, succurre periclitantibus, id est, vestem illam divinam, sistrumque redde navigio. Per fidem, miserere, quemadmodum quidem soles. — Et illum quidem vociferantem in mare ventus excussit, repetitumque infesto gurgite procella circumegit, atque hausit. Tryphænam autem propere jam fidelissimi rapuerunt servi, scaphæque impositam, cum maxima sarcinarum parte, abduxere certissimæ morti. Ego, Gitoni applicitus, cum clamore flevi, et : — Hoc, inquam, a diis meruimus, ut nos sola morte conjungerent; sed non crudelis fortuna concedit. Ecce! jam ratem fluctus evertet. Ecce! jam amplexus aman-

## CHAPITRE CXIV.

Tandis qu'il proférait ces imprécations, la mer s'enfle, les nuages s'épaississent et les ténèbres nous dérobent la clarté du jour. Les matelots tremblans courent aux manœuvres, et callent les voiles pour les soustraire aux coups de la tempête. Mais le vent, qui changeait à chaque minute, agitait les flots dans tous les sens, et le pilote ne savait quelle route tenir. Tantôt nous étions poussés vers la Sicile; tantôt l'Aquilon, qui règne en maître sur les côtes de l'Italie, portait çà et là notre navire, en butte à sa fureur; et, pour comble de danger, l'obscurité était si grande, que le pilote pouvait à peine entrevoir la proue du vaisseau. Mais lorsque la tempête fut à son comble, Lycas, épouvanté et tendant vers moi ses mains suppliantes : — Encolpe, s'écria-t-il, secourez-nous dans cette extrémité; rendez-nous le voile sacré et le sistre d'Isis, la protectrice de ce navire! Au nom des dieux, daignez compatir à notre sort : votre cœur ne fut jamais sourd à la pitié! — Il parlait encore, quand un coup de vent le jeta dans la mer. Nous le vîmes reparaître un instant, tournoyer sur la vague, puis le gouffre béant l'engloutit sans retour. Déjà des esclaves fidèles s'étaient hâtés d'enlever Tryphène, et, la plaçant sur la chaloupe, avec la meilleure partie de son bagage, ils la sauvèrent d'une mort inévitable. Pour moi, penché sur Giton, je m'écriais en pleurant : — Hélas! notre amour avait mérité des dieux qu'un même trépas nous unît; mais le sort jaloux nous refuse cette consolation. Vois ces flots prêts à engloutir notre vaisseau; vois ces ondes

tium iratum dividet mare. Igitur, si vere Encolpion dilexisti, da oscula, dum licet, et ultimum hoc gaudium fatis properantibus rape. — Hæc ut ego dixi: Giton vestem deposuit, meaque tunica contectus, exseruit ad osculum caput; et, ne sic cohærentes malignior fluctus distraheret, utrumque zona circumvenienti præcinxit, et : — Si nihil aliud, certe diutius, inquit, junctos nos mare feret ; vel, si voluerit, misericors, ad idem litus expellere : aut præteriens aliquis tralatitia humanitate lapidabit, aut, quod ultimum est, iratis etiam fluctibus, imprudens arena componet. — Patior ego vinculum extremum, et, veluti lecto funebri aptatus, exspecto mortem jam non molestam. Peragit interim tempestas mandata fatorum, omnesque reliquias navis expugnat. Non arbor erat relicta, non gubernacula, non funis, aut remus : sed quasi rudis atque infecta materies ibat cum fluctibus. Procurrere piscatores, parvulis expediti navigiis, ad prædam rapiendam : deinde, ut aliquos viderunt, qui suas opes defenderent, mutaverunt crudelitatem in auxilium.

irritées, qui bientôt vont briser nos douces étreintes. Giton, si tu as jamais eu quelque affection pour Encolpe, couvre-moi de baisers : il en est temps encore ; et dérobons au moins ce dernier plaisir à la mort qui s'approche. — A peine eus-je achevé, que Giton se dépouilla de sa robe, et, s'enveloppant dans la mienne, approcha de mes lèvres sa tête charmante ; puis, pour nous attacher si étroitement que la fureur des flots ne pût nous séparer, il nous lia tous les deux de la même ceinture : — Si nul autre espoir ne nous reste, nous sommes certains maintenant que la mer nous portera long-temps unis de la sorte ; peut-être même que, touchée de notre sort, elle nous jettera ensemble sur le même rivage ; peut-être qu'un passant, par un sentiment vulgaire d'humanité, couvrira nos restes de quelques pierres, ou que du moins les flots, dans leur aveugle fureur, nous enseveliront sous un monceau de sable. — Je laissai Giton serrer ces derniers nœuds : il me semblait que j'étais déjà étendu sur le lit funèbre, et j'attendais la mort sans la craindre. Cependant la tempête achevait d'exécuter les ordres du destin et dispersait les débris du vaisseau. Il ne restait plus de mâts, plus de gouvernail, plus de câbles, plus de rames, tout avait disparu ; et désormais, semblable à une informe et grossière charpente, le navire roulait ballotté par les flots. Des pêcheurs, montés sur de petites barques, accoururent, animés de l'espoir du butin ; mais, lorsqu'ils virent sur le pont quelques passagers prêts à défendre leurs biens, ils changèrent leurs projets de pillage en offres de service.

## CAPUT CXV.

Audimus murmur insolitum, et sub diæta magistri, quasi cupientis exire belluæ gemitum. Persecuti igitur sonum, invenimus Eumolpum sedentem, membranæque ingenti versus ingerentem. Mirati ergo, quod illi vacaret in vicinia mortis, poema facere, extraximus clamantem, jubemusque bonam habere mentem. At ille interpellatus excanduit; et: — Sinite me, inquit, sententiam explere; laborat carmen in fine. — Injicio ego phrenetico manum, jubeoque Gitona accedere, et in terram trahere poetam mugientem. Hoc opere tandem elaborato, casam piscatoriam subimus mœrentes, cibisque, naufragio corruptis, utcunque curati, tristissimam exegimus noctem. Postero die, quum poneremus consilium, cui nos regioni crederemus, repente video corpus humanum, circumactum levi vortice, ad litus deferri. Substiti ergo tristis, cœpique uventibus oculis maris fidem inspicere. Et, Hunc forsitan, proclamo, in aliqua parte terrarum secura exspectat uxor: forsitan ignaros tempestatis filios, aut patrem utique reliquit aliquem, cui proficiscens osculum dedit. Hæc sunt consilia mortalium; hæc vota magnarum cogitationum. En! homo quemadmodum natat? Adhuc tanquam ignotum deflebam, quum inviolatum os fluctus convertit in terram,

## CHAPITRE CXV.

Tout à coup un bruit extraordinaire se fait entendre sous la chambre du pilote : on eût dit le mugissement d'une bête féroce qui cherche à sortir de sa cage. Nous courons vers l'endroit d'où les cris semblent partir : qu'y trouvons-nous? Eumolpe assis devant un immense parchemin, qu'il couvrait de ses vers. Chacun s'étonne de voir un homme, que la mort menace de si près, s'occuper tranquillement d'un poëme ; et, malgré ses cris, nous le tirons de là, et nous l'engageons à songer à son salut. Mais, furieux d'être interrompu dans son œuvre : — Laissez-moi, nous criait-il, achever ce passage; mon poëme est presque fini. — Je me saisis de ce frénétique, j'appelle Giton à mon aide, et nous traînons jusqu'au rivage le poète mugissant de colère. Après cette pénible expédition, nous entrâmes, le cœur navré, dans la cabane d'un pêcheur ; nous y prîmes, tant bien que mal, un repas dont quelques vivres avariés firent tous les frais, et nous y passâmes la plus triste des nuits. Le lendemain, tandis que nous tenions conseil, pour savoir vers quelle contrée nous tournerions nos pas, je vis tout à coup flotter sur l'eau un corps humain, que les vagues portaient vers le rivage. A cet aspect, péniblement ému et les yeux humides, je m'arrêtai et je réfléchis aux dangers de confier à l'Océan son existence. Hélas! m'écriai-je, peut-être en ce moment une épouse, tranquille sur le sort de ce malheureux, l'attend dans quelque contrée lointaine! peut-être a-t-il laissé des enfans qui ignorent son naufrage, ou un père qui, à son départ, reçut ses derniers baisers!

agnovique terribilem paulo ante et implacabilem Lycam, pedibus meis pæne subjectum. Non tenui igitur diutius lacrymas, immo percussi semel iterumque manu pectus; et:—Ubi nunc est, inquam, iracundia tua? Ubi impotentia tua? Nempe piscibus belluisque expositus es, et, qui paulo ante jactabas vires imperii tui, de tam magna nave ne tabulam quidem naufragus habes. Ite nunc mortales, et magnis cogitationibus pectora implete. Ite cauti, et opes, fraudibus captas, per mille annos disponite. Nempe hic proxima luce patrimonii sui rationes inspexit; nempe diem etiam, quo venturus esset in patriam, animo suo finxit. Dii deæque, quam longe a destinatione sua jacet! Sed non sola mortalibus maria hanc fidem præstant. Illum bellantem arma decipiunt: illum, diis vota reddentem, penatum suorum ruina sepelit: ille, vehiculo lapsus, properantem spiritum excussit. Cibus avidum strangulavit, abstinentem frugalitas. Si bene calculum ponas: ubique naufragium est. At enim fluctibus obruto non contingit sepultura. Tanquam intersit, periturum corpus quæ ratio consumat, ignis, an fluctus, an mora? Quidquid feceris, omnia hæc eodem ventura sunt. Feræ tamen corpus lacerabunt. Tanquam melius ignis accipiat; immo hanc pœnam gravissimam credimus, ubi servis irascimur. Quæ ergo dementia est, omnia facere, ne quid e nobis relin-

Voilà donc où aboutissent les projets des mortels ! voilà le résultat de leurs désirs ambitieux ! l'infortuné ! il semble encore nager comme s'il était vivant ! — Jusqu'alors je croyais m'attendrir sur le sort d'un inconnu, quand les flots, déposant le cadavre sur le rivage, me montrèrent ses traits, qui n'étaient point défigurés par la mort. O surprise ! c'était ce Lycas, naguère encore si terrible, si implacable, que je voyais étendu à mes pieds ! Je ne pus retenir mes larmes, et, me frappant la poitrine à coups redoublés : — Que sont devenus, disais-je, ce courroux, ces transports que rien ne pouvait calmer ? Te voilà exposé en proie aux poissons et aux bêtes féroces, toi qui, il n'y a qu'un instant, te montrais si fier de ton pouvoir ! de tout ce grand vaisseau que tu possédais, il ne t'est pas même resté une planche pour te sauver du naufrage ! Allez maintenant, mortels insensés, le cœur gonflé de projets ambitieux ! fiez-vous à l'avenir, et préparez-vous à jouir pendant des milliers d'années de vos richesses acquises par la fraude ! Lui aussi, il supputait encore hier le produit de ses domaines : que dis-je ? il fixait en idée le jour où il reverrait sa patrie ! O ciel ! qu'il est loin du but qu'il se proposait ! Mais ce n'est pas seulement la mer qui se rit de l'aveugle confiance des hommes. L'un, en combattant, se croit protégé par ses armes, qui le trahissent ; l'autre adresse des vœux à ses dieux pénates, et périt écrasé sous les ruines de sa maison ; celui-ci tombe haletant de son char et rend l'âme ; celui-là, trop glouton, s'étrangle en mangeant ; cet autre, trop frugal, meurt victime de son abstinence. Calculez bien toutes les chances de la vie : vous trouverez partout un naufrage. Mais,

quat sepultura, quando etiam ita de invitis fata statuant?—[Secundum has considerationes supremo cadaver mandavimus officio.] Et Lycam quidem rogus, inimicis collatus manibus, adolebat; Eumolpus autem dum epigramma mortuo facit, oculos ad arcessendos sensus longius mittit.

## CAPUT CXVI.

Hoc peracto libenter officio, destinatum carpimus iter, ac momento temporis in montem sudantes conscendimus, ex quo haud procul impositum arce sublimi oppidum cernimus. Nec, quid esset, sciebamus errantes, donec a villico quodam, Crotona esse, cognovimus, urbem antiquissimam, et aliquando Italiæ primam. Quum deinde diligentius exploraremus, qui homines inhabitarent nobile solum, quodve genus negotiationis præci-

dira-t-on, celui qui est englouti par les flots est privé des honneurs de la sépulture. Et qu'importe, après tout, qu'un corps, né pour périr, soit consumé par le feu, par les flots, ou par le temps? quoi qu'il arrive, le résultat est toujours le même. Cependant ce cadavre va être déchiré par les bêtes féroces. Croyez-vous donc qu'il lui soit plus avantageux d'être dévoré par les flammes? le feu n'est-il pas regardé comme le supplice le plus rigoureux dont un maître irrité puisse punir ses esclaves? Quelle est donc notre folie, de nous donner tant de soins pour qu'aucune partie de nous-mêmes ne reste sans sépulture? les destins, malgré nous, n'en disposent-ils pas à leur gré? — Après ces réflexions, nous rendîmes les derniers devoirs à la dépouille mortelle de Lycas, qui fut brûlée sur un bûcher dressé par les mains de ses ennemis, tandis qu'Eumolpe s'occupait à faire l'épitaphe du défunt, et, les yeux fixés vers le ciel, semblait appeler l'inspiration.

## CHAPITRE CXVI.

Quittes envers Lycas de ce pieux tribut, nous poursuivîmes notre route; et, bientôt après, nous gravîmes, tout en sueur, une montagne d'où nous aperçûmes, à peu de distance, une ville située sur le sommet d'une hauteur. Marchant à l'aventure, nous ignorions quel en était le nom, quand un paysan que nous rencontrâmes nous apprit que c'était Crotone, ville très-ancienne et jadis la métropole de l'Italie. Alors nous le questionnâmes en détail sur les habitans de cette cité célèbre, et sur le genre d'industrie auquel ils s'adonnaient

pue probarent, post attritas bellis frequentibus opes : —
O mi, inquit, hospites, si negotiatores estis, mutate
propositum, aliudque vitæ præsidium quærite. Sin autem, urbanioris notæ homines, sustinetis semper mentiri, recta ad lucrum curritis. In hac enim urbe non
litterarum studia celebrantur, non eloquentia locum
habet, non frugalitas sanctique mores laudibus ad fru-
ctum perveniunt, sed, quoscunque homines in hac urbe
videritis, scitote, in duas partes esse divisos. Nam aut
captantur, aut captant. In hac urbe nemo liberos tollit:
quia, quisquis suos heredes habet, nec ad cœnas, nec
ad spectacula admittitur; sed omnibus prohibetur commodis, inter ignominiosos latitat. Qui vero nec uxores
unquam duxerunt, nec proximas necessitudines habent,
ad summos honores perveniunt, id est, soli militares,
soli fortissimi, atque etiam innocentes habentur. Videbitis, inquit, oppidum, tanquam in pestilentia campos,
in quibus nihil aliud est, nisi cadavera, quæ lacerantur,
aut corvi, qui lacerant.

## CAPUT CXVII.

Prudentior Eumolpus convertit ad novitatem rei mentem, genusque divitationis sibi non displicere confessus
est. Jocari ego senem poetica levitate credebam, quum
ille : — Utinam quidem sufficeret largior schema, id

de préférence, depuis les guerres fréquentes qui avaient ruiné leur puissance. — Mes bons messieurs, nous dit-il, si vous êtes négocians, cherchez fortune ailleurs, ou trouvez quelque autre moyen de gagner votre vie. Mais si vous êtes des personnes d'une classe plus distinguée, et que l'obligation de mentir du matin au soir ne vous effraie pas, vous êtes ici sur le chemin de la richesse. Car, dans cette ville, on ne fait aucun cas des belles-lettres; l'éloquence en est bannie, la tempérance et les bonnes mœurs n'y obtiennent ni estime ni récompense. Tous ceux que vous rencontrerez dans Crotone se partagent en deux classes, des testateurs, et des coureurs de successions. Personne ici ne prend soin d'élever ses enfans, parce que tout homme qui a des héritiers légitimes n'est admis ni aux festins ni aux spectacles, et, privé de tous les agrémens de la vie, se voit relégué parmi la canaille. Mais ceux qui n'ont jamais été mariés, et qui n'ont point de proches parens, parviennent aux premiers honneurs. Au jugement des Crotoniates, eux seuls ont des talens militaires, eux seuls sont braves, eux seuls sont vertueux. Cette ville, en un mot, vous offrira l'image d'une campagne ravagée par la peste; on n'y voit que des cadavres exposés, et des corbeaux qui les déchirent.

## CHAPITRE CXVII.

Eumolpe, qui avait de l'expérience, se mit à réfléchir sur cette spéculation d'un nouveau genre, et nous avoua que cette manière de s'enrichir n'avait rien qui lui déplût. Je crus d'abord que c'était une plaisanterie, et que le vieillard parlait ainsi par licence poétique; mais il

est, vestis humanior, quæ præberet mendacio fidem. Non, me Hercules! peram istam differrem, sed continuo vos ad magnas opes ducerem. — Atqui promitto, quidquid exigeret, dummodo placeret rapinæ comes, vestem, et quidquid Lycurgi villa grassantibus præbuisest. Nam nummos in præsentem usum deum matrem pro fide sua reddituram. — Quid ergo, inquit Eumolpus, cessamus mimum componere? Facite ergo me dominum, si negotiatio placet. — Nemo ausus est artem damnare, nihil auferentem. Itaque, ut duraret inter omnes tutum mendacium, in verba Eumolpi sacramentum juravimus, uri, vinciri, verberari, ferroque necari, et quidquid aliud Eumolpus jussisset, tanquam legitimi gladiatores, domino corpora animasque religiosissime addicimus. Post peractum sacramentum, serviliter ficti, dominum consalutamus, elatumque ab Eumolpo filium pariter condiscimus, juvenem ingentis eloquentiæ, et spei: ideoque de civitate sua miserrimum senem exisse, ne aut clientes sodalesque filii sui, aut sepulcrum, quotidie causam lacrymarum, cerneret. Accessisse huic tristitiæ proximum naufragium, quo amplius vicies sestertium amiserit. Nec illum jactura moveri, sed destitutum ministerio, non agnoscere dignitatem suam. Præterea habere in Africa trecenties sestertium fundis, nominibusque depositum. Nam familiam quidem tam magnam per

ajouta : — Plût au ciel que je pusse me produire sur un plus grand théâtre, c'est-à-dire avoir des habits plus décens, pour donner crédit à la ruse que je médite ! Certes, je ne porterais pas long-temps cette besace, et je vous ferais bientôt faire une brillante fortune ! — Je lui promis, pourvu qu'il consentît à me mettre de moitié dans son gain, de lui fournir tout ce qu'il voudrait, la robe d'Isis et tout ce que nous avions enlevé de la maison de campagne de Lycurgue : la mère des dieux, ajoutai-je, ne manquera pas de nous procurer tout l'argent dont nous aurons besoin pour le présent : — Que tardons-nous, reprit Eumolpe, à faire le plan de notre comédie ? Si l'affaire vous convient, je remplirai le rôle du maître. — Aucun de nous n'osa blâmer une entreprise où nous n'avions rien à perdre. Aussi, pour que cette fourberie restât entre nous un secret inviolable, nous prêtâmes entre les mains d'Eumolpe le serment, dont il nous dicta la formule, de souffrir le feu, l'esclavage, la bastonnade, la mort même, en un mot tout ce qu'il ordonnerait; enfin nous jurâmes par tout ce qu'il y a de plus sacré d'être à lui, corps et âme, comme des gladiateurs légalement engagés. — Cette formalité remplie, nous nous déguisons en esclaves et nous saluons notre nouveau maître. Il fut aussi convenu entre nous qu'Eumolpe venait de perdre un fils, jeune homme très-éloquent et d'une grande espérance ; que, depuis sa mort, le malheureux père s'était exilé de sa ville natale, pour ne pas avoir sans cesse devant ses yeux le tombeau, les cliens et les amis de son fils, qui renouvelaient chaque jour la source de ses larmes; que, pour surcroît d'affliction, il venait d'essuyer un

agros Numidiæ esse sparsam, ut possit vel Carthaginem capere. Secundum hanc formulam imperamus Eumolpo, ut plurimum tussiat, ut sit modo solutioris stomachi, cibosque omnes palam damnet; loquatur aurum et argentum, fundosque mendaces, et perpetuam terrarum sterilitatem. Sedeat præterea quotidie ad rationes, tabulasque testamenti omnibus horis renovet ; et, ne quid scenæ deesset, quotiescunque aliquem nostrum vocare tentasset, alium pro alio vocaret, ut facile appareret, dominum etiam eorum meminisse, qui præsentes non essent. His ita ordinatis, quod bene feliciterque eveniret precati deos, viam ingredimur. Sed neque Giton sub insolito fasce durabat, et mercenarius Corax, detrectator ministerii, posita frequentius sarcina, maledicebat properantibus, affirmabatque, se aut projecturum sarcinas, aut cum onere fugiturum. — Quid vos, inquit, me jumentum putatis esse, aut lapidariam navem? hominis operas locavi, non caballi; nec minus liber sum, quam vos, etsi pauperem pater me reliquit. — Nec contentus maledictis, tollebat subinde altius pedem, et strepitu obsceno simul, atque odore viam implebat. Ridebat contumaciam Giton, et singulos strepitus ejus pari clamore prosequebatur.

naufrage dans lequel il avait perdu deux millions de sesterces ; mais que cette perte le touchait moins que celle de ses serviteurs, qui l'empêchait de paraître avec l'éclat convenable à son rang ; qu'il possédait en outre en Afrique trente millions de sesterces en biens-fonds et en argent placé, et qu'il avait une si grande quantité d'esclaves répandus dans ses domaines de Numidie, qu'on en formerait une armée assez nombreuse pour prendre Carthage. Notre plan ainsi arrêté, nous conseillâmes à Eumolpe de tousser beaucoup, comme un homme attaqué de la poitrine, d'affecter en public un grand dégoût pour tous les alimens, de ne parler que d'or et d'argent ; de se plaindre sans cesse de la stérilité continuelle des terres et de l'incertitude de leur revenu. Il devait encore s'enfermer tous les jours pour calculer, et changer à chaque instant quelques-unes des clauses de son testament. Enfin, pour que la comédie fût complète, il devait, lorsqu'il appellerait quelqu'un de nous, feindre de prendre un nom pour un autre, afin que l'on s'imaginât qu'il croyait avoir encore auprès de lui ceux de ses esclaves qui étaient absens. Lorsque tout fut réglé de la sorte, nous priâmes les dieux de nous accorder un prompt et heureux succès, et nous nous remîmes en route. Mais Giton succombait sous un fardeau au dessus de ses forces ; et Corax, le valet de louage, pestant contre sa condition, posait fréquemment à terre le bagage, et se répandait en imprécations contre nous, qui marchions trop vite ; jurant qu'il allait tout jeter à terre ou s'enfuir avec sa charge. — Quoi donc ! disait-il, me prenez-vous pour une bête de somme, ou pour un vaisseau de transport ? Je me suis loué pour

## CAPUT CXVIII.

Sed et hic ad ingenium redux poeta:—Multos, inquit Eumolpus, o juvenes, carmen decepit : nam, ut quisque versum pedibus instruxit, sensumque teneriorem verborum ambitu intexuit; putavit, se continuo in Heliconem venisse. Sic forensibus ministeriis exercitati, frequenter ad carminis tranquillitatem, tanquam ad portum faciliorem, refugerunt, credentes, facilius poema exstrui posse, quam controversiam, vibrantibus sententiolis pictam. Ceterum neque generosior spiritus vanitatem amat, neque concipere, aut edere partum mens potest, nisi ingenti flumine litterarum inundata. Effugiendum est ab omni verborum, ut ita dicam, vilitate, et sumendæ voces a plebe submotæ, ut fiat,

> Odi profanum vulgus, et arceo.

Præterea curandum est, ne sententiæ emineant extra

faire le service d'un homme et non d'un mulet. Je suis né libre comme vous, quoique mon père m'ait laissé sans fortune. — Non content de ces plaintes, il levait de temps en temps la jambe, et, chemin faisant, se permettait des incongruités, qui blessaient également notre oreille et notre odorat. Giton riait de tout son cœur de l'audace de ce valet, et à chaque détonation répondait, avec sa bouche, par un bruit semblable.

## CHAPITRE CXVIII.

Mais Eumolpe, retombant alors dans sa manie ordinaire : — Combien de gens, ô mes jeunes amis! nous dit-il, se sont laissé séduire par les attraits de la poésie! A peine est-on parvenu à mettre un vers sur ses pieds, et à noyer quelques sentimens tendres dans un vain déluge de paroles, qu'on se croit au sommet de l'Hélicon. C'est ainsi que, souvent, rebuté des fatigues du barreau, maint avocat cherche un asile dans le temple des Muses, comme dans un port plus tranquille et plus assuré : insensé! il se figure qu'il est plus facile de bâtir un poëme que d'écrire un plaidoyer orné de sentences brillantes! Mais un esprit généreux ne se flatte pas ainsi : il sait que le génie ne peut ni concevoir ni enfanter une grande production, s'il n'a été d'abord fécondé par de longues études. Il faut surtout éviter toute expression basse et triviale et n'employer que les termes les plus éloignés du langage de la populace : c'est le

   Loin de moi, profane vulgaire!

d'Horace. En outre, il faut prendre garde que les pensées

corpus orationis expressæ : sed intexto versibus colore niteant. Homerus testis, et Lyrici, Romanusque Virgilius, et Horatii curiosa felicitas. Ceteri enim aut non viderunt viam, qua iretur ad carmen, aut versu timuerunt calcare. Ecce! belli civilis ingens opus quisquis attigerit, nisi plenus litteris, sub onere labetur. Non enim res gestæ versibus comprehendendæ sunt, quod longe melius historici faciunt ; sed per ambages, deorumque ministeria, et fabulosum sententiarum torrentem, præcipitandus est liber spiritus, ut potius furentis animi vaticinatio appareat, quam religiosæ orationis sub testibus fides; tanquam si placet hic impetus, etiamsi nondum recepit ultimam manum:

## CAPUT CXIX.

CARMEN DE BELLO CIVILI.

Orbem jam totum victor Romanus habebat,
  Qua mare, qua terræ, qua sidus currit utrumque;
Nec satiatus erat. Gravidis freta pressa carinis
Jam peragebantur. Si quis sinus abditus ultra,
Si qua foret tellus, quæ fulvum mitteret aurum,

saillantes ne soient point des hors-d'œuvres, mais qu'enchâssées dans le corps de l'ouvrage, elles y brillent comme formées d'un même tissu. Homère et les lyriques grecs; Virgile, l'honneur de la poésie romaine, et Horace, si heureux dans le choix de ses expressions, en sont la preuve. Les autres n'ont point vu la route qui conduit au Parnasse, ou, s'ils l'ont vue, ils ont craint de s'y engager. Quiconque, par exemple, entreprendra de traiter un sujet aussi important que celui de la Guerre Civile, succombera infailliblement sous le faix, s'il ne s'y est préparé par un grand fonds d'études. Il ne s'agit pas, en effet, de renfermer dans ses vers le récit exact des évènemens, c'est le propre de l'histoire, qui y réussit beaucoup mieux; mais il faut y arriver par de longs détours, par l'intervention des dieux; il faut que le génie, toujours libre dans son essor, se précipite à travers le torrent des fictions de la fable; en un mot, que son inspiration ressemble plutôt aux oracles de la Pythie s'agitant furieuse sur son trépied, qu'à un récit fidèle, appuyé sur des témoignages incontestables. Voyez, par exemple, si cette ébauche, à laquelle je n'ai pas encore mis la dernière main, est de votre goût:

## CHAPITRE CXIX.

LA GUERRE CIVILE, POEME.

Rome, au monde tremblant, avait donné des fers;
Mais les trésors des rois, mais les tributs des mers,
N'ont point assouvi Rome, et, de nouveau, les ondes
Ont gémi sous le poids de ses nefs vagabondes.
Tout sol où germe l'or éveille sa fureur:

Hostis erat : fatisque in tristia bella paratis,
Quærebantur opes. Non vulgo nota placebant
Gaudia; non usu plebeio trita voluptas.
Assyriæ concham laudarat miles; in Inda;
Quæsitus tellure nitor certaverat ostro.
Hinc Numidæ adtulerant, illinc nova vellera Seres;
Atque Arabum populus sua despoliaverat arva.
Ecce aliæ clades, et læsæ vulnera pacis !
Quæritur in silvis Mauri fera, et ultimus Ammon
Afrorum excutitur; ne desit bellua dente
Ad mortes pretiosa : fremens premit advena classes
Tigris, et aurata gradiens vectatur in aula,
Ut bibat humanum, populo plaudente, cruorem.
Heu ! pudet effari, perituraque prodere fata !
Persarum ritu, male pubescentibus annis,
Subripuere viros, exsectaque viscera ferro
In Venerem fregere; atque ut fuga mobilis ævi
Circumscripta mora properantes differat annos :
Quærit se natura, nec invenit. Omnibus ergo
Scorta placent, fractique enervo corpore gressus,
Et laxi crines, et tot nova nomina vestis,
Quæque virum quærunt. Ecce! Afris eruta terris
Ponitur, ac maculis imitatur vilibus aurum
Citrea mensa, greges servorum, ostrumque renidens!
(Quæ turbant censum); hostile ac male nobile lignum
Turba sepulta mero circumvenit : omniaque orbis
Præmia, correptis miles vagus exstruit armis.
Ingeniosa gula est. Siculo scarus æquore mersus
Ad mensam vivus perducitur; atque lucrinis
Eruta litoribus condunt conchylia cœnas,
Ut renovent per damna famem. Jam Phasidos unda
Orbata est avibus : mutoque in litore tantum
Solæ desertis aspirant frondibus auræ.
Nec minor in Campo furor est, emtique Quirites
Ad prædam, strepitumque lucri suffragia vertunt;

Le butin, non la gloire, est le prix du vainqueur.
Plus d'attraits pour l'orgueil dans un éclat vulgaire;
Le soldat resplendit d'une pourpre étrangère;
Sa tente est un palais où luit, au sein des camps
Près du glaive étonné, le feu des diamans;
Où dort, sur le duvet, la valeur assoupie;
Où, pour embaumer l'air, s'épuise l'Arabie.
La paix, comme la guerre, accuse nos excès.
Dans les forêts du Maure, achetés à grands frais,
Ses tigres, en grondant, accourent à nos fêtes,
Et dans des cages d'or, affrontant les tempêtes,
Vont boire, aux cris d'un peuple atroce en ses plaisirs,
Le sang humain, coulant pour charmer nos loisirs.
O crime, avant-coureur de la chute de Rome!
Dans l'homme en son printemps, le fer détruisant l'homme,
Veut fixer, mais en vain, de fugitifs appas :
La nature s'y cherche, et ne s'y trouve pas.
Brillant efféminé! compose ton sourire;
Livre tes longs cheveux aux baisers du zéphyre :
Adonis et Vénus, d'un impudique amour,
A tes autels douteux vont brûler tour-à-tour.
Hôte odorant des bois dont l'Atlas se couronne,
Le citronnier, pour nous, en tables se façonne;
Et, sur ses veines d'or appelant l'œil surpris,
Du métal qu'il imite il usurpe le prix.
Comus, en ses festins, ne connaît plus d'entraves :
Le front paré de fleurs, environné d'esclaves,
Il parle; et, moissonnée en cent climats divers,
La pompe d'un seul jour appauvrit l'univers.
Le scare aux larges flancs du fond des mers arrive;
L'huître, enfant du Lucrin, abandonne sa rive.
Tes bords muets, ô Phase! ont perdu leurs oiseaux,
Et le vent seul murmure à travers tes roseaux.
Entrons au Champ-de-Mars : l'or préside aux comices;
L'or prête aux candidats des vertus ou des vices;

Venalis populus, venalis curia patrum.
Est favor in pretio. Senibus quoque libera virtus
Exciderat, sparsisque opibus conversa potestas,
Ipsaque majestas, auro corrupta, jacebat.
Pellitur a populo victus Cato: tristior ille est,
Qui vicit, fascesque pudet rapuisse Catoni.
Namque hoc dedecori est populo; morumque ruina.
Non homo pulsus erat; sed in uno victa potestas,
Romanumque decus. Quare jam perdita Roma
Ipsa sui merces erat, et sine vindice præda.
Præterea gemino deprensam gurgite prædam
Fœnoris ingluvies, ususque exederat æris.
Nulli est certa domus, nullum sine pignore corpus:
Sed veluti tabes, tacitis concepta medullis,
Intra membra furens curis latrantibus errat.
Arma placent miseris, detritaque commoda luxu
Vulneribus reparantur. Inops audacia tuta est.
Hoc mersam cœno Romam, somnoque jacentem
Quæ poterant artes sana ratione movere,
Ni furor, et bellum, ferroque excita libido?

## CAPUT CXX.

Tres tulerat Fortuna duces, quos obruit omnes
Armorum strue diversa feralis Erinnys.
Crassum Parthus habet; libyco jacet æquore Magnus;
Julius ingratam perfudit sanguine Romam.
Et, quasi non posset tot tellus ferre sepulcra,
Divisit cineres. Hos gloria reddit honores.
Est locus, exciso penitus demersus hiatu,
Parthenopen inter magnæque Dicarchidos arva,
Cocyta perfusus aqua: nam spiritus extra
Qui furit, effusus funesto spargitur æstu.
Non hæc autumno tellus viret, aut alit herbas
Cespite lætus ager: non verno persona cantu

D'un suffrage vénal l'or dispose en tyran ;
Le peuple et le sénat se vendent à l'encan.
Aux lieux même où du monde on voit siéger la reine,
Rampe aux pieds de Plutus la majesté romaine.
Là, Caton outragé brigue en vain les faisceaux;
Les faisceaux et l'opprobre attendent ses rivaux.
Qu'ils subissent en paix l'affront de la victoire.
Caton, vaincu, s'éloigne escorté de sa gloire;
Et, chassés devant lui, la liberté, l'honneur,
Laissent les lois sans force, et l'état sans vengeur.
Plus loin, riche d'emprunts, l'opulence factice,
Dans l'antre de l'usure implore l'avarice;
Trop heureux si, bientôt, l'insolvable Crésus
N'est vendu pour sa dette, et ne meurt comme Irus !
Tel qu'un venin perfide, errant de veine en veine,
Le luxe, dans ton sein, couve ta mort prochaine,
O Rome ! Enfin, la guerre est ton unique espoir:
Quand on a tout perdu, la guerre est un devoir.
Sors du lâche sommeil où ta fierté s'oublie;
Mars accourt dans ton sang retremper ton génie.

## CHAPITRE CXX.

Mais déjà ne sont plus tes bouillans triumvirs.
L'Euphrate, de Crassus, voit les derniers soupirs.
Pompée, au Nil en deuil a légué sa poussière;
César en plein sénat expire..... Ainsi la terre,
N'osant les rapprocher, disperse leurs tombeaux :
Digne prix dont la gloire honore ses héros !
Aux champs de Parthénope il est un vaste gouffre,
Impur amas de feux, de bitume et de soufre.
Le Cocyte y bouillonne, et d'un fatal poison
La vapeur qu'il exhale infecte l'horizon.
Tout est morne à l'entour. Jamais Flore ou Pomone
N'y sourit au printemps, n'y fait mûrir l'automne.

Mollia discordi strepitu virgulta loquuntur:
Sed chaos, et nigro squallentia pumice saxa
Gaudent ferali circum tumulata cupressu.
Has inter sedes Ditis pater extulit ora
Bustorum flammis, et cana sparsa favilla:
Ac tali volucrem Fortunam voce lacessit:
Rerum humanarum, divinarumque potestas,
Fors, cui nulla placet nimium secura potestas,
Quæ nova semper amas, et mox possessa relinquis,
Ecquid romano sentis te pondere victam?
Nec posse ulterius perituram extollere molem?
Ipsa suas vires odit romana juventus,
Et, quas struxit opes, male sustinet. Aspice late
Luxuriam spoliorum, et censum in damna furentem.
Ædificant auro, sedesque ad sidera mittunt.
Expelluntur aquæ saxis; mare nascitur arvis;
Et permutata rerum statione rebellant.
En etiam mea regna petunt. Perfossa dehiscit
Molibus insanis tellus; jam montibus haustis
Antra gemunt; et, dum varius lapis invenit usum,
Inferni manes cœlum spectare jubentur.
Quare, age, Fors, muta pacatum in prœlia vultum,
Romanosque cie, ac nostris da funera regnis.
Jam pridem nullo perfudimus ora cruore,
Nec mea Tisiphone sitientes perluit artus,
Ex quo Sullanus bibit ensis, et horrida tellus
Extulit in lucem nutritas sanguine fruges.

## CAPUT CXXI.

Hæc ubi dicta dedit, dextræ conjungere dextram
Conatus, rupto tellurem solvit hiatu.
Tum Fortuna levi defudit pectore voces:
O genitor, cui Cocyti penetralia parent,

Jamais le doux zéphyr, agitant ses rameaux,
N'y mêla ses soupirs aux doux chants des oiseaux.
Le noir chaos y règne ; et les cyprès funèbres,
Du sombre soupirail bordent seuls les ténèbres.....
Les cheveux de fumée et de cendre couverts,
Par là Pluton, un jour, s'élance des enfers.
— Des mortels et des dieux souveraine volage,
O Fortune ! dit-il, qu'un long bonheur outrage,
Toi pour qui l'inconstance a de constans attraits,
Rome triomphe donc ! Tremblante sous le faix,
N'oses-tu de sa gloire ébranler l'édifice ?
Oui, Rome doit à Rome un sanglant sacrifice.
Sous ses trésors, déjà, sa mollesse a fléchi.
Des dépouilles des rois, vois son faste enrichi,
Élever jusqu'aux cieux l'orgueil de ses portiques :
Là, repousser les mers de leurs rives antiques ;
Ici, creuser des lacs où dominaient des monts,
Dompter les élémens et vaincre les saisons.
Que dis-je ? jusqu'à moi perçant de longs abîmes
Pour exhumer cet or, père de tous les crimes,
Des coups de ses marteaux il fait gémir ma cour,
Et menace les morts de la clarté du jour.
Qu'attends-tu ? trop long-temps a dormi ta colère,
Déesse ! vengeons-nous ; souffle aux Romains la guerre :
Mon cœur est altéré de leur sang odieux ;
Et Tisiphone, oisive, atteste en vain les dieux,
Depuis que Rome, en deuil de tant de funérailles,
Vit, par deux fiers proscrits, déchirer ses entrailles.

## CHAPITRE CXXI.

Il dit, étend son sceptre, et, d'un front redouté,
Tempère, en s'inclinant, la noire majesté.
La Fortune répond : — Maître du sombre empire,
O Pluton ! dans les temps s'il m'est permis de lire,

Si modo vera mihi fas est impune profari,
Vota mihi cedent : nec enim minor ira rebellat
Pectore in hoc, leviorve exurit flamma medullas.
Omnia, quæ tribui romanis arcibus, odi ;
Muneribusque meis irascor. Destruat istas
Idem, qui posuit, moles deus. Est mihi cordi
Quippe armare viros, et sanguine pascere luctum.
Cerno equidem gemino jam stratos marte Philippos,
Thessaliæque rogos, et funera gentis Iberæ.
Jam fragor armorum trepidantes personat auras ;
Et Libyam cerno, et te, Nile, gementia castra,
Actiacosque sinus, et Apollinis arma timentes.
Pande, age, terrarum sitientia regna tuarum,
Atque animas arcesse novas. Vix navita Porthmeus
Sufficiet simulacra virum traducere cymba ;
Classe opus est. Tuque ingenti satiare ruina,
Pallida Tisiphone, concisaque vulnera mande :
Ad stygios manes laceratus ducitur orbis.

## CAPUT CXXII.

Vixdum finierat, quum fulgure rupta corusco
Intremuit nubes, elisosque abscidit ignes.
Subsedit pater umbrarum, gremioque reducto
Telluris, pavitans fraternos palluit ictus.
Continuo clades hominum, venturaque damna
Auspiciis patuere deûm ; namque ore cruento
Deformis Titan vultus caligine texit :
Civiles acies jam tum sperare putares.
Parte alia plenos exstinxit Cynthia vultus,
Et lucem sceleri subduxit. Rupta tonabant,
Vorticibus laxis, montis juga ; nec vaga passim
Flumina per notas ibant morientia ripas.
Armorum strepitu cœlum furit ; et tuba mortem
Sideribus transacta ciet : jamque Ætna voratur

Tes vœux seront comblés. Va, d'une même ardeur,
Le courroux qui t'anime a pénétré mon cœur.
De mes nombreux bienfaits Rome est trop orgueilleuse ;
J'ai regret à mes dons : Rome m'est odieuse.
Mais je puis renverser l'ouvrage de mes mains.
Oui, je prétends armer Romains contre Romains,
Me baigner dans leur sang. Je vois, en Æmathie,
Dans un double combat s'acharner leur furie ;
Je vois l'Espagne en deuil, la Thessalie en feux.
D'où viennent dans les airs ces accens belliqueux ?
La Libye et le Nil sont en proie aux alarmes :
Du vainqueur d'Actium ils redoutent les armes.
Ouvre, dieu des enfers, tes avides manoirs !
Pour passer tant de morts sur tes rivages noirs,
Caron, cherche une flotte, au lieu de ta nacelle.
Et toi, pâle Érinnys, repais ta faim cruelle ;
Ma main, pour t'assouvir, arme tous les fléaux,
Et livre à tes serpens l'univers en lambeaux.

## CHAPITRE CXXII.

A ces mots, l'éclair luit, le ciel gronde, la foudre
Vole, et d'un roc voisin réduit la cime en poudre.
Aux coups de Jupiter, Pluton, saisi d'effroi,
S'enfuit..... L'enfer tressaille en revoyant son roi.
Bientôt, des dieux vengeurs les sinistres augures
Annoncent aux mortels nos discordes futures ;
L'astre du jour, dans l'ombre éclipsant sa clarté,
Voile son front brillant d'un crêpe ensanglanté ;
La lune éteint ses feux. Des montagnes tremblantes
Se fendent, à grand bruit, les cimes mugissantes.....
De ces fleuves taris où sont les flots fougueux ?
Le clairon des combats retentit dans les cieux
Où semblent se heurter d'invisibles armées.
L'Etna s'ouvre, et vomit des laves enflammées.

Ignibus insolitis, et in æthera fulmina mittit.
Ecce inter tumulos atque ossa carentia bustis,
Umbrarum facies diro stridore minantur.
Fax, stellis comitata novis, incendia ducit;
Sanguineoque rubens descendit Juppiter imbre.
Hæc ostenta brevi solvit deus. Exuit omnes
Quippe moras Cæsar, vindictæque actus amore
Gallica projecit, civilia sustulit arma.
Alpibus aereis, ubi graio numine pulsæ,
Descendunt rupes, et se patiuntur adiri,
Est locus, Herculeis aris sacer; hunc nive dura
Claudit hiems, canoque ad sidera vertice tollit.
Cœlum illic sedisse putes : non solis adulti
Mansuescit radiis, non verni temporis aura;
Sed glacie concreta algens, hiemisque pruinis,
Totum ferre potest humeris minitantibus orbem.
Hæc ubi calcavit Cæsar juga milite læto,
Optavitque locum : summo de vertice montis
Hesperiæ campos late prospexit; et ambas
Intentans cum voce manus ad sidera, dixit:
— Juppiter omnipotens, et tu, Saturnia tellus,
Armis læta meis, olimque ornata triumphis,
Testor ad has acies invitum arcessere Martem,
Invitas me ferre manus; sed vulnere cogor,
Pulsus ab urbe mea, dum Rhenum sanguine tingo,
Dum Gallos, iterum Capitolia nostra petentes,
Alpibus excludo : vincendo certior exsul,
Sanguine Germano, sexagintaque triumphis,
Esse nocens cœpi. Quamquam quos gloria terret?
Aut qui sunt, qui bella jubent? mercedibus emtæ
Ac viles operæ! quorum est mea Roma noverca,
Ut reor, haud impune; nec hanc sine vindice dextram
Vinciet ignavus. Victores ite furentes,
Ite, mei comites, et causam dicite ferro.
Namque omnes unum crimen vocat; omnibus una

On vit pleuvoir du sang; on vit sur leurs tombeaux
Des spectres se dresser, poussant de longs sanglots;
Et la comète en feu, promenant l'épouvante,
Secoua dans les cieux sa chevelure ardente.
C'en est fait; et déjà l'impatient César,
De la guerre civile arborant l'étendard,
Loin du Gaulois vaincu, vers les Alpes s'avance.
Le premier, sur ces monts témoins de sa puissance,
Hercule osa frayer une route aux mortels,
Et leur encens toujours y fume à ses autels.
Leur front, blanchi de neige, est caché dans la nue;
Le ciel semble s'asseoir sur leur tête chenue.
Là, jamais n'a fleuri la rose du printemps;
Là, Phébus est armé de rayons impuissans :
Et ces rocs, des frimas antiques tributaires,
Opposent aux étés leurs glaces séculaires.
César aime à fouler ces sommets sourcilleux.
Rome, de ces hauteurs, n'est qu'un point à ses yeux.
Malgré lui, cependant, il soupire, il s'écrie :
— Dieux immortels! et vous, ô champs de l'Hespérie,
Pleins encor de mon nom, fameux par mes combats,
Je vous atteste! Rome a seule armé mon bras.
A regret ma fierté court venger son injure.
Et pourquoi m'a-t-on vu dompter le Rhin parjure,
A l'orgueil d'Albion dicter de justes lois,
Et, loin du Capitole, enchaîner les Gaulois?
C'est pour toi, peuple ingrat, que fatigue ma gloire!
Pour toi, qui me proscris!.... Hélas! à la victoire,
Cinquante fois César a conduit tes guerriers;
Deux fois j'ai vu mon sang arroser mes lauriers.
Les voilà, mes forfaits! Quels sont donc ces pygmées
Qui préparent des fers à mes mains désarmées?
Étrangers sans vertus, vil ramas de brigands,
Citoyens nés d'hier, vendus aux plus offrans.
Et, de ces fils nouveaux follement idolâtre,

Impendet clades. Reddenda est gratia vobis :
Non solus vici. Quare, quia pœna tropæis
Imminet, et sordes meruit victoria nostra,
Judice Fortuna, cadat alea. Sumite bellum,
Et tentate manus. Certe mea causa peracta est.
Inter tot fortes armatus nescio vinci.
— Hæc ubi personuit, de cœlo delphicus ales
Omina læta dedit, pepulitque meatibus auras.
Nec non horrendi nemoris de parte sinistra
Insolitæ voces flamma sonuere frequenti.
Ipse nitor Phœbi, vulgato latior orbe,
Crevit, et aurato præcinxit fulgure vultus.

## CAPUT CXXIII.

Fortior ominibus, movit Mavortia signa
Cæsar, et insolito gressus prior occupat ausu.
Prima quidem glacies, et cana vincta pruina
Non pugnavit humus, mitique horrore quievit.
Sed postquam turmæ nimbos fregere ligatos,
Et pavidus quadrupes undarum vincula rupit ;
Incaluere nives : mox flumina montibus altis
Undabant modo nata ; sed hæc quoque (jussa putares),
Stabant, et vincta fluctus stupuere pruina,
Et paulo ante lues jam concidenda jacebat.
Tum vero malefida prius vestigia lusit,
Decepitque pedes : passim turmæque, virique,
Armaque, congesta strue, deplorata jacebant.
Ecce etiam rigido concussæ flamine nubes
Exonerabantur ; nec rupto turbine venti
Deerant, nec tumida confractum grandine cœlum.
Ipsæ jam nubes ruptæ super arma cadebant,

Rome les traite en mère, et me traite en marâtre !
Non, de ma gloire ainsi je ne 'descendrai pas;
Non. L'honnéur ou la mort. Et vous, braves soldats,
Compagnons de César, notre cause est commune,
De nos communs succès on punit ma fortune ;
Je n'ai pas vaincu seul..... Puisqu'un choix sans pudeur
Couronne la bassesse et flétrit la valeur,
Le sort en est jeté : que le glaive en décide ;
Marchons ! fort de vos bras, César est un Alcide.
— A peine il a parlé; trois fois, présage heureux !
Sur son front se balance un aigle audacieux ;
Des bois muets, trois fois l'ombre antique murmure,
Trois fois un feu léger sillonne leur verdure.
Tu vis croître, ô Soleil ! ton disque étincelant,
Et dans les cieux ton char rayonna plus brillant.

## CHAPITRE CXXIII.

Tout s'ébranle, tout part; bien mieux que les présages,
L'exemple du héros enflamme les courages.
Le roc, d'abord docile, aux bataillons pressés
Laisse gravir ses flancs de frimas hérissés ;
Mais sous le poids bientôt, fumantes et fendues,
Et la neige et la glace, en torrens épandues,
Tombent du haut des monts : armes, coursiers, soldats,
L'un sur l'autre entassés, roulent avec fracas;
Puis tout à coup, fixant sa course interrompue,
L'onde, en blocs de cristal, s'arrête suspendue ;
Et, rebelle à l'effort de l'acier qui la fend,
Sème encor de périls un passage glissant.
Éole dans les airs a déployé sa rage :
Il mugit ; et soudain, déchirant le nuage,
Fondent sur les Romains, qu'en vain cache le fer,
Et la grêle, et la pluie, et la foudre, et l'éclair.
Ses feux sillonnent seuls la nuit de la tempête.

Et concreta gelu, ponti velut, unda ruebat.
Victa erat ingenti tellus nive, victaque cœli
Sidera, victa suis hærentia flumina ripis;
Nondum Cæsar erat : sed magnam nisus in hastam,
Horrida securis frangebat gressibus arva.
Qualis caucasea decurrens arduus arce
Amphitryoniades, aut torvo Juppiter ore,
Quum se verticibus magni demisit Olympi,
Et periturorum dejecit tela Gigantum.
Dum Cæsar timidas iratus deprimit arces;
Interea volucer, motis conterrita pennis,
Fama volat, summique petit juga celsa Palati :
Atque hoc Romanos tonitru ferit, omnia signans,
Jam classes fluitare mari, totasque per Alpes
Fervere germano perfusas sanguine turmas.
Arma, cruor, cædes, incendia, totaque bella
Ante oculos volitant : ergo pulsata tumultu
Pectora, per dubias scinduntur territa causas.
Gaudet Roma fuga; debellatique Quirites
Rumoris sonitu mœrentia tecta relinquunt,
Grandævosque patres : oneris ignara juventus,
Et pro quo metuit, tantum trahit. Omnia secum
Hic vehit imprudens, prædamque in prœlia ducit.
Huic fuga per terras; illi magis unda probatur,
Id, patria est pontus jam tutior. Est, magis arma
Qui tentata velit, fatisque jubentibus uti.
Quantum quisque timet, tanto fugit ocior. Ipse,
Hos inter motus, populus (miserabile visu!),
Quo mens icta jubet, deserta ducitur urbe.
Sunt, qui conjugibus mœrentia pectora jungant :
Ille manu trepida natos tenet; ille Penates
Occultat gremio, deploratumque relinquit
Limen, et absentem votis interficit hostem.
Ac, velut ex alto quum magnus inhorruit Auster,
Et pulsas evertit aquas, non arma ministris,

Le roc fuit sous leurs pieds, ou menace leur tête;
Et ce conflit des cieux, de la terre et des eaux,
Fait craindre à l'univers le retour du chaos.
Jule est calme. Debout, appuyé sur sa lance,
A travers les écueils, d'un pas ferme il s'élance.
Tel jadis du Caucase Hercule descendit;
Tel, tremblant sous tes pas, l'Olympe s'aplanit,
Roi des dieux, quand sa cime, aux éclats du tonnerre,
Vit les Géans vaincus mordre enfin la poussière.
Cependant, du héros devançant les exploits,
Dans son rapide vol la déesse aux cent voix,
Jusqu'aux remparts de Mars a semé l'épouvante.
« Sous la rame elle a vu l'onde au loin blanchissante.
Déjà paraît César. Teint du sang des Germains,
Terrible, il marche, il touche aux portes des Romains. »
Elle dit; Rome en pleurs, dans ses murs au pillage,
Croit voir courir la flamme et fumer le carnage.
Quel parti prendre? où fuir en ces momens affreux?
L'un poursuit sur les flots un asile douteux,
L'autre implore l'abri d'une terre lointaine.
L'avare, chargé d'or, chancelant, hors d'haleine,
Porte, sans le savoir, ses trésors au vainqueur.
Le péril du guerrier ranime la valeur:
Il veut tenter encor la fortune des armes.
Belle de son désordre autant que de ses charmes,
L'épouse de la veille embrasse son époux.
Contemplez cet enfant: le regard triste et doux,
Il caresse le sein de sa mère éplorée:
La douleur par l'amour est du moins tempérée.
Plus loin, cet autre Énée, au toit de ses aïeux,
Arrache en soupirant et son père et ses dieux;
Et du ciel, dans ses vœux, vaine et faible défense!
Contre César absent invoque la vengeance.
Ainsi quand l'ouragan, déchaîné sur les flots,
Bat les flancs d'un navire; en vain les matelots

Non regimen prodest : ligat alter pondera pinus,
Alter tuta sinu, tranquillaque litora quærit;
Hic dat vela fugæ, Fortunæque omnia credit.
Quid tam parva queror? Gemino cum consule Magnus,
Ille tremor Ponti, sævi quoque terror Hydaspis,
Et piratarum scopulus; modo quem ter ovantem
Juppiter horruerat, quem fracto gurgite Pontus,
Et veneratus erat submissa Bosphorus unda,
Pro pudor! Imperii deserto nomine, fugit,
Ut Fortuna levis Magni quoque terga videret.

## CAPUT CXXIV.

Ergo tanta lues divum quoque numina vicit;
Consensitque fugæ cœli timor? Ecce! per orbem
Mitis turba deum, terras exosa furentes,
Deserit, atque hominum damnatum avertitur agmen.
Pax prima ante alias niveos pullata lacertos,
Absconditque olea vinctum caput : atque relicto
Orbe fugax, Ditis petit implacabile regnum.
Huic comes it submissa Fides, et, crine soluto,
Justitia, ac mœrens lacera Concordia palla.
At contra, sedes Erebi qua rupta dehiscit,
Emergit late Ditis chorus : horrida Erinnys,
Et Bellona minax, facibusque armata Megæra;
Letumque, Insidiæque, et lurida Mortis imago.
Quas inter Furor, abruptis ceu liber habenis,
Sanguineum late tollit caput, oraque mille
Vulneribus confossa cruenta casside velat.
Hæret detritus lævæ mavortius umbo,
Innumerabilibus telis gravis : atque flagranti
Stipite dextra minax terris incendia portat.
Sentit terra deos, nudataque sidera pondus

Ont recours à leur art. Au plus prochain rivage
L'un cherche un port tranquille, à l'abri de l'orage;
L'autre assure ses mâts; l'autre, bravant la mort,
Livre la voile au vent, et s'abandonne au sort.
Et toi, Pompée! et toi, l'effroi de Mithridate,
La terreur de l'Hydaspe, et l'écueil du pirate;
Toi devant qui l'Euxin humilia ses flots,
Dont le Bosphore ému craint encor les vaisseaux,
Dont Rome a vu trois fois la pompe triomphale;
O honte! à fuir ainsi ta fierté se ravale!
Et, flétrissant l'honneur d'un triple consulat,
Tu livres au vainqueur le peuple et le sénat.

## CHAPITRE CXXIV.

Le grand Pompée a fui..... Tremblans à son exemple,
Les dieux amis du calme ont déserté leur temple;
Et, détestant de Mars les tragiques horreurs,
Ils abandonnent Rome à ses propres fureurs.
Le front ceint d'un cyprès, errante, méprisée,
La douce Paix s'envole au tranquille Élysée;
La Justice et la Foi la suivent l'œil en pleurs,
Et la Concorde en deuil accompagne ses sœurs.
Soudain l'Érèbe s'ouvre, et sa bouche béante
Vomit tous les fléaux : la Guerre menaçante,
Érinnys, Alecton, le Meurtre sans remord,
La noire Trahison, la Mort, la pâle Mort,
Et l'aveugle Fureur..... Sous l'armet qui l'ombrage,
Son front cicatrisé respire le carnage :
D'un vaste bouclier, chargé de mille traits,
Sa gauche, sans fléchir, soutient l'énorme faix;
Et le brandon fumant dont sa droite est armée
Apporte l'incendie à la terre alarmée.
Deux mortels dans l'Olympe ont divisé les dieux :
En faveur de César, Vénus quitte les cieux,

Quæsivere suum : namque omnis regia cœli
In partes diducta ruit : primumque Dione
Cæsaris acta sui ducit. Comes additur illi
Pallas, et ingentem quatiens Mavortius hastam.
Magnum cum Phœbo soror, et Cyllenia proles
Excipit, ac totis similis Tirynthius actis.
Intremuere tubæ, ac scisso Discordia crine
Extulit ad Superos stygium caput. Hujus in ore
Concretus sanguis, contusaque lumina flebant :
Stabant ærati scabra rubigine dentes,
Tabo lingua fluens, obsessa draconibus ora,
Atque, intertorto lacerans in pectore vestem,
Sanguineam tremula quatiebat lampada dextra.
Hæc ut Cocyti tenebras, et Tartara liquit,
Alta petit gradiens juga nobilis Appennini,
Unde omnes terras, atque omnia litora posset
Aspicere, ac toto fluitantes orbe catervas :
Atque has erupit furibundo pectore voces :
— Sumite nunc, gentes, accensis mentibus arma;
Sumite, et in medias immittite lampadas urbes !
Vincetur, quicunque latet. Non femina cesset,
Non puer, aut ævo jam desolata senectus.
Ipsa tremat tellus, lacerataque tecta rebellent.
Tu legem, Marcelle, tene; tu concute plebem,
Curio; tu fortem neu supprime, Lentule, Martem.
Quid porro tu, Dive, tuis cunctaris in armis ?
Non frangis portas ? non muris oppida solvis ?
Thesaurosque rapis ? Nescis tu, Magne, tueri
Romanas arces ? Epidauria mœnia quære,
Thessalicosque sinus humano sanguine tinge.
— Factum est in terris, quidquid Discordia jussit.

Quum hæc Eumolpus ingenti bile effudisset, tandem
Crotona intravimus : ubi quidem parvo diversorio re-

Mars a saisi son glaive et Pallas son égide.
Contre Jule, Apollon tend son arc homicide;
Phœbé, Mercure, Hercule, entraînés tour-à-tour,
S'unissent, pour Pompée, au brillant roi du jour.
La trompette a sonné : soudain, impatiente,
Les cheveux hérissés et la bouche écumante,
La Discorde rugit. A son souffle empesté
Pâlit l'éclat des cieux ; l'air en est infecté.
Son œil louche et meurtri cherche et fuit la lumière.
Sur sa tête se dresse une horrible vipère;
Un tartre impur et noir ronge ses dents d'airain ;
De sa langue distille un fétide venin ;
Sa robe est en lambeaux ; et sa main menaçante
Agite dans les airs une torche sanglante.
Sur le froid Apennin le monstre s'est assis.
Déjà dans sa pensée, entouré de débris,
Il compte les états qui vont être sa proie ;
Il les compte et sourit. Dans sa barbare joie :
— Aux armes ! a-t-il dit ; aux armes ! levez-vous,
Peuples, enfans, vieillards, femmes, accourez tous!
Qui se cache est vaincu. Que le fer, que la flamme
Dévorent les cités que ma fureur réclame!
Vole, fier Marcellus, défends la liberté!
Soulève, ô Curion, le peuple révolté!
Lentulus, aux combats anime tes cohortes!
Que tardes-tu, César ? ose enfoncer ces portes !
Pour s'écrouler, ces murs attendent tes regards :
L'or de Rome t'appelle. Et toi, rival de Mars,
Invincible Pompée ! où donc est ton courage ?
Viens ! Bellone à Pharsale apprête le carnage :
Là, du sang des humains doit s'abreuver un dieu.
— La Discorde a parlé : l'univers est en feu.

Eumolpe achevait de réciter son poëme, qu'il avait déclamé d'un ton très-animé, lorsque nous entrâmes

fecti, postero die amplioris fortunæ domum quærentes, incidimus in turbam heredipetarum sciscitantium, quod genus hominum, aut unde veniremus? Ex præscripto ergo consilii communis, exaggerata verborum volubilitate, unde, aut qui essemus, haud dubie credentibus indicavimus. Qui statim opes suas summo cum certamine in Eumolpum congesserunt, certatim omnes ejus gratiam muneribus sollicitantes.

## CAPUT CXXV.

Dum hæc magno tempore Crotone aguntur, et Eumolpus felicitate plenus, prioris fortunæ esset oblitus statum, adeo ut suis jactaret, neminem gratiæ suæ ibi posse resistere, impuneque suos, si quid deliquissent in ea urbe, beneficio amicorum facturos. Ceterum ego, etsi quotidie magis magisque superfluentibus bonis saginatum corpus impleveram, putabamque, a custodia mei removisse vultum Fortunam: tamen sæpius tam consuetudinem meam cogitabam, quam causam. Et, Quid, aiebam, si callidus captator exploratorem in Africam miserit, mendaciumque deprehenderit nostrum? Quid, si etiam mercenarius, præsenti felicitate lassus, indicium ad amicos detulerit, totamque fallaciam invi-

enfin dans Crotone, où nous nous arrêtâmes, pour nous restaurer, dans une assez méchante auberge. Le lendemain, étant sortis pour chercher un meilleur gîte, nous rencontrâmes une bande de ces coureurs de successions, qui nous demandèrent qui nous étions et d'où nous venions. Conformément au plan que nous avions arrêté en commun, nous répondîmes à cette double question avec tant d'assurance et une telle volubilité de paroles, qu'ils donnèrent tête baissée dans le panneau. Ils s'empressèrent donc à l'envi d'offrir leurs richesses à Eumolpe; et tous, à qui mieux mieux, cherchèrent à obtenir ses bonnes grâces en le comblant de présens.

## CHAPITRE CXXV.

Il y avait déjà long-temps que nous vivions ainsi à Crotone, et Eumolpe, enivré de son bonheur, oubliait tellement sa première condition, qu'il se vantait à ceux qui l'entouraient, que rien dans Crotone n'était impossible à son crédit; et que, si l'un d'entre eux commettait quelque délit dans la ville, il pourrait le soustraire au châtiment par la protection de ses amis. Pour moi, bien que j'engraissasse à vue d'œil, au sein de l'abondance dont nous jouissions, et que j'eusse lieu de croire que la fortune se lassait de me poursuivre, je ne laissais pas de réfléchir souvent, tant à ma position présente, qu'à la cause qui l'avait produite. Que deviendrions-nous, me disais-je, si un de ces rusés intrigans s'avisait d'envoyer prendre des informations en Afrique et découvrait notre fourberie? si le valet d'Eumolpe, las de son bonheur présent, allait donner l'éveil à nos amis, et, par

diosa proditione detexerit? Nempe rursus fugiendum erit, et tandem expugnata paupertas nova mendicitate revocanda. Dii, deæque, quam male est extra legem viventibus! quidquid meruerunt, semper exspectant. [Animo hæc volvens, domo egredior tristissimus, liberiori aere mentis recreandæ causa : sed ambulationem publicam vix intraveram, quum haud inculta puella obvia venit, meque vocans Polyænum, fictum mihi nomen metamorphoseos, declaravit, dominam suam rogare, ut sibi mecum liceret loqui. — Falleris, inquam ego perturbatus, servus sum extraneus, et hac gratia minime dignus.

## CAPUT CXXVI.

Ad te ipsum, inquit, jussa sum, sed,] quia nosti venerem tuam, superbiam captas, vendisque amplexus, non commodas. Quo enim spectant flexæ pectine comæ? quo facies medicamine attrita, et oculorum quoque mollis petulantia? quo incessus tute compositus, et ne vestigia quidem pedum extra mensuram aberrantia, nisi quod formam prostituis, ut vendas? Vides me? nec auguria novi, nec mathematicorum cœlum curare soleo : ex vultibus tamen hominum mores colligo, et, quum spatiantem vidi, quid cogites, scio. Sive ergo nobis

jalousie, leur révélait tout le mystère? Il nous faudrait donc de nouveau, errans et fugitifs, après avoir triomphé de la pauvreté, mendier pour soutenir notre existence! Grands dieux! à combien de dangers sont exposés ceux qui vivent en dehors des lois! Ils craignent sans cesse les châtimens qu'ils ont mérités. Tout en faisant ces tristes réflexions, je sortis de la maison pour prendre l'air et pour me distraire l'esprit. Mais à peine avais-je fait quelques pas sur la promenade publique, qu'une jeune fille d'un extérieur agréable vint à ma rencontre, et, me saluant du nom supposé de Polyænos, que j'avais pris depuis ma métamorphose, m'annonça que sa maîtresse me priait de lui accorder un moment d'entretien: — Vous vous trompez, lui répondis-je tout troublé, je ne suis qu'un esclave etranger, tout-à-fait indigne d'une telle faveur.

## CHAPITRE CXXVI.

Non, reprit-elle, c'est bien vous que l'on m'a désigné. Mais, fier de votre beauté dont vous savez le prix, vous vendez vos caresses et ne les donnez pas. Pourquoi vos cheveux sont-ils si artistement bouclés? pourquoi votre visage emprunte-t-il au fard son éclat? à quoi bon ces œillades tendres et lascives, cette démarche compassée et ces pas qui ne s'écartent jamais de la même mesure, si ce n'est pour mettre votre beauté à l'enchère et en faire commerce? Regardez-moi bien : je n'entends rien aux augures, ni aux calculs astronomiques; mais je lis sur le visage d'un homme ses habitudes, et, en vous voyant marcher ainsi, j'ai deviné ce que vous aviez dans l'âme. Si donc vous vendez la denrée que nous cher-

vendis, quod peto; mercator paratus est : sive, quod humanius est, commodas, effice, ut beneficium debeam. Nam, quod servum te et humilem fateris, accendis desiderium æstuantis. Quædam enim feminæ sordibus calent, nec libidinem concitant, nisi aut servos viderint, aut statores altius cinctos. Arenarius aliquas accendit, aut perfusus pulvere mulio, aut histrio, scenæ ostentatione traductus. Ex hac nota domina est mea : usque ab orchestra quatuordecim transilit, et in extrema plebe quærit, quod diligat. — Itaque oratione blandissima plenus, — Rogo, inquam, numquid illa, quæ me amat, tu es? — Multum risit ancilla post tam frigidum schema : et : — Nolo, inquit, tibi tam valde placeas : ego adhuc servo nunquam succubui, nec hoc dii sinant, ut amplexus meos in crucem mittam. Viderint matronæ, quæ flagellorum vestigia osculantur : ego, etiamsi ancilla sum, nunquam tamen, nisi in equestribus sedeo. — Mirari equidem tam discordem libidinem cœpi, atque inter monstra numerare, quod ancilla haberet matronæ superbiam, et matrona ancillæ humilitatem. Procedentibus deinde longius jocis, rogavi ancillam, ut in platanona duceret dominam. Placuit puellæ consilium : itaque collegit altius tunicam, flexitque se in eum daphnona, qui ambulationi hærebat. Nec diu morata, dominam producit e latebris, laterique applicat meo mulierem om-

chons, l'acheteur est tout prêt ; si vous la prêtez, ce qui est plus honnête, consentez à ce que nous vous soyons redevables de nos plaisirs. Quant à votre humble condition d'esclave que vous m'objectez, elle ne peut qu'aiguillonner encore plus la vivacité de nos désirs. Il est des femmes qu'enflamme l'odeur des haillons ; rien n'excite leur passion comme la vue d'un esclave ou d'un valet de pied à la robe retroussée; d'autres, dont un gladiateur, un muletier couvert de poussière, ou un histrion prostitué aux plaisirs du public, allument l'appétit. Ma maîtresse est de ce goût, elle franchirait quatorze gradins au delà de l'orchestre pour aller chercher l'objet de ses désirs dans les derniers rangs de la populace. — Charmé du gracieux babil de l'aimable messagère : — Et ne seriez-vous pas, lui dis-je, celle à qui j'ai le bonheur de plaire ? — Cette mauvaise plaisanterie la fit rire aux éclats : — Pas tant de présomption, je vous prie ! apprenez que je ne me suis jamais livrée à un esclave : me préservent les dieux de voir l'objet de mes affections exposé à être mis en croix ! C'est bon pour les femmes de condition, qui baisent les cicatrices que le fouet a creusées sur les épaules de leurs amans. Je ne suis qu'une servante ; mais je ne fraie qu'avec des chevaliers. — Je ne pouvais me lasser d'admirer le contraste qui existait entre ces deux femmes : n'est-ce pas le monde renversé, me disais-je, que de trouver dans une servante la fierté d'une dame du premier rang, et dans une dame de qualité les goûts abjects d'une servante ? Cet entretien plaisant se prolongea long-temps; enfin je priai cette fille d'amener sa maîtresse sous les platanes voisins. Elle approuva cet avis, et, relevant sa robe, elle disparut dans un bosquet de lauriers

nibus simulacris emendatiorem. Nulla vox est, quæ formam ejus possit comprehendere : nam, quidquid dixero, minus erit. Crines, ingenio suo flexi, per totos sese humeros effuderant : frons minima, et quæ apices capillorum retroflexerat : supercilia usque ad malarum scripturam currentia, et rursus confinio luminum pæne permixta. Oculi clariores stellis, extra lunam fulgentibus : nares paululum inflexæ : et osculum, quale Praxiteles habere Dionen credidit. Jam mentum, jam cervix, jam manus, jam pedum candor, intra auri gracile vinculum positus, parium marmor exstinxerat. Itaque tunc primum Dorida vetus amator contemsi.

  Quid factum est, quod tu projectis, Juppiter, armis,
    Inter cœlicolas fabula muta taces?
  Nunc erat a torva submittere cornua fronte;
    Nunc pluma canos dissimulare tuos.
  Hæc vera est Danae : tenta modo tangere corpus;
    Jam tua flammifero membra calore fluent.

qui joignait la promenade. Elle ne me fit pas long-temps attendre, et sortit bientôt de ce mystérieux asile avec sa maîtresse, qui vint s'asseoir à côté de moi. Jamais la sculpture ne produisit rien de plus parfait : les paroles me manquent pour faire la description de tant de charmes, et tout ce que j'en pourrais dire serait trop peu. Ses cheveux, naturellement frisés et relevés sur un front étroit, retombaient en boucles innombrables sur ses épaules; ses sourcils s'étendaient d'un côté jusqu'à la naissance des joues, et de l'autre se croisaient presque au milieu du front. Ses yeux étaient plus brillans que les étoiles dans une nuit obscure; son nez était légèrement recourbé, et sa bouche mignonne ressemblait à celle que Praxitèle donnait à sa Vénus. Puis son gracieux menton, son cou, ses mains, ses pieds, emprisonnés dans un mince réseau d'or, et dont la blancheur effaçait le marbre de Paros. A dater de ce moment Doris, mes anciennes amours, ne fut plus pour moi qu'un objet de dégoût :

 Qu'as-tu fait de ta foudre, ô souverain des cieux?
  Près de Junon, là-haut tu te reposes :
  Ton sot amour est la fable des dieux.
 As-tu donc oublié tant de métamorphoses?
  C'est maintenant qu'il faut, galant taureau,
  Armer ton front de cornes menaçantes;
 Ou bien, cygne amoureux, d'un plumage nouveau
 Couvrir de tes cheveux les boucles grisonnantes.
  Moins belle fut ta Danaé.
 Touche de ce beau corps les formes bondissantes,
 Et soudain, de désirs et d'amour consumé,
  Le tien éprouvera le sort de Sémélé.

## CAPUT CXXVII.

Delectata illa risit tam blandum, ut videretur mihi plenum os extra nubem luna proferre. Mox, digitis gubernantibus vocem, — Si non fastidis, inquit, feminam honoratam, et hoc primum anno virum expertam, concilio tibi, o juvenis, sororem. Habes tu quidem et fratrem; neque enim me piguit quærere : sed quid prohibet et sororem adoptare? Eodem gradu venio : tu tamen dignare et meum osculum, quum libuerit, cognoscere. — Immo, inquam ego, per formam tuam te rogo, ne fastidias hominem peregrinum inter cultores admittere : invenies religiosum, si te adorari permiseris. Ac ne me judices ad hoc templum Amoris gratis accedere, dono tibi fratrem meum. — Quidni? inquit illa, donas mihi eum, sine quo non potes vivere? ex cujus osculo pendes? quem sic tu amas, quemadmodum ego te volo? — Hæc ipsa quum diceret, tanta gratia conciliabat vocem loquentis, tam dulcis sonus pertentabat aera, ut putares, inter auras canere Sirenum concordiam. Itaque miranti, et toto mihi clarius cœlo nescio quid relucente, libuit deæ nomen quærere. — Ita, inquit, non dixit tibi ancilla mea, Circen me vocari? Non sum quidem Solis progenies; nec mea mater, dum placuit, labentis mundi cursum detinuit : habebo tamen, quod cœlo impu-

## CHAPITRE CXXVII.

Cette apostrophe me valut un sourire si aimable, que je crus voir Diane montrant son disque argenté à travers un nuage. Bientôt accompagnant sa voix d'un geste gracieux : — Jeune homme, me dit-elle, si vous ne dédaignez pas une femme de quelque distinction, et qui, il y a un an, était encore vierge, acceptez-moi pour votre sœur. Vous avez un frère, je le sais, et je ne rougis point des informations que j'ai prises à cet égard ; mais qui vous empêche d'avoir aussi une sœur? c'est à ce titre que je me présente, et vous pourrez, quand il vous plaira, sceller par un baiser les liens de notre parenté. — C'est plutôt moi, répondis-je, qui vous conjure par vos divins attraits, de vouloir bien admettre un pauvre étranger au nombre de vos adorateurs. Permettez-moi de vous aimer, et je voue à vos appas un culte religieux ; mais gardez-vous de croire que je me présente sans offrande à votre autel, je vous abandonne ce frère dont vous me parlez. — Qui, moi? répliqua-t-elle, exiger de vous le sacrifice de celui sans qui vous ne pouvez vivre, dont les caresses font tout votre bonheur, et pour qui vous avez tout l'amour que je voudrais vous inspirer? — Elle prononça ces paroles avec tant de charme, sa voix était si douce, que je crus entendre le concert des Sirènes. J'étais en extase, et, croyant voir rayonner autour d'elle une clarté plus brillante que celle des cieux, je la pris pour une déesse et lui demandai quel était son nom dans l'Olympe : — Et quoi, me dit-elle, ma suivante ne vous a-t-elle pas dit que je m'appelais Circé? Toutefois, je ne suis pas la fille

tem, si nos fata conjunxerint. Immo etiam, nescio quid, tacitis cogitationibus deus agit. Nec sine causa Polyænon Circe amat. Sed inter hæc nomina fax surgit. Sume ergo amplexum, si placet. Neque est, quod curiosum aliquem extimescas : longe ab hoc loco frater est. — Dixit hæc Circe, implicitumque me brachiis mollioribus pluma, deduxit in terram, vario gramine indutam.

 Idæo quales fudit de vertice flores
 Terra parens, quum se confesso junxit amori
 Juppiter, et toto concepit pectore flammas:
 Emicuere rosæ, violæque, et molle cyperon,
 Albaque de viridi riserunt lilia prato :
 Talis humus Venerem molles clamavit in herbas,
 Candidiorque dies secreto favit amori.


In hoc gramine pariter compositi, mille osculis lusimus, quærentes voluptatem robustam; [ sed nervorum subita debilitate Circe decepta fuit.

## CAPUT CXXVIII.

Qua injuria excandescens, ] — Quid est, inquit, numquid te osculum meum offendit? numquid spiritus jejunio marcet? numquid alarum negligens, sudore pu-

du Soleil, et jamais ma mère n'eut le pouvoir d'arrêter à sa volonté l'astre du jour : cependant je me croirais égale aux dieux, si les destins nous unissaient l'un à l'autre. Oui, je ne puis méconnaître dans tout ceci l'influence secrète d'une divinité favorable ; et ce n'est pas sans motif qu'une nouvelle Circé aime un autre Polyænos : toujours une tendre sympathie unit ces deux noms. Venez sur mon sein, si vous m'aimez, et ne redoutez pas les regards indiscrets : votre frère est loin d'ici. — Elle dit, et m'enlaçant dans ses bras plus doux que le duvet, elle m'entraîna sur un gazon émaillé de mille fleurs :

> Tel qu'autrefois l'Ida de fleurs couvrit sa cime,
> Quand Jupiter, brûlant d'un amour légitime,
> Dans les bras de Junon oubliait l'univers ;
> Les roses du printemps, les myrtes toujours verts,
> Les lis encor baignés des larmes de l'aurore,
> Autour des deux époux s'empressèrent d'éclore :
> Telle, et non moins propice à nos brûlans désirs,
> La terre se couvrit d'une herbe plus épaisse,
> Le jour brilla plus pur, et, par son allégresse,
> La nature sembla sourire à nos plaisirs.

Étendus sur le gazon, nous préludions par mille baisers à des jouissances plus solides ; mais, trahi par une faiblesse subite, je trompai l'attente de Circé.

## CHAPITRE CXXVIII.

Eh quoi ! s'écria-t-elle, indignée de cet affront, mes caresses sont-elles pour vous un objet de dégoût ? mon haleine, aigrie par le jeûne, est-elle fétide, ou

teo? Si hæc non sunt : numquid Gitona times ? — Perfusus ego rubore manifesto, etiam, si quid habueram virium, perdidi; totoque corpore velut laxato, —Quæso, inquam, regina, noli suggillare miserias. Veneficio contactus sum. — [Tam levis excusatio Circes iram minime sedavit : a me contemtim oculos reflexit, et ad ancillam respiciens : ] — Dic, Chrysis, sed verum : numquid indecens sum? numquid incomta? numquid ab aliquo naturali vitio formam meam excæco? noli decipere dominam tuam : nescio quid peccavimus. — Rapuit deinde tacenti speculum, et, postquam omnes vultus tentavit, quas solet inter amantes nisus frangere, excussit vexatas solo vestes, raptimque [ in vicinam ] ædem Veneris intravit. Ego contra damnatus, et quasi quodam visu in horrorem perductus, interrogare animum meum cœpi, an vera voluptate fraudatus essem ?

Nocte soporifera veluti quum somnia ludunt
Errantes oculos, effossaque protulit aurum
In lucem tellus, versat manus improba furtum,
Thesaurosque rapit, sudor quoque perluit ora,
Et mentem timor altus habet, ne forte gravatum
Excutiat gremium secreti conscius auri.
Mox ubi fugerunt elusam gaudia mentem,

quelque négligence de toilette offense-t-elle en moi votre odorat? ou plutôt ne dois-je pas attribuer votre état à la crainte que Giton vous inspire? — La rougeur me couvrait le visage, et la honte acheva de m'ôter le peu de forces qui me restait : j'étais comme un homme perclus de tous ses membres. — O ma reine, m'écriai-je, je vous en supplie, n'accablez pas un misérable en butte à quelque maléfice! — Une excuse si frivole ne pouvait calmer la colère de Circé : elle jeta sur moi un coup d'œil de mépris, et se tournant vers sa suivante : — Chrysis, lui dit-elle, parle-moi franchement ; suis-je donc repoussante? suis-je mal mise? ou quelque difformité naturelle obscurcit-elle l'éclat de ma beauté? Ne déguise rien à ta maîtresse; car j'ignore quel défaut l'on peut me reprocher. — Voyant que Chrysis se taisait, elle lui arrache un miroir qu'elle tenait, elle le promène sur toutes les parties de son visage, et, secouant sa robe un peu frippée, mais non pas chiffonnée, comme de coutume, par une lutte amoureuse, elle gagna brusquement un temple voisin, consacré à Vénus. Pour moi, semblable à un condamné, et comme épouvanté d'une horrible apparition, je me demandais si les plaisirs dont je venais d'être privé avaient quelque chose de réel.

> La nuit, jouet d'un doux mensonge,
> Dans un jardin qu'il bêche en songe,
> L'indigent découvre un trésor.
> Muet de surprise et de joie,
> Il tourne et retourne sa proie;
> L'emporte, fuit et court encor.
> Mais dans sa fuite un rien l'ombrage :
> Si le volé, sur son passage,
> Allait détrousser le voleur !

Veraque forma redit, animus, quod perdidit, optat,
Atque in præterita se totus imagine versat.

[ Infortunium illud somnium verum, immo vera fascinatio, mihi certe videbatur, et tam diu nervis destitutus fui, ut nec surgere potuerim. Animi tandem oppressione paulatim laxata, vigor sensim rediit, domumque petii, ubi languorem simulans, in lectulum me conjeci. Paulo post Giton, qui me ægrotare acceperat, tristis intravit cubiculum. Ut vero mentem illius sedarem, declaravi, me sola quiescendi causa lectum petiisse : multaque alia jactavi, de infortunio autem nihil, quia ejus æmulationem valde timebam ; et ad omnem suspicionem avertendam, eum lateri applicans meo, amoris specimen præbere tentavi : sed anhelitus sudoresque fuerunt irriti. Surrexit ira commotus, et nervorum debilitatem animique alterationem accusans, dixit, se jam dudum animadvertisse, me non dubie primum vires spiritusque alibi consumere. — Immo, inquam, frater, erga te meus semper idem fuit amor : sed nunc ratio amorem vincit, et petulantiam. ] — Itaque, [ inquit me irridens, ] hoc

Le pauvre diable, à cette image,
Se trouble ; une froide sueur
Sillonne à longs flots son visage.
Il se réveille au même instant :
Détrompé d'une erreur trop chère,
Notre Crésus imaginaire,
Léger de soucis et d'argent,
Malgré lui regarde en arrière,
Et caresse encor la chimère
Qui fit sa joie et son tourment.

Tout concourait à me faire croire que ma triste aventure n'était qu'un songe, une véritable hallucination ; cependant ma faiblesse était si grande, qu'il me fut long-temps impossible de me lever. Mais, à mesure que l'accablement de mon esprit se dissipa, la force me revint peu à peu, et je pus enfin retourner au logis. Dès que j'y fus, prétextant une indisposition, je me jetai sur mon lit. Bientôt après, Giton, qui avait appris que j'étais malade, entra fort triste dans ma chambre. Pour calmer ses inquiétudes, je lui assurai que je ne m'étais mis au lit que pour prendre un peu de repos dont j'avais besoin. Je lui fis à ce sujet mille contes en l'air ; mais de ma mésaventure, pas un mot, car je craignais fort sa jalousie. Bien plus, pour dissiper tout soupçon à cet égard, je le fis coucher auprès de moi, et j'essayai de lui donner des preuves de mon amour. Mais, voyant que toutes mes tentatives, tous mes efforts étaient inutiles, il se leva furieux et me reprocha cette infirmité, qui, selon lui, provenait du réfroidissement de ma tendresse. Il ajouta que, depuis long-temps, il avait acquis la certitude que je portais ailleurs mes feux et mes hommages. — Que dis-tu, frère ? m'écriai-je ; mon amour pour toi est toujours le même ; mais la raison, crois-

nomine tibi gratias ago, quod me Socratica fide diligis. Non tam intactus Alcibiades in præceptoris sui lectulo jacuit.

## CAPUT CXXIX.

[Tum rursus adjeci,] — Crede mihi, frater, non intelligo, me virum esse, non sentio. Funerata est pars illa corporis, qua quondam Achilles eram. — [Me sine nervis esse, Giton sentiens, et], veritus puer, ne in secreto deprehensus, daret sermonibus locum, proripuit se, et in partem ædium interiorem fugit. [Eo vix egresso,] cubiculum autem meum intravit Chrysis, codicillosque mihi dominæ suæ reddidit, in quibus hæc erant scripta :

[ CIRCE POLYÆNO SALUTEM. ]

Si libidinosa essem, quererer decepta : nunc etiam languori tuo gratias ago. In umbra voluptatis diutius lusi. Quid tamen agas, quæro, et, an tuis pedibus perveneris domum? negant enim medici, sine nervis posse ire. Narrabo tibi, adolescens, paralysin cave. Nunquam ego ægrum tam magno periculo vidi. Me dius fidius ! jam peristi. Quod si idem frigus genua manusque tentaverit tuas, licet ad tubicines mittas. Quid ergo est? etiamsi gravem injuriam accepi, homini tamen misero

sant avec l'âge, modère ma passion et mes transports.
— En ce cas, répliqua-t-il d'un ton railleur, j'ai de
grands remercîmens à vous faire! vous m'aimez à la
manière de Socrate : jamais Alcibiade ne sortit plus pur
du lit de son maître.

## CHAPITRE CXXIX.

Ce fut en vain que j'ajoutai : — Crois-moi, frère,
je ne me reconnais plus; je n'ai plus d'un homme que le
nom : elle est morte, cette partie de moi-même où je
déployais autrefois la vigueur d'Achille. — Convaincu de
mon impuissance, et craignant que, s'il était surpris en
tête-à-tête avec moi, cela ne donnât, sans motif, carrière à la médisance, Giton s'arracha de mes bras et
s'enfuit dans l'intérieur de la maison. A peine était-il
sorti de ma chambre, que Chrysis y entra, et me remit,
de la part de sa maîtresse, une lettre ainsi conçue :

CIRCÉ A POLYÆNOS, SALUT.

Si j'étais une dévergondée, je me plaindrais d'avoir
été trompée; mais, au contraire, je rends grâce à votre
impuissance : elle a prolongé pour moi l'illusion du
plaisir. Qu'êtes-vous devenu, je vous prie? vos jambes
ont-elles pu vous porter jusque chez vous? car les
médecins assurent qu'il faut des nerfs pour marcher.
Jeune homme, prenez-y garde ! vous êtes menacé
de paralysie; et jamais malade ne me parut en plus
grand danger. Certes, vous êtes à moitié mort. Si le
même froid vient à gagner vos genoux et vos mains,
faites au plus tôt les apprêts de votre enterrement. Mais

non invideo medicinam. Si vis sanus esse, Gitonem abroga; recipies, inquam, nervos tuos, si triduo sine fratre dormieris. Nam, quod ad me attinet, non timeo, ne quis inveniatur, cui minus placeam. Nec speculum mihi, nec fama mentitur. [ Vale, si potes. ]

Ut intellexit Chrysis, me perlegisse totum convicium : — Solent, inquit, hæc fieri, et præcipue in hac civitate, in qua mulieres etiam lunam deducunt. Itaque hujus quoque rei cura agetur : rescribe modo blandius dominæ, animumque ejus candida humanitate restitue. Verum enim fatendum est : ex qua hora injuriam accepit, apud se non est. — Libenter quidem parui ancillæ, verbaque codicillis talia imposui.

## CAPUT CXXX.

### POLYÆNOS CIRCÆ SALUTEM.

Fateor, me, domina, sæpe peccasse; nam et homo sum et adhuc juvenis. Nunquam tamen ante hunc diem usque ad mortem deliqui. Habes, inquam, confitentem reum. Quidquid jusseris, merui. Proditionem feci, hominem occidi, templum violavi. In hæc facinora quære supplicium. Sive occidere placet; ferro meo venio : sive verberibus contenta es; curro nudus ad dominam. Id

qu'importe? quoique vous m'ayez fait un sanglant affront, j'ai pitié de votre misère, et je consens à vous indiquer un remède à votre mal. Si vous voulez recouvrer la santé, sevrez-vous de Giton ; trois nuits passées sans lui vous rendront toutes vos forces. Quant à moi, je ne crains pas de manquer d'amans, mon miroir et ma réputation me rassurent à cet égard. Adieu, tâchez de vous rétablir, s'il est possible.

Dès que Chrysis vit que j'avais lu en entier cette violente diatribe, — Votre aventure, me dit-elle, n'a rien d'extraordinaire, surtout dans cette ville où il y a des sorcières capables de faire descendre la lune du haut des cieux. Votre mal n'est donc pas sans remède. Tâchez seulement de faire une réponse aimable à ma maîtresse, et regagnez ses bonnes grâces par un aveu sincère de vos torts. Car, depuis qu'elle a reçu cet affront, elle ne se possède plus. — Je suivis de grand cœur ce conseil, et je fis sur les mêmes tablettes une réponse en ces termes.

## CHAPITRE CXXX.

### POLYOENOS A CIRCÉ, SALUT.

Je l'avouerai, madame, j'ai fait bien des fautes en ma vie; car je suis homme et très-jeune homme : cependant, jusqu'à ce jour, je n'avais commis aucun forfait digne de la peine capitale. Je vous livre un coupable qui confesse volontairement son crime ; et, quel que soit le châtiment auquel vous me condamniez, je l'ai mérité. Je suis un traître, un parricide, un sacrilège : inventez des supplices nouveaux pour de si grands attentats. Voulez-vous ma mort? je cours vous offrir mon épée : ou,

tantum memento, non me, sed instrumenta peccasse. Paratus miles arma non habui. Quis hæc turbaverit, nescio. Forsitan, animus antecessit corporis moram; forsitan, dum omnia concupisco, voluptatem tempore consumsi. Non invenio, quod feci. Paralysin tamen cavere jubes; tanquam major fieri possit, quæ abstulit mihi, per quod etiam te habere potui. Summa tamen excusationis meæ hæc est: Placebo tibi, si me culpam emendare permiseris. Vale.

Dimissa cum ejusmodi pollicitatione Chryside, curavi diligentius noxiosissimum corpus, balneoque præterito, modica unctione usus, mox cibis validioribus pastus, id est, bulbis, cochlearumque sine jure cervicibus, hausi parcius merum. Hinc, ante somnum levissima ambulatione compositus, sine Gitone cubiculum intravi. Tanta erat placandi cura, ut timerem, ne latus meum frater convelleret.

## CAPUT CXXXI.

Postero die, quum sine offensa corporis animique consurrexissem: in eumdem platanona descendi, etiamsi lo-

si votre indulgence se borne à me condamner au fouet, j'irai nu m'offrir à vos coups. Souvenez-vous seulement que ma volonté n'eut aucune part à cette offense, et que la nature seule fut coupable. Soldat plein d'ardeur, je n'ai pu retrouver mes armes au moment du combat. Qui me les a dérobées? je l'ignore. Peut-être mon imagination trop active a devancé l'action de mes organes; peut-être, trop empressé de jouir de tant d'appas, j'ai tari dans mes veines les sources de la volupté. Je cherche en vain quelle est la cause de mon impuissance. Cependant je dois, dites-vous, craindre la paralysie; ah! peut-il en être une plus complète que celle qui m'a privé du bonheur de vous posséder. Au reste, voici ma dernière et meilleure excuse : permettez-moi de réparer ma faute, et j'ose me flatter que vous serez satisfaite. Adieu.

Dès que j'eus congédié Chrysis avec ces belles promesses, je songeai sérieusement aux remèdes qui pouvaient rendre la vigueur à la partie malade. Je remis le bain à un autre jour, et je me bornai cette fois à quelques frictions légères. Je pris une nourriture plus stimulante, telle que les échalotes et les huîtres crues ; je bus aussi du vin, mais en petite quantité. Puis, préparé au sommeil par une courte promenade, je me mis au lit sans Giton. J'avais un si grand désir de faire ma paix avec Circé, que je craignais jusqu'au moindre attouchement de mon ami.

## CHAPITRE CXXXI.

Le lendemain, m'étant levé parfaitement sain de corps et d'esprit, je me rendis au même bois de platanes : je

cum inauspicatum timebam; cœpique inter arbores ducem itineris exspectare Chrysidem. Nec diu spatiatus, consederam, ubi hesterno die fueram, quum illa intervenit, comitem aniculam trahens. Atque, ut me consalutavit, — Quid est, inquit, fastose, ecquid bonam mentem habere cœpisti? — [Hæc dicente, anus] illa de sinu licium protulit, varii coloris filis intortum, cervicemque vinxit meam. Mox turbatum sputo pulverem medio sustulit digito, frontemque repugnantis signat.

  Dum vivis, sperare licet : tu, rustice-custos,
   Huc ades, et nervis tente Priape, fave.

Hoc peracto carmine, ter me jussit exspuere, terque lapillos conjicere in sinum, quos ipsa præcantatos purpura involverat, admotisque manibus tentare cœpit inguinum vires. Dicto citius nervi paruerunt imperio, manusque aniculæ ingenti motu repleverunt. At illa, gaudio exsultans, — Vides, inquit, Chrysis mea, vides, quod aliis leporem excitavi! [His peractis, anus me restituit Chrysidi, quæ lætissima erat thesaurum recuperasse dominæ : festinans ergo me ad illam præcipitem duxit, et in secessum admisit amœnissimum, ubi, quidquid gratum oculis natura prodit, videbatur.]

n'y entrai qu'en tremblant : il m'avait été si funeste! et j'attendis sous les arbres que Chrysis vînt me conduire auprès de sa maîtresse. Après m'être promené quelque temps, je venais de m'asseoir au même endroit que la veille, lorsque je la vis venir, accompagnée d'une petite vieille. — Eh bien, me dit-elle en me saluant, monsieur le dédaigneux, commencez-vous à reprendre courage? — A ces mots, la vieille tire de son sein un réseau formé de fils de différentes couleurs, l'attache autour de mon cou. Ensuite, pétrissant de la poussière avec sa salive, elle prend ce mélange avec le doigt du milieu et m'en signe le front malgré ma répugnance :

>    Si l'on te compte encore au nombre des vivans,
>       Mortel, conserve l'espérance :
>    Et toi, dieu des jardins et des exploits galans,
>    O Priape! aide-nous de toute ta puissance.

Après cette invocation, la magicienne m'ordonna de cracher trois fois, et de jeter par trois fois dans ma robe des petits cailloux constellés qu'elle avait enveloppés dans des bandes de pourpre. Alors elle porta la main sur la partie malade pour s'assurer du retour de mes forces. Jamais charme n'opéra plus promptement, le coupable redressa la tête et repoussa la main de la vieille, stupéfaite de l'énormité du prodige. Transportée de joie à cet aspect : — Voyez, Chrysis, s'écria-t-elle, quel lièvre je viens de lever pour d'autres que pour moi! — La cure était complète, et l'opératrice me remit à Chrysis, qui parut ravie de rendre à sa maîtresse le trésor qu'elle avait perdu : elle me conduisit donc en toute hâte auprès d'elle, et m'introduisit dans une retraite délicieuse, où

Nobilis æstivas platanus diffuderat umbras,
Et baccis redimita daphne, tremulæque cupressus,
Et circumtonsæ trepidanti vertice pinus.
Has inter ludebat, aquis errantibus, amnis
Spumeus, et querulo versabat rore lapillos.
Dignus amore locus, testis silvestris Aedon,
Atque urbana Progne : quæ circum gramina fusæ,
Et molles violas, cantu sua rura colebant.

Premebat illa resoluta marmoreis cervicibus aureum torum, myrtoque florenti quietum verberabat. Itaque, ut me vidit, paululum erubuit, hesternæ scilicet injuriæ memor : deinde ut, remotis omnibus, secundum invitantem consedi, ramum super oculos meos posuit, et, quasi pariete interjecto, audacior facta, — Quid est, inquit, paralytice, ecquid hodie totus venisti? — Rogas, inquam ego, potius, quam tentas? totoque corpore in amplexum ejus immissus non deprecantis, usque ad satietatem osculis fruor.

## CAPUT CXXXII.

Ipsa corporis pulchritudine me ad se vocante trahebat ad Venerem. Jam pluribus osculis collisa labra crepitabant; jam implicitæ manus omne genus amoris invenerant; jam alligata mutuo ambitu corpora animarum

la nature semblait avoir déployé tous ses trésors pour charmer la vue.

> Là, du plane touffu la cime se balance ;
> Là, du pin dans les airs le front léger s'élance ;
> Là, le cyprès tremblant, défiant les hivers,
> Au laurier balsamique unit ses rameaux verts ;
> Là, sur un sable d'or, sous des bosquets errante,
> Gazouille, en se jouant, une onde blanchissante.
> Philomèle et Progné chérissent ce séjour,
> Où le parfum des fleurs se mêle aux chants d'amour.

Je trouvai Circé couchée sur un lit d'or, que foulait sa gorge d'albâtre ; sa main agitait un rameau de myrte fleuri. En me voyant, elle rougit un peu, sans doute au souvenir de l'affront de la veille ; mais, lorsqu'elle eut fait retirer toutes ses femmes, et, qu'obéissant à son invitation, je me fus assis auprès d'elle, elle me mit devant les yeux la branche qu'elle tenait à la main ; et, comme rassurée par ce rempart qui nous séparait : — Eh bien, paralytique, me dit-elle, venez-vous aujourd'hui avec tous vos membres ? — Pourquoi cette question, lui répondis-je, quand la preuve est sous votre main ? — A ces mots je me précipite dans ses bras, et, ne trouvant aucune résistance, je savoure à longs traits sur ses lèvres la coupe des voluptés.

## CHAPITRE CXXXII.

La vue de tant de charmes m'excitait à de plus doux plaisirs. Déjà nos lèvres confondues raisonnaient du bruit de mille baisers ; déjà nos mains entrelacées avaient interrogé tous les organes du plaisir ; déjà nos corps, unis par les plus douces étreintes, allaient

quoque mixturam fecerant. [ Sed inter hæc gratissima primordia, nervis adhuc subito deficientibus, ad summam voluptatem pervenire non potui. ] Manifestis matrona contumeliis verberata, tandem ad ultionem decurrit, vocatque cubicularios, et me jubet catomidiare. Nec contenta mulier tam gravi injuria mea, convocat omnes quasillarias, familiæque sordidissimam partem, ac me conspui jubet. Oppono ego manus oculis meis, nullisque precibus effusis, quia sciebam quid meruissem, verberibus, sputisque extra januam ejectus sum. Ejicitur et Proselenos, Chrysis vapulat; totaque familia tristis inter se mussat, quæritque, quis dominæ hilaritatem confuderit. Itaque densatis vibicibus panthera maculosior, verberum notas arte contexi, ne aut Eumolpus contumelia mea hilarior fieret, aut tristior Giton. Quod solum igitur, salvo pudore, poteram confingere, languorem simulavi, conditusque lectulo, totum ignem furoris in eam converti, quæ mihi omnium malorum causa fuerat.

Ter corripui terribilem manu bipennem,
Ter languidior coliculi tepente thyrso,
Ferrum timui, quod trepido male dabat usum.
Nec jam poteram, quod modo conficere libebat.
Namque illa metu frigidior rigente bruma,

réaliser la fusion complète de nos âmes, quand tout à coup, au milieu de ces délicieux préludes de la jouissance, les forces m'abandonnent de nouveau, et je ne puis atteindre au terme du plaisir. Exaspérée d'un affront désormais sans excuse, Circé ne songe plus qu'à se venger : elle appelle ses gens et leur ordonne de me fustiger à outrance. Mais bientôt ce châtiment lui paraît trop doux; elle rassemble toutes ses servantes, et jusqu'aux valets chargés des plus vils emplois, et me livre aux insultes de cette canaille. Je me bornais, pour toute défense, à mettre mes mains devant mes yeux; et, sans recourir aux prières, car je sentais que j'avais mérité un pareil traitement, je me laissai jeter à la porte roué de coups et couvert de crachats. La vieille Prosélénos fut aussi chassée de la maison, et Chrysis fut battue. Tous les domestiques affligés se demandaient à l'oreille quelle était la cause de la mauvaise humeur de leur maîtresse. Je rentrai chez moi le corps couvert de contusions et la peau plus bigarrée que celle d'une panthère. Je me hâtai de déguiser adroitement les marques des coups que j'avais reçus, de peur d'exciter, par ma triste aventure, les railleries d'Eumolpe, et de causer des chagrins à Giton. J'eus donc recours au seul expédient qui pût sauver ma réputation; je feignis d'être malade. Enfoncé dans mon lit, je tournai toute ma fureur contre l'unique cause de tous mes maux.

> Trois fois ma main saisit un fer à deux tranchans,
> Trois fois le fer échappe à ma main défaillante :
> Tel qu'un roseau, pliant sur sa tige mouvante,
> S'incline vers la terre au gré des moindres vents,
> Tel, et plus humble encor, l'auteur de ma disgrace,

Confugerat in viscera mille operta rugis.
Ita non potui supplicio caput aperire:
Sed furciferæ mortifero timore lusus,
Ad verba, magis quæ poterant nocere, fugi.

Erectus igitur in cubitum, hac fere oratione contumacem vexavi: Quid dicis, inquam, omnium hominum deorumque pudor? nam nec nominare quidem te inter res serias, fas est. Hoc de te merui, ut me in cœlo positum ad inferos traheres? ut traduceres annos primo florentes vigore, senectæque ultimæ mihi lassitudinem imponeres? ROGO TE, MIHI APODIXIN defunctoriam REDDE. Hæc ut iratus effudi,

> Illa solo fixos oculos aversa tenebat;
> Nec magis incepto vultus sermone movetur,
> Quam lentæ salices, lassove papavera collo.

Nec minus ego, tam fœda objurgatione finita, pœnitentiam agere sermonis mei cœpi, secretoque rubore perfundi, quod, oblitus verecundiæ meæ, cum ea parte corporis verba contulerim, quam ne ad cognitionem quidem admittere severioris notæ homines solent. Mox perfricata diutius fronte, — Quid autem ego, inquam, mali feci, si dolorem meum naturali convicio exoneravi? aut quid est, quod in corpore humano ventri maledicere solemus, aut gulæ, capitique etiam, quum sæpius dolet? quid? non et Ulyxes cum corde litigat suo? Et quidem

> Le front baissé, plus froid que la plus froide glace,
> Se dérobant aux coups de l'homicide acier,
> Va jusque dans mon sein se cacher tout entier.
> Ne pouvant le saisir dans ce dernier asile,
> J'exhale en vains discours ma colère stérile.

Appuyé sur le coude, j'apostrophai en ces mots l'invisible contumace : Eh bien! que diras-tu, opprobre de la nature! car ce serait folie de te compter encore au nombre des vivans. Parle, que t'ai-je fait pour me précipiter au fond des enfers, quand je touchais à l'Olympe? que t'ai-je fait pour flétrir les fleurs brillantes de mon printemps sous les glaces de la vieillesse la plus décrépite? Qu'attends-tu donc pour signer mon extrait mortuaire? Ainsi s'exhalait mon courroux :

> Mais insensible, hélas! à ma douleur amère,
> Le malheureux s'obstine à regarder la terre.
> Ainsi penche, accablé du poids de la chaleur,
> Le pavot languissant ou le saule pleureur.

Dès que je pus réfléchir sur l'indécence de cette invective, je me repentis de l'avoir faite, et j'éprouvai une secrète confusion d'avoir oublié les lois de la pudeur, au point de m'entretenir avec cette partie de mon corps à laquelle les hommes qui se respectent n'osent pas même penser. Je me frottai long-temps le front avec dépit : — Après tout, m'écriai-je, quel mal ai-je fait en soulageant ma douleur par des reproches si naturels? Ne fait-on pas tous les jours des imprécations contre toutes les autres parties du corps humain, contre son ventre, sa bouche, sa tête, lorsqu'ils vous causent de fréquentes douleurs? Le sage Ulysse lui-même n'a-t-il pas un démêlé avec son cœur? Et les héros de tragédies ne

tragici oculos suos, tanquam audientes, castigant. Podagrici pedibus suis maledicunt, chiragrici manibus, lippi oculis; et, qui offenderunt sæpe digitos, quidquid doloris habent, in pedes deferunt.

> Quid me spectatis, constricta fronte Catones,
>   Damnatisque novæ simplicitatis opus?
> Sermonis puri non tristis gratia ridet;
>   Quodque facit populus, candida lingua refert.
> Nam quis concubitus, Veneris quis gaudia nescit?
>   Quid vetat in tepido membra calere toro?
> Ipse pater veri doctus Epicurus in arte
>   Jussit, et hanc vitam dixit habere deos.

Nihil est hominum inepta persuasione falsius, nec ficta severitate ineptius.

## CAPUT CXXXIII.

Hac declamatione finita, Gitona voco; et, — Narra mihi, inquam, frater, sed tua fide : ea nocte, qua te mihi Ascyltos subduxit, usque in injuriam vigilavit, an contentus fuit vidua pudicaque nocte? — Tetigit puer oculos suos, conceptisque juravit verbis, sibi ab Ascylto nullam vim factam. [His certe obrutus, non mei compos eram, nec quæ dicebam, probe noram. Quid enim, aiebam, præterita, iterum nocitura, in memoriam revocare? Denique, ut nervos reciperem, nihil non sum molitus. Volui et etiam me diis vovere : Priapum igitur exoraturus

gourmandent-ils pas leurs yeux, comme s'ils pouvaient entendre leurs reproches? Le goutteux peste contre ses pieds ou ses mains, le chassieux contre ses yeux; et, lorsque nous nous blessons les doigts, nous nous en prenons à nos pieds, en les frappant contre terre.

> Froids Catons! déridez votre front magistral;
> Le plaisir, dans mon livre, à la raison s'allie:
> D'un discours sérieux la tristesse m'ennuie.
> J'ai peint les mœurs du peuple; et mon original
> Dut respirer dans ma copie.
> Qui ne connaît l'amour et ses transports charmans?
> Qui, dans un lit bien chaud, ne chérit la paresse?
> Croyons-en Épicure et sa haute sagesse,
> Quand il nous peint les dieux livrés à nos penchans,
> Et, comme nous, bercés par la mollesse.

Rien n'est plus absurde que de sots préjugés, rien n'est plus ridicule qu'une sévérité affectée.

## CHAPITRE CXXXIII.

Après ces réflexions, j'appelai Giton, et je lui dis:— Raconte-moi, mon ami, mais bien franchement, quelle fut à ton égard la conduite d'Ascylte, dans cette nuit où il te ravit à mon amour? N'a-t-il point poussé l'outrage jusqu'aux derniers excès, ou s'est-il borné à passer chastement la nuit dans une continence absolue? — L'aimable enfant, portant la main à ses yeux, jura en termes formels qu'Ascylte ne lui avait fait aucune violence. J'étais si accablé des évènemens de la journée, que je n'avais pas la tête à moi, et que je ne savais ce que je disais. A quel propos, par exemple, allais-je chercher dans le passé de nouveaux sujets d'affliction? Enfin,

egredior, et] ut ut res se haberet, spem vultu simulavi, positoque in limine genu, sic deprecatus sum numina versu :

> Nympharum, Bacchique comes, quem pulchra Dione
> Divitibus silvis numen dedit; inclyta paret
> Cui Lesbos, viridisque Thasos, quem Lydus adorat
> Vestifluus, templumque tuis imponit Hypæpis.
> Huc ades, o Bacchi tutor, Dryadumque voluptas,
> Et timidas admitte preces : non sanguine tristi
> Perfusus venio; non templis impius hostis
> Admovi dextram; sed inops, et rebus egenus
> Attritis, facinus non toto corpore feci.
> Quisquis peccat inops, minor est reus. Hac prece, quæso,
> Exonera mentem, culpæque ignosce minori.
> Et, quandoque mihi Fortunæ arriserit hora,
> Non sine honore tuum patiar decus : ibit ad aras,
> Sancte, tuas hircus, pecoris pater, ibit ad aras
> Corniger, et querulæ fœtus suis, hostia lactens;
> Spumabit pateris hornus liquor : et ter ovantem
> Circa delubrum gressum feret ebria pubes.

Dum hæc ago, sollertique cura deposito meo caveo, intravit delubrum anus laceratis crinibus, atraque veste

devenu plus raisonnable, je ne négligeai rien pour rétablir mes forces. Je voulus même me vouer aux dieux : je sortis, en effet, pour aller invoquer Priape ; et, à tout évènement, feignant sur mon visage un espoir que je n'avais guère, je m'agenouillai sur le seuil de son temple et lui adressai cette prière :

>Fils de Bacchus et de Vénus la belle,
>Folâtre dieu des jardins et des bois,
>Si Mitylène à ton culte est fidèle,
>Et si le Tmole, où l'aurore étincelle,
>T'élève un temple et reconnaît tes lois,
>Priape ! entends ma dévote prière !
>Je ne viens point, souillé du sang d'un père,
>Ou des autels sacrilège agresseur,
>T'offrir l'aspect d'un front profanateur.
>Près d'immoler mon heureuse victime,
>Tout mon courage à l'instant s'est glacé,
>Et dans mes mains le poignard émoussé
>Ne consomma que la moitié du crime.
>Je fus coupable, hélas ! bien malgré moi !
>Si j'ai péché, c'était par impuissance.
>Accorde-moi, pour réparer l'offense,
>Ces dons heureux qu'on voit briller en toi.
>Ah ! du berger si l'heure m'est rendue,
>Je veux qu'un bouc, l'orgueil de mon troupeau,
>En ton honneur tombe sous le couteau.
>La coupe en main, aux pieds de ta statue,
>Je veux trois fois répandre un vin nouveau ;
>Et cependant une aimable jeunesse,
>Ivre de joie, et de vin, et d'amour,
>Dans les transports d'une vive allégresse,
>De tes autels fera trois fois le tour.

Tandis que je faisais cette invocation, sans quitter de l'œil la partie défunte, la vieille Prosélénos, les cheveux

deformis; extraque vestibulum me, injecta manu, duxit cuncta timentem.

## CAPUT CXXXIV.

Quæ striges, [inquit,] comederunt nervos tuos? aut quod purgamentum nocte calcasti in trivio, aut cadaver? Nec a puero quidem te vindicasti : sed mollis, debilis, lassus, tanquam caballus in clivo, et operam, et sudorem perdidisti; nec contentus ipse peccare, mihi deos iratos excitasti : ac pœnas mihi nullas dabis ? — Ac me iterum in cellam sacerdotis nihil recusantem perduxit, impulitque super lectum, et arundinem ab ostio rapuit : iterumque nihil respondentem mulcavit. Ac, nisi primo ictu arundo quassata impetum verberantis minuisset, forsitan etiam brachia mea caputque fregisset. Ingemui ego, utique propter masturbatorem, lacrymisque ubertim manantibus, obscuratum dextra caput super pulvinar inclinavi. Nec minus illa, fletu confusa, altera parte lectuli sedit, ætatisque longæ moram tremulis vocibus cœpit accusare, donec intervenit sacerdos; et, — Quid vos, inquit, in cellam meam, tanquam ante recens bustum, venistis? utique die feriarum, quo etiam lugentes rident. — O, inquit, o OEnothea ! hunc adolescentem, quem vides, malo astro natus est: nam neque puero, neque puellæ, bona sua vendere potest.

en désordre, et vêtue d'une robe noire qui la rendait hideuse. Elle me prit par le bras et m'entraîna, tout tremblant, hors du portique.

## CHAPITRE CXXXIV.

Quelles sorcières, me dit-elle, ont rongé tes nerfs? aurais-tu, en passant la nuit dans un carrefour, mis le pied sur quelque ordure ou sur un cadavre? Je sais que tu n'as pas pu en venir à ton honneur, même avec Giton; et que mou, languissant, haletant comme un vieux cheval sur le penchant d'un coteau, tu t'es épuisé en efforts inutiles. Que dis-je? non content de te rendre coupable, tu as attiré sur moi la colère des dieux; et tu crois que je n'en tirerai pas vengeance? — Là dessus elle m'entraîne dans la chambre de la prêtresse, sans que j'oppose aucune résistance, me pousse sur le lit, prend un bâton derrière la porte, et m'en frappe à tour de bras. Je n'osais pas proférer une seule parole, et, si le bâton, en se rompant au premier coup, n'eût ralenti l'élan de sa fureur, elle m'aurait, je crois, brisé les bras et la tête. Je ne pus cependant retenir mes gémissemens, lorsque sa main décharnée voulut réveiller en moi la nature engourdie; versant alors un torrent de larmes, je me renversai sur l'oreiller, et je cachai ma tête sous mon bras droit. La vieille, de son côté, s'assit sur le pied du lit et se prit à pleurer à chaudes larmes, accusant d'une voix tremblante le destin de prolonger son inutile existence. Attirée par nos cris, survint la prêtresse : — Qu'avez-vous à pleurer ainsi dans ma chambre? nous dit-elle; croyez-vous être ici devant un bûcher? et cela dans un jour de fête, où les

Nunquam tu hominem tam infelicem vidisti. Lorum in aqua, non inguina habet. Ad summam, qualem putas esse, qui de Circes toro sine voluptate surrexit? — His auditis, OEnothea inter utrumque consedit, motoque diutius capite, — Istum, inquit, morbum sola sum, quæ emendare scio. Et, ne putetis perplexe agere, rogo, ut adolescentulus mecum nocte dormiat, nisi illud tam rigidum reddidero, quam cornu.

Quidquid in orbe vides, paret mihi. Florida tellus,
Quum volo, siccatis arescit languida sulcis;
Quum volo, fundit opes scopulis; atque arida saxa
Niliacas jaculantur aquas : mihi pontus inertes
Submittit fluctus : Zephyrique tacentia ponunt
Ante meos sua flabra pedes. Mihi flumina parent,
Hyrcanæque tigres; et jussi stare dracones.
Quid leviora loquor? Lunæ descendit imago,
Carminibus deducta meis : trepidusque furentes
Flectere Phœbus equos revoluto cogitur orbe.
Tantum dicta valent! Taurorum flamma quiescit,
Virgineis exstincta sacris; Phœbeïa Circe
Carminibus magicis socios mutavit Ulyxis:
Proteus esse solet, quidquid libet. His ego callens
Artibus, Idæos frutices in gurgite sistam,
Et rursus fluvios in summo vertice ponam.

plus affligés doivent s'égayer! — O OEnothée! lui répondit la vieille, ce jeune homme que vous voyez est né sous une mauvaise étoile : ni filles ni garçons ne peuvent tirer parti de sa marchandise. Jamais vieillard plus impotent ne s'offrit à vos yeux. Ce n'est pas un homme, c'est un morceau de cuir trempé dans l'eau. En un mot, que pensez-vous d'un galant qui sort du lit de Circé sans avoir pu goûter aucun plaisir ? — A ces mots OEnothée vint s'asseoir entre nous deux, et branlant la tête d'un air capable : — Il n'y a que moi, dit-elle, qui sache guérir ces sortes d'infirmités. Et ne croyez pas que je me vante mal-à-propos : que ce jeune homme couche seulement une nuit avec moi, et je vous le rends plus dur que l'acier.

> L'univers m'obéit. Je parle, et la nature
> Se couvre d'un long deuil, ou revêt sa parure,
> Neptune me soumet ses flots humiliés ;
> Le tigre s'adoucit ; des flancs d'un roc aride
> Jaillit une source limpide ;
> L'Aquilon vole et gronde, ou s'endort à mes pieds.
> Dans l'ombre de la nuit, par mes charmes vaincue,
> De son trône sanglant la lune est descendue ;
> La terre, en gouffre ouverte, a frémi de terreur,
> Et le char du Soleil a reculé d'horreur.
> Qu'à la voix de Médée un dragon s'assoupisse,
> Et retienne les feux que soufflaient ses naseaux ;
> Qu'en vil troupeau Circé change les Grecs d'Ulysse ;
> Que Protée, à son aide appelant l'artifice,
> Se transforme à nos yeux en cent monstres nouveaux ;
> Moi, j'étends sur les monts l'eau des mers desséchées,
> Et, du sol natal arrachées,
> Les forêts verdiront où voguaient les vaisseaux.

## CAPUT CXXXV.

Inhorrui ego, tam fabulosa pollicitatione conterritus, anumque inspicere diligentius cœpi. — Ergo, exclamat OEnothea, imperio para te! — detersisque curiose manibus, inclinavit se in lectulum, ac me semel iterumque basiavit. Postea mensam veterem posuit in medio altari, quam vivis implevit carbonibus, et camellam etiam, vetustate ruptam, pice temperata refecit. Tum clavum, qui detrahentem secutus cum camella lignea fuerat, fumoso parieti reddidit: mox incincta quadrato pallio, cucumam ingentem foco apposuit, simulque pannum de carnario detulit furca, in quo faba erat ad usum reposita, et sincipitis vetustissima particula mille plagis dolata. Ut solvit ergo licio pannum, partem leguminis super mensam effudit, jussitque me diligenter purgare. Servio ego imperio, granaque, sordidissimis putaminibus vestita, curiosa manu segrego. At illa, inertiam meam accusans, improba tollit, dentibusque folliculos perite spoliat, atque in terram, veluti muscarum imagines, despuit. Mirabile quidem paupertatis ingenium, singularumque rerum quasdam artes fames edocuit. [Sacerdos hujus virtutis ita sectatrix videbatur, ut apud eam eluceret in minimis. Casa præcipue illius verum erat paupertatis sacrarium.]

## CHAPITRE CXXXV.

Je frémissais d'horreur au récit de tant de merveilles, et je regardais de tous mes yeux la vieille prêtresse, lorsqu'elle s'écria : — Préparez-vous à m'obéir ! — Elle dit; et, se lavant les mains avec le plus grand soin, elle se penche sur le lit et m'applique deux gros baisers. Ensuite, elle pose une vieille table au milieu de l'autel, et la couvre de charbons ardens. Une écuelle de bois, toute fendue par le temps, pendait à la muraille : elle l'en détache; mais le clou qui la supportait lui reste dans la main : elle raccommode l'écuelle avec de la poix tiédie, et renfonce le clou dans la muraille enfumée. Puis, ceignant ses reins d'une espèce de tablier carré, elle place sur le feu un grand coquemar, et décroche avec une fourche un sac suspendu dans son garde-manger, et qui, outre des fèves pour son usage personnel, contenait un vieux reste de crâne rongé de tous côtés. Elle délie ce sac, et répand sur la table une partie des fèves, qu'elle m'ordonne d'éplucher promptement. J'obéis, et je mets soigneusement de côté toutes celles dont la cosse est moisie. Mais OEnothée, impatientée de ma lenteur, s'empare des fèves que j'avais mises au rebut, et, avec ses dents, les dépouille adroitement de leurs enveloppes qu'elle crache sur le plancher, drues comme mouches. La pauvreté est la mère de l'industrie, et l'invention de plusieurs arts doit son origine à la faim. La prêtresse était un admirable modèle de tempérance, et tout chez elle respirait la plus stricte économie : sa chambre,

Non Indum fulgebat ebur, quod inhæserat auro,
Nec jam calcato radiabat marmore terra,
Muneribus delusa suis : sed crate saligna
Impositum Cereris vacuæ nemus, et nova terræ
Pocula, quæ facili vilis rota finxerat actu.
Hinc mollis stillæ lacus, et de caudice lento
Vimineæ lances, maculataque testa Lyæo :
Et paries circa palea satiatus inani,
Fortuitoque luto, clavos numerabat agrestes;
Et viridi junco gracilis pendebat arundo.
Præterea quas, fumoso suspensa tigillo,
Conservabat opes humilis casa, mitia sorba
Inter odoratas pendebant texta coronas,
Et thymbræ veteres, et passis uva racemis.
Qualis in Actæa quondam fuit hospita terra,
Digna sacris Hecales, quam Musa loquentibus annis
Battiadæ veteris mirando tradidit ævo.

## CAPUT CXXXVI.

Tum illa [purgata faba,] carnis etiam paululum delibat : et dum coæquale natalium suorum sinciput in carnarium furca reponit, fracta est putris sella, quæ staturæ altitudinem adjecerat, anumque suo pondere dejectam, super focum mittit. Frangitur ergo cervix cucumæ, ignemque modo convalescentem exstinguit : vexat cubitum ipsa stipite ardente, faciemque totam excitato

en un mot, était le véritable sanctuaire de l'indigence. Là,

>L'ivoire incrusté d'or n'éblouit point la vue ;
>Le pied n'y foule point le marbre de Paros ;
>L'hôtesse de ces lieux a pour lit de repos
>   Un amas de paille battue,
>Que sa main étendit sur un grabat d'osier.
>   Quelques paniers, des pots de terre,
>   Et quelques vieux tessons de verre
>Encor tachés de vin, forment son mobilier.
>   Un torchis de chaume et d'argile
>Recouvre les parois de ce champêtre asile,
>Dont le comble est tressé de joncs et de roseaux.
>Dans le taudis fumeux on voit, aux soliveaux,
>   Pendre en festons le thym, la sarriette,
>   Les raisins secs, les cormes déjà mûrs.
>Telle fut, Hécalès, ta paisible retraite,
>   Qui jadis, dans ses humbles murs,
>Reçut le grand Thésée ; Hécalès, dont l'histoire
>   Célébra l'hospitalité,
>   Et dont le nom, couvert de gloire,
>Fut transmis par la muse à la postérité.

## CHAPITRE CXXXVI.

OEnothée, ayant achevé d'éplucher les fèves, se met à ronger un peu de la chair du crâne ; puis, voulant replacer avec sa fourche, dans le garde-manger, cette tête aussi vieille et aussi décharnée que la sienne, elle monte, pour y atteindre, sur une chaise vermoulue qui se brise : la vieille, entraînée par son poids, tombe sur le foyer, brise le haut du coquemar et éteint le feu qui commençait à se rallumer. Elle se brûla même le coude à un tison ardent, et se couvrit

cinere perfudit. Consurrexi equidem turbatus, anumque non sine risu erexi : statimque, ne res aliqua sacrificium moraretur, ad reficiendum ignem in vicinia cucurrit. Vix ad casæ ostiolum processerat, quum ecce tres anseres sacri, qui, ut puto, medio die solebant ab anu diaria exigere, impetum in me faciunt, foedoque, ac veluti rabioso stridore circumsistunt trepidantem : atque alius tunicam meam lacerat, alius vincula calceamentorum resolvit, ac trahit : unus etiam, dux ac magister sævitiæ, non dubitavit crus meum serrato vexare morsu. Oblitus itaque nugarum, pedem mensulæ extorsi, coepique pugnacissimum animal armata elidere manu; nec satiatus defunctorio ictu, morte me anseris vindicavi.

    Tales Herculea Stymphalidas arte coactas
    Ad cœlum fugisse reor, sanieque fluentes
    Harpyias, quum Phinei maduere veneno
    Fallaces epulæ. Tremuit perterritus æther
    Planctibus insolitis, confusaque regia cœli
    [Visa suas moto transcurrere cardine metas.]

Jam reliqui revolutam, passimque per totum effusam pavimentum collegerant fabam, orbatique, ut existimo,

le visage d'un nuage de cendre chaude. Effrayé, je me lève, et je la remets sur ses jambes, non, toutefois, sans rire de sa chute. Mais, craignant que le sacrifice ne fût retardé par cet accident, elle court aussitôt chercher du feu chez une voisine. Elle venait de sortir, quand trois oies sacrées, qui, sans doute, recevaient au milieu du jour leur nourriture des mains de la vieille, s'élancent sur moi et m'entourent en poussant des cris affreux, des cris de rage qui me font trembler : l'une déchire ma robe ; l'autre dénoue les cordons de mes sandales ; une troisième, qui semblait être leur chef et leur donnait l'exemple de la voracité, pousse l'audace jusqu'à me mordre la jambe de son bec aussi dur que des tenailles. Sans m'amuser à la bagatelle, j'arrache un des pieds de la table, et, armé de cette massue, je m'escrime de mon mieux contre la belliqueuse volatile : je n'y allais pas de main morte, et, d'un coup bien asséné, j'étendis mort à mes pieds mon féroce agresseur.

>    Tel le Stymphale a vu, d'un vol rapide,
>        Ses oiseaux regagner les cieux ;
>        Redoutant du vaillant Alcide
>        Le stratagème ingénieux ;
>    Des sœurs de Céléno, telle la troupe avide,
>        Du venin de son souffle infect,
>        Souillait le banquet de Phinée,
>    Quand Calaïs parut....... A son aspect,
>    Les trois monstres ont fui la table empoisonnée :
>    L'air retentit au loin de leurs longs hurlemens,
>    Et l'Olympe en trembla jusqu'en ses fondemens.

Les deux oies, qui avaient survécu au combat, avalèrent toutes les fèves répandues sur le plancher ; et la

duce, redierant in templum, quum ego præda simul atque hac vindicta gaudens, post lectum occisum anserem mitto, vulnusque cruris haud altum aceto diluo. Deinde convicium verens, abeundi formavi consilium : collectoque cultu meo, ire extra casam cœpi. Necdum liberaveram cellulæ limen, quum animadverto OEnotheam, cum testo ignis pleno venientem. Reduxi igitur gradum, projectaque veste, tanquam exspectarem morantem, in aditu steti. Collocavit illa ignem, cassis arundinibus collectum, ingestisque super pluribus lignis, excusare cœpit moram, quod amica se non dimisisset, tribus nisi potionibus e lege siccatis. — Quid porro tu, inquit, me absente, fecisti? aut ubi est faba? — Ego, qui putaveram, me rem laude etiam dignam fecisse, ordine illi totum prœlium exposui; et, ne diutius tristis esset, jacturæ pensionem anserem obtuli. Quem anus ut vidit, tam magnum æque clamorem sustulit, ut putares iterum anseres limen intrasse. Confusus itaque, et novitate facinoris attonitus, quærebam, quid excanduisset, aut quare anseris potius quam mei misereretur?

mort de leur chef fut sans doute le motif qui les décida à se retirer dans le temple. Pour moi, ravi tout à la fois de ma victoire et du butin qu'elle me procurait, je jette l'oie morte derrière le lit, et j'étuve avec du vinaigre la blessure légère qu'elle m'a faite à la jambe. Puis, craignant les reproches de la vieille, je forme le projet de me sauver. En conséquence, je ramasse mes hardes et je me dirige vers la porte. A peine j'en touchais le seuil, quand j'aperçois OEnothée qui revenait au logis portant du feu sur un vieux tesson. Je battis donc en retraite, et, quittant mon manteau, je me mis sur la porte dans l'attitude d'un homme qui attend avec impatience. La prêtresse pose son feu sur un tas de roseaux secs, y ajoute plusieurs morceaux de bois, et, tout en rallumant son foyer, s'excuse d'avoir tardé si long-temps : son amie, disait-elle, n'avait pas voulu la laisser partir avant d'avoir bu, comme de coutume, une triple rasade. — Et vous, ajouta-t-elle, qu'avez-vous fait pendant mon absence? où sont les fèves? — Moi, qui croyais avoir fait la plus belle chose du monde, je lui racontai tous les détails du combat; et, pour la consoler de la perte de son oie, je lui offris de lui en acheter une autre. A la vue du défunt, la vieille poussa des cris si épouvantables, qu'on eût cru que les trois oies rentraient dans la chambre. Étourdi de ce vacarme, et ne comprenant rien à ce crime d'un nouveau genre, je demandai à la vieille quelle était la cause de son emportement, et pourquoi elle témoignait plus de chagrin de la perte de son oie que de ma blessure.

## CAPUT CXXXVII.

At illa, complosis manibus, — Scelerate, inquit, et loqueris? Nescis, quam magnum flagitium admiseris. Occidisti Priapi delicias, anserem omnibus matronis acceptissimum. Itaque, ne te putes nihil egisse, si magistratus hoc scierint, ibis in crucem. Polluisti sanguine domicilium meum, ante hunc diem inviolatum; fecistique, ut me, quisquis voluerit inimicus, sacerdotio pellat.

> — Hæc ait, et tremulo deduxit vertice canos,
> Consecuitque genas; oculis nec defuit imber:
> Sed qualis rapitur per valles improbus amnis,
> Quum gelidæ periere nives, et languidus Auster
> Non patitur glaciem resoluta vivere terra:
> Gurgite sic pleno facies manavit, et alto
> Insonuit gemitu turbatum murmure pectus.

Tum ego, — Rogo, inquam, noli clamare: ego tibi pro ansere struthiocamelum reddam. — Dum hæc, me stupente, in lectulo sedet, anserisque fatum complorat, interim Proselenos cum impensa sacrificii venit, visoque ansere occiso, sciscitata causam tristitiæ, et ipsa flere vehementius cœpit, meique misereri, tanquam patrem

## CHAPITRE CXXXVII.

Mais, faisant craquer ses mains : — Scélérat, s'écriat-elle, tu oses encore parler? Ignores-tu donc l'énormité du crime que tu viens de commettre? tu viens de tuer le favori de Priape : une oie dont toutes nos dames raffolaient! Et ne crois pas que ta faute soit une bagatelle : si les magistrats en étaient instruits, ils t'enverraient au gibet. Par l'effusion de ce sang, tu as profané ma demeure, pure, jusqu'à ce jour, de toute souillure. Sais-tu à quoi tu m'exposes par ce sacrilège? qu'un ennemi me dénonce, et me voilà chassée du sacerdoce. — Elle dit :

>  Et de son front, blanchi par l'âge,
> Furieuse, elle arrache un reste de cheveux,
> De ses ongles crochus se meurtrit le visage;
> Et deux ruisseaux de pleurs s'échappent de ses yeux.
> Tel, quand le tiède Auster, au sommet des montagnes,
> Dissout la froide neige, un torrent orageux
> Roule son onde impure à travers les campagnes :
>  Ainsi les larmes à grands flots
>  Inondaient sa face ridée ;
>  Et sa poitrine soulevée
>  Exhalait de bruyans sanglots.

Modérez vos cris, lui dis-je alors, et, pour une oie, je vous rendrai une autruche. — Tandis que je restais immobile de stupeur, la vieille, assise sur son lit, continuait à gémir sur la mort de son oie. Prosélénos survint, apportant l'argent nécessaire pour les frais du sacrifice. Elle s'informa d'abord de la cause de notre tristesse; mais, dès qu'elle aperçut l'oie que j'avais tuée, elle se mit à pleurer plus fort que la prêtresse, et à s'apitoyer

meum, non publicum anserem, occidissem. Itaque tædio fatigatus, — Rogo, inquam, expiare manus pretio licet, si vos provocassem, etiam si homicidium fecissem? Ecce! duos aureos pono, unde possitis et deos, et anseres emere. — Quos ut vidit OEnothea, — Ignosce, inquit, adolescens, sollicita sum tua causa : amoris est hoc argumentum, non malignitatis. Itaque dabimus operam, ne quis hoc sciat. Tu modo deos roga, ut illi facto tuo ignoscant. —

>
> Quisquis habet nummos, secura naviget aura,
> Fortunamque suo temperet arbitrio.
> Uxorem ducat Danaen, ipsumque licebit
> Acrisium jubeat credere, quod Danaën.
> Carmina componat, declamet, concrepet, omnes
> Et peragat causas, sitque Catone prior.
> Jurisconsultus, PARET, NON PARET, habeto,
> Atque esto, quidquid Servius, et Labeo.
> Multa loquor : quidvis, nummis præsentibus, opta;
> Et veniet. Clausum possidet arca Jovem.

Interea hæc satagens, infra manus meas camellam vini posuit, et, quum digitos pariter extensos porris apioque lustrasset, avellanas nuces cum precatione mersit in vinum : et, sive in summum redierant, sive subsederant, ex hoc conjecturam ducebat; nec me fallebat, inanes

sur mon sort, comme si j'eusse tué mon père et non une oie nourrie aux dépens du public. Excédé de ces ennuyeuses lamentations : — De grâce, leur dis-je, quand bien même je vous aurais battues, quand bien même j'aurais commis un homicide, ne pourrais-je pas expier mon crime à prix d'argent? Eh bien, voici deux pièces d'or avec lesquelles vous pourrez acheter et des oies et des dieux. — A la vue de ce métal : — Pardonnez-moi, mon enfant, me dit OEnothée; je n'étais inquiète que pour vous, ne voyez dans tout ceci qu'une preuve de l'intérêt que je vous porte, et non l'intention de vous nuire. Je vais donc faire en sorte que cette affaire ne s'ébruite pas. Pour vous, priez seulement les dieux qu'ils vous pardonnent. —

> Le riche ne craint point les fureurs de Neptune;
> Il dirige à son gré l'inconstante fortune.
> Si Danaé, captive, est l'objet de ses feux,
> Qu'il fasse briller l'or : soudain verroux et grille
> Tomberont devant lui; complaisant de sa fille,
> Acrisius, alors, saura fermer les yeux.
> Il est tout ce qu'il veut, déclamateur, poète,
> Philosophe, avocat; enfin, Caton nouveau,
> Il décide de tout, au sénat, au barreau.
> C'est beaucoup, dira-t-on! Non, chez nous tout s'achète :
> Quiconque a des écus, tout sourit à ses vœux;
> Et le sceptre puissant du souverain des dieux,
>     C'est, croyez-m'en, la clef d'une cassette.

OEnothée cependant dispose à la hâte les apprêts du sacrifice : elle place sous mes mains une gamelle pleine de vin, y trempe des porreaux et du persil, me fait étendre les doigts, et les arrose de cette liqueur en guise d'eau lustrale. Ensuite, elle plonge dans le vin des avelines, en prononçant des paroles magiques; et, selon

scilicet, ac sine medulla ventosas, nuces in summo humore consistere, graves autem et plenas integro fructu ad ima deferri. Tum ad anserem appellens sese, recluso pectore, extraxit fortissimum jecur, et inde mihi futura prædixit. Immo, ne quod vestigium sceleris superesset, totum anserem laceratum verubus confixit, epulasque etiam lautas, paulo ante, ut ipsa dicebat, perituro paravit. Volabant inter hæc potiones meracæ; [aniculæque anserem, materiam antea tristitiæ, vorabant lætæ : illo exeso, Œnothea semiebria ad me respiciens, — Perficienda sunt, inquit, mysteria, ut recipias nervos.

## CAPUT CXXXVIII.

Simulque profert Œnothea scorteum fascinum, quod, ut oleo et minuto pipere, atque urticæ trito circumdedit semine, paulatim cœpit inserere ano meo. Hoc crudelissima anus spargit subinde humore femina mea. Nasturtii succum cum abrotono miscet, perfusisque inguinibus meis, viridis urticæ fascem comprehendit, omniaque infra umbilicum cœpit lenta manu cædere. Urticis ustum, fuga subductum, exæstuantes aniculæ consectantur; et quam-

qu'elles restent au fond du vase ou remontent à sa surface, elle en tire des pronostics. Mais je n'étais pas dupe de sa ruse : je savais bien que celles qui étaient vides et sans amandes surnageaient, tandis que celles qui étaient pleines et dont le fruit était intact retombaient au fond par leur propre poids. Alors, s'approchant de l'oie, elle l'ouvrit, et en tira le foie qui était parfaitement sain : elle s'en servit pour me prédire mes destinées futures. Enfin, pour détruire jusqu'au moindre vestige de mon crime, elle coupa l'oie en morceaux et les mit à la broche, pour en faire, disait-elle, un splendide régal à celui que, l'instant d'avant, elle vouait à la mort. Cependant, mes deux vieilles buvaient à qui mieux mieux, et, joyeuses, dévoraient à belles dents cette oie, naguère la cause de tant de chagrins. Lorsqu'il n'en resta plus rien, OEnothée, à moitié ivre, se tourna vers moi et me dit : — Il faut maintenant achever les mystères qui doivent rendre à vos nerfs toute leur vigueur.

## CHAPITRE CXXXVIII.

A ces mots, elle apporte un phallus de cuir, le saupoudre de poivre et de graine d'orties pilée, détrempés d'huile, et me l'introduit par degrés dans l'anus. Puis, l'impitoyable vieille me bassine les cuisses de cette liqueur stimulante. Mêlant ensuite du cresson avec de l'aurone, elle m'en couvre la partie malade, et, saisissant une poignée d'orties vertes, m'en fouette à petits coups le bas-ventre. Cette opération me causait de cuisantes douleurs : pour m'y soustraire, je prends la fuite. Furieuses, les vieilles courent à ma poursuite;

vis solutæ mero ac libidine essent, eamdem viam tentant, et per aliquos vicos secutæ fugientem, — Prehende furem ! — clamant. Evasi tamen, omnibus digitis inter præcipitem decursum cruentatis. [ Ubi tamen me domum potui recipere, defatigatione gravis, lectum petii, nec tamen somnum capere potui : quæque enim adversa mihi contigerant, animo volvebam; reputansque, neminem magis casibus me obnoxium esse, proclamabam : Fortuna, semper infensa mihi, egebatne Amoris cruciatibus, ut me magis torqueret ? O me infelicem ! junctis viribus, Fortuna et Amor in perniciem conspirant meam. Ipse dirus Amor nusquam mihi pepercit : amans amatusve crucior. En ! Chrysis, quæ me perdite amat, lacessere non desinit. Illa, quæ, quum mihi dominam conciliabat, me ut servum contemtum despexit, quia servili induebar veste : illa, inquam,] Chrysis, quæ priorem fortunam tum oderat, hanc vel cum periculo capitis persequi destinat, [seque lateribus meis semper instituram juravit, quum sui amoris vehementiam mihi patefecit. At Circe me totum habet, ceteras sperno. Revera quid illa pulchrius?] Quid huic formæ aut Ariadne habuit, aut Leda simile ? quid contra hanc Helene, quid Venus posset ? Ipse Paris, dearum litigantium judex, si hanc in comparatione vidisset tam petulantibus oculis, et Helenen huic donasset, et deas. Saltem,

et, bien qu'étourdies par le vin et la débauche, elles prennent la même route que moi, et me suivent quelque temps dans les rues en criant : — Au voleur ! arrêtez le voleur ! — Je parvins cependant à leur échapper ; mais une course si rapide m'avait mis les pieds tout en sang. Dès que je pus regagner mon logis, épuisé de fatigue, je me jetai sur mon lit, mais je n'y pus trouver le sommeil. Tous les maux qui m'avaient accablé me revenaient à l'esprit ; et me figurant que jamais existence n'avait été plus traversée que la mienne par les revers : La Fortune, disais-je, ma constante ennemie, avait-elle besoin de s'unir à l'Amour pour augmenter mes tourmens ? Malheureux que je suis ! ces deux divinités, liguées contre moi, ont conjuré ma perte. L'Amour surtout, l'impitoyable Amour, ne m'a jamais épargné : amant ou aimé, je suis également en butte à ses rigueurs. Et maintenant ne voilà-t-il pas que Chrysis m'aime à la fureur et me poursuit en tous lieux ! cette Chrysis, qui naguère fut auprès de moi l'entremetteuse de sa maîtresse, et qui alors me dédaignait comme un esclave, parce que j'en portais l'habit ; oui, cette même Chrysis qui avait tant d'éloignement pour ma condition servile, veut maintenant me suivre au péril de sa vie ; elle vient de me jurer, en me dévoilant la violence de sa passion, qu'elle s'attachait à moi comme mon ombre. Mais elle a beau faire ; je suis tout entier à Circé, et je méprise toutes les autres femmes. Et n'est-elle pas, en effet, le chef-d'œuvre de la nature ? Ariadne ou Léda eurent-elles jamais rien de comparable à tant de charmes ? Hélène et Vénus elle-même peuvent-elles lui être comparées ? Pâris, juge du différent des trois déesses, s'il l'eût vue paraître auprès d'elles avec des yeux si

si permitteretur osculum capere, si illud coeleste ac divinum pectus amplecti, forsitan rediret hoc corpus ad vires, et resipiscerent partes veneficio, credo, sopitæ. Nec me contumeliæ lassant. Quod verberatus sum, nescio; quod ejectus sum, lusum puto; modo redire in gratiam liceat.

## CAPUT CXXXIX.

[ Hæc taliaque cum idea formosissimæ Circes ita meum concitarunt animum, ut ] torum frequenti tractatione vexavi, amoris mei quasi quamdam imaginem : [ sed inutiles adhuc fuerunt conatus. ] Sic pervicax [ vexatio meam tandem fregit patientiam ; et veneficium, quo eram contactus, Genio inimico exprobravi. Animo tamen collecto, inter heroas antiquos, ira deorum olim insectatos, consolationem quærens in hæc erupi : ]

Non solum me numen, et implacabile fatum
Persequitur; prius Inachia Tirynthius ira
Exagitatus, onus coeli tulit : ante profanus
Junonem Pelias sensit : tulit inscius arma
Laomedon : gemini satiavit numinis iram
Telephus : et regnum Neptuni pavit Ulyxes.

brillans, lui eût donné, avec la pomme, Hélène et les trois déesses. Oh! que ne m'est-il permis du moins de lui ravir un baiser, de serrer dans mes bras ces formes célestes et ravissantes! Peut-être alors je retrouverais toute ma vigueur, et mes organes, assoupis sans doute par quelque maléfice, se relèveraient brillans de force et de santé. Ses outrages ne peuvent me rebuter; je ne me souviens plus des coups que j'ai reçus : elle m'a chassé, ce n'est qu'un jeu, pourvu que je rentre dans ses bonnes grâces.

## CHAPITRE CXXXIX.

Ces réflexions, jointes aux appas de Circé dont je jouissais en idée, avaient tellement échauffé mon imagination, que je foulais mon lit avec fureur, comme si j'eusse tenu dans mes bras l'objet de mes désirs; mais tous ces mouvemens furent encore sans effet. Cet acharnement du sort mit enfin ma patience à bout, et je me livrai aux plus violens reproches contre le malin génie qui sans doute m'avait ensorcelé. Enfin, mon esprit se calma; et, cherchant alors des motifs de consolation parmi les héros de l'antiquité, qui, comme moi, avaient été en butte au courroux des dieux, je m'écriai :

> Je ne suis pas le seul qu'un destin implacable,
> De ses coups redoublés sans cesse opprime, accable.
> Avant moi, de Junon l'ordre capricieux
> Força le grand Alcide à supporter les cieux;
> Victime, comme lui, de la déesse altière,
> Pélias éprouva le poids de sa colère;
> Le vieux Laomédon, vaincu dans les combats,

Me quoque per terras, per cani Nereos æquor
Hellespontiaci sequitur gravis ira Priapi.

[ His tortus sollicitudinibus, anxie noctem consumsi totam; et Giton, qui acceperat, me cubuisse domi, cellulam intravit primo diluculo, meque licentiosius vivere, vehementer accusavit, dixitque familiam de mea agendi ratione valde conqueri, rarissime ministeriis me adesse, et mihi fortasse funestum fore illud, quod gerebam, commercium. His intellexi, de meis negotiis illum esse commonitum, et aliquem domi forte de me percontatum fuisse.] Quærere [igitur] a Gitone meo cœpi, num aliquis me quæsisset? — Nemo, inquit, hodie : sed hesterno die mulier quædam haud inculta januam intravit; quumque diu mecum esset locuta, et me arcessito sermone lassasset, ultimo cœpit dicere, te noxam meruisse, daturumque serviles pœnas, si læsus in querela perseverasset. — [ Hæc vehementer me torserunt, novaque convicia in fortunam jeci, et ] nondum querelam finieram, quum Chrysis intervenit, amplexuque effusissimo me invasit; et : — Teneo te, inquit. qualem speraveram : tu desiderium meum, tu voluptas mea, nunquam finies

Pour prix de son parjure, y trouve le trépas ;
Et Télèphe, innocent du crime qu'il expie,
De deux divinités assouvit la furie.
Près d'atteindre le bord qui sans cesse le fuit,
Ulysse, sur les mers, cherche en vain son Ithaque ;
Moi, jouet de Vénus et du dieu de Lampsaque,
Partout leur bras vengeur sur moi s'appesantit.

Torturé d'inquiétudes, je passai toute la nuit dans cette agitation. Au point du jour, Giton, informé que j'avais couché au logis, entra dans ma chambre et se plaignit amèrement de mon libertinage. A l'entendre, il n'était bruit dans toute la maison que du scandale de ma conduite. On ne me voyait, disait-il, que très-rarement à l'heure du service, et ce commerce clandestin finirait probablement par me porter malheur. Ces reproches me prouvèrent qu'il était instruit de mes affaires, et que quelqu'un sans doute était venu s'enquérir de moi pendant mon absence. Pour m'en assurer, je m'informai de Giton si personne ne m'avait demandé : — Non, pas aujourd'hui, répondit-il ; mais hier, une femme d'assez bonne mine est entrée chez nous : après s'être entretenue assez long-temps avec moi, et m'avoir fatigué de ses questions, elle a fini par me dire que vous aviez mérité d'être puni, et que vous subiriez le châtiment des esclaves, si la partie lésée persévérait dans sa plainte. — Cette nouvelle me mit au désespoir, et je me répandis de nouveau en imprécations contre la Fortune. Je n'étais pas au bout de mes invectives, lorsque Chrysis entra, et, me serrant dans ses bras avec la plus tendre effusion : — Enfin je te tiens, me dit-elle ; je te trouve dans l'état où je te voulais ! Polyænos, mon âme ! mon bonheur ! tu ne pourras éteindre le

hunc ignem, nisi sanguine exstinxeris. — [Chrysidis petulantia multum turbatus fui, et verborum blanditiis usus sum, ut illam dimitterem: timebam enim, ne rumores furentis ad aures Eumolpi pervenirent; nam a felicitate superbum domini supercilium induerat. Omnem ergo adhibui industriam, ut mitigaretur Chrysis: amorem finxi, blande susurravi; in summam, ita dissimulavi astute, ut me amore captum crediderit. Exposui, quo in periculo uterque essemus, si mecum in cella deprehenderetur, Eumolpumque vel de minimo pœnas repetere. His auditis, confestim exit, et eo celerius, quod reducem videbat Gitona, qui paulo antequam illa me convenisset, exierat e cubiculo. Vix egressa,] unus ex novitiis servulis subito accucurrit, et, mihi dominum iratissimum esse, affirmavit, quod biduo jam officio defuissem; recte ergo me facturum, si excusationem aliquam idoneam præparassem. Vix enim posse fieri, ut rabies irascentis sine verbere considat. [Adeo turbatus mœstusque visus sum Gitoni, ut nihil mihi de muliere dixerit: de Eumolpo duntaxat locutus est, jussitque potius cum illo jocari, quam agere serio. Parui equidem, et tam hilari vultu ad eum accessi, ut non severe, sed festive me exceperit: de Venere mihi propitia cavillatus est: laudavit formam et elegantiam meam, matronis omnibus acceptissimam; et: — Non me latet, inquit, te a

feu qui me dévore qu'avec le plus pur de ton sang.
— L'emportement de Chrysis me mettait dans le plus
grand embarras; et j'eus recours, pour l'éloigner, aux
plus douces protestations; car je craignais que le bruit
que faisait cette folle ne vînt aux oreilles d'Eumolpe,
qui, depuis sa prospérité, nous traitait avec l'orgueil
d'un maître. Je mis donc tous mes soins à calmer les
transports de Chrysis : je feignis de répondre à son
amour, je lui tins les plus tendres propos; enfin, je
dissimulai si bien, qu'elle me crut sérieusement épris
de ses charmes. Alors, je lui représentai les dangers
auxquels nous serions exposés tous deux, si on la
surprenait dans ma chambre; je lui peignis Eumolpe
comme un maître qui punissait avec rigueur la moindre peccadille. A ces mots, elle s'empressa de partir,
et d'autant plus vite, qu'elle vit revenir Giton, qui était
sorti de ma chambre un moment avant son arrivée.
Elle venait de me quitter, lorsqu'un des nouveaux
valets d'Eumolpe accourut, et m'apprit que son maître
était furieux de ce que je n'avais pas fait mon service
depuis deux jours, ajoutant que je ferais sagement de
préparer quelque excuse plausible pour me justifier:
car, disait-il, il est fort douteux que sa colère se calme
avant de vous avoir fait donner la bastonnade. Giton
me trouva si triste, si consterné de cette menace, qu'il
ne me dit pas un mot de Chrysis, et ne me parla que
d'Eumolpe : il me conseilla de ne pas prendre avec lui
l'affaire au sérieux, mais de la tourner en plaisanterie. Je profitai de son avis, et j'abordai le patron avec
un visage si riant, que son accueil, loin d'être sévère,
fut on ne peut plus gai. Il me plaisanta sur mes bonnes

formosissima deperiri : at nunc, Encolpi, illud nobis in loco poterit prodesse : Phili ergo sustine personam; equidem, quam suscepi, sustinebo.

## CAPUT CXL.

Adhuc loquebatur, quum intravit] matrona inter primas honesta, Philumene nomine, quæ multas sæpe hereditates officio ætatis extorserat, tum anus et floris exstincti, filium filiamque ingerebat orbis senibus, et per hanc successionem artem suam perseverabat extendere. Ea ergo ad Eumolpum venit, et commendare liberos suos ejus prudentiæ, bonitatique credere se et vota sua. Illum esse solum in toto orbe terrarum, qui præceptis etiam salubribus instruere juvenes quotidie posset. Ad summum, relinquere se pueros in domo Eumolpi, ut illum loquentem audirent, quæ sola posset hereditas juvenibus dari. Nec aliter fecit, ac dixerat, filiamque speciosissimam cum fratre ephebo in cubiculo reliquit, simulavitque, se in templum ire ad vota nuncupanda. Eumolpus, qui tam frugi erat, ut illi etiam ego puer viderer, non distulit puellam invitare ad pygesiaca sacra. Sed et podagricum se esse, lumborumque solutorum,

fortunes, me fit des complimens sur ma bonne mine et sur ma tournure, dont toutes les dames raffolaient :
— Je n'ignore pas, ajouta-t-il, qu'une de nos beautés se meurt d'amour pour toi, mon cher Encolpe : cela peut, un jour, nous être utile en temps et lieu. Courage, mon garçon ! joue bien ton rôle; de mon côté, je soutiendrai le mien jusqu'au bout.

## CHAPITRE CXL.

Il parlait encore, quand nous vîmes entrer une dame des plus respectables : Philumène était son nom. Dans sa jeunesse, elle avait spéculé de ses charmes pour extorquer plusieurs successions; mais alors, vieille et fanée, elle introduisait son fils et sa fille auprès des vieillards sans héritiers, et, se succédant ainsi à elle-même, elle continuait à exercer son honnête commerce. Elle vint donc trouver Eumolpe et recommanda à sa prud'homie et à sa bonté ces enfans, son unique espérance. A l'entendre, Eumolpe était l'homme du monde le plus capable de donner sans cesse de sages instructions à la jeunesse. Elle finit en disant qu'elle laissait ses enfans dans sa maison, pour qu'ils pussent profiter de ses discours ; ajoutant que c'était le plus bel héritage qu'elle pût leur laisser. Ce qui fut dit fut fait : elle laissa dans la chambre une fort belle fille et un jeune adolescent, son frère, et sortit sous prétexte d'aller au temple faire des vœux pour son bienfaiteur. Eumolpe, si peu délicat sur cet article, que, malgré mon âge, il eût fait de moi son mignon, ne perdit pas de temps, et invita la jeune fille à un combat amoureux. Mais, comme il s'était donné

omnibus dixerat, et, si non servasset integram simulationem, periclitabatur totam pæne tragœdiam evertere. Itaque, ut constaret mendacio fides, puellam quidem exoravit, ut sederet supra, commodata bonitate; Coraci autem imperavit, ut lectum, in quo ipse jacebat, subiret, positisque in pavimento manibus, dominum lumbis suis commoveret. Ille lento parebat imperio, puellæque artificium pari motu remunerabat. Quum ergo res ad effectum spectaret, clara Eumolpus voce exhortabatur Coraca, ut spissaret officium. Sic inter mercenarium amicamque positus senex, veluti oscillatione ludebat. Hoc semel iterumque ingenti risu, etiam suo, Eumolpus fecerat. Itaque ego quoque, ne desidia consuetudinem perderem, dum frater sororis suæ automata per clostellum miratur, accessi tentaturus, an pateretur injuriam. Nec se rejiciebat a blanditiis doctissimus puer, sed numen inimicum ibi quoque inveni. [Non tam graviter sustuli hanc debilitatem, quam pristinas: paulo post enim redierunt nervi, et repente me sentiens valentiorem esse, proclamavi :] — Dii majores sunt, qui me restituerunt in integrum. Mercurius enim, qui animas ducere, et reducere solet, suis beneficiis reddidit mihi, quod manus irata præciderat, ut scias, me gratiosiorem esse, quam Protesilaum, aut quemquam alium antiquorum. — Hæc locutus sustuli tunicam, Eumolpoque me totum appro-

à tout le monde pour un homme atteint de la goutte et d'une paralysie lombaire, il courait risque, s'il ne soutenait pas son imposture, de renverser notre plan de fond en comble. Pour ne pas se démentir, il pria la jeune fille d'avoir la complaisance de jouer le rôle de l'homme, en se plaçant sur lui ; ensuite, il ordonna à Corax de se glisser sous le lit où il était couché, de s'appuyer les deux mains contre terre, et de remuer son maître avec ses reins. Corax obéit ; et, par des secousses lentes et régulières, répondit aux mouvemens de la jeune fille. Mais, lorsque le moment de la jouissance approcha, Eumolpe cria de toutes ses forces à Corax de redoubler de vitesse. A voir le vieillard ainsi ballotté entre son valet et sa maîtresse, on eût dit qu'il jouait à l'escarpolette. Nous éclations de rire, et Eumolpe partageait notre gaîté, ce qui ne l'empêcha pas de courir deux fois la même carrière. Quant à moi, ne voulant pas laisser mes facultés se rouiller, en restant témoin inactif d'un si doux jeu, j'avisai le frère de cette jeune fille qui regardait avidement, à travers la cloison, l'exercice gymnastique de sa sœur ; et je m'approchai de lui pour voir s'il était disposé à se laisser faire. En garçon bien appris, il se prêta de bonne grâce à toutes mes caresses ; mais un dieu jaloux s'opposait encore à mon bonheur. Cependant ce nouvel échec m'affligea moins que les précédens ; car, un instant après, je sentis renaître ma vigueur. Fier de cette découverte : — Les dieux, m'écriai-je, m'ont restitué toutes les puissances de mon être. Sans doute Mercure, qui conduit les âmes au Tartare et les en ramène, m'a, dans sa bonté, rendu ce qu'une main hostile m'avait ravi, pour vous convaincre que je suis plus heureusement partagé que Pro-

bavi. At ille primo exhorruit : deinde, ut plurimum crederet, utraque manu deorum beneficia tractat. [Hac ingenti gratia hilaritatem nobis concitante, risimus prudentiam Philumenes, liberorumque experientiam in arte, illis quoad nos nihil profuturam ; sola enim hereditatis spe puerum puellamque illa nobis prodiderat. Hinc igitur sordidum orbos senes circumveniendi modum apud me reputans, de nostræ præsentis fortunæ statu ratiocinandi occasionem nactus, commonui Eumolpum, captando captatores captari posse. — Omnes, aiebam, nostræ actiones cum prudentia convenire debent.] Socrates, deorum hominumque judicio sapientissimus, gloriari solebat, quod nunquam neque in tabernam conspexerat, nec ullius turbæ frequentioris concilio oculos suos crediderat. Adeo nihil est commodius, quam semper cum sapientia loqui. Omnia ista vera sunt : nec ulli enim celerius homines incidere debent in malam fortunam, quam qui alienum concupiscunt. Unde plani autem, unde levatores viverent, nisi aut locellos, aut sonantes ære sacellos pro hamis in turbam mitterent ? Sicut muta animalia cibo inescantur : sic homines non caperentur spe, nisi aliquid morderent. [ Quamobrem Crotoniatæ tam laute hactenus nos exceperunt; sed,] ex Africa navis, ut promiseras, cum pecunia tua, et familia tua non venit. Captatores jam exhausti liberalitatem imminuerunt. Itaque

tésilas ou tout autre galant de l'antiquité. — A ces mots, je relève ma robe et je me montre à Eumolpe dans toute ma gloire. Il en fut d'abord épouvanté : puis, pour s'assurer davantage de la réalité, il caressa de l'une et l'autre main ce présent des dieux. Cette merveilleuse résurrection nous mit en belle humeur, et nous rîmes beaucoup du sage discernement de Philumène, qui, dans l'espoir d'un riche héritage, nous avait livré ses enfans, dont l'expérience précoce dans cet honnête métier ne devait cette fois lui être d'aucun profit. Cet infâme manège pour séduire les vieillards, me conduisit à réfléchir sur notre situation présente, et, trouvant l'occasion propice pour en raisonner avec Eumolpe, je lui représentai que les trompeurs se prenaient souvent dans leurs propres pièges : — Toutes nos démarches, lui dis-je, doivent être réglées par la prudence. Socrate, le plus sage des mortels, au jugement des dieux et des hommes, se glorifiait souvent de n'avoir jamais jeté les yeux dans une taverne, et de ne s'être jamais hasardé dans une assemblée trop nombreuse. Tant il est vrai que rien n'est plus utile que de consulter la sagesse en toute chose ! Cela est d'une vérité incontestable; et ce qui ne l'est pas moins, c'est qu'il n'y a personne qui coure plus promptement à sa perte que celui qui spécule sur le bien d'autrui. En effet, quels seraient les moyens d'existence des vagabonds et des filous, s'ils ne jetaient, en guise d'hameçons, à la foule qu'ils veulent duper, des bourses et des sacs d'argent bien sonnant ? Les animaux se laissent amorcer par l'appât de la nourriture, et les hommes par celui de l'espérance; mais il faut pour cela qu'ils trouvent quelque chose à mordre. Ainsi

aut fallor, aut fortuna communis cœpit redire ad pœnitentiam suam.

## CAPUT CXLI.

[Modum excogitavi, inquit Eumolpus, quo nostros captatores valde sollicitos habeamus : simulque tabulas e pera trahens, sic ultimas legit voluntates.] Omnes, qui in testamento meo legata habent, præter libertos meos, hac conditione percipient, quæ dedi, si corpus meum in partes conciderint, et, adstante populo, comederint. Ne plus æquo exhorrescant, apud quasdam gentes scimus adhuc legem servari, ut a propinquis suis consumantur defuncti, adeo quidem, ut objurgentur ægri frequenter, quod carnem suam faciant pejorem. His admoneo amicos meos, ne recusent, quæ jubeo, sed, quibus animis devoveant spiritum meum, eisdem etiam corpus consumant. — [ Quumque prima capita legeret, quidam magis Eumolpo familiares intrarunt cubiculum, et in ejus manu tabulas testamenti conspicientes, ut fierent lectionis participes, eum enixe rogarunt. Annuit ille subito, et a primo ad ultimum recitavit. Hi vero, audita necessitate cadaveris edendi non tralatitia propositione,

les Crotoniates nous ont hébergés jusqu'à ce jour de la manière la plus splendide. Mais on ne voit point arriver d'Afrique ce vaisseau chargé d'argent et d'esclaves que vous leur aviez annoncé. Les ressources de nos héritiers s'épuisent, leur libéralité se réfroidit. Je me trompe fort, ou la Fortune commence à se lasser des faveurs dont elle nous a comblés.

## CHAPITRE CXLI.

J'ai inventé, dit Eumolpe, un expédient qui mettra dans un grand embarras ces coureurs d'héritage. — En même temps, il tira de sa valise les tablettes où étaient consignées ses dernières volontés, qu'il nous lut en ces termes : — Tous ceux qui sont couchés sur mon testament, à l'exception de mes affranchis, ne pourront toucher leurs legs que sous la condition expresse de couper mon corps en morceaux et de le manger en présence du peuple assemblé. Cette clause n'a rien qui doive tant les effrayer ; car il est à notre connaissance qu'une loi, encore en vigueur chez certains peuples, oblige les parens d'un défunt à manger son corps ; et cela est si vrai, que, dans ces pays, on reproche souvent aux moribonds de gâter leur chair par la longueur de leur maladie. Cet exemple doit engager mes amis à ne point se refuser à l'exécution de ce que j'ordonne, mais à dévorer mon corps avec un zèle égal au désir qu'ils ont de me voir dans l'autre monde. — Tandis qu'il lisait les premiers articles, quelques-uns de nos héritiers, les plus assidus auprès d'Eumolpe, entrèrent dans la chambre, et, lui voyant son testament à la main, le prièrent instamment de leur permettre d'en entendre la lecture :

tristes admodum fuerunt. Sed] excæcabat ingens fama oculos, animosque miserorum, [et illius ad aspectum tam humiles erant, ut de hac novitate conqueri non ausi fuerint. Ast unus ex eis nomine] Gorgias paratus erat exsequi, [dummodo diutius non exspectaret. Ad hoc Eumolpus :] — De stomachi tui recusatione non habeo, quod timeam : sequetur imperium, si promiseris illi, pro unius horæ fastidio, multorum bonorum pensationem. Operi modo oculos, et finge, te non humana viscera, sed centies sestertium comesse. Accedet huc, quod aliqua inveniemus blandimenta, quibus saporem mutemus. Neque enim ulla caro per se placet, sed arte quadam corrumpitur, et stomacho conciliatur averso. Quod si exemplis vis quoque probari consilium, Saguntini oppressi ab Hannibale, humanas edere carnes : nec hereditatem exspectabant. Perusii idem fecerunt in ultima fame, nec quidquam aliud in hac epulatione captabant, nisi tantum ne esurirent. Quum esset Numantia a Scipione capta, inventæ sunt matres, quæ liberorum suorum tenerent semesa in sinu corpora. [Ultimo quum sola cogitatio humanæ carnis edendæ fastidium creare potest, animum adversum toto corde vincetis, ut legata immensa, de quibus statuo vobis, recipiatis. — Has novitates propudiosas ita incomposite effudit Eumolpus, ut captatores de illius promissis diffidere cœperint, et

il y consentit aussitôt et le lut d'un bout à l'autre. Mais ils firent triste mine, lorsqu'ils entendirent la clause formelle qui les obligeait à manger son cadavre. Cependant la grande réputation de richesse dont jouissait Eumolpe aveuglait tellement ces misérables, et les tenait si rampans devant lui, qu'ils n'osèrent se récrier contre cette condition inouïe jusqu'alors. L'un d'eux, nommé Gorgias, déclara même qu'il était prêt à s'y soumettre, pourvu que le legs ne se fît pas attendre trop long-temps : — Je ne doute pas, reprit Eumolpe, de la complaisance de votre estomac : une heure de dégoût, largement compensée par l'espoir d'une longue suite de bons repas, me répond de sa docilité; vous n'avez qu'à fermer les yeux et à vous figurer, qu'au lieu des entrailles d'un homme, vous mangez un million de sesterces. Ajoutez à cela, que nous trouverons quelque assaisonnement pour corriger le goût d'un pareil mets. Car, il n'y a pas de viandes qui par elles-mêmes excitent notre appétit; mais la manière de les préparer les déguise si bien, que notre estomac s'en arrange. Pour prouver la vérité de cette assertion, je puis vous citer l'exemple des Sagontains, qui, assiégés par Annibal, se nourrirent de chair humaine; et cependant ils n'avaient pas de succession à espérer. Les Pérousins, réduits à une extrême disette, en firent autant, sans autre but, en mangeant leurs compatriotes, que de s'empêcher de mourir de faim. Lorsque Scipion prit Numance, on trouva dans cette ville des enfans à moitié dévorés sur le sein de leurs mères. Enfin, comme le dégoût qu'inspire la chair humaine provient uniquement de l'imagination, vous ferez tous vos efforts pour triompher de cette répugnance, afin de recueillir les

statim dicta factaque nostra propius explorantes, suspicionibus experientia auctis, planos et levatores nos crediderint. Itaque qui majoribus impensis nos exceperant, invadere, et vindictam pro merito sumere, decreverunt. Sed Chrysis, omnium machinarum particeps, Crotoniatarum in nos consilium mihi renuntiavit; quo audito, ita perterritus fui, ut illico una cum Gitone effugerim, relicto fatis iniquis Eumolpo : et paucis abhinc diebus accepi, Crotoniatas indignantes, quod veterator iste sumtibus publicis laute diu alitus fuerat, Massiliotico more illum mactasse. Id ut intelligatis, scitote, quod] Massilienses quoties pestilentia laborabant, unus se ex pauperibus offerebat alendus anno integro publicis et purioribus cibis. Hic postea ornatus verbenis et vestibus sacris, circumducebatur per totam civitatem cum exsecrationibus, ut in ipsum reciderent mala civitatis : et sic [de rupe] projiciebatur.

legs immenses dont je dispose en votre faveur. — Eumolpe débitait ces révoltantes nouveautés avec si peu d'ordre et de suite, que nos héritiers en herbe commencèrent à douter de la réalité de ses promesses. Dès ce moment, ils épièrent de plus près nos paroles et nos actions; cet examen accrut leurs soupçons, et bientôt ils furent convaincus que nous étions des vagabonds et des escrocs. Alors ceux qui s'étaient mis le plus en dépense pour nous faire accueil, résolurent de se saisir de nous et de nous punir selon nos mérites. Heureusement Chrysis, qui était de toutes ces intrigues, m'avertit des intentions des Crotoniates à notre égard. Cette nouvelle m'effraya tellement, que je m'enfuis sur-le-champ avec Giton, abandonnant Eumolpe à son mauvais destin. A quelques jours de là, j'appris que les Crotoniates, indignés que ce vieux fourbe eût vécu si long-temps en prince à leurs dépens, le traitèrent à la mode de Marseille. Pour comprendre ceci, vous saurez que toutes les fois que cette ville était désolée par la peste, un de ses plus pauvres habitans se dévouait pour le salut de tous, à la condition d'être nourri pendant une année entière des mets les plus délicats, aux frais du public. Ce terme expiré, on lui faisait faire le tour de la ville, couronné de verveine et vêtu de la robe sacrée; on le chargeait de malédictions, pour faire retomber sur sa tête tous les maux de la ville; et, du haut d'un rocher, on le précipitait dans la mer.

# FRAGMENS.

# SUSPECTA
# T. PETRONII
## FRAGMENTA.

## I.

#### AD AMICAM.

Candida sidereis ardescunt lumina flammis,
Fundunt colla rosas, et cedit crinibus aurum,
Mellea purpureum depromunt ora ruborem,
Lacteaque admixtus sublimat pectora sanguis,
Ac totus tibi servit honor, formaque dearum
Fulges, et Venerem cœlesti corpore vincis.
Argento stat facta manus, digitisque tenellis
Serica fila trahens, pretioso stamine ludis.
Planta decens modicos nescit calcare lapillos,
Et dura lædi scelus est vestigia terra:
Ipsa tuos quum ferre velis per lilia gressus,
Nulli sternuntur leviori pondere flores.
Guttura nunc aliæ magnis monilibus ornent,
Aut gemmas aptent capiti: tu sola placere,
Vel spoliata, potes. Nulli laudabile totum,

# FRAGMENS

ATTRIBUÉS

# A T. PÉTRONE.

---

## 1.

A SA MAÎTRESSE.

Tes yeux étincellent de tout l'éclat des astres; l'incarnat des roses anime ton teint; l'or est moins brillant que tes cheveux; tes lèvres, plus suaves que le miel, ont les vives couleurs de la pourpre; et l'azur des veines qui sillonnent ton sein en relève la blancheur; enfin, tous les attraits composent ton apanage : ta taille est celle des déesses, et tes formes célestes l'emportent sur celles de Vénus. Lorsque ta blanche main et tes doigts délicats tressent la soie, ils semblent jouer avec son précieux tissu. Ton pied mignon n'est point fait pour fouler les plus petits cailloux, et la terre se ferait un crime de le blesser; si tu voulais marcher sur des lis, leur tige ne fléchirait pas sous un poids si léger. Que d'autres ornent leur cou de riches colliers, ou chargent leur tête de pierreries; tu sais plaire par toi-même, et sans le secours d'aucune parure. Nulle beauté n'est parfaite dans son ensemble; celui qui pourrait jouir de la vue de tous tes charmes, serait forcé de tout admirer en toi. Sans doute,

In te cuncta probat, si quisquam cernere possit.
Sirenum cantus, et dulcia plectra Thaliæ
Ad vocem tacuisse, reor, quæ mella propagas
Dulcia, et in miseros telum jacularis Amoris.
Cor grave vulnus alit, nullo sanabile ferro,
Sed tua labra meo sævum de corde dolorem
Depellant, morbumque animæ medicaminis hujus
Cura fuget, nec tanta putres violentia nervos
Dissecet, atque tuæ moriar pro crimine causæ.
Sed, si hoc grande putas, saltem concede precanti,
Ut jam defunctum niveis ambire lacertis
Digneris, vitamque mihi post fata reducas.

## II.

#### LIVOR, CORDIS VULTUR.

Qui vultur jecor intimum pererrat,
Et pectus trahit, intimasque fibras,
Non est, quem Tityi vocant poetæ;
Sed cordis mala, livor atque luctus.

## III.

#### AD PUELLAM PLACENDI STUDIOSAM.

Non est forma satis; nec, quæ vult bella videri,
    Debet vulgari more placere sibi.

les Sirènes suspendirent leurs concerts et Thalie déposa sa lyre mélodieuse aux accens de ta voix, de ta voix dont la douceur contagieuse lance dans l'âme des malheureux qui t'écoutent tous les traits de l'Amour. Mon cœur, frappé par toi, saigne d'une blessure profonde que l'acier même ne peut guérir; mais que tes lèvres calment par un baiser mes cruelles souffrances : ce bienfaisant dictame est seul capable de dissiper les maux que j'endure. Cesse de déchirer avec tant de violence mes fibres ébranlées; et je paierai de ma mort le crime de t'avoir aimée. Mais si cette faveur te paraît trop grande, accorde au moins à ma prière une dernière grâce : lorsque j'aurai cessé d'être, entoure-moi de tes bras d'albâtre, et tu me rendras la vie.

## II.

#### L'ENVIE, VAUTOUR DE L'AME.

Le vautour qui dévore le foie, déchire les fibres et pénètre jusqu'au fond des entrailles, ce n'est pas, comme le disent les poètes, le vautour de Tityus, mais l'envie et le chagrin, ces maladies de l'âme.

## III.

#### L'ART DE PLAIRE. — A UNE BELLE.

Ce n'est pas assez d'être belle : celle qui veut qu'on la trouve aimable, ne doit pas se contenter de ce qui

Dicta, sales, lusus, sermonis gratia, risus,
  Vincunt naturæ candidioris opus.
Condit enim formam, quidquid consumitur artis,
  Et, nisi velle subest, gratia tota perit.

## IV.

#### DE CORRUPTIS MORIBUS.

Non satis est, quod nos mergis, furiosa juventus:
  Transversosque rapit fama sepulta probris?
Anne etiam famuli cognata fæce sepulti,
  In testa mersas luxuriantur opes?
Vilis servus habet regni bona : cellaque capti
  Deridet festram Romuleamque casam.
Idcirco virtus medio jacet obruta cœno :
  Nequitiæ classes candida vela ferunt.

## V.

#### TIMOR, DEORUM ORIGO.

Primus in orbe deos fecit timor : ardua cœlo
Fulmina quum caderent, discussaque mœnia flammis;
Atque ictu flagraret Athos : mox Phœbus ad ortus,
Lustrata devectus humo : Lunæque senectus,
Et reparatus honos : hinc signa effusa per orbem,

suffit au vulgaire des femmes. Les bons mots, les fines plaisanteries, l'enjouement, la grâce du langage, la gaîté, l'emportent sur les plus heureux dons de la nature. Les ressources de l'art relèvent encore la beauté; mais, sans le désir de plaire, la beauté perd tout son prix.

## IV.

#### SUR LA CORRUPTION DES MOEURS.

N'est-ce donc pas assez qu'une jeunesse furieuse nous perde et nous entraîne avec elle dans l'opprobre où sa gloire est ensevelie? faut-il aussi que des valets, encore tachés de la lie où ils sont nés, se gorgent de richesses enfouies dans l'argile? Un vil esclave possède tous les biens de l'empire; et la loge d'un captif insulte par son luxe au temple de Jupiter et à l'antique demeure de Romulus. Aussi, la vertu est plongée dans la fange, et le vice déploie aux vents ses voiles triomphantes.

## V.

#### LA CRAINTE, ORIGINE DES DIEUX.

La crainte fut, dans l'univers, l'origine des dieux. Les mortels avaient vu la foudre, tombant du haut des cieux, renverser les murailles sous ses carreaux enflammés, et mettre en feu les sommets de l'Athos; Phœbus, après avoir parcouru toute la terre, revenir vers son berceau; la lune vieillir et décroître, puis reparaître

Et permutatis disjunctus mensibus annus
Projecit vitium hoc : atque error jussit inanis
Agricolas primos Cereri dare messis honores :
Palmitibus plenis Bacchum vincire; Palemque
Pastorum gaudere manu : natat obrutus omni
Neptunus demersus aqua : silvasque Diana
Vindicat. Et voti reus, et qui vendidit orbem,
Jam sibi quisque deos avido certamine fingit.

## VI.

#### VARIETAS OCCURRIT SATIATI.

Nolo ego semper idem capiti suffundere costum,
  Nec noto stomachum conciliare mero.
Taurus amat gramen mutata carpere valle,
  Et fera mutatis sustinet ora cibis.
Ipse dies ideo nos grato perluit æstu,
  Quod permutatis mane recurrit equis.

## VII.

#### UXOR ET CENSUS.

Uxor legitimus debet quasi census amari :
  Nec censum vellem semper amare meum.

dans toute sa splendeur : dès-lors les images des dieux se répandirent par toute la terre. Le changement des saisons qui divisent l'année accrut encore la superstition : le laboureur, dupe d'une erreur grossière, offrit à Cérès les prémices de sa moisson, et couronna Bacchus de grappes vermeilles ; Palès fut décorée par la main des pasteurs ; Neptune eut pour empire toute l'étendue des mers, et Diane réclama les forêts. Maintenant, celui qui est lié par un vœu, et celui même qui a vendu l'univers, se forgent à l'envi des dieux propices à leurs désirs.

## VI.

### LA VARIÉTÉ PRÉVIENT L'ENNUI.

Je ne voudrais pas toujours parfumer ma tête des mêmes essences, ni toujours humecter mon palais du même vin. Le taureau aime à changer de gazons et de pâturages ; les bêtes féroces cherchent des alimens nouveaux pour aiguiser leur appétit ; et si la chaleur du soleil nous est agréable, c'est que le soleil reparaît chaque matin avec de nouveaux coursiers.

## VII.

### MA FEMME ET MON BIEN.

On doit aimer son épouse comme un revenu légitime ; et je ne voudrais pas être condamné à n'aimer que mon revenu.

## VIII.

#### NON OMNIBUS IDEM PLACET.

Invenias quod quisque velit. Non omnibus unum est,
  Quod placet : hic spinas colligit, ille rosas.

## IX.

#### NIL CONTEMNENDUM.

Nam nihil est, quod non mortalibus afferat usum ;
  Rebus in adversis, quæ jacuere juvant.
Sic, rate demersa, fulvum deponderat aurum ;
  Remorum levitas naufraga membra vehit.
Quum sonuere tubæ, jugulo stat divite ferrum ;
  Barbara contemptu prœlia pannus habet.

## X.

#### EXHORTATIO AD ULYSSEM.

Linque tuas sedes, alienaque litora quære,
  O Juvenis ! major rerum tibi nascitur ordo.
Ne succumbe malis : te noverit ultimus Ister,
  Te Boreas gelidus, securaque regna Canopi ;

## VIII.

#### CHACUN SON GOUT.

Comment contenter tous les goûts? Le même objet ne plaît pas à tout le monde : où l'un cueille des roses, l'autre ne trouve que des épines.

---

## IX.

#### RIEN N'EST A DÉDAIGNER.

Il n'y a rien qui ne puisse être utile aux mortels. Dans l'adversité, ce qu'on méprisait devient précieux. Ainsi, lorsqu'un vaisseau est submergé, l'or, entraîné par son poids, tombe au fond des eaux, et les rames légères servent de soutien aux naufragés. Lorsque le clairon sonne, le fer menace la gorge du riche ; mais le pauvre, sous ses haillons, nargue la fureur des combats.

---

## X.

#### EXHORTATION A ULYSSE.

Abandonne tes états et vogue vers des bords étrangers, jeune héros! une plus noble carrière s'ouvre devant toi. Brave tous les dangers! Visite tour-à-tour et les rives de l'Ister, aux limites du monde, et les contrées glacées de Borée, et le paisible royaume de Canope, et

Quique renascentem Phœbum, cernuntque cadentem.
Major in externas Ithacus descendat arenas.

## XI.

#### AURES MIDÆ.

Nam citius flammas mortales ore tenebunt,
Quam secreta tegant. Quidquid dimittis in aula
Effluit, et subitis rumoribus oppida pulsat.
Nec satis est vulgasse fidem : simulatius exit
Proditionis opus, famamque onerare laborat.
Sic commissa verens avidus reserare minister,
Fodit humum, regisque latentes prodidit aures.
Concepit nam terra sonos, calamique loquentes
Incinuere Midam, qualem narraverat index.

## XII.

#### FALLUNT NOS SENSUS.

Fallunt nos oculi, vagique sensus,
Oppressa ratione, mentiuntur.
Nam turris, prope quæ quadrata surgit,
Adtritis procul angulis rotatur.

les climats qui voient renaître Phébus, et ceux où il termine sa carrière. Roi d'Ithaque, tu dois descendre plus grand sur ces plages lointaines.

## XI.

### LES OREILLES DE MIDAS.

Les mortels tiendraient des charbons allumés dans la bouche, plutôt que de garder un secret. Toutes les paroles qui vous échappent à la cour se répandent aussitôt, et le bruit en émeut toute la ville. Mais c'est peu de trahir votre confiance : la perfidie déguise, exagère vos paroles, et se plaît à en grossir le scandale. C'est ainsi que ce barbier, qui craignait et qui brûlait en même temps de découvrir ce qu'on lui avait confié, fit un trou dans la terre et y déposa le secret du monarque aux longues oreilles. La terre conserva fidèlement ses paroles, et les roseaux trouvèrent une voix, pour chanter ce que le barbier délateur avait raconté de Midas.

## XII.

### L'ILLUSION DES SENS.

Nos yeux nous trompent souvent, et nos sens incertains nous abusent, en imposant silence à notre raison. Cette tour, de près, se montre carrée; vue de loin, ses angles disparaissent : elle nous semble ronde. L'homme

Hyblæum refugit satur liquorem,
Et naris casiam frequenter odit.
Hoc illo magis, aut minus, placere
Non posset, nisi lite destinata
Pugnarent dubio tenore sensus.

## XIII.

#### AUCTUMNUS.

Jam nunc ardentes auctumnus fregerat umbras,
Atque hiemem tepidis spectabat Phœbus habenis :
Jam platanus jactare comas, jam cœperat uvas
Annumerare suas, desecto palmite, vitis :
Ante oculos stabat quidquid promiserat annus.

## XIV.

#### DE VARIA ANIMALIUM GENERATIONE.

Sic contra rerum naturæ munera nota,
  Corvus maturis frugibus ova refert :
Sic format lingua fœtum, quum protulit, ursa,
  Et piscis, nullo junctus amore, parit.
Sic Phœbeia chelys, vinclo resoluta parentis,
  Lucinæ tepidis naribus ora fovet.
Sic, sine concubitu, textis apis excita ceris

rassasié dédaigne le miel de l'Hybla, et notre odorat repousse souvent les parfums du romarin. Comment un objet pourrait-il nous plaire plus ou moins qu'un autre, si la nature n'avait, à dessein, établi cette lutte parmi nos sens ?

## XIII.

### L'AUTOMNE.

Déjà l'automne avait rafraîchi l'ombre des bois ; déjà Phébus dirigeait ses coursiers brûlans vers sa station d'hiver; déjà le platane s'énorgueillissait de son feuillage; déjà la vigne, émondée du superflu de ses rameaux, se couvrait de grappes : enfin, l'œil ravi voyait se réaliser toutes les promesses de l'année.

## XIV.

### GÉNÉRATION DIVERSE DES ANIMAUX.

C'est au moment où la nature déploie ses plus riches dons, lorsque les fruits sont mûrs, que le corbeau recommence sa couvée; sitôt que l'ourse a mis bas ses petits, elle les façonne avec sa langue; les poissons fraient sans goûter les plaisirs de l'amour ; la tortue, à peine sortie des entrailles de sa mère, réchauffe de son haleine les organes de Lucine; les abeilles, engendrées sans aucun accouplement, sortent à grand bruit de leurs al-

Fervet, et audaci milite castra replet.
Non uno contenta valet natura tenore,
Sed permutatas gaudet habere vices.

## XV.

#### LUCTUS CONCILIAT MISEROS.

Naufragus, ejecta nudus rate, quærit eodem
  Percussum telo, cui sua fata legat.
Grandine qui segetes et totum perdidit annum,
  In simili deflet tristia fata sinu.
Funera conciliant miseros, orbique parentes
  Conjungunt gemitus, et facit urna pares.
Nos quoque confusis feriemus sidera verbis,
  Et fama est, junctas fortius ire preces.

## XVI.

#### QUOD SATIS EST NATURA MINISTRAT.

Omnia, quæ miseras possunt finire querelas,
  In promptu voluit candidus esse Deus.
Vile olus, et duris hærentia mora rubetis,
  Pugnantis stomachi composuere famem.

véoles et remplissent les ruches de leurs belliqueuses phalanges. Ainsi la nature, loin de se borner à une marche uniforme, se plaît à varier les moyens de reproduction.

## XV.

#### L'AFFLICTION RAPPROCHE LES MALHEUREUX.

Le naufragé qui s'est échappé nu de son vaisseau submergé, en cherche un autre, frappé du même coup, auquel il puisse raconter son infortune. Celui dont la grêle a détruit la moisson, fruit de toute une année de labeur, dépose ses chagrins dans le sein d'un ami, victime du même fléau. L'affliction rapproche les malheureux; les parens, privés de leurs enfans, unissent leurs gémissemens : penchés sur la même tombe, ils sont égaux. Et nous aussi, que les accens de notre douleur s'élèvent confondus vers les astres; car on dit que, réunies, les prières arrivent plus puissantes à l'oreille des dieux.

## XVI.

#### LA NATURE NOUS DONNE LE NÉCESSAIRE.

Une divinité propice a mis à la portée des mortels tout ce qui peut soulager leurs maux et mettre un terme à leurs plaintes. Les végétaux les plus communs et les mûres suspendues aux buissons épineux suffisent pour apaiser la faim d'un estomac à jeûn. Il n'y a qu'un sot

Flumine vicino, stultus sitit, et riget Euro,
  Quum calidus tepido consonat igne rogus.
Lex armata sedet circum fera limina nuptæ,
  Nil metuit licito fusa puella toro.
Quod satiare potest, dives natura ministrat,
  Quod docet infrenis gloria, fine caret.

## XVII.

#### DE JUDÆORUM CIRCUMCISIONE.

Judæus licet et porcinum numen adoret,
  Et cœli summas advocet auriculas :
Ni tamen et ferro succiderit inguinis oram,
  Et nisi nudatum solverit arte caput,
Exemptus populo, Graiam migrabit ad urbem,
  Et non jejuna sabbata lege premet.
Una est nobilitas, argumentumque coloris
  Ingenui, timidas non habuisse manus.

## XVIII.

#### DE VERA VOLUPTATE.

Fœda est in coitu et brevis voluptas,
  Et tædet Veneris statim peractæ.
Non ergo, ut pecudes libidinosæ,

qui puisse mourir de soif, quand un fleuve coule près de lui, ou trembler de froid, lorsqu'il peut s'approcher du foyer où pétille un bois enflammé. La loi, armée de son glaive, défend le seuil redoutable de la femme mariée; et la jeune épouse goûte sans crainte les douceurs d'un hymen légitime. Ainsi la nature prodigue nous donne tout ce qui peut satisfaire nos besoins; mais rien ne peut mettre un terme à l'amour effréné de la gloire.

## XVII.

### SUR LA CIRCONCISION DES JUIFS.

Quoiqu'il adore la divinité sous la forme d'un porc, et qu'il invoque dans ses prières l'animal aux longues oreilles, un juif, s'il n'est pas circoncis, s'il ne s'est pas, d'une main habile, dégagé le gland de son enveloppe, se verra retranché du peuple hébreu, et forcé de chercher un refuge dans quelque ville grecque, où il sera dispensé d'observer le jeûne du sabbat. Ainsi, chez ce peuple, la seule noblesse, la seule preuve d'une condition libre, c'est d'avoir eu le courage de se circoncire.

## XVIII.

### LE VRAI PLAISIR.

Le plaisir de l'accouplement est sale et de courte durée : le dégoût le suit aussitôt. N'allons donc pas d'abord nous y précipiter en aveugles, comme des brutes

Cæci protinus irruamus illuc :
Nam languescit amor, peritque flamma :
Sed sic, sic sine fine feriati,
Et tecum jaceamus osculantes ;
Hic nullus labor est, ruborque nullus ;
Hoc juvit, juvat, et diu juvabit ;
Hoc non deficit, incipitque semper.

## XIX.

#### DE INSULA DELOS.

Delos, jam stabili revincta terra.
Olim purpureo mari natabat,
Et moto levis hinc et inde vento,
Ibat fluctibus inquieta summis :
Mox illam geminis deus catenis
Hac alta Gyaro ligavit, illac
Constanti Mycono dedit tenendam.

## XX.

#### DE APOLLINE ET BACCHO.

Sic Apollo, deinde Liber, sic videtur ignifer.
Ambo sunt flammis creati, prosatique ex ignibus.

lascives; car, par lui la flamme de l'amour languit et s'éteint. Ah! plutôt prolongeons, prolongeons sans fin ses doux préludes! Restons long-temps couchés dans les bras l'un de l'autre! Plus de fatigue alors, plus de honte. Cette jouissance nous a plu, nous plaît et nous plaira long-temps; jamais elle ne finit, et se renouvelle sans cesse.

## XIX.

#### L'ÎLE DE DÉLOS.

Cette Délos, maintenant unie à la terre par des liens indissolubles, jadis nageait dans la mer azurée, et, poussée çà et là par de légers zéphyrs, voguait ballottée sur la cime des flots. Bientôt un dieu l'attacha par une double chaîne, d'un côté, à la haute Gyare, de l'autre, à l'immobile Mycone.

## XX.

#### APOLLON ET BACCHUS.

Apollon et Bacchus répandent tous deux la lumière; tous deux créés par les flammes, tous deux furent pro-

Ambo de comis calorem vite et radio conserunt:
Noctis hic rumpit tenebras, hic tenebras pectoris.

## XXI.

### DE LITTERIS IN ARBORE INCISIS.

Quando ponebam novellas arbores mali et piri,
Cortici summæ notavi nomen ardoris mei :
Nulla fit exinde finis vel quies cupidinis.
Crescit arbor, gliscit ardor, ramus implet litteras.

## XXII.

### DE MORIBUS TRANSMARINIS.

Sperne mores transmarinos, mille habent offucias.
Cive romano per orbem nemo vivit rectius.
Quippe malim unum Catonem, quam trecentos Socratas.

## XXIII.

### SAPIENTIÆ PRÆCEPTA.

Tam malum est habere numos, non habere quam malum est.

duits par une essence ignée. Tous deux lancent de leur chevelure, l'un, par ses rayons, l'autre, par les pampres dont il se couronne, une chaleur qui nous embrase : l'un dissipe les ténèbres de la nuit ; l'autre, celles de l'âme.

## XXI.

#### SUR UN CHIFFRE GRAVÉ SUR L'ÉCORCE D'UN ARBRE.

Quand je plantai, jeunes encore, ces pommiers et ces poiriers, je gravai sur leur tendre écorce le nom de l'objet de mes feux. Depuis ce jour, plus de fin, plus de repos pour mon amour. L'arbre croît, ma flamme augmente ; et de nouvelles branches ont rempli la trace des lettres.

## XXII.

#### LES MOEURS D'OUTREMER.

Méprise les mœurs d'outremer : elles sont pleines de fourberie. Personne dans l'univers ne vit plus honnêtement qu'un vrai citoyen romain. J'aimerais mieux un seul Caton que trois cents Socrates.

## XXIII.

#### PRÉCEPTE DE SAGESSE.

Il est aussi nuisible d'avoir beaucoup d'or, que de n'en pas avoir du tout ; il est aussi nuisible d'oser

Tam malum est audere semper, quam malum est semper pudor.

Tam malum est tacere multum, quam malum est multum loqui.

Tam malum est foris amica, quam malum est uxor domi.

Nemo non hæc vera dicit, nemo non contra facit.

## XXIV.

#### RARÆ AVES, REX ET POETA.

Consules fiunt quotannis, et novi proconsules :
Solus aut rex, aut poeta non quotannis nascitur.

## XXV.

#### EPITHALAMIUM.

Ite, agite, o juvenes; et desudate medullis
Omnibus inter vos; non murmura vestra columbæ,
Brachia non hederæ, non vincant oscula conchæ.
Ludite : sed vigiles nolite exstinguere lychnos.
Omnia nocte vident : nil cras meminere lucernæ.

toujours, que d'avoir toujours peur ; il est aussi nuisible de trop se taire, que de trop parler; il est aussi nuisible d'avoir en ville une maîtresse, que d'avoir au logis une épouse. Tout le monde avoue ces vérités, et personne n'agit en conséquence.

## XXIV.

#### UN ROI ET UN POÈTE, OISEAUX RARES.

On fait tous les ans des consuls et des proconsuls nouveaux : mais on ne voit pas tous les ans naître un roi ou un poète.

## XXV.

#### ÉPITHALAME.

Courage, jeunes gens, redoublez d'ardeur; unissez tous vos efforts! Que les colombes ne soupirent pas plus amoureusement que vous, que vos bras s'entrelacent plus étroitement que le lierre au lierre; que les coquilles soient moins unies entre elles que vos lèvres. Courage! jouissez; mais n'éteignez pas ces lampes vigilantes. Témoins muets des mystères de la nuit, elles n'en révèlent rien au jour.

## XXVI.

**ALLOCUTIO SPONSALIS.**

Linea constricto de pectore vincula solve,
Et domino te crede tuo : ne candida lædas
Unguibus ora, vide ; vel ne contacta repugnes.
Est in nocte timor, non est in nocte periclum :
Nec volo contendas ; vinces, quum vicerit ille.

---

## XXVII.

**PASIPHAÆ FABULA, EX OMNIBUS METRIS HORATIANIS.**

Filia Solis
Æstuat igne novo,
Et per prata juvencum,
Mentem perdita, quæritat.
Non illam thalami pudor arcet,
Non regalis honos, non magni cura mariti.
Optat in formam bovis
Convertier vultus suos :
Et Prœtidas dicit beatas,
Ioque laudat; non quod Isis alta est,
Sed quod juvenca cornua in frontem levat.
Si quando miseræ copia suppetit,
Brachiis ambit fera colla tauri,
Floresque vernos cornibus illigat,

## XXVI.

ALLOCUTION A UNE NOUVELLE MARIÉE.

Déliez, jeune épouse, ces voiles de lin qui captivent vos appas, et confiez-vous sans crainte à votre maître. N'allez pas déchirer de vos ongles ce visage d'albâtre; ne repoussez pas ses caresses. Cette nuit qui vous effraie n'offre pourtant aucun danger. Pourquoi vous défendre? lorsqu'il aura vaincu, votre triomphe est certain.

## XXVII.

LA FABLE DE PASIPHAÉ, SUR TOUS LES MÈTRES EMPLOYÉS PAR HORACE.

La fille du Soleil brûle d'un feu nouveau, et poursuit, égarée par sa passion, un jeune taureau à travers les prairies. Les saints nœuds de l'hymen ne la retiennent plus; l'honneur du rang suprême, la grandeur de son époux, elle a tout oublié. Elle voudrait être métamorphosée en génisse; elle porte envie au bonheur des Prétides, et fait l'éloge d'Io; non pas parce qu'on l'adore au ciel sous le nom d'Isis, mais à cause des cornes qui s'élèvent sur son front. Si rien ne s'oppose plus à sa malheureuse passion, elle serre dans ses bras le cou du farouche Taureau, pare ses cornes des fleurs du printemps, et s'efforce de coller sa bouche à la sienne. Que l'amour inspire d'audace à ceux qu'il frappe de ses traits! Elle ne craint pas de renfermer son corps dans des planches de chêne, qui ont reçu la forme d'une génisse : elle se livre à tous les égaremens que lui inspire un amour infâme; et donne la vie.....

Oraque jungere quærit ori.

Audaces animos efficiunt tela Cupidinis :
Iliceisque gaudet
Corpus includi tabulis, efficiens juvencam :
Et amoris pudibundi malesuadis
Obsequitur votis, et procreat, heu nefas! bimembrem,
Cecropidæ juvenis quem perculit fractum manus,
Filo resolvens Gnosiæ tristia tecta domus.

## XXVIII.

#### DAMNI COMPENSATIO. EX MENANDRO.

Amare liceat, si potiri non licet.

Fruantur alii : non moror, non sum invidus;
Nam sese excruciat, qui beatis invidet.
Quos Venus amavit, facit amoris compotes :
Nobis Cupido velle dat, posse abnegat.
Olli, purpurea delibantes oscula,
Clemente morsu rosea labella vellicent,
Malas adorent ore, et ingenuas genas,
Et pupularum nitidas geminas gemmulas.
Quin et quum tenera membra molli lectulo,
Quum pectora arcte adhærent Veneris glutino,
Libido quum lascivo instinctu suscitat
Sinuare ad Veneris usum femina; feminæ,
Inter gannitus et subantis voculas,

ô crime! à un monstre ambiforme, immolé par le bras de ce jeune descendant de Cécrops, qu'un fil protecteur guidait à travers les détours du labyrinthe de Crète.

## XXVIII.

#### LE DÉDOMMAGEMENT. IMITATION DE MÉNANDRE.

Si je ne puis jouir, qu'il me soit du moins permis d'aimer.

Que d'autres jouissent, j'y consens; je ne leur porte point envie. C'est faire son propre supplice, que d'être jaloux du bonheur d'autrui. Ceux que Vénus favorise, elle couronne leurs vœux. Cupidon m'a donné les désirs; mais il me refuse la possession.

Heureux mortels! savourez des baisers de flamme; froissez, par de douces morsures, des lèvres de rose; collez une bouche amoureuse sur des joues qu'anime le fard de la nature, sur des prunelles qui brillent comme des diamans! Faites plus: lorsqu'étendus près de votre belle, sur une couche moelleuse, vos membres, vos poitrines s'unissent, s'attachent par la glu du plaisir; lorsque l'instinct du désir excite votre maîtresse à seconder vos efforts amoureux; lorsqu'elle gémit d'une voix éteinte par le plaisir; pressez sa gorge d'albâtre,

Carpant papillas, atque amplexus intiment,
Iterentque sulcos molles arvo Venerio,
Thyrsumque pangant hortulo in Cupidinis,
Dent crebros ictus, connivente lumine,
Repedante cursu, Venere et anima fessula,
Ejaculent tepidum rorem niveis laticibus.
Hæc illi faciant, queis Venus non invidet:
At nobis casso saltem delectamine
Amare liceat, si potiri non licet.

## XXIX.

#### AD NYMPHAM NIMIS CULTAM.

Parce, precor, virgo, toties mihi culta videri,
    Meque tuum forma perdere parce tua.
Parce supervacuo cultu componere membra:
    Augeri studio tam bona forma nequit.
Ne tibi sit tanto caput et coma pexa labore,
    Et caput hoc bellum est, et coma mixta placet.
Ne stringant rutilos tibi serica vincla capillos,
    Quum vincant rutilæ serica vincla comæ.
Nec tibi multiplicem crines revocentur in orbem,
    Inculti crines absque labore placent.
Aurea nec video cur flammea vertice portes:
    Aurea nam nudo vertice tota nites.
Utraque fert auris aurum, fert utraque gemmas,

serrez-la plus étroitement dans vos bras, tracez de nouveaux sillons dans le champ de Vénus; redoublez d'ardeur ; et, parvenus au terme de la carrière, les yeux égarés, prêts à rendre l'âme, épuisés de plaisir, faites pleuvoir dans son sein une brûlante rosée.

Voilà votre lot, à vous que Vénus favorise. Mais laissez-moi, du moins, cette vaine consolation : si je ne puis jouir, qu'il me soit permis d'aimer.

———

## XXIX.

#### L'INUTILITÉ DE LA PARURE.

Cesse, je t'en supplie, aimable fille, de te montrer à moi si parée; épargne un cœur qui t'appartient tout entier, ne l'accable pas par ta beauté! Cesse de surcharger tes attraits d'ornemens superflus : l'art ne peut rien ajouter à tant d'appas. A quoi bon arranger avec tant de soin ta tête et tes cheveux? ta tête est si belle par elle-même, tes cheveux en désordre me plaisent tant! Pourquoi ce ruban de soie qui captive ta blonde chevelure? près de ses tresses dorées, pâlit la soie la plus brillante. Pourquoi multiplier les boucles qui couronnent ta tête? abandonnés à la nature, tes cheveux ont tant de charmes!

Je ne puis concevoir pourquoi tu portes un voile d'or : ton front nu a plus d'éclat que l'or. Ton oreille est chargée d'or et de pierreries, et cependant, nue, ton

Utraque nuda novis anteferenda rosis.
Ora facis vitreo tibi splendidiora nitore,
 Quum tamen ora vitro splendidiora geras.
Incendunt niveum lunata monilia collum,
 Nec collum simplex dedecuisse potest.
Contegis occulta candentes veste papillas,
 Candida quum nolit veste papilla tegi.
Ne toga fluxa volet, reprimit tibi fascia corpus:
 Sat corpus veneror, sit toga fluxa licet.
Dic, teretes digitos quare annulus et lapis ambit,
 Quum teretes digiti dent pretium lapidi?
Ornatu nullo potes exornatior esse,
 Et tantum ornaris in mea damna nimis.
Ne te plus æquo species externa perornet,
 Quum sis plus æquo pulchra decore tuo.
Non ego sum, pro quo te componendo labores,
 Nec qui te talem non, nisi cogar, amem.
Pronus amo: non sum, tenero qui pugnet amori,
 Nec qui te roseam vellet amare deam.
Cum radiis certare Jovis tua lumina possent,
 Et possent radiis vincere signa Jovis.
Sole nihil toto melius splendescit in orbe,
 Sole tamen melius splendidiusque nites.
Sunt tibi colla quidem nive candidiora recenti,
 Sed nive, quæ nullo marcida sole jacet.
Conveniunt tepido tua frons et pectora lacti,
 Sed lacti, saturæ quod posuere capræ.

oreille est préférable à la rose nouvelle. Tu empruntes au pastel un coloris éblouissant, et cependant ton teint est, par lui-même, plus brillant que le pastel. Un collier en forme de croissant étincelle sur ton cou de neige, et sans cette parure ton cou est ravissant. Tu couvres d'un voile jaloux ta gorge d'albâtre, et ta gorge repousse le voile qui la couvre. Pour empêcher ta robe de flotter, tu emprisonnes ta taille dans les nœuds d'une ceinture : ta taille est l'objet de ma vénération, même lorsque ta robe est flottante.

Dis-moi : pourquoi cet anneau et cette pierre précieuse qui entourent tes doigts délicats, quand la pierre reçoit tout son prix du doigt qui la porte? Il n'est point de parure qui puisse ajouter à tes charmes naturels, et tu n'es déjà que trop belle, pour mon malheur! Cesse, par des agrémens d'emprunt, de vouloir paraître trop belle : ne l'es-tu pas déjà par tes propres attraits? Ce n'est pas pour moi que tu dois avoir recours à tant de soins, comme si, pour t'aimer, j'avais besoin d'y être contraint par la violence! Mon penchant me porte à t'aimer, et je ne combats pas cette douce inclination. Je ne t'aimerais pas davantage, quand tu serais la déesse des fleurs.

Tes yeux le disputent d'éclat aux rayons qui entourent Jupiter, et les traits de sa foudre pâliraient aux feux que lancent tes prunelles. Rien dans l'univers de plus brillant que le soleil, et cependant, près de toi, le soleil est pâle et sans clarté. Ton cou est plus blanc que la neige nouvellement tombée, que la neige dont la chaleur du jour n'a point encore flétri la blancheur. Ton front, ta poitrine, ressemblent à du lait, au lait d'une chèvre qu'on vient de traire, au retour du pâtu-

Cedit odora tibi vernantis gloria silvæ,
  Nec tibi quod riguus præferat hortus, habet.
Nulla colorati species tibi proxima prati,
  Nec quum floruerit, par tibi campus erit.
Alba ligustra tuæ nequeunt accedere laudi,
  Fixaque cespitibus lilia laude premis.
Nulla tuos possunt æquare rosaria vultus,
  Quum nec adhuc spinis sit rosa vulsa tuis.
Gratia, quam violæ maturo flore merentur,
  Si quæ contulerit se tibi, vilis erit.
Non Helenæ mater, nec par tibi filia Ledæ;
  Quamvis hæc Paridem moverit, illa Jovem.
Compulit illa Jovem cygni latuisse sub alis,
  Compulit illa phrygas sæva sub arma duces.
Leda, per albentes humeros fluitante capillo,
  Dum legit argivæ florea serta deæ.
Erranti super astra Jovi de nube suprema
  Cognita, plumalem de Jove fecit avem.
Tuque puellarum dum ludis in agmine princeps,
  Inter virgineos lucida stella choros,
Si magno conspecta Jovi de nube fuisses,
  Deposuisse Deum non puduisset eum.
Ast Helenæ facies et opima potentia formæ
  Dardanio Paridi per mare præda fuit.
Græcia conjurat repetendam mille carinis,
  Jurata hanc ratibus Græcia mille petit.

rage. Les parfums balsamiques que répand une forêt au printemps, sont moins doux que ton haleine, et le plus frais jardin n'a rien qui te soit préférable. Les suaves couleurs d'une prairie, même lorsqu'elle est émaillée de fleurs, n'approchent pas de ta beauté. Le blanc troène ne peut t'égaler, le lis qui s'élève sur un vert gazon s'avouerait vaincu par ton éclat. La rose, avant même d'être détachée de son buisson épineux, n'égale point l'incarnat de tes joues. La violette épanouie et dans toute sa gloire, quand on ose la comparer à toi, n'a plus rien que de vulgaire.

Hélène, et Léda sa mère, ne pourraient supporter le parallèle, quoique l'une ait séduit Pâris, et l'autre Jupiter : et pourtant Léda força Jupiter à se déguiser sous le plumage d'un cygne; Hélène fit prendre les armes à tous les rois de l'Asie! Léda, les cheveux flottans sur son cou d'albâtre, tressait des guirlandes de fleurs pour la déesse d'Argos; Jupiter parcourait alors la voûte céleste : il l'aperçut du haut d'un nuage, et, pour elle, se métamorphosa en oiseau. Quand tu joues au milieu de la foule de tes compagnes, dont tu sembles la reine, étoile resplendissante au milieu de tes jeunes satellites, si, du haut des cieux, le puissant Jupiter t'apercevait, il ne rougirait pas de déposer à tes pieds sa divinité. La beauté d'Hélène, et ses puissans attraits, furent la proie du Troyen Pâris, qui l'emporta au delà des mers. La Grèce conjurée arma mille vaisseaux pour la reprendre, mille voiles volèrent à sa poursuite. Si le ravisseur phrygien t'eût vue si belle, il t'eût enlevée, soit sur son navire, soit sur son coursier. La guerre de

Te tam conspicuam phrygius si prædo videret,
  Et te vel ratibus, vel rapuisset equo.
Annis tracta decem sunt troica bella, sed uno,
  Si pro te fierent, mense peracta forent.
Virgine Ledæa, me judice, dignior esses,
  Pro qua trojanas flamma cremaret opes.
Tu poteras Priamo validissima causa fuisse,
  Nulla ut cura foret regna perire sua.
Si succincta togam, ritu pharetrata Dianæ,
  Venatrix toto crine soluta fores;
Si Dryadum comitata choro, si nuda lacertos,
  Arcu fulmineos insequereris apros:
Te quicunque deus silvosa per antra vagantem
  Conspiceret, veram crederet esse deam.
De pretio formæ quum tres certamen inissent,
  Electusque Paris arbiter esset eis;
Præfecit Venerem Paridis censura duabus,
  Deque tribus victæ succubuere duæ.
Cum tribus ad Paridem si quarta probanda venires,
  De tribus a Paridi quarta probata fores.
Pomaque si formæ potiori danda fuere,
  Hæc potius formæ danda fuere tuæ.
Ferrea corda gerit, tua quem cœlestis imago,
  Vel tam purpureæ non tetigere genæ:
Robore vel scopulo genitum convincere possim,
  Quem tam solemnis forma movere nequit.

Troie dura dix ans entiers : mais cette guerre, si on l'eût faite pour toi, un seul mois eût suffi pour la terminer. A mon avis, la fille de Léda méritait moins que toi qu'Ilion, pour la garder, devînt la proie des flammes, et, pour toi, Priam eût eu plus de raison de ne pas regretter la perte de son empire.

Si, la robe retroussée, les cheveux flottans, l'arc en main et les bras nus, comme Diane la chasseresse, accompagnée d'un chœur de Dryades, tu poursuivais de tes traits les sangliers fougueux, et qu'un dieu te rencontrât errante au milieu des forêts, il te prendrait pour une véritable divinité.

Lorsque trois déesses se disputaient le prix de la beauté, et prirent Pâris pour leur juge, son choix préféra Vénus aux deux autres ; et, sur trois, deux se retirèrent vaincues. Ah ! si, te joignant alors à ces trois rivales, tu te fusses offerte la quatrième à cette épreuve, Pâris eût adjugé le prix à la quatrième ; et si la pomme devait être la récompense de la plus belle, elle aurait été la tienne.

Celui-là porte un cœur de fer, qui peut voir sans émotion tes célestes appas et l'incarnat brillant de tes joues. S'il est un mortel insensible à tant de charmes, je le convaincrai sans peine d'être né d'un chêne ou d'un rocher.

## XXX.

#### DE VITA BEATA.

Non est (falleris) hæc beata, non est,
Quod vos creditis, vita, non est,
Fulgentes manibus videre gemmas,
Aut testudineo jacere lecto,
Aut pluma latus abdidisse molli.
Aut auro bibere et cubare cocco.
Regales dapibus gravare mensas,
Et quidquid Libyco secatur arvo,
Non una positum tenere cella.
Sed nullos trepidum timere casus,
Nec vano populi favore tangi,
Et stricto nihil æstuare ferro.
Hoc quisquis poterit, licebit illi
Fortunam moveat loco superbus.

## XXXI.

#### MALUM PUNICEUM.

Lux mea puniceum misit mihi Lesbia malum,
    Jam sordent animo cetera poma meo.
Sordent velleribus hirsuta Cydonia canis:
    Sordent hirsutæ munera castaneæ.

## XXX.

#### LA VIE HEUREUSE.

Non, tu te trompes ; le bonheur de la vie n'est pas ce que, vous autres hommes, vous vous figurez. Ce n'est pas d'avoir les mains couvertes de pierreries, de reposer sur un lit incrusté d'écaille, d'ensevelir ses flancs dans une plume moelleuse, de boire dans des vases d'or, ou de s'asseoir sur la pourpre ; de couvrir sa table de mets dignes d'un roi, ou de serrer dans ses vastes greniers toutes les moissons de l'Afrique ; mais présenter un front calme à l'adversité, dédaigner la vaine faveur du peuple, contempler sans s'émouvoir les épées nues : quiconque est capable d'un tel effort, peut se vanter de maîtriser la fortune.

---

## XXXI.

#### LA POMME DE GRENADE.

Lesbie, la lumière de mon âme, m'a envoyé une grenade : maintenant je n'ai plus que du dégoût pour tous les autres fruits. Je dédaigne le coing, que blanchit un léger duvet ; je dédaigne la châtaigne hérissée de dards ; je ne veux ni des noix, ni des prunes

Nolo nuces, Amarylli, tuas, nec cerea pruna:
　Rusticus hæc Corydon munera magna putet.
Horreo sanguineo male mora rubentia succo,
　Heu grave funesti crimen amoris habent!
Misit dente levi paulum libata placentæ
　Munera, de labris dulcia mella suis.
Nescio quid plus melle sapit, quod contigit ipsa
　Spirans Cecropium dulcis odore thymum.

---

## XXXII.

#### METEMPSYCHOSIS. EX PLATONE.

Dum semihulco savio
Meum puellum savior,
Dulcemque florem spiritus
Duco ex aperto tramite;
Animula ægra et saucia
Cucurrit ad labia mihi,
Rictumque in oris pervium,
Et labra pueri mollia,
Rimata itineri transitus,
Ut transiliret, nititur.
Tum si moræ quid pluscula
Fuisset in coitu osculi;
Amoris igni percita

dorées qu'aimait Amaryllis ; je laisse le grossier Corydon mettre un grand prix à de tels présens ! j'ai en horreur les mûres, que rougit la couleur du sang : elles rappellent, hélas ! un crime affreux, commis par l'Amour ! Lesbie m'a aussi envoyé des gâteaux où elle a légèrement imprimé ses dents ; le miel de ses lèvres en a augmenté la douceur. Son haleine, plus embaumée que le thym du mont Hymète, répand sur tout ce qui l'approche je ne sais quel parfum plus doux que celui du miel.

## XXXII.

LA MÉTEMPSYCHOSE. IMITATION DE PLATON.

Tandis que je cueillais un baiser suave sur les lèvres de mon jeune ami, et que j'aspirais sur sa bouche entr'ouverte le doux parfum de son haleine, mon âme, souffrante et blessée, se précipitait sur mes lèvres ; et, cherchant à se frayer un passage entre celles de cet aimable enfant, s'efforçait de m'échapper.

Si ce tendre rapprochement de nos lèvres eût duré un seul instant de plus, brûlée des feux de l'amour, mon âme passait dans la sienne et m'abandonnait. O

Transisset, et me linqueret;
Et mira prorsum res foret,
Ut ad me fierem mortuus,
Ad puerum ut intus viverem.

## XXXIII.

#### DE HERMAPHRODITO.

Quum mea me genitrix gravida gestaret in alvo,
  Quid pareret, fertur consuluisse deos.
Mas est, Phœbus ait, Mars femina, Junoque neutrum :
  Quumque forem natus, hermaphroditus eram.
Quærenti lethum, dea sic ait : occidet armis;
  Mars, cruce; Phœbus, aquis : sors rata quæque fuit.
Arbor obumbrat aquas : ascendo, decidit ensis,
  Quem tuleram, casu labor et ipse super.
Pes hæsit ramis, caput incidit amne, tulique
  Femina, vir, neutrum, flumina, tela, cruces.

## XXXIV.

#### NIVIS GLOBULUS.

Me nive candenti petiit modo Julia. Rebar
  Igne carere nivem, nix tamen ignis erat.
Quid nive frigidius? nostrum tamen urere pectus,

prodigieuse métamorphose! mort par moi-même, j'aurais continué de vivre dans le sein de mon ami!

## XXXIII.

#### L'HERMAPHRODITE.

Lorsque ma mère me portait encore dans son sein, elle consulta, dit-on, les dieux : — Que dois-je mettre au jour? — Un fils, dit Apollon; — Mars, une fille; — Junon, ni l'un ni l'autre. — Quand je fus né, j'étais hermaphrodite. — Quelle sera la cause de sa mort? — Les armes, dit la déesse; — Le gibet, dit Mars; — L'eau, dit Apollon. — Ces trois prédictions s'accomplirent. Un arbre ombrageait l'onde voisine; j'y grimpe : je portais une épée; elle tombe; et moi, par accident, je tombe dessus; mon pied s'arrête dans les branches, ma tête plonge dans l'eau. Ainsi donc, homme, femme, sans sexe, je meurs noyé, percé, pendu.

## XXXIV.

#### LA BOULE DE NEIGE.

Je n'aurais jamais cru que la neige renfermât du feu; mais, l'autre jour, Julie me jeta une boule de neige : cette neige était de feu. Quoi de plus froid que la

Nix potuit manibus, Julia, missa tuis.
Quis locus insidiis dabitur mihi tutus amoris,
  Frigore concreta si latet ignis aqua?
Julia sed potes et nostras extinguere flammas,
  Non nive, non glacie, sed potes igne pari.

## XXXV.

EPITAPHIUM CLAUDIÆ HOMONOEÆ CONJUGIS ATIMETI.

Tu qui secura procedis mente, parumper
  Siste gradum, quæso, verbaque pauca lege.

### HOMONOEA.

Illa ego, quæ claris fueram prælata puellis,
  Hoc Homonœa brevi condita sum tumulo,
Cui formam Paphie, Charites tribuere decorem,
  Quam Pallas cunctis artibus erudiit.
Nondum bis denos ætas mea viderat annos,
  Injecere manus invida fata mihi.
Nec pro me queror hoc : morte est mihi tristior ipsa
  Mœror Atimeti conjugis ille mei.

### ATIMETUS.

Si pensare animas sinerent crudelia fata,
  Et posset redimi morte aliena salus;
Quantulacunque meæ debentur tempora vitæ,
  Pensassem pro te, cara Homonœa, libens.

neige? et pourtant, Julie, une pelote de neige lancée par ta main, a eu le pouvoir d'enflammer mon cœur. Où trouverai-je maintenant un refuge assuré contre les pièges de l'Amour, si même une onde glacée recèle sa flamme? Tu peux cependant, ô Julie, éteindre l'ardeur qui me consume, non pas avec la neige, non pas avec la glace ; mais en brûlant d'un feu pareil au mien.

## XXXV.

#### ÉPITAPHE DE CLAUDIA HOMONÉA, ÉPOUSE D'ATIMETUS.

Voyageur qui poursuis tranquillement ta route, arrête un instant, je te prie, et lis ce peu de mots :

#### HOMONÉA.

Moi, cette même Homonéa qui se vit préférée aux jeunes filles les plus illustres ; moi que Vénus doua de la beauté, et les Grâces du talent de plaire ; moi qui fus instruite dans tous les arts par la docte Pallas ; je suis maintenant renfermée dans l'étroit espace de ce tombeau. Et, cependant, à peine quatre lustres composaient mon âge, lorsque le destin jaloux étendit sur moi sa fatale main. J'en gémis, non pas pour moi, mais pour Atimetus, mon époux, dont la douleur est pour moi plus triste que la mort même.

#### ATIMETUS.

Si le sort cruel consentait à faire l'échange de nos âmes, et que ton existence pût être rachetée par la mienne ; quel que soit le peu de jours qu'il me reste à vivre, j'en eusse volontiers fait le sacrifice pour toi,

At nunc, quod possum, fugiam lucemque deosque,
Ut te matura per Styga morte sequar.

### HOMONOEA.

Parce tuam, conjux, fletu quassare juventam,
Fataque mœrendo sollicitare mea.
Nil prosunt lacrymæ, nec possunt fata moveri :
Viximus, hic omnes exitus unus habet.
Parce, ita non unquam similem experiare dolorem,
Et faveant votis numina cuncta tuis.
Quodque meæ eripuit mors immatura juventæ,
Id tibi victuro proroget ulterius.

### ATIMETUS.

Sit tibi terra levis, mulier dignissima vita,
Quæque tuis olim perfruerere bonis.

## XXXVI.

#### EPITAPHIUM CANIS VENATRICIS.

Gallia me genuit, nomen mihi divitis undæ
Concha dedit, formæ nominis aptus honos.
Docta per incertas audax discurrere silvas,
Collibus hirsutas atque agitare feras.
Non gravibus vinclis unquam consueta teneri,
Verbera nec niveo corpore sæva pati.

ô ma chère Homonéa ! Hélas ! tout ce que je puis faire, c'est d'abandonner la lumière céleste, et, par une prompte mort, de te rejoindre bientôt sur les rives du Styx.

### HOMONÉA.

Cesse, ô mon époux ! de flétrir ta jeunesse par la douleur, et de provoquer la mort par tes regrets ! Les larmes sont inutiles ; elles ne peuvent émouvoir le destin. J'ai vécu : c'est le sort commun de tous les mortels. Cesse tes plaintes. Puisses-tu ne jamais éprouver encore une semblable douleur ! puisse le ciel couronner tous tes vœux ! puisse-t-il ajouter à ton existence tout ce qu'une mort prématurée a retranché de jours à ma jeunesse !

### ATIMETUS.

Que la terre te soit légère, ô femme si digne de vivre, et de jouir long-temps des biens dont la nature t'avait comblée !

---

## XXXVI.

#### ÉPITAPHE D'UNE CHIENNE DE CHASSE.

La Gaule me vit naître ; la Conque me donna le nom de sa source féconde, nom dont j'étais digne par ma beauté. Je savais courir, sans rien craindre, à travers les plus épaisses forêts, et poursuivre sur les collines le sanglier hérissé. Jamais de pesans liens ne captivèrent ma liberté ; jamais mon corps, blanc comme la neige, ne porta l'empreinte des coups. Je reposais, mollement

Molli namque sinu domini dominæque jacebam,
  Et noram in strato lassa cubare toro.
Et plus, quam licuit muto, canis ore loquebar,
  Nulli latratus pertimuere meos.
Sed jam fata subî, partu jactata sinistro,
  Quam nunc sub parvo marmore terra tegit.

étendue sur le sein de mon maître ou de ma maîtresse ; un lit dressé pour moi délassait mes membres fatigués. Quoique privée du langage, je savais me faire comprendre mieux qu'aucun de mes semblables : cependant, jamais personne ne redouta mes aboiemens. Mère infortunée ! je trouvai la mort en donnant le jour à mes petits ; et maintenant un marbre étroit couvre la terre où je repose.

# NOTES

## SUR LE SATYRICON.

### CHAP. LXXIX.

Page 2, ligne 1. *Neque fax ulla in præsidio erat.* Chez les anciens, on donnait aux conviés qui sortaient d'un festin, des flambeaux pour les éclairer jusqu'à leur logis ; les Athéniens avaient même établi pour cela des officiers nommés οἰνόπται, et que d'autres auteurs appellent ὀφθαλμοὶ, *les yeux* (*voyez* EUSTATHIUS, sur le livre VI de l'*Odyssée* : Οἱ τοῖς δειπνοῦσι λύχνους καὶ θρυαλλίδας παρέχοντες, ὀφθαλμοὶ πρός τινων ἐκαλοῦντο) : ces préfets des festins étaient chargés, non-seulement d'éclairer la salle des banquets, et de partager également le vin entre les convives, mais aussi de les reconduire chez eux ; coutume excellente dans un pays où les rues n'étaient pas éclairées, et où les ivrognes eussent été, sans cela, exposés à se rompre le cou. Il paraît, d'après ce passage de Pétrone, que le fastueux Trimalchion, parmi les raffinemens de son luxe, n'avait pas introduit dans sa maison cette utile invention des Athéniens, ou qu'il n'avait pas jugé qu'Ascylte et Encolpe méritassent l'honneur d'être reconduits à leur auberge avec des flambeaux.

Ligne 4. *Itaque quum..... per omnes scrupos..... traxissemus cruentos pedes.* Encolpe et ses deux amis étaient probablement chaussés de sandales minces et légères, attachées sur le coude-pied avec des cordons, et qui laissaient le pied exposé aux inégalités des mauvais chemins, au choc des cailloux, des gravois et des tessons de vases. C'était la chaussure de ville des anciens ; car, à l'armée ou en voyage, ils portaient des bottines, *caligæ*. Pour obvier aux inconvéniens des sandales, les Romains faisaient paver leurs rues avec de larges dalles, dont il existe encore de beaux restes aux environs de Rome. On verra plus loin Encolpe, sous le nom de Polyænos, se plaindre qu'en courant il s'était écorché les doigts des pieds. On trouve un passage tout-à-fait semblable dans l'*Ane d'or* d'Apulée, liv. II : *Vento repentino, lumen, quo utebamur, extinguitur, ut vix, improvida noctis caligine liberati, digitis pedum detunsis ob lapides, hospitium defessi rediremus.*

La chaussure militaire, appelée *caliga*, était faite d'une grosse semelle, d'où partaient des bandes de cuir qui se croisaient sur le pied, dont elles laissaient voir par intervalles la chair nue. Quelquefois une de ces bandes passait entre le gros orteil et le doigt suivant pour tenir la chaussure plus ferme. Souvent on mettait des clous à la semelle, probablement afin d'empêcher que le soldat ne glissât quand il gravissait ou descendait les montagnes.

Ces deux chaussures n'étaient pas les seules en usage ; il y en avait de plusieurs sortes qui étaient relatives aux différens états, et distinguées par des noms différens : les *calceus*, le *mulleus*, le *perō*, le *phœcasium*, qui couvraient entièrement le pied, et le *solea*, le *bacca*, le *sandalium*, qui laissaient en partie le dessus du pied à découvert. Les sénateurs portaient sur leur chaussure un ornement nommé *lunulle*, espèce de boucle ou d'agrafe qui se plaçait, les uns disent sur la partie antérieure du soulier, les autres entre la cheville du pied et le talon. Cette distinction, qui devint, après l'extinction de la république, commune à tous les sénateurs, était précédemment réservée aux seuls patriciens.

Pour être bien chaussé, il fallait que l'emboîtement du soulier fût dans les plus justes proportions avec la grosseur du pied. Un soin particulier des gens du siècle, dit saint Jérôme, est d'avoir un soulier bien propre et bien tendu. La forme, au volume près, était la même pour les hommes et pour les femmes. « Que votre pied, dit Ovide, ne nage pas dans un soulier trop large : »

*Nec vagus in laxa pes tibi pelle natet.*

La pointe en était recourbée. La matière la plus ordinaire était le cuir apprêté ; on se servait aussi d'écorces d'arbres. Les bergères espagnoles, au rapport de Pline, fournirent la mode des souliers de joncs et de genêts. On mit encore en œuvre le lin, la laine et la soie ; mais le fond ou tissu ne resta pas long-temps sans recevoir quelques ornemens étrangers.

Si nous en croyons quelques auteurs, non-seulement les souliers se trouvèrent chargés de feuilles d'or, mais il y en avait même dont les semelles étaient d'or massif. Plaute, dans sa comédie des *Bacchides*, fait dire par un valet auquel son maître demande si un certain Théotime est riche : « Pouvez-vous faire cette question sur un homme qui porte des semelles d'or à ses souliers ? » Le luxe ne s'arrêta point à cet excès : et la vanité alla si loin dans cette partie de la parure, que non-seulement le devant du soulier, mais tous les dehors étaient garnis de pierreries.

La mollesse et la galanterie varièrent la forme de la chaussure ; et la mode inventa une sorte de soulier grec, qu'on appelait *sicyonien* : il était plus léger et plus délicat que les autres. « Si vous me donniez, dit Cicéron dans le livre I de l'*Orateur*, des souliers sicyoniens, je ne m'en servirais certainement pas : c'est une chaussure trop efféminée ; j'en aimerais peut-être la commodité ; mais, à cause de leur indécence, je ne m'en permettrais jamais l'usage. »

On employa le liège pour hausser la chaussure et élever la taille, suivant la mode des Perses, qui voyaient les nains de mauvais œil ; et dans ces temps reculés, comme au temps de Boileau,

La trop courte beauté monta sur des patins.

L'usage en était général : les coquettes s'en servaient dans les bals ; les actrices, sur le théâtre, surtout dans le comique, et les prêtres, dans l'exercice de leur ministère.

Page 4, ligne 2. *Nos per eamdem fenestram admisit*. Encolpe vient de dire que le messager de Trimalchion, las d'attendre, brisa la porte de l'auberge ; et il ajoute : *Nos per eamdem fenestram admisit*. En cet endroit, *fenestram* ne doit pas évidemment se traduire par *fenêtre*, mais bien par *brèche*, *ouverture* faite par force. C'est aussi en ce sens que Virgile l'a employé dans ces vers du livre II de l'*Énéide* (v. 479) :

Ipse inter primos, correpta dura bipenni
Limina perrumpit, postesque a cardine vellit

Æratos : jamque, excisa trabe, firma cavavit
Robora, et ingentem lato dedit ore fenestram.

Page 4, ligne 18. *Ego dubitavi, an utrumque trajicerem gladio, somnumque morti jungerem. Tutius demum secutus consilium, etc.* Ce passage rappelle, presque mot pour mot, ces vers du conte de *Joconde* :

> Tous deux dormaient : dans cet abord, Joconde
> Voulut les envoyer dormir en l'autre monde ;
>  Mais cependant il n'en fit rien,
>  Et mon avis est qu'il fit bien.
>  Le moindre bruit que l'on peut faire,
>   En telle affaire,
>  Est le plus sûr de moitié.

## CHAP. LXXX.

Page 6, ligne 11. *Intorto circa brachium pallio.* Ferrarius (*de Re vestiaria*, lib. I, c. 5) nous apprend que c'était la coutume des Romains, lorsqu'ils se préparaient à un combat imprévu, ou lorsqu'ils n'avaient pas eu le temps de prendre leurs armes défensives, de s'entourer le bras gauche de leur manteau, en guise de bouclier. On en voit un exemple dans César, *Guerre civile*, liv. I : *Reliqui coeunt inter se, et repentino periculo exterriti, sinistras sagis involvunt, gladios distringunt, atque ita se a cetratis equitibusque defendunt, castrorum propinquitate confisi;* et dans Valerius Flaccus, liv. III, v. 118 :

> Linquit et undantes mensas infectaque pernox
> Sacra Medon, chlamys imbelli circumvenit ostro
> Torta manum, strictoque vias præfulgurat ense.

Cette coutume, de s'entourer le bras de son manteau, reçoit une nouvelle illustration d'une médaille de Demetrius Poliorcète, décrite par Cuperus, et sur laquelle on voit Neptune, le bras gauche entouré du *peplum*, espèce de robe ou de manteau, et brandissant du bras droit son trident, dans la posture d'un homme prêt à combattre. On lit à l'exergue : ΒΑΣΙΛΕΩΣ ΔΗΜΗΤΡΙΟΥ.

Page 8, ligne 12. *Calculus in tabula mobile ducit opus.* Turnèbe (*in Adversariis*, lib. 1, c. 15) explique ainsi le sens de ce passage : *Horum versuum hæc sententia est ; si amicitiam utilitate potius metiri quam honestate volumus, hominum profecto vita similis erit calculorum, et calculi inter se amare videbuntur ; nam in ludo tabulæ sic divisi sunt calculi in duas factiones, ut inter se quidam velut amici sint, quidam hostes ; unde et Martialis :*

  Gemmeus iste tibi miles et hostis erit.

*Quatenus autem utile est ludo, istam calculi amicitiam servant fœderati inter se : igitur si emolumentis amicitiam ponderamus, amicitiam, cujus tanta dignitas est et pretium, putemus exercere calculos in tabula, et eos mobile opus tuendæ amicitiæ ducere.* Je trouve les vers de Pétrone beaucoup plus clairs que la longue explication de Turnèbe. Euripide exprime à peu près la même idée de cette manière :

  Ὄνομα γὰρ, ἔργον δ' οὐκ' ἔχουσιν οἱ φίλοι,
  Οἱ μὴ 'πὶ ταῖσι συμφοραῖς ὄντες φίλοι,

que l'on peut traduire ainsi :

  « Les amis ne le sont que de nom, mais non pas en réalité ; ils cessent d'être amis de ceux qui sont dans l'adversité ; »

ou plus simplement par ces deux vers français devenus proverbe :

  Rien n'est plus commun que le nom ;
  Rien n'est plus rare que la chose.

On ne finirait pas, si l'on voulait citer tout ce que les anciens et les modernes ont dit sur cet intarissable sujet de la fausseté et de l'ingratitude des amis ; mais jamais cette triste pensée n'a été mieux exprimée que dans ces deux vers de Pétrone :

  Quum fortuna manet, vultum servatis amici,
  Quum cecidit, turpi vertitis ora fuga ;

et dans ceux-ci d'Ovide :

  Donec eris felix multos numerabis amicos ;
  Tempora si fuerint nubila solus eris.

Avant Ovide et Pétrone, la même idée avait été ainsi rendue par Plaute (*Stichus*, acte IV, sc. 1):

Ut quoique homini res parata 'st, firmi amici sunt; si res lassa labat
Itidem amici conlabascunt. Res amicos invenit.

Page 8, ligne 15. *Grex agit in scena mimum.* Que diraient les *artistes dramatiques* de notre siècle (remarquez bien que je ne me sers pas du mot de *comédiens*), s'ils venaient, ce qui n'est pas probable, à jeter les yeux sur ce passage où Pétrone, en parlant des acteurs de son temps, se sert de l'expression grossière *grex*, troupe, troupeau : il y aurait de quoi faire jeter les hauts cris, même aux *artistes funambules*. Il est bien vrai que, sous Louis XIV, on disait *la troupe de Molière*, et que l'auteur du *Tartufe*, qui était comédien lui-même, ne s'en offensait pas. Mais nous avons changé tout cela; et maintenant on dit : *une compagnie, une société d'artistes dramatiques :* ce qui ne veut pas dire que ces messieurs et ces dames aient plus de mérite que les comédiens du temps de Molière. Non, sans doute ; mais ils ont gagné en considération ce qu'ils ont perdu en talent : c'est encore un perfectionnement. Les Grecs, d'ailleurs, peuple plus poli que les Romains, se servaient en pareil cas du mot σύνοδος, synode, assemblée : un synode de comédiens ! comme cela figurerait bien sur une affiche !

A propos de ce passage : *Grex agit in scena mimum,* nous croyons devoir relever l'erreur où sont tombés plusieurs interprètes d'Horace, qui prétendent que les *mimes* de l'antiquité étaient une espèce de comédie jouée par un seul acteur. Si ces mots de Pétrone: *Grex agit mimum,* ne suffisaient pas pour prouver le contraire, nous pourrions citer plusieurs autres autorités non moins imposantes, et entre autres ce vers d'Horace lui-même, liv. I, ép. 18 :

. . . . . . . Vel partes mimum tractare secundas.

## CHAP. LXXXI.

Page 8, ligne 20. *Menelaus etiam antescholanus.* Les savans sont divisés sur la véritable signification de ce mot *anteschola-*

*nus :* les uns en font une espèce de *sous-maître*, de *répétiteur ;* d'autres, et Gonsalle de Salas est de ce nombre, n'y voient qu'un inspecteur, un gardien du *proscholium*, vestibule des écoles publiques, qui n'était séparé que par un rideau du lieu où se tenait l'auditoire. Les élèves, avant de se présenter devant le professeur, devaient s'y arrêter pour composer leur visage et leur maintien, ce dont ils étaient avertis par le *proscholus* chargé de ce soin. Quoi qu'il en soit du véritable sens d'*antescholanus*, nous remarquerons cette coutume respectueuse des anciens, qui se trouve consignée dans le passage suivant; c'est un jeune élève qui parle : Ὡς δὴ ἦλθον πρὸς τὴν κλίμακα ἀνέβην διὰ τῶν σταθμῶν ἀτρέμα, ὡς ἔδει, καὶ ἐν τῷ προσχολίῳ ἀπέθηκα βίρριον, καὶ κατέληξα τρίχας. Καὶ οὕτως ἡρμένῳ κέντρωνι εἰσῆλθον, καὶ πρῶτον ἠσπασάμην καθηγητὰς, συμμαθητάς. « Dès que je fus arrivé à l'escalier, j'en montai tranquillement les degrés, comme il convient, et je déposai mon surtout dans le vestibule de l'école ; ensuite j'essuyai mes cheveux, et, relevant mon habit, j'entrai, et je saluai d'abord les maîtres, puis mes condisciples, etc. »

Page 10, ligne 3. ....*Ut*.... *in diversorio græcæ urbis jacerem desertus ?* S'il pouvait y avoir quelques doutes sur le principal lieu de la scène du *Satyricon*, ce passage et celui qui précède quelques lignes plus haut : *Locum secretum et proximum litori mœstus conduxi*, suffiraient pour prouver qu'il ne s'agit pas ici de Capoue, qui n'est pas sur le bord de la mer, mais bien de Naples. On voit en outre, ch. XCIX : *Ego cum Gitone, quidquid erat in altum compono et, adoratis sideribus, intro navigium ;* ce qui ne pouvait pas évidemment se faire à Capoue. Quant à ce que nous voyons au chap. XI : *Neapolim eodem die intrare volebat Ascyltos*, comme ce passage ne se trouve dans aucun des anciens manuscrits, mais seulement dans les interpolations de Nodot, on ne peut fonder là-dessus aucune preuve. Gonsalle de Salas prétend que Naples ne quitta son nom de *Parthenope* qu'après avoir été détruite de fond en comble par les Lombards, et que ce furent les Grecs qui, après l'avoir rebâtie, lui donnèrent le nom de *Neapolis*, ou *nouvelle ville*. Gonsalle se trompe grossièrement : on voit dans Polybe, et une foule d'autres écrivains bien antérieurs à la conquête des Lombards, que *Naples* portait ce nom de toute antiquité.

## CHAP. LXXXII.

Page 12, ligne 12. *In exercitu vestro phœcasiati milites ambulant?* Nous avons parlé précédemment des différentes chaussures des Romains; nous avons dit que les soldats étaient *caligati*, ou chaussés de bottines. Le *phœcasion* était un soulier blanc, dont la mode était venue des Grecs, et que portaient les prêtres, les courtisans et les baladins. Du reste, cette scène, entre Encolpe et ce soldat *matamore*, est d'un naturel exquis. Il est impossible de peindre, d'une manière plus vraie, les transes d'un poltron qui veut faire le brave.

## CHAP. LXXXIII.

Page 14, ligne 2. *Nam et Zeuxidos manus vidi, nondum vetustatis injuria victas.* Cicéron, au commencement du livre II de l'*Invention*, parle en ces termes des tableaux de Zeuxis, qui existaient encore de son temps : *Is et ceteras tabulas complures pinxit, quarum nonnulla pars usque ad nostram memoriam propter fani religionem, remansit.*

Ligne 6. *Quam Græci* MONOCHROMON *appellant.* — *Monochromon,* μόνον χρῶμα, d'une seule couleur; c'est ce que nous appelons un *camaïeu.* Pline fait mention de cette espèce de peinture, liv. XXXV, chap. 3 : *Itaque talem primam fuisse, secundam* SINGULIS COLORIBUS, *et monochromaton dictam, postquam operiosior inventa erat : duratque talis etiam nunc.* Le même auteur ajoute, chap. IX du même livre, en parlant de Zeuxis : *Pinxit et monochromata ex albo.*

Ligne 8. *Ut crederes, etiam animorum esse picturam.* Le plus grand mérite de la peinture et de la sculpture a toujours été, non pas simplement de rendre exactement la forme des objets, mais d'*animer* les personnages que l'on représente au point de faire croire à leur existence réelle. C'est ce qui a fait dire à Virgile, en parlant des statues de bronze, *spirantia æra.* L'épigrammatiste Antiochus nous semble avoir très-bien exprimé la difficulté d'y réussir :

Ψυχὴν μὲν γράψαι χαλεπὸν, μορφὴν δὲ χαράξαι
'Ράδιον.

« Il est difficile de peindre l'âme ; mais peindre le corps, cela est facile. »

Pline rapporte un exemple remarquable d'un peintre qui excellait à donner l'expression de la nature à ses figures : *Æqualis ejus fuit Aristides Thebanus. Is omnium primus animum pinxit, et sensus omnes expressit, quos vocant Græci ἔθη : item perturbationes, durior paullo in coloribus. Hujus pictura est, oppido capto ad matris morientis e vulnere mammam adrepens infans : intelligitur sentire mater et timere ne, emortuo lacte, sanguinem infans lambat, etc.*

Page 16, ligne 3. *Si modo coronis aliquid credendum est.* On n'a jamais donné de couronnes publiques aux poètes pour prix de leurs ouvrages, avec plus de magnificence que du temps de Domitien et de Néron. Ce dernier prince les briguait avec beaucoup d'avidité, au rapport de Tacite et de Suétone. On comptait jusqu'à sept sortes de ces couronnes. La première se nommait *querna*, de chêne ; elle se donnait *in Capitolino certamine*, parce que le chêne était consacré à Jupiter Capitolin. Martial, liv. IV, épigramme 54, s'écrie :

O cui tarpeias licuit contingere quercus,
Et meritas prima cingere fronde comas !

La deuxième, *oleacea*, qui fut instituée en l'honneur de Minerve, à qui l'olivier était dédié : on la recevait *in Albano certamine.* *Voyez* SUÉTONE, dans la *Vie de Domitien*. La troisième, *palmea*, était composée de branches de palmier, nouées avec des rubans de diverses couleurs ; ce qui lui faisait donner l'épithète de *lemniscata*. Ausone dit à ce sujet :

Et quæ jam dudum tibi palma poetica pollet
Lemnisco ornata est, quo mea palma caret.

La quatrième, *laurea* : on en couronnait aussi les empereurs ;

ce qui a inspiré à Stace cette pensée ingénieuse pour flatter Domitien :

> At tu, quem longe primum stupet itala virtus,
> Graiaque, cui geminæ florent vatumque ducumque
> Certatim laurus, olim dolet altera vinci.
> (*Achilleidos* lib. 1, v. 14.)

La cinquième, *ex edera*. Pline en parle, liv. XVI, ch. 62 : *Alicui et semen nigrum, alii crocatum : cujus coronis poetæ utuntur, foliis minus nigris.* D'où Ovide (*Art d'aimer*, liv. III, v. 411) se plaignant que les Muses sont délaissées et sans honneurs :

> Nunc ederæ sine honore jacent........

La sixième, *myrtea*. C'était avec raison qu'on couronnait les poëtes élégiaques et lyriques du myrte consacré à Vénus ; ce qui a fait dire à Stace, livre 1, *Silve* 2 :

> ................Mitisque incedere vates
> Maluit, et nostra laurum subtexere myrto.

Enfin la septième, *ex apio*, d'ache, espèce de grand persil. Dans son commentaire sur ces vers de la sixième églogue de Virgile :

> Ut Linus hæc illi divino carmine pastor,
> Floribus atque apio crines ornatus amaro,
> Dixerit........

Servius nous apprend qu'on décernait cette couronne dans les jeux Néméens, qui furent institués en l'honneur du poëte Archemorus. Juvénal (satyre VIII, v. 224) adresse à Néron le reproche d'avoir brigué la couronne d'ache :

> Quid Nero tam sæva crudaque tyrannide fecit ?
> Hæc opera atque hæ sunt generosi principis artes,
> Gaudentis fœdo peregrina ad pulpita saltu
> Prostitui, graiæque apium meruisse coronæ.

Dans les jeux publics, le même poëte pouvait remporter plusieurs couronnes ; Stace en obtint trois aux jeux Albins. Une ancienne inscription, recueillie par Gruter, nous apprend qu'un enfant de treize ans obtint la couronne décernée aux poètes dans les jeux Capitolins. Voici cette inscription :

        L. VALERIO. PUDENT.
    HIC. QUUM. ESSET. ANNORUM. XIII.
              ROMÆ.
     CERTAMINE. IOVIS. CAPITOLINI.
         LUSTRO. SEXTO.
        CLARITATE. INGENII.
CORONATUS. EST. INTER. POETAS. LATINOS.
   OMNIBUS. SENTENTIIS. JUDICUM.

Page 16, ligne 4. *Quare ergo, inquis, tam male vestitus es?* On trouve un passage semblable dans Martial, liv. VI, épigr. 82 :

> Subrisi modice, levique nutu,
> Me, quem dixerat esse, non negavi.
> Cur ergo, inquit, habes malas lacernas?
> Respondi : Quia sum malus poeta.

Ces plaisanteries, sur la misère des gens de lettres, sont maintenant usées et rebattues, et ne trouvent plus guère d'applications dans notre siècle, où tout homme doué d'un talent, même médiocre, tire presque toujours un parti avantageux de son travail. On a d'ailleurs justement blâmé dans Boileau ce sarcasme cruel sur la pauvreté d'un mauvais poète :

> Tandis que Colletet, crotté jusqu'à l'échine,
> S'en va chercher son pain de cuisine en cuisine.

Ligne 10. *Et qui sollicitat nuptas, ad præmia peccat.* Comme l'adultère était puni de mort chez les Romains, les femmes mariées payaient souvent leurs amans pour les engager au secret. Cette loi est encore en usage chez plusieurs peuples modernes. Du reste, il n'y avait que l'adultère et le viol qui fussent si sévèrement punis ; tout autre genre de prostitution était toléré, on pourrait presque dire encouragé, comme le montre ce passage de saint Jérôme : *Apud illos viris impudicitiæ frena laxantur, et solo stupro atque adulterio condemnato, passim per lupanaria, et ancillulas libido permittitur, quasi culpam faciat dignitas, non vo-*

*luntas*. Pétrone s'élève encore plus loin contre cet infâme commerce des hommes qui faisaient payer leurs caresses :

Scribit amatori meretrix ; dat adultera nummos,

et non pas *dat adultera munus*, comme lit Burmann.

## CHAP. LXXXIV.

Page 16, ligne 19. *Jactentur itaque.... litteratum amatores, ut videantur...... infra pecuniam positi.* On pourrait croire que, dans ma traduction de ce passage, j'ai cherché à faire un jeu de mots en opposant *les hommes de lettres aux hommes d'argent :* telle n'a point été mon intention ; mais j'ai pensé que c'était la manière la plus simple de rendre ces mots, *litterarum amatores, infra pecuniam positi*. Cela m'a paru préférable à la version de Nodot : *Qu'on vante tant que l'on voudra l'amour des lettres, on lui préférera toujours celui des richesses.*

## CHAP. LXXXV.

Page 18, ligne 16. *In Asiam quum a quæstore essem stipendio eductus.* On ne peut nier que cette aventure du poète Eumolpe ne soit racontée avec beaucoup d'esprit et d'agrément ; mais quelles mœurs, grands dieux ! quelle profonde dépravation dans cet homme qui, ayant reçu l'hospitalité dans une maison, cherche, par tous les moyens possibles, à corrompre le fils de son hôte, et abuse d'une manière infâme de la confiance de ses parens, qui, dupes de son air sévère et de ses chastes discours, l'ont chargé de veiller sur l'éducation de leur enfant ! Qu'Encolpe raconte ses honteuses amours avec Giton, on le conçoit ; l'auteur, dès les premières lignes de cet ouvrage, nous a représenté son héros comme un aventurier souillé de toute espèce d'infamies, et de la part duquel on doit s'attendre à tout : mais qu'Eumolpe, un poète de quelque mérite, dans la bouche duquel Pétrone place ses plus beaux vers, le poëme de la *Guerre civile ;* qu'un vieillard (la corruption se montre encore plus hideuse dans un homme avancé en âge), qu'un vieillard, dis-je, se vante, en plaisantant, d'avoir violé les plus saintes lois de l'hospitalité, c'est ce que je ne pourrais pardonner à Pétrone, si je ne savais que ce qui, dans nos mœurs, serait monstrueux, semblait aux Romains tout simple, tout naturel. Preuve nouvelle des immenses services rendus à l'humanité par le christianisme, qui tira les peuples païens de l'épouvantable corruption où ils étaient plongés, et que semblait encourager leur religion, qui avait déifié tous les vices. Du reste, je partage entièrement l'avis de Saint-Évremont, qui a réfuté, d'une manière très-ingénieuse, les auteurs qui ont fait l'éloge de la morale du *Satyricon*. Saint-Évremont s'était montré l'admirateur passionné du style et de l'esprit de Pétrone ; mais son enthousiasme, comme on va le voir, ne lui fermait pas les yeux sur l'immoralité de ses personnages. Le passage dont il s'agit est écrit avec tant de grâce, qu'on me saura gré de le mettre ici sous les yeux du lecteur, malgré son étendue :

« Je ne suis pas de l'opinion de ceux qui croient que Pétrone a voulu reprendre les vices de son temps ; je me trompe, ou les bonnes mœurs ne lui ont pas tant d'obligation. S'il avait voulu nous laisser une morale ingénieuse dans la description des voluptés, il aurait tâché de nous en donner quelque dégoût : mais c'est là que paraît le vice avec toutes les grâces de l'auteur ; c'est là qu'il fait voir, avec le plus grand soin, l'agrément et la politesse de son esprit. S'il avait eu dessein de nous instruire par une voie plus fine et plus cachée que celle des préceptes, pour le moins verrions-nous quelque exemple de la justice divine et humaine sur ses débauchés. Tant s'en faut ; le seul homme de bien qu'il introduit, le pauvre Lycas, marchand de bonne foi, craignant bien les dieux, périt misérablement dans la tempête au milieu de ces corrompus qui sont conservés. Encolpe et Giton s'attachent l'un avec l'autre pour mourir plus étroitement unis, et la mort n'ose toucher à leurs plaisirs. La voluptueuse Tryphène se sauve avec toutes ses hardes dans un esquif. Eumolpe fut si peu ému du danger, qu'il avait le loisir de faire quelques épigrammes. Lycas, le pieux Lycas appelle inutilement les dieux à son secours ; à la honte de leur providence, il paye ici pour tous les coupables. Si l'on voit quelquefois Encolpe dans les douleurs, elles ne lui viennent point de son repentir ; il a tué son hôte, il est fugitif ; il n'y a sorte de crimes qu'il n'ait commis ; grâce à la bonté de sa conscience, il vit sans remords. Ses larmes, ses regrets ont une cause bien différente : il se plaint de l'infidélité de Giton qui l'abandonne ; son désespoir est de se l'imaginer dans les bras d'un autre qui se moque de la solitude où il est réduit. Tous les crimes lui ont succédé heureusement, à la réserve d'un seul qui lui a véritablement attiré une punition ; mais c'est un péché pour qui les lois divines et humaines n'ont point ordonné de châtiment. Il avait mal répondu aux caresses de Circé ; et, à la vérité, son impuissance est la seule faute qui lui ait fait de la peine. Il avoue qu'il a failli plusieurs fois, mais qu'il n'a jamais mérité la mort qu'en cette occasion. Bientôt il retombe dans le même crime, et reçoit le supplice mérité avec une parfaite résignation. Alors il rentre en lui-même et reconnaît la colère des dieux ; il se lamente du pitoyable état où il se trouve ; et, pour recouvrer sa vigueur, il se met entre les mains d'une prêtresse de Priape, avec de très-bons sentimens de religion, mais, en effet, les seuls qu'il paraisse avoir dans toutes ses aventures. Je pourrais dire encore que le bon Eumolpe est couru des petits enfans quand il récite ses vers ; mais quand il corrompt son disciple, la mère le regarde comme un philosophe ; et, couché dans une même chambre, le père ne s'éveille pas. Tant le ridicule est sévèrement puni chez Pétrone, et le vice heureusement protégé ! Jugez par là si la vertu n'a pas besoin d'un autre orateur pour être persuadée. Je pense qu'il était du sentiment de Beautru : qu'honnête homme et bonnes mœurs ne s'accordent pas ensemble. » (*Dissertation sur Pétrone*).

## CHAP. LXXXVIII.

Page 26, ligne 19. *Et Chrysippus.... ter helleboro animum detersit*. Chrysippe, fils d'Apollonius de Tarse, fut un philosophe stoïcien qui excella surtout dans la dialectique. Diogène-Laërce rapporte qu'il composa soixante-quinze volumes, et Pétrone dit qu'il prit trois fois de l'ellébore. Les anciens philosophes croyaient que cette herbe était salutaire à l'esprit, comme le tabac des modernes. Valère-Maxime (liv. II, ch. 8) rapporte que Carnéade en usait beaucoup. Le meilleur croissait dans l'île d'Anticyre. De là vient qu'anciennement on disait, par raillerie, d'un homme qui faisait quelque extravagance, *naviget Anticyram*. L'ellébore dont les anciens se servaient était l'ellébore blanc, ou *veratrum;* en français, *viraire:* c'est un purgatif très-violent.

Page 26, ligne 21. *Lysippum, statuæ unius lineamentis inhærentem.* Lysippe fut, au rapport des anciens historiens, le plus célèbre sculpteur qui ait jamais existé. Quintilien rapporte qu'on a vu de lui jusqu'à cent dix ouvrages; ce qui semblerait contredire ce que Pétrone dit ici : *Statuæ unius lineis inhærentem inopia extinxit.* Alexandre-le-Grand faisait tant de cas de cet excellent artiste, qu'il fit une ordonnance par laquelle il défendait, à tout autre sculpteur que Lysippe, de faire sa statue, et à tout autre qu'Apelles de le peindre; ce qu'Horace rappelle très-spirituellement à Auguste, dans son *Épître* 1<sup>re</sup> du livre II :

> Edicto vetuit, ne quis se, præter Apellem,
> Pingeret, aut alius Lysippo duceret æra,
> Fortis Alexandri vultum simulantia........

## CHAP. LXXXIX.

Page 30, ligne 19. *Nam Neptuno sacer.... Laocoon.* Nous ne rappellerons pas ici l'épisode de Laocoon tel qu'il est dans Virgile, dont les vers sont dans la mémoire de tous les hommes de goût; mais il nous semble que le morceau suivant, qui est moins connu, peut offrir au lecteur un objet agréable de comparaison. C'est une description, en vers latins, du groupe de Laocoon, faite au moment où ce chef-d'œuvre sortit des ruines du palais de Titus. Nous devons cette pièce remarquable à la muse du cardinal Sadolet, qui fut témoin de la découverte de ce monument inestimable.

> Ecce alto e terræ cumulo, ingentisque ruinæ
> Visceribus iterum reducem longinqua reduxit

# NOTES.

Laocoonta dies, aulis regalibus olim
Qui stetit, atque tuos ornabat, Tite, penates:
Divinæ simulacrum artis: nec docta vetustas
Nobilius spectabat opus; nunc alta revisit
Exemptum tenebris redivivæ mœnia Romæ.
Quid primum summumve loquar? Miserum ne parentem.
Et prolem geminam? An sinuatos flexibus angues
Terribili adspectu? Caudasque irasque draconum?
Vulneraque, et veros, saxo moriente, dolores?
Horret ad hæc animus, mutaque ab imagine pulsat
Pectora non parvo pietas commixta tremori.
Prolixum vivi spiris glomerantur in orbem
Ardentes colubri, et sinuosis orbibus oram,
Ternaque multiplici constringunt corpora nexu.
Vix oculi sufferre valent crudele tuendo
Exitium, casusque feros. Micat alter, et ipsum
Laocoonta petit, totumque infraque supraque
Implicat, et rabido tandem ferit ilia morsu.
Connexum refugit corpus; torquentia sese
Membra, latusque retro sinuatum a vulnere cernas.
Ille, dolore acri et laniatu impulsus acerbo,
Dat gemitum ingentem; crudosque avellere dentes
Connixus, lævamque impatiens ad terga chelidri
Objicit: intendunt nervi, collectaque ab omni
Corpore, vis frustra summis conatibus instat.
Ferre nequit rabiem, et de vulnere murmur anhelum est
At serpens, lapsu crebro redeunte, subintrat
Lubricus, intortoque ligat genua infima nodo.
Crus tumet, obsepto turgent vitalia pulsu,
Liventesque atro distendunt sanguine venas.
Nec minus in natos eadem vis effera sævit,
Amplexuque angit rabido, miserandaque membra
Dilacerat: jamque alterius depasta cruentum
Pectus, supremaque genitorem voce cientis,
Circumjectu orbis, validoque volumine fulcit.
Alter, adhuc nullo violatus corpora morsu,
Dum parat adducta caudam divellere planta,
Horret ad adspectum miseri patris, hæret in illo;
Et jam jam ingentes fletus, lacrymasque cadentes
Anceps in dubio retinet timor. Ergo perenni
Qui tantum statuistis opus, jam laude nitetis,
Artifices magni (quanquam et melioribus actis
Quæritur æternum nomen, multoque licebat
Clarius ingenium venturæ tradere famæ).

Attamen ad laudem quæcunque oblata facultas,
Egregium hanc rapere, et summa ad fastigia niti;
Vos rigidum lapidem vivis animare figuris
Eximii, et vivos spiranti in marmore sensus
Inserere adspicimus, motumque iramque doloremque,
Et pæne audimus gemitus. Vos obtulit olim
Clara Rhodos; vestræ jacuerant artis honores
Tempore ab immenso, quos rursum in luce secunda
Roma videt, celebratque frequens; operisque vetusti
Gratia parta recens: quanto præstantius ergo est
Ingenio, aut quovis extendere labore,
Quam fastus et opes, et inanem extendere luxum.

## CHAP. XC.

Page 34, ligne 10. *Lapides in Eumolpum recitantem miserunt.* Gonsalle de Salas compare ici très-plaisamment le poète Eumolpe, à la tête duquel les pierres volent sitôt qu'il commence à réciter ses vers, à cet Amphion qui faisait mouvoir les pierres aux accens de sa voix, comme le dit Horace dans son *Art poétique* (v. 393):

> Dictus et Amphion, thebanæ conditor arcis,
> Saxa movere sono testudinis, et prece blanda
> Ducere quo vellet........

C'était une coutume barbare, sans doute, mais assez fréquente chez les anciens, lorsqu'ils étaient réunis au théâtre, de lancer des pierres à la tête des mauvais poètes, comme ils jetaient des couronnes de fleurs à ceux dont les ouvrages obtenaient leur approbation. On trouve une allusion piquante à cet usage dans ce passage contre un mauvais joueur de luth: Πολύκτορος τοῦ κιθαρῳδοῦ ῥοφῶντος, καὶ λίθον μασησαμένου, ὦ ταλαίπωρε, ἔφη, καὶ ἡ φακή σε βάλλει. « Polyctor, le joueur de luth, en mangeant des lentilles, y trouva une pierre: O malheureux, s'écria-t-il, les lentilles même te lapident! »

Page 36, ligne 11. *Immo, inquam ego, si ejuras hodiernam bilem, una cœnabimus.* Pétrone a représenté très-plaisamment, sous le personnage d'Eumolpe, ces poètes qui ont la manie de réciter leurs vers à tout venant et partout, au bain, à la promenade, à table. C'est le

> Non missura cutem, nisi plena cruoris hirudo.

d'Horace. Martial (livre XI, épigramme 53), faisant allusion à cette manie de ses confrères, qui souvent invitaient un ami à dîner pour l'assommer de leurs vers, promet à Céréalis plusieurs mets délicats, et ajoute en terminant :

> Plus ego polliceor; nil recitabo tibi.
> Ipse tuos nobis relegas licet usque Gigantas,
> Rura vel æterno proxima Virgilio.

Dans une autre épigramme, il dit à Philomuse :

> Tolle tuas artes, hodie cœnabis apud me
> Hac lege, ut narres nil, Philomuse, novi.

Mais ces paroles d'Eumolpe, dans le chapitre suivant, me semblent encore plus piquantes que les vers de Martial : *Per fidem! saltem nobis parce, qui te nunquam lapidavimus.*

## CHAP. XCI.

Page 36, ligne 16. *Video Gitona, cum linteis et strigilibus.* Le strigile ou râcloir, en usage dans les bains des anciens pour masser, était une petite ratissoire en forme de serpette, mais sans tranchant, dont on se servait pour faire tomber la sueur, et en même temps la crasse qui était sur le corps. On en trouve une description dans les *Florides* d'Apulée : *Juxtaque honestam strigileculam, recta fastigatione clausulæ, flexa tubulatione lingulæ : ut et ipsa in manu capulo moraretur, et sudor ex ea rivulo laberetur.* Le mot *lingula* dont il se sert signifie la partie supérieure du strigile, qui était courbée, et par où la sueur s'écoulait. On faisait des strigiles d'or, d'argent, de cuivre, d'ivoire et de corne; et ceux à qui ils appartenaient faisaient graver leur nom sur le manche. On en a trouvé quelques-uns dans les ruines des thermes de Trajan. Mercurialis (liv. 1, ch. 8, *de l'Art gymnastique*) nous en donne une description. Plusieurs autres savans, Choulius, Boissard et Pignorius nous offrent aussi des détails curieux sur ce sujet. Artémidore (liv. 1, ch. 66) donne le nom de *Xystrophylax* à l'endroit où l'on déposait les strigiles. Spartianus, dans la *Vie d'Adrien*, fait allusion à cet usage de se masser après le bain : *Publice et cum omnibus lavit, quum vero veteranum quemdam dorsum et ceteram corporis partem vidisset sibi atterere, percontans cur se marmoribus destringendum daret : ubi hoc idcirco audivit fieri, quod servum non haberet, et servis eum donavit et sumptibus..*

CHAP. XCII.

Page 42, ligne 4. *Ipsum hominem laciniam fascini crederes.* Mot à mot : *Vous eussiez dit que cet homme n'était que le bord d'un phallus*; c'est-à-dire que l'homme semblait attaché à la verge, plutôt que la verge à l'homme. C'est dans ce sens que Catulle a dit :

Non homo, sed vere mentula magna, minax.

Théodore l'épigrammatiste emploie la même hyperbole en parlant du nez d'un certain Hermocrate, dans le livre II de l'*Anthologie* :

Ἑρμοκράτης τῆς ῥινός· ἐπεὶ, τὴν ῥῖνα λέγοντες
Ἑρμοκράτους, μικροῖς μακρὰ χαριζόμεθα.

« Nous disons Hermocrate du nez ; car dire le nez d'Hermocrate, ce serait attribuer la plus grande partie du corps à la plus petite. »

Ligne 9. *Ne mea quidem vestimenta ab officioso recepissem.* Dans les premiers temps de la puissance romaine, on avait établi dans les bains publics des officiers nommés *capsarii*, pour garder les habits de ceux qui venaient se baigner. Ensuite la république ayant perdu sa liberté avec son respect pour les mœurs, on confia ce soin à de jeunes garçons d'un extérieur agréable, qu'au rapport de Sénèque le Rhéteur on nomma *officiosi*, en raison de leur complaisance à se prêter aux goûts lascifs des baigneurs.

# NOTES.

Page 42, ligne 11. *Tanto magis expedit, inguina, quam ingenia fricare.* Il y a ici un jeu de mots intraduisible en français, qui consiste dans le rapprochement de ces mots *inguina, ingenia.*

## CHAP. XCIII.

Page 44, ligne 10. *Ultimis ab oris Attractus scarus.* Le latin dit que la sargue était attirée à Rome des extrémités du monde, parce que ce poisson était très-rare. On le faisait venir de la mer Carpathienne, avant qu'un certain Optatus, affranchi de Tibère, qui avait le commandement de l'armée navale sur la côte d'Ostie, en fît apporter un très-grand nombre qu'on jeta dans la mer de Toscane. L'empereur ayant ordonné qu'on rejetât tous ceux que l'on pêcherait, il s'en trouva quelque temps après une fort grande quantité, particulièrement vers la Sicile, où ils avaient été inconnus jusqu'alors. Pline le Naturaliste dit que ce poisson vit d'herbes, et rumine comme le bœuf.

Ligne 11. *Atque arata Syrtis si quid naufragio dedit probatur.* On sait que la *Syrte* était un énorme banc de sable sur les côtes d'Afrique, fameux par les fréquens naufrages dont il était la cause. Pétrone donne à la syrte l'épithète d'*arata*, parce que les vaisseaux qui avaient le malheur de s'y engager, labouraient, pour ainsi dire, le sable avec leur quille.

Ligne 13. *Amica vincit Uxorem.* Ovide donne la raison de cette préférence dans son *Art d'aimer*, liv. III, v. 585 :

> Hoc est, uxores quod non patiatur amari :
> Conveniant illas, quum voluere viri ;

et un peu plus loin, v. 603 :

> Quæ venit ex tuto minus est accepta voluptas.

Ligne 14. *Rosa cinnamum veretur.* Le cinnamome est un arbuste odoriférant, de la famille du cannellier ; les anciens tiraient de son suc un parfum très-rare et très-estimé, dont Martial (liv. IV, épigr. 13) parle en ces termes :

> Tam bene rara suo miscentur cinnama nardo.

Quant aux roses, elles étaient si communes en Italie, qu'au rapport de Servius, dans son commentaire sur le liv. IV des *Géorgiques*, il y avait une ville en Calabre où on faisait deux fois l'an la récolte des roses; c'est probablement la ville de *Pœstum* que Virgile, pour cette raison, appelle *biferum*. A moins qu'il ne soit ici question de cette espèce de roses qu'on appelle *remontantes*, et qui fleurissent plusieurs fois l'an.

## CHAP. XCIV.

Page 46, ligne 10. *Raram facit mixturam cum sapientia forma.* Virgile exprime ainsi la même pensée :

Gratior est pulchro veniens in corpore virtus.

Et Juvénal :

.........Rara est concordia formæ
Atque pudicitiæ........

Page 48, ligne 10. *Et jam semicinctio stanti ad parietem spondæ me junxeram.* Le *semicinclium* était une espèce de demi-ceinture. Saint Isidore (liv. XIX, ch. 33 des *Origines*) dit, en parlant des différentes espèces de ceintures en usage chez les anciens : *Cinctus est lata zona, et ex utrisque minima cingulum.* Quant à *sponda*, c'est le bois du lit qu'Encolpe avait dressé debout, le long de la muraille, et auquel il avait attaché sa ceinture pour se pendre.

Ligne 21. *Mercenario Eumolpi novaculam rapit.* Il ne faut pas confondre, dans les auteurs latins, *mercenarius* avec *servus*; *mercenarius a mercede*, était un homme libre qui se louait comme valet à un autre homme, moyennant une récompense convenue. Celui-ci, dont le nom était *Corax*, comme on le verra plus loin, a bien soin de rappeler à son maître qu'il est né libre : *Quid vos, inquit, me jumentum putatis esse, aut lapidariam navem? hominis operas locavi, non caballi; nec minus liber sum quam vos, etsi pauperem pater me relinquit.* Voilà la raison pour laquelle il s'est engagé au service d'autrui, c'est que son père l'a laissé sans fortune; mais il n'entend pas pour cela qu'on le traite comme une bête de somme, et qu'on le charge outre mesure.

## CHAP. XCV.

Page 50, ligne 14. *Sciatis, non viduæ hanc insulam esse.* C'est ici le lieu de bien préciser le sens de ces mots *insula, insularii*, qui se représenteront plusieurs fois dans la suite. *Insula* ne signifie pas une *île*, dans le sens ordinaire, mais une maison isolée, dont les murs ne tiennent à aucune maison voisine, et qui, par cette raison, forme une espèce d'île ou d'oasis dans une ville ou un village. C'est l'explication que Festus donne de ce mot : *Insulæ dictæ proprie, quæ non junguntur communis parietibus cum vicinis, circuituque publico, vel privato cinguntur.* Tacite (*Mœurs des Germains*, ch. XVI) : *Suam quisque domum spatio circumdat, nullis cohærentibus ædificiis, more insularum;* et Donat dans son commentaire sur ce passage des *Adelphes* de Térence, acte IV, sc. 2 :

Id quidem angiportum,

dit : *Domos, vel portus, vel insulas, veteres dixerunt.* Ces maisons isolées étaient beaucoup plus communes à Rome que les maisons mitoyennes avec d'autres. Les Pères de l'Église donnent également le nom d'*insulæ* aux églises, parce qu'elles étaient nécessairement séparées de toutes les demeures voisines. *Insula* signifie aussi un quartier isolé des autres par les rues environnantes.

*Insularii*, dont il est question un peu plus loin, signifie par cette raison, non pas simplement les habitans d'une maison de cette nature, mais ceux qui en occupaient une partie à titre de location. D'*insula* on a fait *insulare*, d'où vient notre verbe français *isoler*.

Ligne 16. *Ille, tot hospitum potionibus ebrius, urceolum fictilem in Eumolpi caput jaculatus est.* Burmann lit : *Ille tot hospitum potionibus dives;* ce qui n'offre aucun sens, car la richesse de cet aubergiste n'a aucun rapport avec la rixe qui s'élève entre lui et le poète Eumolpe. Nodot, Tornæsius, Patisson et Puteanus, auxquels il faut joindre Erhard, Richard de Bourges et plusieurs autres commentateurs, lisent : *Ille tot hospitum potationibus liberum fictilem urceolum,* et ils expliquent les mots *liberum fictilem urceolum* par *une cruche de terre vide*, ou *vidée* par les nombreuses libations des hôtes de Manicius. Ce sens est plus raisonnable; mais tous les manuscrits portent *liber*, et non pas *liberum*, ce qui est bien différent. Ne pourrait-on pas, dans ce cas, entendre *liber potationibus hospitum*, par un homme échauffé, rendu libre dans ses propos et dans ses actions, par les nombreuses rasades qu'il avait bues avec ses hôtes? Je conviens que le mot *liber* est très-rarement employé dans ce sens. Par ces motifs, j'ai pensé que quelque copiste, voyant sur un ancien manuscrit le mot *ebrius* à demi effacé, aura lu *liber*. Dans tous les cas, *ebrius* a plus de rapport avec *liber* que le *dives* de Burmann.

Page 52, ligne 8. *Anus... soleis ligneis imparibus imposita.* Sans doute cette vieille servante était boiteuse : c'est du moins ce que l'on peut inférer de ces mots *soleis imparibus imposita.* Le poète Prudence, dans son hymne en l'honneur de saint Laurent, nous offre la peinture d'une démarche à peu près semblable :

>Et claudus infracto genu,
>Vel crure trunco semipes,
>Breviorve planta ex altera
>Gressum trahebat imparem.

## CHAP. XCVI.

Page 52, ligne 19. *Caput miserantis stricto acutoque articulo percussi.* C'est ce que les Latins appelaient *talitrum*, et nous *chiquenaude.* C'était un châtiment qu'on infligeait aux enfans et aux esclaves. Cependant Gonsalle de Salas et Burmann, dans leurs notes, le traduisent en grec par le mot κονδυλος, qui signifie un coup de poing. Je pencherais assez pour ce sens; car il ne me paraît pas naturel que Giton, âgé de seize ans, comme nous le verrons bientôt, pleurât pour une chiquenaude. D'ailleurs ces mots *stricto et acuto articulo* représentent plutôt l'angle aigu que forment les articulations des doigts, *acuto articulo*, quand on frappe à poing fermé, *stricto*, que la figure ronde décrite par l'index et le médius, quand on donne une chiquenaude. Nous lisons dans Suidas qu'Hercule tua d'un coup semblable un esclave qui lui présentait à laver : Ὁ δὲ Ἡρακλῆς παῖδα νίπτρα προσφέροντα κονδυλίσας ἀπέκτεινε. Quelque prodigieuse que fût la force d'Hercule, il serait par trop hyperbolique de supposer qu'il tua cet esclave d'une chiquenaude.

Page 54, ligne 3. *Procurator insulæ, Bargates.* — *Procurator,* signifie ici le quartenier, le commissaire du quartier, et non pas l'intendant, l'administrateur d'une maison, d'un bien, comme l'entend Bourdelot, qui explique ce mot par ἐπίτροπος.

## CHAP. XCVII.

Page 54, ligne 15. *Cum servo publico.* — *Servus publicus,* un *valet de ville.* Ces sortes de valets servaient anciennement aux prêtres, aux magistrats et au peuple tout ensemble; les Grecs les appelaient pour cette raison δοῦλοι δημόσιοι. Frontin, au livre *des Aquéducs,* montre qu'ils étaient différens des licteurs : *Lictores binos, et servos publicos, et scribas habeant.* Pline le Jeune dans ses lettres (liv. X) en parle ainsi : *Quidam vel in opus damnati, vel in ludum, publicorum servorum officio funguntur.* On les appelait aussi *viatores,* parce qu'ils allaient faire des courses à la campagne, par l'ordre des magistrats.

Ligne 19. *Crispus, mollis, formosus.* — *Crispus,* frisé, ce qui était regardé comme une grande beauté chez les anciens. *Voyez* MARTIAL, liv. V, épigr. 61 :

    Crispulus iste quis est, uxori semper adhæret
      Qui, Mariane, tuæ ? crispulus iste quis est ?

Moschus, dans sa charmante idylle de l'*Amour fugitif,* représente Cupidon frisé.

Même ligne. *Si quis eum reddere aut commonstrare voluerit, accipiet nummos mille.* C'était la forme des annonces usitées en pareil cas : on avait soin d'y énoncer la récompense promise. Moschus, dans l'idylle que nous venons de citer, fait annoncer de la part de Vénus :

    . . . . . . . . . . . ὁ μανυτὰς γέρας ἕξει.
  Μισθός τοι τὸ φίλαμα τὸ Κύπριδος, ἢν δ' ἀγάγῃς νιν,
  Οὐ γυμνὸν τὸ φίλαμα, τύδ', ὦ ξένε, καὶ πλέον ἕξεις.

« Celui qui l'indiquera, aura pour récompense un baiser de Vénus. Mais si tu le ramènes lui-même, ô étranger ! tu n'auras pas simplement un baiser, mais plus encore. »

Vénus n'était pas chiche de baisers dans ses promesses; on en voit une nouvelle preuve dans Apulée, liv. VI de l'*Ane d'or*. C'est Mercure qui est le crieur public, et qui parle au nom de Vénus : *Si quis a fuga retrahere, vel occultam demonstrare potuerit fugitivam regis filiam, Veneris ancillam, nomine Psychen, conveniat retro metas murtias Mercurium prædicatorem, accepturus indicii nomine ab ipsa Venere septem savia suavia, et unum blandientis adpulsu linguæ longe mellitum.*

Page 56, ligne 1. *Ascyltos stabat, amictus discoloria veste.* Le code Théodosien (*du Vêtement dont il convient de se servir dans Rome*) ordonne que ceux qui feront quelque acte public seront revêtus d'une robe de plusieurs couleurs. Cette coutume est encore pratiquée de nos jours en plusieurs contrées.

Ligne 4. *Annecteretque pedes et manus institis, quibus sponda culcitam ferebat.* Ces cordes étaient passées les unes dans les autres, et tenaient aux traverses du lit comme sont aujourd'hui nos fonds sanglés. C'est ce que prouve un autre passage de notre auteur, ch. CXL : *Coraci autem imperavit ut lectum, in quo ipse jacebat, subiret, positisque in pavimento manibus, dominum lumbis suis commoveret.* Ce qu'il n'eût pu faire si le fond du lit eût été fait de planches et non de sangles ou de cordes.

Ligne 5. *Sicut olim Ulyxes utero arietis adhæsisset.* Cette aventure d'Ulysse, racontée très-plaisamment au liv. IX de l'*Odyssée*, est trop connue pour qu'il soit besoin de la rapporter ici.

## CHAP. XCVIII.

Page 58, ligne 20. *Eumolpus conversus, salvere Gitona jubet.* L'usage de saluer quand on éternue, est le seul peut-être qui ait résisté aux diverses révolutions qui ont changé la face du monde. L'universalité, comme l'antiquité de cette coutume est vraiment étonnante. Quelle en est l'origine? comment se fait-il qu'on la trouve établie chez tous les peuples? on ne donne à cet égard que des conjectures; et, parmi toutes celles qu'on a faites, nous allons exposer les plus dignes, selon nous, de fixer l'attention de nos lecteurs.

1°. Aristote remonte, pour expliquer cet usage, aux sources de la religion naturelle : il observe que la tête est l'origine des nerfs, des esprits, des sensations, le siège de l'âme, l'image de la divinité; qu'à tous ces titres, la substance du cerveau a toujours été honorée ; que les premiers hommes juraient par leur tête; qu'ils n'osaient toucher, encore moins manger la cervelle d'aucun animal : remplis de ces idées, il n'est pas étonnant qu'ils aient étendu leur respect religieux jusqu'à l'éternument. Telle est, suivant Aristote, l'opinion des anciens et des plus savans philosophes.

2°. D'autres crurent trouver à cet usage une source plus lumineuse, en la cherchant dans la philosophie de la Fable et de l'âge d'or. Quand Prométhée, disent-ils, eut mis la dernière main à sa figure d'argile, il eut besoin du secours du ciel pour lui donner le mouvement et la vie. Il y fit un voyage sous la conduite de Minerve. Après avoir parcouru légèrement les tourbillons de plusieurs planètes, où il se contenta de recueillir, en passant, certaines influences qu'il jugea nécessaires pour la température des humeurs, il s'approcha du soleil sous le manteau de la déesse, remplit subtilement une fiole de cristal, faite exprès, d'une portion choisie de ses rayons, et, l'ayant bouchée hermétiquement, il revint aussitôt à son ouvrage favori. Alors ouvrant le flacon sous le nez de la statue, le divin phlogistique pénétra dans la tête, s'insinua dans les fibres du cerveau ; et le premier signe de vie que donna la créature nouvelle fut d'éternuer. Prométhée, ravi de l'heureux succès de son invention, se mit en prières, et fit des vœux pour la conservation de son ouvrage, qui les entendit, s'en souvint, et les répéta toujours, dans la même occasion, à ses enfans, et ceux-ci les ont perpétués jusqu'à ce jour, de génération en génération, dans toutes leurs colonies.

Cette ingénieuse fiction, qui nous laisse entrevoir, dans la plus haute antiquité, la connaissance des procédés de l'électricité, qui montrait à l'homme le premier anneau de la chaîne qui le lie au système général de la création, qui lui révélait enfin le plus haut principe de la physique et de la religion naturelle, quoiqu'elle manque de solidité sous le point de vue historique, nous a paru peindre d'une manière trop intéressante la nature et l'homme à sa naissance, pour nous refuser au plaisir de la transmettre à nos lecteurs.

3°. Enfin, l'hypothèse suivante n'est peut-être pas la moins spécieuse. Parmi les enfans qui viennent de naître, dit-on, les uns ne respirent que quelques instans après qu'ils sont au monde, et d'autres restent tellement plongés dans un état de mort apparente, qu'il faut, avec des liqueurs irritantes, leur souffler la chaleur et la vie. Alors le premier effet de l'air, le premier signe d'existence qu'ils donnent, est l'éternument. Cette espèce de convulsion générale semble les réveiller en sursaut, et là commence le jeu de la respiration, l'harmonie parfaite, et le libre exercice de chaque organe. Au comble de ses vœux, ou dans l'excès même de ses craintes, un père n'a qu'un souhait à faire, un souhait qu'il répétera, un souhait qui retentira dans son cœur à chaque secousse qui fait tressaillir son enfant : c'est que son fils vive, que le dieu des cieux le conserve !

Quoi qu'il en soit de ces diverses hypothèses, ce respect religieux pour les éternumens, fut pour les Romains une source inépuisable d'erreurs et de préjugés ridicules. La superstition distingua les bons éternumens d'avec les mauvais. Quand la lune était dans certains signes du zodiaque, l'éternument était un bon augure, et dans les autres il était mauvais. Le matin, depuis minuit jusqu'à midi, c'était un fâcheux pronostic; favorable au contraire, depuis midi jusqu'à minuit. On le jugeait pernicieux en sortant du lit ou de table ; il fallait s'y remettre et tâcher ou de dormir, ou de boire, ou de manger quelque chose pour changer ou rompre les lois du mauvais quart d'heure. Ils tiraient aussi de semblables inductions des éternumens simples ou redoublés, de ceux qui se faisaient en tournant la tête à droite ou à gauche, au commencement ou au milieu de l'ouvrage, et de plusieurs autres circonstances dont le détail serait aussi long qu'inutile.

## CHAP. XCIX.

Page 60, ligne 19. *Ego sic semper et ubique vixi, ut ultimam quamque lucem, tanquam non redituram, consumerem.* Cette maxime vraiment épicurienne se trouve souvent reproduite dans Horace. *Épître* 4 du livre I :

> Omnem crede diem tibi diluxisse supremum.

*Ode* 16 du livre II :

> Quid brevi fortes jaculamur ævo
> Multa ?..........
> Lætus in præsens animus, quod ultra est,
> Oderit curare, et amara lento
> Temperet risu. Nihil est ab omni
> Parte beatum.

*Ode* 8 du livre III :

> Dona præsentis rape lætus horæ, ac
> Linque severa.

Page 62, ligne 25. *Moraris, inquit, Eumolpe, tanquam properandum ignores ?* Burmann lit *propudium* au lieu de *properandum*. J'avoue qu'avec ce mot la phrase est pour moi inintelligible. *Propudium*, en effet, signifie *honte, infamie, obscénité*, et je ne vois pas quelle honte il pouvait y avoir à faire attendre le patron du navire. Nodot imprime *prope diem ignores* ; ce qui a du moins plus de sens. J'ai adopté *properandum*, d'après l'autorité de Tornésius.

Page 64, ligne 4. *In altum compono.* Pour *ad alendum*. On trouve souvent dans les auteurs *altum componere*, faire provision de vivres.

Ligne 5. *Et, adoratis sideribus, intro navigium.* — *Sidera* indique ici Castor et Pollux, que les marins et tous ceux qui s'embarquaient avaient coutume d'invoquer avant de monter sur mer. Vénus était aussi une des divinités propices aux navigateurs, comme on le voit dans Horace, *ode* 3 du livre I :

> Sic te Diva potens Cypri,
> Sic fratres Helenæ, lucida sidera.

## CHAPITRE C.

Page 64, ligne 7. *In puppis constrato locum semotum elegimus.* — *Puppis constratum*, la chambre de poupe. Ce n'était autre chose qu'un retranchement pratiqué sur le tillac avec des planches, à travers lesquelles il était très-facile d'entendre ce qui se disait dans cette chambre. *Naves constratæ*, vaisseaux pontés ; c'est ce que César appelle *naves tectæ*.

Page 64, ligne 15. *Sol omnibus lucet.* Ce proverbe, on le voit, est très-ancien. Cette idée de la jouissance commune à tous les êtres animés du soleil, de la lune, de l'eau, etc., est exprimée de la manière suivante par Ovide, *Métamorphoses*, liv. VI, v. 349 :

>..........Usus communis aquarum.
>Nec solem proprium Natura, nec aera fecit,
>Nec tenues undas.........

Saint Chrysostome, dans sa seconde homélie pour les Corinthiens, la rend ainsi : Καὶ γὰρ τὸν ἥλιον ἀνῆψεν οὗ σοὶ μόνῳ, ἀλλὰ τῷ κοινῷ. Καὶ γὰρ τοσοῦτος γέγονε διὰ τὸ κοινὸν, καὶ ὁρᾷς σὺ μόνος τοσοῦτον, ὅσον εἶδον πάντες ἄνθρωποι.

Page 66, ligne 18. *Qui Tryphœnam exulem Tarentum ferat?* D'autres lisent *uxorem* au lieu d'*exulem*; mais ayant admis dans le premier volume les prétendus fragmens de Pétrone retrouvés à Bellegrade, où l'auteur donne pour femme à Lycas une certaine Doris, je n'ai point cru devoir adopter la leçon d'*uxorem*, quoiqu'à toute force un mari aussi peu délicat sur l'article des mœurs que Lycas, eût bien pu changer de femme, surtout depuis qu'il avait eu connaissance des liaisons qui existaient entre Doris et Encolpe, et dont il est fait mention au chapitre XI.

## CHAP. CI.

Page 68, ligne 7. *Pro consortio studiorum, commoda manum.* — *Pro consortio studiorum* signifie *en raison de la communauté de nos goûts*, c'est-à-dire *de notre amour commun pour Giton*. — *Commoda manum*, prêtez-nous la main. On trouve dans Sénèque *commodare manum morituro*, aider quelqu'un à mourir.

Ligne 17. *Et familiæ negotiantis, onus deferendum ad mercatum conduxit.* Les commentateurs ne nous offrent aucun secours pour l'intelligence de ce passage assez obscur. Il est souvent fait mention dans les auteurs anciens du mot *familia*; Ulpien en donne l'explication suivante : *Familiæ adpellatione omnes qui in servitio erant continentur*. Martianus le jurisconsulte (liv. LXV) parle en ces termes de ceux qu'il appelle *servos negotiatores* : — *Legatis servis, exceptis negotiatoribus, Labeo scripsit, eos legato exceptos videri, qui præpositi essent, negotitii exercendi causa, veluti qui ad emendum, locandum, conducendum præpositi sunt*. Mais cela ne jette pas une grande lumière sur le passage en question. Mon opinion personnelle est que Pétrone veut parler ici d'une troupe d'esclaves que Lycas avait embarquée sur son vaisseau, moyennant un prix convenu, pour la transporter à Tarente, où elle devait être vendue, mais non pas pour son compte : car il y a dans le latin *conduxit ;* ce qui ne signifie pas qu'il avait loué ces esclaves (on ne loue pas des esclaves pour les vendre), mais qu'il avait pris à tâche, qu'il avait entrepris de les transporter. *Conducere* est pris dans le sens de *suscipere :* c'est ainsi que l'on dit *conducere aliquem docendum*, « entreprendre l'éducation de quelqu'un, » et non pas « louer quelqu'un pour l'instruire. » On trouve encore un exemple plus frappant de *conducere*, pris en ce sens, dans la fable où Phèdre dit, en parlant de Simonide :

> Victori laudem cuidam pyctæ ut scriberet,
> Certo conduxit pretio........

Page 68, ligne 20. *Tryphœna.... quæ voluptatis causa huc atque illuc vectatur*. Ces mots me confirment encore plus dans l'opinion que j'ai émise plus haut, que Tryphène n'était pas la femme de Lycas, mais que c'était une voyageuse *sentimentale* qui aimait à aller de côté et d'autre pour son seul plaisir, c'est-à-dire pour donner carrière à ses goûts érotiques. D'ailleurs, on ne peut nier qu'il existât des relations intimes entre cette femme et Lycas ; car, lorsqu'elle le surprend cherchant à faire violence à Encolpe, il s'enfuit tout honteux à sa vue. Il est vrai qu'elle ne se gêne pas pour faire des caresses et des avances à Giton à la barbe de Lycas ; mais c'était du moins un amour *légitime* pour de pareilles gens, tandis que la tentative de Lycas était, pour le sexe de Tryphène, une insulte que les femmes ne pardonnent jamais, à moins qu'elles n'y trouvent leur compte, comme cette Doris qui engageait ce même Encolpe à écouter les propositions de son mari, pour lui fermer les yeux sur leurs amours secrets.

Page 70, ligne 10. *Magna navigia portibus se gravatim insinuant.* Plusieurs éditions, et celle de Burmann entre autres, portent *portibus se gravatim curvatis insinuant.* Je ne vois pas trop ce que le mot *curvatis* ajoute ici à l'idée principale ; car tous les ports sont plus ou moins *curvati.* J'ai donc adopté la leçon du savant Juste-Lipse, qui supprime le mot *curvatis.* Je soupçonne cependant qu'il y a ici, sous ces mots *curvatis gravatim*, une autre leçon, qui pourrait bien être celle-ci : *Navigia gravida portibus ægre se insinuant*, « Les vaisseaux pesamment chargés pénètrent difficilement dans les ports. » *Navigia gravida* aurait alors le même sens que *gravidis carinis*, au troisième vers du poëme de la *Guerre civile:*

............Gravidis freta pressa carinis.

Ligne 17. *Quomodo possumus egredi nave.... opertis capitibus, an nudis? Opertis, et quis non dare manum languentibus volet?* On voit, par ce passage de Pétrone, que les anciens avaient coutume de se couvrir la tête lorsqu'ils étaient malades, non-seulement pour se défendre des injures de l'air, mais pour indiquer aux autres l'état de leur santé. Ce qui fait dire à Eumolpe, que, s'ils se couvrent la tête, tout le monde s'empressera de leur offrir la main, comme à des malades, *languentibus*, pour descendre du vaisseau. Dans tout autre cas, c'était un signe de la mollesse la plus efféminée, que de sortir la tête couverte. Aussi notre auteur, parmi les bizarreries et les inconvenances qu'il remarque dans Trimalchion, a-t-il soin de dire, au chap. XXXII: *Palliolo enim coccineo adrasum excluserat caput*, « Sa tête chauve sortait à demi d'un petit manteau de pourpre. »

## CHAP. CII.

Page 72, ligne 9. *Utique gubernator, qui.... siderum.... motus custodit.* Les anciens n'ayant pas l'usage de la boussole, une des plus belles inventions de l'esprit humain, gouvernaient leur navigation par l'inspection des astres ; c'était le soleil qui la réglait pendant le jour, et les étoiles pendant la nuit, comme l'indique ce passage du poëme des *Argonautes* d'Apollonius, liv. 1 :

........Ἐσθλὸς δ' ἀνέμοιο θυέλλας
Καὶ πλόον ἠελίῳ τε καὶ ἄστερι τεκμαίρεσθαι.

« L'habile (Typhis) présageait les tempêtes et le temps propice pour la navigation d'après le soleil et les astres. »

D'où il résulte que, lorsque le temps était nuageux, les navigateurs erraient à l'aventure, sans savoir où ils étaient et où ils allaient. C'est ce que Virgile exprime si bien dans ces deux vers (v. 203 et 204) du troisième livre de l'*Énéide :*

Tres adeo incertos cæca caligine soles
Erramus pelago : totidem sine sidere noctes.

Page 74, ligne 16. *Eumolpus, tanquam litterarum studiosus, utique atramentum habet.* Les anciens se servaient, comme nous, d'encre pour écrire sur le *charta*, ou papier qu'ils roulaient, *volvebant*, lorsqu'il était rempli, et qu'on appelait pour cette raison *volumen*, volume. Cette encre était de différentes natures, et portait différens noms, selon l'usage auquel on l'employait. Vitruve appelle *atramentum librarium*, et Cornelius Celsus *scriptorium*, celle qui servait à écrire ; mais ils en avaient d'autres qu'ils appelaient *tectoria* ou *pictoria*, qui servaient au dessin, à la peinture, et *sutoria*, celle qui servait à noircir les chaussures. L'encre à écrire était ordinairement faite de noir de fumée que l'on recueillait sur les murs des chambres qui n'avaient pas de cheminée ni d'ouverture par où la fumée pût s'échapper. Pour empêcher cette encre de s'emboire ou de s'étaler sur le papier, on y ajoutait une espèce de gomme que Pétrone appelle *ferrumen*. De quelle espèce était cette gomme ? c'est ce qu'il nous est impossible de déterminer d'une manière précise ; mais il paraît que cette encre avait le défaut d'être gluante et de déteindre sur les habits, comme Giton le dit un peu plus loin : *Nec vestem atramento adhæsuram, quod frequenter, etiam non arcessito ferrumine, infigitur.*

Ligne 21. *Et circumcide nos, ut Judæi videamur, etc.* Isidore (liv. XIX, ch. 23 *des Origines*) parle des Juifs, des Arabes et des Gaulois dans les mêmes termes que Pétrone : *Nonnullæ etiam gentes, non solum in vestibus, sed et in corporibus aliqua sibi propria vindicant. Circumcidunt Judœi prœputia, pertundunt aures Arabes, etc. Mauros habet tetra nox corporum, Gallos candida cutis.* Pétrone parle avec plus de détails de la circoncision des Juifs, dont il se moque, dans une épigramme que l'on trouvera parmi les fragmens attribués à cet auteur. Les Arabes n'étaient pas les seuls qui se perçaient les oreilles, cette coutume était aussi pratiquée chez les Carthaginois; ce qui fait dire à Plaute (*Pœnulus*, acte V, scène 2) :

>   Mil. Atque ut opinor digitos in manubiis non habent.
>   Ag. Qui jam? — Mil. Quia incedunt cum anulatis auribus.

La blancheur des Gaulois était proverbiale chez les anciens, et l'on pensait qu'ils avaient d'abord porté le nom de Galates, en raison de ce que leur teint avait la blancheur du lait; en grec, γάλα. *Galli a candore corporis primum Galatœ appellati;* ce qu'un poète a exprimé ainsi :

>   Ignea mens Gallis, et lactea corpora, nomen
>   A candore datum........

Page 76, ligne 5. *Numquid et labra possumus tumore teterrimo implere?* L'auteur du *Moretum* a rendu, d'une manière pittoresque, les caractères distinctifs de la race éthiopienne :

>   Afra genus, tota patriam testante figura,
>   Torta comam, labroque tumens, et fusca colorem;
>   Pectore lata, jacens mammis, compressior alvo,
>   Cruribus exilis, spatiosa prodiga planta.

Ligne 8. *Numquid et talos ad terram deducere?* Peut-être serait-il mieux de lire *producere*, et de traduire *pourrons-nous allonger nos talons (comme les Éthiopiens)?* c'est-à-dire les rendre saillans ; ce qui est une difformité remarquable chez presque tous les individus de la race nègre.

Ligne 10. *Color, arte compositus, inquinat corpus, non mutat.* On pourrait appliquer cette espèce de proverbe à ces coquettes surannées qui perdent leur temps à s'efforcer de rajeunir leur visage par des couleurs artificielles qui les rendent encore plus hideuses. Un ancien poète a très-bien exprimé ce ridicule dans le distique suivant :

> Dum sumit cretam in faciem Sertoria, cretam
> Perdidit illa simul, perdidit et faciem.

On trouve la même pensée reproduite dans cette jolie épigramme de l'*Anthologie*, attribuée au poète grec Lucilius :

> Τὴν κεφαλὴν βάπτεις· γῆρας δὲ σὸν οὔποτε βάψεις,
> Οὐδὲ παρειάων ῥυτίδας ἐκτανύσεις.
> Μὴ τοίνυν τὸ πρόσωπον ἅπαν ψιμύθῳ καταπλάττε
> Ὥστε προσωπεῖον, οὐχὶ πρόσωπον, ἔχειν.
> Οὐδὲν γὰρ πλέον ἐστί. Τί μαίνεαι ; οὔποτε φῦκος
> Καὶ ψίμυθος τεύξει τὴν Ἑκάβην Ἑλένην.

L'imitation latine que voici rend assez bien l'original :

> Sæpe caput tingis, nunquam tinctura senectam,
> Aut tensura genis quæ tibi ruga tuis.
> Parce igitur faciem cerussa condere totam,
> Pro facie ne sic larva tibi maneat.
> Ecquid adhuc restat ? quid quæris fallere ? nunquam
> Ex Hecuba fucus reddiderit te Helenam.

## CHAP. CIII.

Page 76, ligne 17. *Continuo radat utriusque non solum capita, sed etiam supercilia.* On rasait les cheveux aux esclaves ; mais on ne rasait les sourcils qu'aux scélérats, aux séditieux et aux déserteurs. Cicéron fait une ingénieuse allusion à cet usage, dans son oraison *pour Roscius*, lorsqu'il dit, en parlant d'un certain Fannius Chéréa : *Nonne ipsum caput, et supercilia illa penitus abrasa, olere malitiam, et clamitare calliditatem videntur ? Nonne ab imis unguibus usque ad verticem summum (si quam conjecturam adfert hominis tacita corporis figura) ex fraude, fallaciis, mendaciis, constare totus videtur ? qui idcirco capite et superciliis semper est rasis, ne ullum viri boni pilum habere dicatur.* — *On ne lui voit pas seulement un poil d'honnête homme ?* Cette expression énergique a passé, je crois, dans notre langue pour exprimer un homme sans aveu, un fripon.

Page 78, ligne 6. *Et notum fugitivorum epigramma per totam faciem.... duxit.* Les caractères qu'on imprimait sur le visage des esclaves, et qui marquaient le crime qu'ils avaient commis, étaient deux lettres, l'une grecque, l'autre latine : Φ et *F* ; c'est pour cette raison qu'on appelait ces criminels *inscripti*, *litterati*, *notati*. Cette coutume dura jusqu'au temps de Constantin, qui, au rapport d'Ulpien, défendit par la loi *Tamdiu*, paragraphe *de Fugitivis*, qu'on exerçât à l'avenir cette cruauté, parce qu'elle déshonorait l'espèce humaine, que le créateur avait faite à sa ressemblance : ce qui fit que, depuis cette époque, on se servit, pour le même objet, de colliers qu'on rivait au cou des esclaves qui avaient déserté, et sur lesquels on gravait des inscriptions qui publiaient leur crime. Pignorius, dans son livre *de Servis*, affirme qu'il avait vu à Rome un collier de cette nature, avec l'inscription que voici :

TENE ME, QUIA FUGI, ET REVOCA ME
DOMINO MEO BONIFACIO LINARIO.

A la suite de cette inscription, on voyait quelques lettres grecques avec une espèce de chiffre :

ΩX.

Cet usage, de marquer sur le front les esclaves fugitifs, a inspiré à Ausone l'épigramme suivante (que Scaliger divise en deux) : l'esclave en question remplissait chez son maître les fonctions d'écrivain ou de copiste.

I.

Tam segnis scriptor, quam lentus, Pergame, cursor,
 Fugisti ; et primo captu es in stadio.
Ergo notas scripto tolerasti, Pergame, vultu,
 Et quas neglexit dextera, frons patitur.

II.

Pergame, non recte punitus, fronte subisti
 Supplicium, lentæ quod meruere manus.
At tu, qui dominus, peccantia membra coerce :
 Injustum falsos excruciare reos.
Aut inscribe istam, quæ non vult scribere dextram,
 Aut profugos ferri pondere necte pedes.

On voit dans le premier chapitre du roman d'*Ivanhoë*, par Walter Scott, que les Anglo-Saxons avaient adopté cette coutume des Romains : Wamba, et Gurt, le gardien des pourceaux, portent également à leur cou un collier rivé, sur lequel est gravé le nom de Cédric, leur maître.

Page 78, ligne 16. *Diætam Lycæ intravit.* — *Diæta*, du grec δίαιτα, *chambre et salle à manger*. On appelait *diætarius*, un valet de chambre; et, par extension, *diætarii fures*, les voleurs domestiques. Sur un vaisseau, on donnait ce nom de *diæta* à toute espèce de chambre. On lit dans Athénée: *In Hieronis navigio triginta fuisse diætas, quatuor lectis stratas.* Nous avons vu précédemment: *Manubias e diæta magistri sustuli*, et nous allons trouver plus loin: *Sub diæta magistri*, toujours dans le même sens.

## CHAP. CIV.

Page 78, ligne 24. *Simulacrum Neptuni, quod Baiis in peristylo notaveram.* Au lieu de *in peristylo*, on lit dans Burmann *coram asylo*, ce qui n'offre aucun sens raisonnable; et dans Nodot, *quod Baiis ter stylo notaveram*, ce qu'il traduit ainsi: *Cette représentation de Neptune, qui est Baies, et au bas de laquelle j'ai gravé trois inscriptions*, ce qui n'est justifié par rien. Heinsius, après un examen approfondi des manuscrits, a proposé la leçon *in peristylo*, que nous avons adoptée comme la plus vraisemblable; elle se fonde sur ce passage de Justin (liv. XLIII, ch. 5): *Quum in arcem Minervæ venisset, conspecto in porticibus simulacro deæ, quam per quietem viderat, repente exclamat, illam esse, quæ se nocte exterruisset, quæ recedere ab obsidione jussisset.* Une foule de passages des auteurs anciens prouvent que les statues des dieux étaient exposées aux regards du public sous le portique ou péristyle de leurs temples; et il était tout naturel que Neptune eût un temple à Baïes, ville située au bord de la mer. Quant au mot *notaveram*, pris dans le sens de *remarquer*, on en trouve de nombreux exemples, tant dans notre auteur que dans les autres écrivains latins.

Page 80, ligne 3. *Epicurum hominem esse divinum.* M. de Pongerville, dans la préface de sa traduction du poëme *de la Nature des choses*, a éloquemment vengé la philosophie d'Épicure des reproches de matérialisme et de sensualisme que des écrivains ignorans ou de mauvaise foi lui avaient adressés; opinion qui, comme beaucoup d'autres, a été admise sans examen et s'est propagée jusqu'à nos jours. De tout temps on a vu les hypocrites et les bigots crier à l'athée, au matérialiste contre tout homme dont l'esprit libre et éclairé s'est affranchi du joug des superstitions vulgaires : c'est qu'il est bien plus aisé de trouver des injures que des raisons. Virgile, le sage Virgile lui-même, au dire de bien des gens, était un athée ; et ils ne lui pardonneront jamais ce fameux passage des *Géorgiques* (liv. II, v. 490) :

Felix, qui potuit rerum cognoscere causas, etc.

Du reste, pour en revenir à Épicure, Tertullien s'accorde avec Pétrone pour lui attribuer cette opinion sur la vanité des songes : *Vana in totum somnia Epicurus judicavit, liberans a negotiis divinitatem.* — *Voyez* TERTULLIEN, *de l'Ame*, ch. XLVI.

Page 80, ligne 6. *Somnia, quæ mentes ludunt.* Ce morceau semble n'avoir pour objet que de lutter avec la belle description des songes que l'on voit au liv. IV, v. 959 du poëme de Lucrèce, et que nous croyons devoir reproduire ici pour que le lecteur puisse comparer et juger lequel de Pétrone ou de Lucrèce mérite la préférence. M. de Pongerville, dont nous citerons bientôt la belle traduction, prétend que Pétrone a servilement imité Lucrèce dans ce passage. Si, en effet, il a pris Lucrèce pour son modèle, sa copie, au jugement d'un grand nombre de juges éclairés, a du moins le mérite d'avoir surpassé l'original. Voici le texte de Lucrèce :

Et quoi quisque fere studio devinctus adhæret,
Aut quibus in rebus multum sumus ante morati,
Atque in qua ratione fuit contenta magis mens ;
In somnis eadem plerumque videmur obire :
Causidici causas agere, et componere leges ;
Induperatores pugnare, ac prœlia obire ;
Nautæ contractum cum ventis cernere bellum ;
Nos agere hoc autem, et naturam quærere rerum
Semper, et inventam patriis exponere chartis.
Cetera sic studia atque artes plerumque videntur
In somnis animos hominum frustrata tenere.
Et quicunque dies multos ex ordine ludis
Assiduas dederunt operas, plerumque videmus,
Quum jam destiterint ea sensibus usurpare,
Reliquias tamen esse vias in mente patentes,

## NOTES.

Qua possint eadem rerum simulacra venire:
Permultos itaque illa dies eadem observantur
Ante oculos, etiam vigilantes ut videantur
Cernere saltantes, et mollia membra moventes,
Et citharæ liquidum carmen, chordasque loquentes
Auribus accipere, et consessum cernere eumdem,
Scenaïque simul varios splendere decores:
Usque adeo magni refert studium atque voluntas,
Et quibus in rebus consuerint esse operati
Non homines solum, sed vero animalia cuncta.
Quippe videbis equos fortes, quum membra jacebunt
In somnis, sudare tamen spirareque sæpe,
Et quasi de palma summas contendere vires,
Tunc quasi carceribus patefactis sæpe quiete.
Venantumque canes, in molli sæpe quiete,
Jactant crura tamen subito, vocesque repente
Mittunt, et crebras reducunt naribus auras,
Ut vestigia si teneant inventa ferarum:
Expergefactique sequuntur inania sæpe
Cervorum simulacra, fugæ quasi dedita cernant;
Donec discussis redeant erroribus ad se.
At consueta domi catulorum blanda propago
Degere, sæpe levem ex oculis volucremque soporem
Discutere, et corpus de terra corripere instant,
Proinde quasi ignotas facies atque ora tuantur.
Et quam quæque magis sunt aspera semina eorum,
Tum magis in somnis eadem sævire necessum est.
At variæ fugiunt volucres, pennisque repente
Sollicitant divum, nocturno tempore, lucos,
Accipitres somno in leni si prœlia pugnasque
Edere sunt persectantes, visæque volantes.
Porro hominum mentes magnis quæ motibus edunt?
Magna etenim sæpe in somnis faciuntque geruntque;
Reges expugnant, capiuntur, prœlia miscent,
Tollunt clamores, quasi si jugulentur ibidem;
Multi depugnant, gemitusque doloribus edunt,
Et quasi pantheræ morsu sævive leonis
Mandantur, magnis clamoribus omnia complent;
Multi de magnis per summum rebu' loquuntur,
Indicioque sui facti persæpe fuere;
Multi mortem obeunt; multi de montibus altis
Se quasi præcipitent ad terram corpore toto,
Exterrentur, et ex somno, quasi mentibu' capti,
Vix ad se redeunt, permoti corporis æstu.

Flumen item sitiens, aut fontem propter amœnum
Adsidet, et totum prope faucibus occupat amnem.

Pour abréger cette citation déjà trop longue, nous faisons grâce au lecteur du tableau de l'enfant qui, pressé d'un besoin naturel, et croyant, en songe, lever sa robe et se soulager dans un vase de nuit, inonde son lit d'un *fluide impur,* comme le traduit l'élégant interprète de Lucrèce. Nous passons également la peinture un peu vive que le chantre de la nature nous offre des songes voluptueux d'un jeune adolescent qui, pendant son sommeil, croit posséder sa maîtresse. Voyons maintenant la traduction de M. de Pongerville ; en la comparant au texte, on verra que le poète français a souvent abrégé avec goût les trop longs détails de l'original :

Les objets que pour nous reproduit l'habitude,
Les soins accoutumés, les doux fruits de l'étude,
Dans le sein du repos à nous suivre empressés,
Sur l'aile du sommeil souvent sont retracés.
Du temple de Thémis ouvrant le sanctuaire,
En songe l'orateur combat son adversaire ;
L'ambitieux guerrier affronte le trépas ;
Le pilote s'égare aux plus lointains climats ;
Et moi-même, séduit par un noble délire,
Dans les bras du sommeil je touche encor ma lyre ;
Je sonde la nature : elle inspire mes vers,
Et de ses grands secrets étonne l'univers.
Ainsi, dans le sommeil notre âme est poursuivie
Par les tableaux mouvans des songes de la vie.
Si, des jeux du théâtre assidu spectateur,
Tu contemples long-temps leur prestige enchanteur,
Quand la scène est fermée ou n'est plus aperçue,
Aux simulacres l'âme offre encore une issue,
Et ce spectacle, en songe, est bientôt reproduit ;
Le danseur court, voltige, et s'avance et s'enfuit ;
La corde retentit ; le luth, avec mesure,
Aux chants mélodieux unit son doux murmure ;
De la foule tu vois le cercle spacieux,
La scène, les flambeaux et l'image des dieux :
Tant sur nous l'habitude exerce de puissance !
Mais la brute elle-même en ressent l'influence.
Vois ces coursiers fougueux, par un songe excités,

Souffler et tressaillir, de sueur humectés ;
Leurs muscles sont tendus ; leur âme ardente et fière,
Pour disputer le prix, vole dans la carrière.
Ce compagnon de l'homme, intrépide chasseur,
A peine du sommeil savoure la douceur ;
Haletant, il s'agite et murmure avec joie ;
Il consulte le vent, il veut saisir sa proie ;
Il s'élance, du cerf suit le rapide essor,
Et souvent au réveil son erreur dure encor.
De nos foyers, gardien vigilant et fidèle,
En songe ce molosse a ranimé son zèle :
Il se lève ; il croit voir, près de lui parvenu,
Le visage odieux d'un sinistre inconnu.
Cet oiseau, qui sommeille à l'ombre d'un bocage,
Se débat, de son aile agite le feuillage ;
Tremblant, il aperçoit le vautour furieux,
Sur lui rapidement fondre du haut des cieux.
Il le presse, il le suit : l'oiseau, d'un vol agile,
Cherche des bois sacrés l'impénétrable asile.
Mais quels grands mouvemens, quels importans desseins,
Le sommeil accomplit dans l'âme des humains ?
Nous captivons des rois, ou nous portons leur chaîne.
Pressés dans un combat sur la sanglante arène,
En cris longs et perçans s'exhalent nos douleurs.
Souvent le désespoir nous inonde de pleurs ;
Une panthère horrible, et de sang dégouttante,
Dans nos flancs déchirés glisse sa dent tranchante.
Un songe, au criminel de remords dévoré,
Peut arracher l'aveu d'un forfait ignoré.
Sur les pas d'un bourreau, l'un s'avance au supplice ;
L'autre voit à ses pieds s'ouvrir un précipice :
Il penche, roule, tombe..... En frissonnant d'horreur,
Il s'éveille ; l'effroi pèse encor sur son cœur.
Cet homme, dévoré par une soif ardente,
D'un ruisseau jaillissant hume l'onde abondante ;
Il boit, il boit en vain d'intarissables flots.

Lucrèce et Pétrone offrent le même fonds d'idée ; mais au lieu de traiter le second de copiste servile, ne serait-il pas plus juste de dire que tous deux avaient puisé à la même source le sujet et les détails de leur description ; c'est-à-dire dans Épicure ? Quant à la manière dont ce sujet est traité, je pense avec Saint-Évremont que Pétrone a rendu plus poétiquement en seize vers ce que Lucrèce a délayé en soixante-douze; enfin, pour exprimer nettement mon opinion sur ces deux morceaux, il me semble que Lucrèce a parlé des songes en physiologiste, et Pétrone en poète.

Claudien a rendu très-élégamment les mêmes idées, dans la préface de son poëme sur le *sixième consulat d'Honorius*:

>Omnia quæ sensu volvuntur vota diurno,
>  Pectore sopito reddit amica quies.
>Venator defessa toro quum membra reponit,
>  Mens tamen ad silvas et sua lustra redit.
>Judicibus lites, aurigæ somnia currus,
>  Vanaque nocturnis meta cavetur equis;
>Furto gaudet amans, permutat navita merces,
>  Et vigil elapsas quærit avarus opes;
>Blandaque largitur frustra sitientibus ægris
>  Irriguus gelido pocula fonte sopor.
>Me quoque Musarum studium sub nocte silenti
>  Artibus assuetis sollicitare solet.

Page 80, ligne 22. *Lycas, ut Tryphœnœ, somnium expiavit.* Il y a deux choses à considérer ici: l'expiation du songe de Tryphène, et celle du crime qu'Encolpe et Giton avaient commis dans le vaisseau, en s'y faisant couper les cheveux pendant une nuit fort calme. Nous verrons plus loin à quel supplice Lycas les condamna pour expier cette impiété, bien qu'ils prétendissent, pour se disculper, qu'*ils ignoraient qu'on ne fait le sacrifice de ses cheveux sur un vaisseau qu'à la dernière extrémité*, etc. Du reste, le sacrifice des cheveux passait, chez les anciens, pour un des plus agréables qu'ils pussent offrir aux dieux. Les esclaves prêts à être affranchis, se rasaient la tête, et en consacraient la dépouille à quelque dieu, comme un échange du bienfait de la liberté qu'ils supposaient lui devoir. Les matelots, non-seulement en faisaient autant, dans la circonstance dont parle Pétrone, mais encore lorsque, échappés du naufrage, ils étaient de retour dans leur patrie: alors ils faisaient ce sacrifice à la mer, et, de plus, suspendaient leurs vêtemens humides dans le temple de Neptune.

Pour en revenir au songe de Tryphène, et aux expiations auxquelles il donna lieu, l'auteur ne nous dit pas quelles en furent les cérémonies, parce que c'était une chose fort commune. C'était un acte de religion généralement établi chez les païens, pour purifier les coupables et les lieux que l'on croyait souillés, ou pour apaiser la colère des dieux que l'on supposait irrités.

La cérémonie de l'expiation ne s'employa pas seulement pour les crimes ; elle fut pratiquée dans mille autres occasions différentes. Ainsi ces mots si fréquens chez les anciens, *expiare, lustrare, purgare, februare*, signifiaient faire des actes de religion pour effacer quelque faute, ou détourner de sinistres présages.

L'usage des expiations, innocent par lui-même, devint, entre les mains de la superstition, une source intarissable de pratiques ridicules, dont l'avarice et l'hypocrisie des prêtres multiplièrent tellement les abus, qu'elles allumèrent la bile de Juvénal, qui s'exprime ainsi à ce sujet dans sa VI<sup>e</sup> satyre : « Vois-tu fondre, chez la pieuse épouse, la foule des prêtres de Cybèle et de Bellone ? Vois-tu ce personnage gigantesque, et vénérable aux yeux de ses vils subalternes ; cet homme qui, s'étant autrefois privé des sources de la vie, n'est plus homme qu'à demi, mais à qui la cohorte enrouée et les tambours plébéiens cèdent unanimement l'honneur du pas, et la tiare phrygienne ? L'entends-tu parler avec emphase ? Redoutez, lui dit-il, les approches de septembre et les vents du midi, si vous n'expiez pas vos fautes par une offrande de cent œufs ; si vous ne me donnez vos robes couleur de feuille-morte, afin de détourner sur elles les malignes influences qui vous menacent dans le cours de l'année.

« Au plus fort de l'hiver, elle ira, dès la pointe du jour, briser la glace du Tibre ; elle y plongera par trois fois sa tête intimidée : de là, tremblante et toute nue, elle se traînera sur ses genoux ensanglantés autour du champ de Tarquin-le-Superbe. S'il lui dit : Partez ; la blanche Io l'ordonne ! elle ira jusqu'aux confins de l'Égypte ; elle en rapportera des eaux chaudes puisées dans l'île de Meroé, pour les répandre dans le temple d'Isis, voisin de l'antique demeure du pâtre Romulus. Elle croit, n'en doutez pas, avoir entendu la voix de la déesse. Et voilà les êtres privilégiés à qui les dieux parlent dans la nuit !

« Tels sont les prestiges qui consacrent ce pontife escorté d'un troupeau de prêtres tondus et revêtus de lin, ce vagabond, ce nouvel Anubis, qui se rit de la superstition des folles qu'il aveugle et séduit. Il prie encore pour celles qui cédèrent aux désirs de leurs époux pendant les jours de continence et de fêtes solennelles. Vous avez encouru, leur dit-il, un châtiment rigoureux; car j'ai vu le serpent d'argent remuer sa tête. Ses larmes feintes et ses formules préparées apaisent enfin Osiris : bien entendu qu'on l'avait déjà gagné par l'offrande d'une oie grasse et d'un gâteau. Mais est-il vrai qu'il daigne communiquer avec ces insensés? dans ce cas, l'Olympe est bien oisif, et vous autres dieux, bien désœuvrés là-haut! »

## CHAP. CV.

Page 82, ligne 14. *Nec non eodem futurus navigio.* Nodot, qui, non content d'avoir attribué à Pétrone des fragmens de sa façon, se permet fréquemment d'altérer le texte authentique de notre auteur, dénature ainsi ce passage : *Non omen facturus navigio, hospitio, mihi;* et il traduit : « Je ne l'ai pas fait pour attirer aucun malheur sur le vaisseau, puisque j'étais dedans. » J'avoue franchement que je ne comprends pas cet endroit ainsi défiguré par Nodot, même après avoir lu sa traduction, et il me semble que le texte généralement adopté est beaucoup plus clair ; en voici l'explication : « J'ai ordonné que l'on délivrât mes esclaves de leur longue chevelure, parce que, devant faire route avec eux sur le même vaisseau, je ne voulais pas me trouver à bord avec des malheureux couverts de ces signes de deuil et de châtiment; j'ai voulu me rendre les auspices favorables en leur faisant raser la tête. » Il est notoire que les anciens regardaient comme un fâcheux présage de se trouver sur le même vaisseau avec des malheureux et des coupables, et même d'habiter auprès d'eux sous le même toit. Ils croyaient qu'en pareil cas le crime d'un seul homme retombait sur ceux qui l'entouraient. C'est ce qu'Horace exprime dans son ode 2 du livre III :

........Vetabo, qui Cereris sacrum
  Vulgarit arcanæ, sub iisdem
    Sit trabibus, fragilemque mecum
  Solvat phaselum. Sæpe Diespiter
Neglectus, incerto addidit integrum.

Théophraste, περὶ Δειλίας, se moque de ceux *qui, à la moindre agitation des vagues, demandent si tous les passagers sont initiés.* D'ailleurs les cheveux longs et en désordre étaient regardés par les anciens comme la marque distinctive des coupables. *Voyez* PLINE LE JEUNE ( lettre 27 du liv. VII) : *Reis moris est submittere capillum;* AULU-GELLE (liv. III, ch. 4) : *Quum rei tenemur, capillum demittimus;* et le poète FORTUNAT :

> . . . . . . . . . . Et longa catena reorum
> Accrescente coma. . . . . . . .
> ( *De S. Martino* , lib. IV.)

Page 82, ligne 23. *Ut Tutela navis expiaretur.* — *Tutela navis*, la divinité dont l'image décorait la proue du vaisseau, et qui lui donnait son nom. C'est ce que Lutacius explique en ces termes : *Tutelam navis intelligimus cum gubernatore navigare. Habent enim pictos præsules, quorum nominibus nuncupantur et naves.* Du reste, cet usage existe encore de nos jours, et nos bâtimens portent le nom de la figure représentée sur leur proue.

Page 84, ligne 1. *Placuit quadragenas utrisque plagas imponi.* Quand on condamnait au fouet ou à quelque autre châtiment semblable, on marquait dans la sentence le nombre de coups que le coupable devait recevoir. Les Romains avaient pris cette coutume des Égyptiens, qui eux-mêmes la tenaient des Juifs, comme le prouve la loi de Moïse (*Deutéronome*, ch. XXV, versets 2 et 3) : *Sieum, qui peccavit, dignum viderint plagis, prosternent et coram se facient verberari. Pro mensura peccati erit et plagarum modus, ita duntaxat, ut quadrigenarium numerum non excedant, ne fœde laceratus ante oculos tuos abeat frater tuus.* Or, les Juifs étaient si religieux observateurs de cette loi, qu'ils ne donnaient jamais que trente-neuf coups aux criminels, de peur de se tromper et d'outre-passer le nombre fixé. Nous en avons la preuve dans la seconde épître de saint Paul aux Corinthiens (ch. III, verset 24), où il dit *qu'il a été maltraité cinq fois par les Juifs, et qu'à chaque fois il a reçu quarante coups moins un.* On remarquera en passant que le nombre de quarante coups, prescrit par la loi de Moïse, est celui que Lycas fait donner à Encolpe et à Giton.

Les coups de corde ou de *garcette* sont encore aujourd'hui le châtiment qu'on inflige sur les vaisseaux.

Page 84, ligne 4. *Tres plagas spartana nobilitate concoxi.* Les Spartiates faisaient fouetter leurs enfans jusqu'au sang devant les autels, afin de les accoutumer de bonne heure à la souffrance; et il ne leur était pas même permis de jeter un seul cri. Ce qui a fait dire à Cicéron (*Tusculanes*, liv. II) : *Spartæ vero pueri ad aram sic verberibus accipiuntur, ut multus e visceribus sanguis exeat : nonnunquam etiam, ut, quum ibi essem, audiebam, ad necem : quorum non modo nemo exclamavit unquam, sed ne ingemuit quidem.* Il ajoute plus loin (liv. VI) : *Pueri spartiatæ non ingemiscunt verborum dolore laniati.*

Ligne 8. *Jam Giton mirabili forma exarmaverat nautas.* Ovide dit de même (livre II des *Amours*, élégie 5) :

> Ut faciem vidi, fortes cecidere lacerti :
> Defensa est armis nostra puella suis.

Ligne 20. *Quem homo prudentissimus.* Pétrone appelle ici Lycas *homo prudentissimus*, par ironie. Scioppius a donc tort de vouloir lire *imprudentissimus*, ce qui détruit tout le sel de cette plaisanterie; c'est aussi à tort que Douza et Gonsalle de Salas lisent *pudentissimus*. — *Prudentissimus* est pris ici dans le même sens que *prudens*, qui sait, *prudens homo*, un homme instruit, un habile homme.

Ligne 25. *Quod ergastulum intercepisset nos errantes?* Tout le monde sait qu'*ergastulum* était une prison où l'on renfermait les esclaves, et où on les obligeait à travailler, tout enchaînés qu'ils étaient; mais de nombreux passages des auteurs latins prouvent qu'on y renfermait aussi d'autres coupables, quelles que fussent d'ailleurs leur naissance et leur condition. *Voyez* SUÉTONE (*Vie d'Auguste*, ch. XXXII) : *Rapti per agros viatores sine discrimine, liberi servique, ergastulis possessorum supprimebantur.* Dans ce passage, *viatores* doit évidemment s'entendre dans le même sens qu'*errantes* dans Pétrone, *des vagabonds.* Suétone dit encore (*Vie de Tibère*, ch. VIII) : *Curam administravit.... repurgandorum tota Italia ergastulorum, quorum domini in invidiam venerant, quasi exceptos suppriremerent, non solum viatores, sed et quos sacramenti metus ad hujus-*

*modi latebras compulisset.* Dans ces deux phrases, *supprimere* est synonyme d'*intercipere.*

## CHAP. CVI.

Page 86, ligne 11. *Lycas, memor adhuc uxoris corruptæ.* C'est sur ce passage, sans nul doute, que Nodot, dans ses prétendus fragmens retrouvés à Bellegrade, s'est fondé pour forger toute cette histoire des amours de Lycurgue avec Ascylte, d'Encolpe avec Doris, de Lycas, époux de celle-ci, avec le même Encolpe, et de Tryphène avec Encolpe et Giton à la fois ; cette histoire si embrouillée et si peu vraisemblable, qui remplit presque tout le chapitre XI, lequel ne contient pas moins de onze pages de texte, et qui, par sa longueur, est hors de toute proportion avec les autres chapitres de cet ouvrage. Cette interpolation, facile à reconnaître par les fréquens gallicismes qui s'y trouvent, excita surtout la bile de Breugières de Barante, qui attaqua ces nouveaux fragmens dans ses *Observations,* auxquelles Nodot répondit avec aigreur par sa *Contre-Critique,* comme on l'a vu dans les *Recherches sceptiques* placées en tête de notre traduction. Je pense que le lecteur ne sera pas fâché de connaître quelques-unes des objections que Breugières fit à Nodot, à propos de ce chapitre XI, et la manière dont Nodot y répondit. Je prie le lecteur, pour mieux comprendre les unes et les autres, d'avoir sous les yeux le chapitre en question. J'ai eu soin de faire imprimer en italique les objections, pour qu'on puisse plus facilement les distinguer des réponses de Nodot. Quant à mes observations personnelles, je les ai placées entre parenthèses.

*Considérons à présent quelle gêne et quelle torture paraissent dans le fragment qui conduit Encolpe, Ascylte et Giton dans le château de Lycurgue. On les y fait aller pour donner l'intelligence de ce qui suivra, et que quand on parlera de Lycas, de Tryphène et de Doris* (comme dans les chapitres C, CI, CIV, CV et suivans), *ce ne soient plus des personnages inconnus.* — Hé bien, que trouvez-vous à redire à cela ? cette conduite n'est-elle pas d'un auteur de bon sens ? Rien ne paraît gêné dans ce discours (Nodot veut dire dans ce fragment), et je ne vois pas que Pétrone se soit donné la torture pour écrire si naturellement. (Permis à Nodot de trouver naturel le style de ce fragment dont il est le père : bien des lecteurs ne seront pas de son avis.)

*Encolpe et Ascylte* (après la querelle qu'ils ont eue au sujet de Giton, au chapitre X, et dans laquelle ils se sont dit toutes leurs vérités, et se sont traités réciproquement d'infâmes débauchés, d'assassins et de coupe-jarrets) *se rendent en pèlerinage au château de Lycurgue, où ils trouvent en bonne compagnie* (c'est-à-dire une compagnie digne d'eux) *Lycas qui, selon les apparences, y avait aussi peu affaire que la coquette Tryphène. Lycas, Encolpe, Giton et Tryphène ne trouvant pas qu'on vécût assez librement chez Lycurgue, prirent le parti de s'en aller à la maison de Lycas, où ils espéraient d'être plus à leur aise, et comptaient de faire meilleure chère.* — Je vous avoue que vous commencez à m'embarrasser pour vous répondre ; tantôt je vous vois si confus, que j'ai peine à débrouiller ce que vous prétendez montrer clairement ; et tantôt vos connaissances sont si bornées, qu'il ne leur est pas permis de parvenir à celle de l'auteur : car de croire qu'il y ait de la malice en votre fait, je ne puis me l'imaginer. Toutefois, comment se peut-il faire, sans malice ou sans ignorance, que vous donniez un tout autre sens au texte que celui qu'il renferme. (Nodot se fâche, comme on voit ; ce n'est pas la meilleure manière de répondre ; et ne pourrait-on pas lui dire, comme ce philosophe qui vit tomber la foudre à ses pieds, au moment où il parlait contre les dieux : *Bon Jupiter ! tu te fâches ; donc tu as tort ?* )

*Les trois vols que font Encolpe, Ascylte et Giton sont tout-à-fait impossibles.* — Il n'y a que deux vols, vous n'en trouverez pas davantage. (J'en demande bien pardon à Nodot, il y a trois vols ; il y en a même quatre : 1º le vol du voile et du cistre d'Isis ; 2º celui des effets les plus précieux de la campagne de Lycurgue ; 3º la bourse qu'Ascylte ramasse à terre, et avec laquelle il s'enfuit aussitôt, *crainte de réclamation ;* 4º et enfin, le superbe manteau qu'Encolpe détache de la selle d'un cheval, et qu'il emporte dans la forêt prochaine.)

*Est-il vraisemblable que deux hommes aillent dans un vaisseau, et que, sans être aperçus des matelots qui les reçoivent et leur font honneur, ils s'enfuient chargés de marchandises ; l'autre vol a quelque chose de plus surnaturel. Encolpe et Giton sont enfermés dans une chambre entourée de gardes : Ascylte vient pendant que ces gardes sont endormis ; il ouvre la porte dont il brise la serrure, et, pendant tout ce bruit, les gardes continuent à dormir sur les deux oreilles.* — C'en est assez, je vous arrête encore. Pour faire connaître que vous avez encore falsifié cette citation, lisons ce fragment. Il y est dit qu'Ascylte vint pour délivrer ses amis, et que voyant les gardes endormis, il ouvrit la porte avec un morceau de fer; et cela est aisé à comprendre. (Pas si facile à comprendre. Il fallait que ces gardes fussent bien négligens, pour s'endormir près d'une porte qui n'était fermée qu'avec un verrou de bois, *ligneum claustrum;* d'ailleurs il y a dans le texte même de Nodot: *Serraque delapsa nos excitavit.* Comment se fait-il que la chute de cette serrure réveille Encolpe et Giton sans interrompre le sommeil des gardes?) A cela, que répond Nodot? — L'auteur, dit-il, le marque précisément : *Ob pervigilium altus custodes habebat somnus.* Considérez que Pétrone (ou plutôt Nodot) a tout prévu. Les gardes avaient veillé fort tard, et ils étaient alors dans le premier sommeil, que certaines gens ont si dur, qu'on peut les toucher, et les pousser même fortement sans qu'ils s'éveillent. (Cela est vrai; mais n'est-ce pas le cas de dire avec Boileau :

Le vrai peut quelquefois n'être pas vraisemblable?)

Nous ne poursuivrons pas ces citations qui fatigueraient le lecteur; nous avons voulu seulement lui donner une idée de la polémique de Nodot contre un des plus redoutables adversaires de *ses fragmens.* Burmann, dans sa préface, prouve peut-être encore plus clairement par les gallicismes sans nombre, et même par les solécismes dont ces fragmens sont remplis, qu'ils ne peuvent être de Pétrone. Nous aurons probablement l'occasion de revenir plus tard sur les *Observations* de Breugières, à propos des autres interpolations de Nodot que nous trouverons dans les chapitres suivans.

## CHAP. CVII.

Page 88, ligne 13. *Me, utpote hominem non ignotum, elegerunt.* Eumolpe adresse à Lycas un discours selon toutes les règles de l'art oratoire. Il commence par un exorde insinuant et modeste, où il établit que lui, l'avocat des coupables, n'est pas un homme inconnu à Lycas, à la fois juge et partie dans cette cause; ensuite, pour l'intéresser davantage en faveur de ses cliens, il lui rappelle qu'ils ont été autrefois ses amis intimes, *amicissimi*. Puis arrivant, sans autre préparation, au fait principal, il adresse à Lycas cette question : *Vous croyez peut-être que c'est le hasard qui a conduit ces jeunes gens sur votre bord?* Et il répond aussitôt à cette objection par une raison convaincante : c'est qu'*il n'est pas un seul passager qui ne s'informe avant toutes choses du nom de celui à qui il va confier son existence*. Donc Encolpe et Giton savaient que le vaisseau sur lequel ils s'embarquaient appartenait à Lycas, et cependant ils n'ont pas hésité à y monter; donc ils n'avaient d'autre but, en faisant cette démarche spontanée, que de le fléchir et de rentrer en grâce avec lui. Mais Eumolpe sent que cet argument n'est pas inattaquable, comme nous le verrons bientôt; et, pour l'étayer, il entre dans plusieurs considérations. D'abord, c'est que Lycas n'a pas le droit d'empêcher *des hommes libres* de naviguer où bon leur semble. Secondement, c'est que, lors même que ce serait des esclaves, *le maître le plus cruel pardonne à son esclave fugitif que le repentir ramène à ses pieds*. Enfin, *comment ne pas pardonner à un ennemi qui se livre à notre merci?* Alors Eumolpe, résumant tous ses moyens de défense, interpelle son juge: *Vous voyez, supplians devant vous, des jeunes gens aimables, bien nés*, etc. Avant de terminer, Eumolpe, prévoyant que Lycas lui objectera surtout le déguisement d'Encolpe et de Giton, et le crime dont ils se sont rendus coupables en se faisant tondre sur son bord, se hâte d'aller au devant de ce reproche, en disant *que c'est pour se punir de l'offense qu'ils ont faite à Lycas et à Tryphène, que ces jeunes gens, nés libres, ont fait graver sur leur front ces honteux stigmates de la servitude.*

Lycas, comme on le pense bien, n'est pas dupe d'une pareille ruse, *et réduit*, comme il le dit, *les argumens d'Eumolpe à leur juste valeur;* mais nous ne le suivrons pas dans sa réponse nerveuse, brusque et concise, comme il convenait à un homme de son caractère. Cependant Eumolpe ne se tient pas pour battu, et répond, tant bien que mal, à Lycas. Mais toute son éloquence ne peut parvenir à désarmer la colère de ce marin qui persiste dans son premier arrêt, et exige le supplice des coupables.

Ou je me trompe, ou tout ce plaidoyer, pour et contre, est traité avec beaucoup d'esprit, et offre une scène pleine de naturel et de vérité.

Page 92, ligne 13. *Quœ salamandra supercilia excussit tua?* La salamandre est un animal de la figure du lézard, excepté qu'elle a la tête plus large et la queue plus longue. Les anciens prétendaient que le sang de cet animal, et même sa salive, avaient la propriété de faire tomber les cheveux ou le poil aux endroits qui en étaient frottés, comme si le feu y avait passé. Dioscoride (liv. I, ch. 54) dit qu'il suffit pour cela de se frotter avec le sang de la salamandre; d'autres ajoutent qu'il faut la faire mourir dans l'huile et se servir de cette huile. On sait d'ailleurs que la salamandre passait pour incombustible. C'est ce qui a fait dire à Serenus Sammonicus, ch. IX :

> Seu salamandra potens, nullis obnoxia flammis,
> Eximium capitis tactu dejecit honorem.

Pline va plus loin; il prétend (liv. XXIX, ch. 23) qu'il suffit de frotter quelque partie du corps que ce soit, même le bout du pied avec de la salive de salamandre, pour que le poil tombe à l'instant de tout le corps: *Quum, saliva ejus (salamandrœ) quacumque parte corporis, vel in pede imo respersa, omnis in toto corpore defluat pilus.*

Ligne 14. *Cui deo crinem vovisti.* Les anciens faisaient le sacrifice de leur chevelure dans diverses circonstances : à la naissance de leurs enfans, lorsqu'ils se mariaient, ou lorsqu'ils étaient en deuil d'un proche parent. Nous reviendrons sur cet usage en parlant des chevelures postiches.

Page 92, ligne 14. *Pharmace, responde.* Le mot *pharmacus*, selon Suidas, est susceptible de deux sens : quelquefois il signifie la victime qu'on immolait pour expier le crime de toute une ville : Φαρμάκος ὁ ἐπὶ καθαρμῷ τινὶ πόλεως ἀναιρούμενος; mais le sens le plus général, selon le même Suidas, est celui-ci : Φαρμάκος, μυρεψὸς καὶ ὁ σκευάζων δηλητήρια φάρμακα. *Pharma-*

*cus, unguentarius, et ille qui venenata medicamenta componit.* C'est probablement dans ce dernier sens que Pétrone l'a employé, en faisant allusion à la teinture noire dont Encolpe s'était couvert le visage. Cependant, comme il a dit plus haut, qu'on fit venir les coupables pour savoir, *quorum capitibus debeat navigium lustrari*, on pourrait aussi expliquer *pharmacus* par *victime expiatoire*.

## CHAP. CVIII.

Page 94, ligne 25. *Multi ergo utrinque semimortui labuntur.* Je ne sais pas pourquoi Gronove et Burmann se tourmentent pour corriger ce mot *semimortui* que portent tous les anciens manuscrits, et essaient de lui substituer *sine mora*, qui ne signifie rien, ou *sine morte*, qui n'est guère plus intelligible. Ils l'ont si bien senti, qu'ils se voient forcés, par cette correction, de changer les mots suivans *cruenti vulneribus*, et de lire *incruenti vulneribus*, ou *cruenti sine vulneribus;* ce qui est presque une absurdité: car, s'il y a du sang de répandu, il y a des blessures, quelque légères qu'elles soient. Je ne vois pas non plus sur quoi ils se fondent pour prétendre que toute cette scène de tumulte n'est qu'un combat pour rire. Il est très-vrai que Pétrone en fait un récit plaisant; mais cela n'empêche pas qu'il n'y eut de bons coups donnés de part et d'autre, comme cela arrive souvent en pareil cas, quoique tout finisse par s'arranger à l'amiable. L'auteur le dit positivement: *Quum appareret futurum non stlatarium bellum.* — *Stlatarius, de stlata,* espèce de navire plus large que profond, et dont, pour cette raison, la marche était très-lente. Ainsi *stlatarium bellum* signifiera *une guerre qui n'est pas lente,* ou *une guerre vigoureuse.* On trouve aussi dans les vieux glossaires, *stlatarius,* traduit en grec par ἐργόμωκος, risible, pour rire, pour se moquer; alors, *non stlatarium bellum* signifierait *une guerre qui n'est pas risible,* ou *une guerre sérieuse*: c'est ainsi que j'ai traduit.

Page 96, ligne 5. *Non dissimulata missione.* — *Missio,* de *mittere,* faire grâce, faire quartier. Ce mot s'employait pour les combats de gladiateurs, et c'est probablement de là que Pétrone aura tiré le mot *mittix*, que j'ai proposé, au lieu de *mixcix*, dans ma note, page 345 du tome Iᵉʳ de cet ouvrage.

Page 98, ligne 2. *Nec Medea furens fraterno sanguine pugnat.* Le frère de Médée se nommait Absyrte. Sa cruelle sœur l'ayant tué et coupé en morceaux, les jetait de temps en temps à la mer, afin de retarder son père qui la poursuivait. Cet horrible stratagême lui réussit; car ce malheureux père, occupé à recueillir les membres de ce fils qu'il chérissait, laissa à Médée le temps de s'enfuir avec Jason. Apollodore (liv. I) ajoute que Jupiter eut une telle horreur de ce crime, qu'il souleva une tempête dont les Argonautes eurent beaucoup à souffrir : Μηνίσας δὲ Ζεὺς ὑπὲρ τοῦ φονευθέντος Ἀψύρτου, χειμῶνα λάβρον ἐπιπέμψας ἐμβάλλει πλάνην.

Ligne 3. *Heu! mihi fata Hos inter fluctus quis raptis evocat armis?* Cette phrase, quoique difficile et embrouillée, peut cependant se construire et s'expliquer ainsi : *Quis* (sous entendu *vestrum*) *evocat fata mihi*, appelle la mort sur ma tête, *inter hos fluctus*, au milieu des flots qui nous entourent, *raptis armis*, en prenant les armes! *Cui mors una non est satis?* A qui une seule mort ne suffit-elle pas?

Ligne 6. *Gurgitibusque feris alios imponite fluctus.* Nodot lit *altas*, et traduit ainsi : *Les crimes que vous allez commettre obligeront les dieux à élever une tempête pour vous faire périr.* Je ne pense pas que l'on puisse dire dans ce sens, *altos fluctus gurgitibus imponere*. — *Alios*, au contraire, n'offre rien que de simple et de naturel, *imponere alios fluctus gurgitibus*, c'est ajouter de nouveaux flots à ceux de la mer; le sens de la phrase est donc, *ne grossissez pas les flots de la mer par ceux de votre sang*.

## CHAP. CIX.

Page 98, ligne 13. *Ex tui animi sententia.* C'était la formule ordinaire et sacramentelle des traités et des sermens chez les Grecs comme chez les Romains : Κατὰ νῦν, ἀπὸ καρδίας. On trouve dans une inscription ancienne rapportée par Fabrettus : EX MEI ANIMI SENTENTIA, UT EGO IIS INIMICUS ERO, QUOS C. CÆSARI GERMANICO INIMICOS ESSE COGNOVERO.

Page 100, ligne 12. *Pelagiœ consederant volucres, quas textis arundinibus, etc.* Ces roseaux étaient si adroitement préparés, qu'on les allongeait ou les diminuait à volonté; si bien qu'en mettant au bout une petite baguette enduite de glu, on les approchait insensiblement des oiseaux sans qu'ils s'en aperçussent, et on les prenait de la sorte. La facilité que ces gluaux avaient de s'allonger, les avait fait nommer *crescentes*. Martial l'explique clairement, liv. IX, épigr. 55 :

> Aut crescente levis traheretur arundine præda,
> Pinguis et implicitas virga teneret aves.

Ligne 16. *Jam Tryphœna Gitona extrema parte potionis spargebat.* Cette manière de plaisanter a existé de tout temps, et elle était fort en usage chez les Romains, qui, dans leurs banquets, s'amusaient souvent à jeter au nez des spectateurs le fond de leurs verres : ils avaient même dressé à ce manège les éléphans destinés aux jeux publics, comme Élien le rapporte dans son *Histoire des animaux* (liv. II, ch. 2). Cependant, selon Gonsalle de Salas, on pourrait aussi entendre ce passage en ce sens, que Tryphène présentait à Giton le reste du vin qu'elle avait bu ; ce qui serait plus délicat et plus galant, quoique *spargebat parte extrema potionis* puisse difficilement se traduire ainsi. Quoi qu'il en soit, voici une anecdote assez curieuse que Caïus Fortunatius rapporte à ce sujet : *Une femme galante avait trois amans; se trouvant un jour à table avec eux, elle baisa le premier, donna le reste de son verre au second, et couronna le troisième.* On demande quel est celui qu'elle aimait le plus ? Je réponds, sans hésiter, celui à qui elle donne à boire le reste de son verre. En effet, couronner un homme est peut-être un témoignage d'estime ou de simple amitié ; en embrasser un autre, cela suppose sans doute de la tendresse pour lui ; mais donner à son amant le reste de son verre, c'est une preuve d'amour bien plus intime. Ovide me confirme dans cette opinion par ce précepte de son *Art d'aimer* (liv. I, v. 575) :

> Fac primus rapias illius tacta labellis
> Pocula ; quaque bibet parte puella, bibas.

# NOTES.

Page 100, ligne 22. *Quod solum formæ decus est, cecidere capilli.*
Le lecteur ne sera pas fâché peut-être de savoir comment Boispréaux, un des derniers traducteurs de Pétrone, a traduit ce passage. Je cite ce morceau, parce qu'il m'a paru un des meilleurs et des plus élégans de sa version ; j'ai indiqué en italique les endroits qui m'ont paru les plus faibles :

>Ton front triste et confus perd sa riche parure ;
>L'hiver prématuré dépouille *ta verdure.*
>Dans vos propres bienfaits, impitoyables dieux ;
>Des malheureux mortels êtes-vous envieux ?
>*Ce qui fait la beauté de la vive jeunesse,*
>*Augmente, en périssant, l'horreur de la vieillesse.*
>Aux cheveux d'Apollon tu comparais les tiens ;
>*L'Amour, sans préférence, en eût fait ses liens.*
>Tu nous fuis à présent, tu crains les yeux des belles,
>Toi qui n'étais pas fait pour trouver des cruelles.
>La Parque, *en retranchant* des ornemens si chers,
>Prélude sur tes jours, et te voue aux enfers.

Je n'ai pas besoin de faire sentir au lecteur combien cette imitation est pâle, prosaïque, et combien surtout elle est inférieure à celle de M. de Guerle dont nous avons enrichi notre traduction.

## CHAP. CX.

Page 102, ligne 15. *Corymbioque dominæ pueri adornat caput.*
Ce n'est pas d'aujourd'hui, comme l'on voit, que les femmes, et même bon nombre d'hommes, s'efforcent, par mille inventions, de tromper les yeux, et empruntent le secours de l'art pour cacher leurs défauts naturels. M. de Guerle, dans son *Éloge des Perruques,* prouve que les chevelures postiches sont presque aussi anciennes que le monde. Comme cet ouvrage, tiré à un très-petit nombre d'exemplaires, est devenu fort rare, on me permettra d'en extraire un assez long fragment qui offrira au lecteur une histoire complète de la perruque chez les anciens. Cette citation aura d'ailleurs l'avantage de jeter un peu de gaîté dans ces notes. On y trouvera, je pense, une plaisanterie fine et légère, jointe à une érudition variée, sans être superficielle. Écoutons le moderne Mathanasius.

« J'ignore pourquoi les jésuites de Trévoux, Furgaut et plusieurs autres, ont prétendu qu'il n'y avait pas chez les anciens de têtes à perruques. L'histoire, la poésie, la tradition et les monumens deposent contre leur témoignage. L'un de nos plus graves historiens, Legendre, l'a solennellement réfuté, en attestant que la perruque était commune chez les Romains et chez les Grecs. A l'autorité de Legendre se joint celle du savant auteur dont l'ouvrage a pour titre : *Mœurs et Usages des Romains*; ce fut, dit-il, vers le commencement de l'empire que s'introduisit à Rome l'usage commode des perruques. Ménage, dans son *Dictionnaire étymologique*, et Saint-Foix ont également reconnu l'antiquité de la perruque.

« Quelle ville fut son berceau ? La perruque eut le sort d'Homère, et la question reste à résoudre. Dans sa glose sur le *Livre des Rois*, un rabbin, grand commentateur, voulant rapporter à son pays l'honneur d'une découverte aussi utile, attribue l'invention des perruques à Michol, fille, comme on sait, du roi Saül. Dans ce système, la perruque serait juive, et n'aurait guère que deux mille huit cent cinquante-huit ans, à quelques jours près. Ce calcul me paraît mesquin. Et puis cette peau de chèvre dont Michol, pour sauver son pauvre mari des fureurs de Saül, s'avisa de coiffer une statue, quelle ressemblance avait-elle, je vous prie, avec une perruque ? La prétention du rabbin est donc sans fondemens. Dans son épithalame pour Julie, saint Paulin s'est permis, il est vrai, de dire, en parlant des filles de Sion :

> Quæque caput passis cumulatum crinibus augent,
> Triste gerent nudo vertice calvitiem.

ou, comme le traduit un de nos vieux poètes :

> Pour les punir d'avoir porté perruque,
> Le Seigneur Dieu va mettre à nu leur nuque.

Mais ce distique ne peut tirer à conséquence. Saint Paulin n'avait d'autre but que d'empêcher Julie de se damner pour une perruque : il faut bien lui pardonner l'anachronisme en faveur de l'intention.

« Les historiens profanes n'ont pas été plus heureux dans leurs recherches. Je ne vois pas sur quelle autorité pouvait se fonder Cléarque, par exemple, quand il plaçait chez les Iapigiens, c'est-à-dire dans l'ancienne Pouille, la première tête à perruque. Selon moi, l'origine des perruques se perd dans la nuit des temps; elles dûrent naître chez les femmes avec l'envie de plaire. Fille de la coquetterie, la perruque est donc aussi ancienne que le monde. C'est aussi le sentiment de Rangon, dans son traité *de Capillamentis;* et ce sentiment est d'autant mieux motivé, qu'il repose sur une certitude morale qui, dans cette occasion, vaut bien toutes les certitudes physiques et métaphysiques possibles. Mais ne nous brouillons point avec les chronologistes; dans leur mauvaise humeur, ils pourraient nous accabler sous le poids des chiffres. Abandonnons-leur donc les temps fabuleux de la perruque, et descendons au siècle de Cyrus.

« Au rapport de Posidippe, cité par Élien (liv. I, ch. 26 de ses *Histoires diverses*), la parure ordinaire de la belle Aglaïs, fille de Mégacle, contemporain de Cyrus, était une perruque ornée d'une aigrette. Qui ne sait qu'aux funérailles d'Adonis, les Phéniciennes devaient, à la déesse Ergetto, la Vénus de Tyr, le sacrifice de leur pudeur, ou celui de leurs cheveux? Assurément les Phéniciennes ont porté perruque. Cette assertion, fondée sur la présomption de leur sagesse, devient une démonstration par le témoignage de Saint-Foix. Voici comme il raconte la chose dans ses *Essais sur Paris.* Après avoir parlé de l'embarras où l'alternative plaçait sans cesse la pudeur des beautés de Tyr et de Sidon, il ajoute : « L'argent que quelques-unes recevaient pour prix de « leurs complaisances, appartenait à la déesse ; c'était le casuel « des prêtres. Un particulier, peut-être un mari, un jaloux, ima- « gina les perruques, et les proposa aux femmes qui ne voulaient « ni se prostituer, ni perdre leurs cheveux. L'invention parut « commode, mais elle excita la réclamation des prêtres : ils dé- « cidèrent que les perruques pouvaient nuire à leurs droits, et « les perruques furent défendues. » Quelle rude épreuve pour la chasteté des Phéniciennes !

« Mausole, roi de Carie, aimait beaucoup l'argent, et ses peuples aimaient presque autant leurs cheveux. Que fit Mausole? Aristote nous l'apprend (*Économ.*, liv. II). En vertu d'un ordre secret du roi, les magasins se remplissent tout à coup de perruques achetées au rabais chez les nations voisines. A peine furent-elles toutes accaparées, qu'un édit solennel vint condamner les têtes lyciennes, sans distinction d'âge ni de sexe, à se faire tondre dans les vingt-quatre heures. La désolation fut extrême ; mais il fallut obéir : un refus eût attiré plus que la perte des cheveux. Alors les magasins s'ouvrent, les perruques sont mises à l'enchère, la concurrence en élève le prix à un taux excessif ; et voilà le trésor du prince enrichi de plusieurs millions. Ce roi-là savait spéculer sur le luxe ; et le monopole des perruques ne l'a pas rendu moins célèbre que le monument superbe où la chaste Artémise le fit loger quand il fut mort.

« Si l'on en croit Suidas et Tite-Live (liv. XXI), Annibal, ce guerrier non moins fameux par ses ruses que par son courage, afin de mieux échapper aux embûches des Gaulois, changeait souvent d'habits et de perruques. Appien (*Histoire de la guerre d'Espagne*, ch. IX) dit que, pour jeter l'épouvante dans les rangs ennemis, les Ibères, sous la conduite de Viriatus, arborèrent des perruques à longues queues. Les lois assyriennes défendaient, aux jeunes gens des deux sexes, de se marier avant d'avoir coupé leurs cheveux, et de les avoir appendus dans le temple de Bélus, en l'honneur de l'immortel brochet Oannès. Tous les mariages se faisaient donc à Babylone, en perruque. Le même usage avait lieu chez les Grecs de Trézènes ; mais là, c'était au pudique Hippolyte qu'étaient consacrées les dépouilles des têtes vierges. Voyez *Histoire de la déesse de Syrie*, faussement attribuée à Lucien.

« Héritiers des arts, enfans de l'Égypte et de la Phénicie, les Grecs ne pouvaient manquer d'être d'excellens perruquiers. La perruque se nommait chez eux φηνάχη (imposture) ; c'est Ménage qui nous l'apprend. Et qu'est-ce en effet qu'une perruque, sinon l'officieux mensonge d'une chevelure artificielle ? D'après quelques passages de Thucydide (*Préface de la guerre du Péloponnèse*), on voit que les jeunes Athéniennes préféraient, parmi les perruques, celles dont les tresses blondes, repliées sous un réseau transparent, s'y cachaient à moitié pour briller davantage.

D'autres aimaient à ramener ces tresses sur le sommet du front, où des aiguilles d'or les tenaient arrêtées. La tête de ces aiguilles avait la forme de cigales auxquelles il ne manquait que la voix, et qui, dans un balancement perpétuel, semblaient toujours prêtes à s'envoler. Les petits-maîtres, du temps d'Aristophane, avaient mis à la mode la coiffure d'enfant, ou la perruque à la jockei : c'était celle de l'efféminé Cratinus ; et, si l'on en croit Ovide, Sapho, pour plaire à Phaon, plaçait dans sa perruque des poinçons garnis de perles.

« Il est évident qu'à Rome la mode des perruques était devenue générale vers les derniers temps de la république. Tibulle, Ovide, Properce et Gallus ont chanté les perruques de leurs maîtresses, dans une foule de jolis vers. Il fallait, dit un grave académicien (l'abbé Nadal, *Dissertation sur le luxe des dames romaines*), il fallait, pour l'ornement d'une tête romaine, les dépouilles d'une infinité d'autres têtes. Tantôt les cheveux flottaient sur les épaules au gré des vents, tantôt ils s'arrondissaient en boucles sur un sein d'albâtre. Souvent on en tressait des couronnes ; quelquefois ils s'élevaient à pic, et laissaient à découvert l'ivoire d'un joli cou. Ce fut Plotine, femme de Trajan, qui introduisit à Rome ces perruques *à l'Andromaque*, dont parle Juvénal dans sa sixième satyre. Elles s'élevaient par étages sur le devant de la tête, et formaient une espèce de turban à triple rouleau : c'était la coiffure favorite des femmes à petite taille. L'illustre Adrien Valois a recueilli quatorze médailles d'impératrices romaines ; et sur chacune de ces médailles, on voit une perruque différente. Les dieux même honoraient les perruques d'une protection spéciale. Les prêtres de Diane, selon saint Maxime (dans ses *Homélies*), portaient une perruque courte à cheveux hérissés. La coquetterie, si l'on en croit Dion Chrysostome (*Oratio de cultu corporis*), s'était glissée jusque sur les autels. C'est là que la majesté des dieux s'accroissait encore de la majesté des perruques. On murmura plus d'une fois tout bas contre Apollon qui, non content de briller dans les cieux par sa chevelure d'or, accaparait encore sur la terre, pour parer ses images, les plus belles perruques de Rome. Les prêtres de la bonne Cybèle tenaient en réquisition permanente le génie des coiffeuses ; ils leur disputaient, souvent avec avantage, l'honneur de rajeunir, à l'aide des colifichets de la mode, les vieux attraits de la mère des dieux. L'aiguille dont ils se servaient pour la coiffer était devenue miraculeuse; et Servius la place à côté du sceptre de Priam et du bouclier de Romulus, parmi les gages de la gloire et de la durée de l'empire romain. Mais de toutes les perruques divines, nulle n'était plus imposante que la perruque de Jupiter *Multi-comans*.

« Martial, plus malin que galant, critiqua seulement l'abus des perruques. Tête chaussée, *calceatum caput!* s'écriait-il quelquefois (liv. XII, épigr. 45). Seize siècles avant que Boileau eût plaisanté l'abbé Pochette sur ses sermons d'achat, Martial avait déjà dit, à peu près de même (liv. VI, épigr. 12) :

> Jurat capillos esse, quos emit, suos
> Fabulla : numquid illa, Paulle, pejerat ? nego.

Plus loin, il ajoute (liv. XII, épigr. 23) :

> Dentibus, atque comis, nec te pudet, uteris emptis :
> Quid facies oculo, Lælia ? non emitur.

Mais qu'est-ce que cela prouve ? Il est clair que Martial n'en voulait qu'aux vilaines têtes à perruque.

« Les médailles nous montrent les têtes impériales d'Othon, de Commode, de Poppée, de Julie, de Lucile, ornées de *capillamens* : c'était le nom générique des perruques romaines. Les petites-maîtresses avaient sur leur toilette diverses espèces de perruques pour les différentes heures du jour. Elles portaient en chenille le *galericon* : c'était une sorte de petit casque qui donnait à leurs traits, avec un air cavalier, quelque chose de plus piquant. Le *corymbion* était pour les visites d'étiquette, les promenades et le spectacle. Cette coiffure d'apparat avait un volume immense ; elle ressemblait assez à celle des Bacchantes. Othon, au rapport de Suétone, se servait du *galericon* pour cacher sa calvitie ; Caligula, sous la même perruque, courait lutiner dans l'ombre les prostituées de Rome ; et Messaline, abaissant, la nuit, devant la coiffure blonde des amours, la majesté du diadème, allait *incognito* provoquer dans les camps les robustes caresses des soldats romains (*voyez* la satyre VI de Juvénal). Mais la perruque la plus fameuse de l'antiquité fut, sans contredit, la perruque de l'empereur Commode. La description élégante que Lampride en a faite dans la vie de cet empereur (*Historiæ Augustæ scriptores*), lui assure l'immortalité : c'était le *corymbion*, mais le *corymbion* dans tout son éclat. Il faut voir dans l'historien ce prince, apparemment seul avec ses remords et ses craintes, n'osant confier son cou royal au rasoir d'un barbier, ni son front même à l'aiguille des coiffeurs, se brûlant lui-même les cheveux et la barbe, ajustant devant son miroir sa vaste perruque, l'abreuvant de parfums et d'essences, et répandant sur elle des flots de poudre d'or.

« Les chevelures allemandes et gauloises étaient les plus recherchées des perruquiers romains ; leur couleur approchait de celle de l'or. En vain le déclamateur Sénèque (épître CXV, et *de la Brièveté de la vie*) gourmanda les perruques ; on ne l'écouta pas même. L'éloquence chrétienne de Tertullien, dans son traité de la *Toilette des dames*, ch. VII, ne fut pas plus heureuse. Clément d'Alexandrie, dans ses *Stromates* ou *Tapisseries;* Grégoire de Naziance, dans l'*Éloge de Gorgonie*, sa sœur ; saint Ambroise, dans son livre *de la Virginité;* saint Jérôme, dans ses brûlantes *Épîtres*, ne produisirent pas plus d'effet. Ces bons Pères eurent beau nommer les perruques *fourreaux de têtes*, *dépouille des morts*, *édifices de prostitution*, *tours de Satan;* ils eurent beau vouer aux flammes de l'enfer les chevelures postiches, et ceux ou celles qui les portaient, la perruque n'en courut pas moins conquérir l'Europe, l'Asie et l'Afrique ; et l'univers fut peuplé de têtes à perruque, à la barbe des saints et des philosophes.

« C'était surtout les jours de fêtes que brillaient les perruques. Aux calendes de janvier, c'est-à-dire aux premiers jours de l'an, l'étrenne la mieux reçue était une perruque. Si les *Matronales* étaient la fête des dames, elles étaient donc aussi la fête des perruques (OVIDE, *Fastes*, liv. III). Pendant la célébration des Bacchanales, ou, si vous voulez, à l'époque du carnaval romain, la perruque jouait encore un grand rôle ; on y voyait les hommes se mêler aux Bacchantes, la main armée de torches, et la tête affublée de perruques de femmes (S. ASTÈRE, *Hom.*

*in fest. kalend.*). Lisez l'*Ane d or* d'Apulée, liv. XI, vous y verrez, aux processions de la déesse Isis, un dévôt africain paraître en escarpins dorés, en robe de soie traînante, chargé de bijoux et de pierreries, agitant avec mollesse les ondes de sa perruque, et contrefaisant la démarche d'une petite-maîtresse. Il paraît que la coiffe des perruques romaines était une calotte de peau de bouc (MARTIAL, liv. XII, épigr. 45). Elle s'ajustait avec tant de dextérité, qu'on distinguait à peine si la coiffure était postiche. Mais l'art des perruquiers ne tenait pas toujours ferme contre l'opiniâtreté des vents ; et Festus Avienus (*carmen* X) nous a conservé l'anecdote d'un cavalier dont une bise incivile mit tout à coup le chef à nu, aux éclats de rire des malins spectateurs. Tel était l'engouement, que le front chauve qui ne pouvait atteindre au prix courant des perruques, voulait du moins en arborer l'image. Martial (liv. VI, épigr. 57), Farnabe, et Turnèbe (*Adversar.*, cap. XXVII) nous l'apprennent : on se peignait la tête avec des pommades de diverses couleurs ; on donnait à ces croûtes parfumées la figure d'une perruque, et les sillons onduleux dont on savait les orner, jouaient, dit-on, au parfait les tresses de cheveux naturels. Après cela, continue Martial, pour raser, en un moment et sans risque, la plus belle tête du monde, il suffisait d'une éponge.

« Comment les anciens n'auraient-ils pas aimé les perruques ? les cheveux étaient ce qu'ils avaient de plus cher ; et cependant il fallait sans cesse les sacrifier pour en semer le tombeau des morts. Teucer, dans Sophocle (*Ajax furieux*, acte IV, sc. 6), dit au jeune Ajax, en lui montrant la tombe de son père : « Ve-
« nez, enfant ; approchez en posture de suppliant, de celui qui
« vous donna le jour ; demeurez-y les yeux tournés vers votre
« père, ayant en main l'humble offrande de mes cheveux, de
« ceux de votre mère et des vôtres. » Dans le même tragique, Électre (acte I, sc. 5), voyant Chrysosthémis, sa sœur, apporter au tombeau d'Agamemnon les présens de Clytemnestre, s'écrie :
« Pensez-vous que ces hypocrites offrandes puissent expier le
« meurtre de mon père ? Non, non, il n'en sera rien. Laissez là
« ces dons stériles ; faites mieux : coupez vous-même ces boucles
« de cheveux, et joignez-les aux miens. Hélas ! il m'en reste

« peu, je les ai déjà sacrifiés ; mais enfin j'en offre le reste, et
« leur dérangement montre assez ma douleur. » On devait encore se couper les cheveux dans le deuil. Aussi, dans l'*Oreste*
d'Euripide (acte II, sc. 1), le chœur chante-t-il : « Voilà Tyn-
« dare, ce Spartiate chargé d'années, qui s'avance d'un pas pré-
« cipité, couvert de noirs vêtemens, et la tête rasée dans le deuil
« où sa fille le plonge. » Dans la même pièce (acte I, sc. 3),
Électre, toujours plaintive, accuse Hélène de manquer aux
bienséances, parce qu'elle n'a coupé que l'extrémité de ses cheveux après la mort d'une de ses sœurs : « Voyez, dit-elle, avec
« quel artifice cette femme vient de couper l'extrémité de ses
« cheveux sans nuire à sa beauté ! Elle est toujours ce qu'elle
« fut autrefois ! Puissent les dieux te détester, ô toi qui as perdu,
« moi, mon frère, la Grèce entière !.... Ah ! malheureuse que
« je suis ! » A la mort de Masistius, dit Hérodote, liv. IX, les
Perses, pour marquer leur chagrin, non-seulement se rasèrent
la tête, mais ils coupèrent encore le poil à toutes leurs montures : c'est l'expression de Lamothe-le-Vayer. La douleur,
comme tous les extrêmes, est de courte durée ; elle n'attendait
pas, pour s'envoler, que les cheveux eussent repris leur grandeur naturelle. Comment rappeler alors les jeux et les ris autour d'une tête tondue ? c'eût été la chose impossible ; mais on
prenait perruque, et toute la bande des amours, selon l'expression du bon La Fontaine, revenait au colombier.

« Un nouveau motif de tendresse pour les perruques chez la
docte antiquité, c'était la haine religieuse qu'on y portait aux
têtes chauves. Qui ne sait que César lui-même, César au milieu
de sa gloire, vit les brocards de ses soldats poursuivre son front
chauve jusque sur son char de triomphe ? « Voici le chauve
« adultère, criaient-ils en chœur ; maris, cachez vos femmes ! »
*Calvum mœchum duximus; mariti, servate uxores!* César, sans
cheveux, paraissait d'autant plus ridicule, que le nom même de
César rappelait l'idée d'une belle chevelure. Celle de son aïeul
était encore célèbre, et ce fut-elle, dit-on, qui mérita à cet
ancêtre du dictateur, le surnom de César : *Cæsar a cæsarie
dictus.* Pour consoler le vainqueur du monde, et dérober sa
calvitie à la malignité romaine, le sénat permit à César de porter

perpétuellement une couronne de lauriers. Un sénatus-consulte fit ainsi de cette couronne la perruque des héros. Si les couronnes étaient aujourd'hui parmi nous à la mode, combien de simples soldats français pourraient porter, sans être chauves, la perruque de César ! »

Page 102, ligne 16. *Immo supercilia profert de pyxide.* Je viens de prouver, un peu longuement peut-être, mais sans ennui pour le lecteur, j'ose l'espérer, que les perruques, telles qu'elles existent chez nous, étaient connues des anciens. On voit maintenant, par ces mots *supercilia profert de pyxide,* que les dames romaines portaient aussi des sourcils postiches. Martial (liv. IX, épigr. 38) parle d'une coquette qui avait des cheveux, des dents et des sourcils de contrebande :

<pre>
Quum sis ipsa domi, mediaque ornere Suburra,
   Fiant absentes et tibi. Galla, comæ ;
Nec dentes aliter, quam serica, nocte reponas
   Et jaceas centum condita pyxidibus :
Nec tecum facies tua dormiat : innuis illo,
   Quod tibi prolatum est mane, supercilio.
</pre>

Page 104, ligne 2. *Quia flavicomum corymbion erat.* L'auteur soutient ici le caractère qu'il a donné à Tryphène, d'une femme de mauvaise vie, parce qu'il n'y avait que les courtisanes qui portassent des perruques blondes ; les matrones n'en mettaient que de noires : c'est pour cela que Juvénal, dans sa satyre VI, v. 120, nous représente Messaline *cachant ses cheveux bruns sous une perruque blonde :*

<pre>
........Nigrum flavo crinem abscondente galero,
</pre>

pour aller dans une maison de prostitution se livrer à la brutalité publique. Nous ne citerons pas ici ce passage si connu et si justement admiré, non plus que la belle imitation en vers que Thomas en a donnée.

Saint Jérôme, que nous avons déjà cité dans son épître à Léta, *de Institutione filiæ,* lui recommande de ne pas chercher à rendre blonde la chevelure de sa fille : *Ne capillum irrufes.* Ce saint va plus loin ; dans le dessein d'épouvanter Léta sur les suites funestes de la coquetterie, il lui raconte l'histoire suivante:

« Prétexta était autrefois une très-dévote et très-vertueuse femme ; mais un jour, cédant par faiblesse aux instances d'Hymétius, son mari, elle s'avisa de vouloir mettre la vierge Eustochie, sa nièce, à la mode. Elle lui fit donc prendre une perruque et du fard. Mais voilà que tout à coup, la nuit suivante, un esprit apparut à Prétexta pendant qu'elle dormait ; puis, d'une voix épouvantable : « Parce que tu n'as pas craint de préférer l'ordre
« de ton mari à celui de Jésus-Christ ; parce que tu as osé porter
« un doigt profane et sacrilège sur la tête d'une fille de Dieu,
« tes mains vont se dessécher à l'instant. Aux tourmens qui
« t'attendent, tu reconnaîtras, mais trop tard, l'énormité de
« ton crime. Ce n'est pas tout : dans cinq mois, à jour fixe, tu
« mourras ; et l'ange des ténèbres portera ton âme aux enfers.
« Si demain tu ne jettes au feu la perruque et le rouge d'Eusto-
« chie, ton époux et tes enfans périront même avant toi. »

« Vous savez (continue saint Jérôme) que toutes ces menaces ont été exécutées à la lettre. Tandis que cette malheureuse délibérait de faire pénitence, elle fut emportée tout à coup par une mort violente. Voilà comment Jésus-Christ se venge des mondains qui violent et profanent le corps des jeunes filles, qui sont ses temples vivans. »

## CHAP. CXI.

Page 104, ligne 14. *Matrona quædam Ephesi tam notæ erat pudicitiæ.* Ce conte si célèbre de *la Matrone d'Éphèse* a été traduit ou imité dans toutes les langues ; et c'est le premier morceau du *Satyricon* qu'on ait fait passer dans la nôtre, comme on l'a vu dans les *Recherches sceptiques sur le Satyricon* : un clerc, nommé Hébert, la rendit en vers français, vers l'an 1200. Ce sujet a aussi été traité pour la scène, et on lui doit un joli vaudeville. De tous les imitateurs de Pétrone, celui qui a le mieux réussi, c'est La Fontaine, dont on me permettra de reproduire ici le conte, fort joli, sans doute, mais peut-être trop prolixe, trop paraphrasé, et qui est loin, selon moi, de reproduire la piquante simplicité de l'original :

> S'il est un conte usé, commun et rebattu,
> C'est celui qu'en ces vers j'accommode à ma guise.

Et pourquoi donc le choisis-tu?
Qui t'engage à cette entreprise?
N'a-t-elle point déjà produit assez d'écrits?
Quelle grâce aura ta matrone
Au prix de celle de Pétrone?
Comment la rendras-tu nouvelle à nos esprits?
Sans répondre aux censeurs, car c'est chose infinie,
Voyons si dans mes vers je l'aurai rajeunie.

Dans Éphèse il fut autrefois
Une dame en sagesse, en vertu sans égale,
Et, selon la commune voix,
Ayant su raffiner sur l'amour conjugale.
Il n'était bruit que d'elle et de sa chasteté ;
On l'allait voir par rareté ;
C'était l'honneur du sexe : heureuse sa patrie !
Chaque mère à sa bru l'alléguait pour patron :
Chaque époux la prônait à sa femme chérie :
D'elle descendent ceux de la Prudoterie.
Antique et célèbre maison.
Son mari l'aimait d'amour folle.
Il mourut. De dire comment,
Ce serait un détail frivole.
Il mourut ; et son testament
N'était plein que de legs qui l'auraient consolée,
Si les biens réparaient la perte d'un mari
Amoureux autant que chéri.
Mainte veuve pourtant fait la déchevelée,
Qui n'abandonne pas le soin du demeurant,
Et du bien qu'elle aura fait le compte en pleurant.
Celle-ci, par ses cris, mettait tout en alarme
Celle-ci faisait un vacarme,
Un bruit, et des regrets à percer tous les cœurs ;
Bien qu'on sache qu'en ses malheurs,
De quelque désespoir qu'une âme soit atteinte,
La douleur est toujours moins forte que la plainte,
Toujours un peu de faste entre parmi les pleurs.
Chacun fit son devoir de dire à l'affligée
Que tout a sa mesure, et que de tels regrets
Pourraient pécher par leur excès :
Chacun rendit par là sa douleur rengrégée.
Enfin, ne voulant plus jouir de la clarté,
Que son époux avait perdue,
Elle entre dans sa tombe, en ferme volonté
D'accompagner cette ombre aux enfers descendue.

Et voyez ce que peut l'excessive amitié
(Ce mouvement aussi va jusqu'à la folie),
Une esclave en ces lieux la suivit par pitié,
 Prête à mourir de compagnie;
Prête, je m'entends bien, c'est-à-dire, en un mot,
N'ayant examiné qu'à moitié ce complot,
Et jusques à l'effet courageuse et hardie.
L'esclave avec la dame avait été nourrie;
Toutes deux s'entr'aimaient, et cette passion
Était crue avec l'âge au cœur des deux femelles :
Le monde entier à peine eût fourni deux modèles
 D'une telle inclination.
Comme l'esclave avait plus de sens que la dame,
Elle laissa passer les premiers mouvemens;
Puis tâcha, mais en vain, de remettre cette âme
Dans l'ordinaire train des communs sentimens.
Aux consolations la veuve inaccessible,
S'appliquait seulement à tout moyen possible
De suivre le défunt aux noirs et tristes lieux.
Le fer aurait été le plus court et le mieux ;
Mais la dame voulait paître encore ses yeux
 Du trésor qu'enfermait la bière,
 Froide dépouille, et pourtant chère :
 C'était là le seul aliment
 Qu'elle prit en ce monument.
 La faim donc fut celle des portes
 Qu'entre d'autres de tant de sortes
Notre veuve choisit pour sortir d'ici-bas.
Un jour se passe, et deux, sans autre nourriture
Que ses profonds soupirs, que ses fréquens hélas,
 Qu'un inutile et long murmure
Contre les dieux, le sort et toute la nature.
 Enfin sa douleur n'omit rien,
 Si la douleur doit s'exprimer si bien.
Encore un autre mort faisait sa résidence
Non loin de ce tombeau, mais bien différemment,
 Car il n'avait pour monument
 Que le dessous d'une potence :
Pour exemple aux voleurs on l'avait là laissé
 Un soldat bien récompensé
 Le gardait avec vigilance.
 Il était dit par ordonnance
Que si d'autres voleurs, un parent, un ami,
L'enlevaient, le soldat, nonchalant, endormi,

Remplirait aussitôt sa place.
C'était trop de sévérité.
Mais la publique utilité
Défendait qu'on ne fît au garde aucune grâce.
Pendant la nuit il vit, aux fentes du tombeau,
Briller quelque clarté, spectacle assez nouveau.
Curieux, il y court, entend de loin la dame
Remplissant l'air de ses clameurs.
Il entre, est étonné, demande à cette femme
Pourquoi ces cris, pourquoi ces pleurs,
Pourquoi cette triste musique,
Pourquoi cette maison noire et mélancolique?
Occupée à ses pleurs, à peine elle entendit
Toutes ces demandes frivoles.
Le mort pour elle y répondit:
Cet objet, sans autres paroles,
Disait assez par quel malheur
La dame s'enterrait ainsi toute vivante.
— Nous avons fait serment, ajouta la suivante,
De nous laisser mourir de faim et de douleur.
— Encor que le soldat fût mauvais orateur,
Il leur fit concevoir ce que c'est que la vie.
La dame cette fois eut de l'attention:
Et déjà l'autre passion
Se trouvait un peu ralentie:
Le temps avait agi. — Si la foi du serment,
Poursuivit le soldat, vous défend l'aliment,
Voyez-moi manger seulement,
Vous n'en mourrez pas moins. — Un tel tempérament
Ne déplut pas aux deux femelles.
Conclusion, qu'il obtint d'elles
Une permission d'apporter son soupé:
Ce qu'il fit. Et l'esclave eut le cœur fort tenté
De renoncer dès-lors à la cruelle envie
De tenir au mort compagnie.
— Madame, ce dit-elle, un penser m'est venu:
Qu'importe à votre époux que vous cessiez de vivre?
Croyez-vous que lui-même il fût homme à vous suivre,
Si par votre trépas vous l'aviez prévenu?
Non, madame; il voudrait achever sa carrière.
La nôtre sera longue encor si nous voulons.
Se faut-il, à vingt ans, enfermer dans la bière?
Nous aurons tout loisir d'habiter ces maisons.
On ne meurt que trop tôt: qui nous presse? attendons.

Quant à moi, je voudrais ne mourir que ridée.
Voulez-vous emporter vos appas chez les morts?
Que vous servira-t-il d'en être regardée ?
    Tantôt, en voyant les trésors
Dont le ciel prit plaisir d'orner votre visage,
    Je disais : Hélas ! c'est dommage !
Nous-mêmes nous allons enterrer tout cela.
— A ce discours flatteur la dame s'éveilla.
Le dieu qui fait aimer prit son temps : il tira
Deux traits de son carquois : de l'un il entama
Le soldat jusqu'au vif; l'autre effleura la dame.
Jeune et belle, elle avait sous ses pleurs de l'éclat;
    Et des gens de goût délicat
Auraient bien pu l'aimer, et même étant leur femme.
Le garde en fut épris : les pleurs et la pitié,
    Sorte d'amour ayant ses charmes,
Tout y fit : une belle, alors qu'elle est en larmes,
    En est plus belle de moitié.
Voilà donc notre veuve écoutant la louange,
Poison qui de l'amour est le premier degré;
    La voilà qui trouve à son gré
Celui qui le lui donne. Il fait tant qu'elle mange ;
Il fait tant que de plaire, et se rend en effet
Plus digne d'être aimé que le mort le mieux fait;
    Il fait tant enfin qu'elle change ;
Et toujours par degrés, comme l'on peut penser,
De l'un à l'autre il fait cette femme passer.
    Je ne le trouve pas étrange :
Elle écoute un amant, elle en fait un mari,
Le tout au nez du mort qu'elle avait tant chéri.
Pendant cet hyménée, un voleur se hasarde
D'enlever le dépôt commis aux soins du garde :
Il en entend le bruit, il y court à grands pas ;
    Mais en vain : la chose était faite.
Il revient au tombeau conter son embarras,
    Ne sachant où trouver retraite.
L'esclave alors lui dit, le voyant éperdu,
    — L'on vous a pris votre pendu ?
Les lois ne vous feront, dites-vous, nulle grâce?
Si madame y consent, j'y remédierai bien.
    Mettons notre mort en sa place,
    Les passans n'y connaîtront rien.
— La dame y consentit. O volages femelles !
La femme est toujours femme. Il en est qui sont belles;

Il en est qui ne le sont pas :
S'il en était d'assez fidèles,
Elles auraient assez d'appas.

Prudes, vous vous devez défier de vos forces :
Ne vous vantez de rien. Si votre intention
    Est de résister aux amorces,
La nôtre est bonne aussi : mais l'exécution
Nous trompe également ; témoin cette matrone.
    Et, n'en déplaise au bon Pétrone,
Ce n'était pas un fait tellement merveilleux,
Qu'il en dût proposer l'exemple à nos neveux.
Cette veuve n'eut tort qu'au bruit qu'on lui vit faire,
Qu'au dessein de mourir, mal conçu, mal formé ;
    Car de mettre au patibulaire
    Le corps d'un mari tant aimé,
Ce n'était pas peut-être une si grande affaire ;
Cela lui sauvait l'autre : et, tout considéré,
Mieux vaut goujat debout, qu'empereur enterré.

Cette imitation du conte de Pétrone inspire à M. Durand les réflexions suivantes :

« Ce conte n'est que plaisant dans La Fontaine. Mais dans Pétrone, il finit par un trait horrible et qui choque toutes les convenances. Son esprit, qui savait si bien sacrifier aux grâces, aurait dû lui fournir un dénoûment plus aimable. Suivant lui, c'est l'épouse consolée qui propose d'exhumer son mari et de l'accrocher au poteau dépouillé. Au moins le conteur français met cet avis odieux dans la bouche d'une esclave ; ce correctif même n'adoucit que faiblement, selon moi, l'horreur que cette circonstance inspire. »

N'en déplaise à M. Durand, je ne suis pas de son avis. Le dénoûment du conte de Pétrone est tel qu'il devait être. Il voulait prouver, comme il le fait dire en propres termes à Eumolpe, *qu'il n'y a pas de femme, quelque prude qu'elle soit, qu'une passion nouvelle ne puisse porter aux plus grands excès* ; et pour prouver ce qu'il avance, *je vais*, ajoute-t-il, *vous raconter un fait arrivé de nos jours*. C'était, comme on le voit, un fait récent, un fait connu, notoire ; Pétrone n'était donc pas le maître d'en changer le dénoûment. D'ailleurs Flavius, au rapport de Jean de Sarisbéry, dans son traité de *Nug. cur.*, liv. VIII, ch. 11, assure que cette histoire est véritable, et que *la veuve, qui en est l'héroïne, fut punie de son impiété, de son parricide et de son adultere, en présence du peuple ;* ce sont ses propres termes : *mulieremque impietatis suæ, et sceleris parricidalis, et adulterii, in conspectu populi, luisse pœnas.* Apulée a traité un sujet à peu près semblable au livre II de son *Ane d'or,* mais avec beaucoup moins d'enjouement et de grâce que Pétrone ; nous renvoyons, pour la comparaison de ces deux histoires, à l'excellente traduction d'Apulée, donnée par M. Bétolaud, et qui fait partie de la *Bibliothèque Latine-Française.* Il est facile de reconnaître, dans *la Matrone d'Ephèse,* l'origine d'un charmant épisode du conte de Zadig, par Voltaire, celui où une prude, croyant son mari décédé, consent à lui couper le nez dans son tombeau, pour guérir son amant d'une douleur de côté.

Page 106, ligne 6. *Quoties defecerat positum in monumento lumen, renovabat.* Les anciens mettaient des lampes dans les tombeaux ; on prétend même qu'ils avaient inventé, pour les entretenir, une liqueur incombustible, si admirable, que sous le pontificat de Paul III, lorsqu'on fit l'ouverture du tombeau de Tullia, fille de Cicéron, on trouva dedans une lampe qui était encore allumée, et qui s'éteignit aussitôt qu'elle fut en contact avec un autre air que celui dans lequel elle brûlait depuis tant de siècles. Nodot rapporte sérieusement cette histoire dans ses notes ; mais ce fait est aussi vraisemblable que la découverte miraculeuse de son manuscrit de Bellegrade.

Ligne 10. *Imperator provinciæ.* — *Imperator* est pris ici dans le sens de *præfectus,* et signifie simplement le gouverneur, le proconsul de la province. On trouve plusieurs exemples d'*imperator* pris dans ce sens par les meilleurs écrivains. Cicéron, dans son discours *contre Pison,* dit : *Appellatus est hic vulturius, si diis placet, imperator provinciæ.* Salluste, dans son *Jugurtha,* ch. XXIV : *Me, quem vos imperatorem Numidis posuistis.*

Ligne 13. *Ne quis ad sepulturam corpora detraheret.* On refusait la sépulture à ceux qui avaient été condamnés au dernier supplice, et on les laissait suspendus aux gibets pour épouvanter, par ce spectacle, les malfaiteurs qui seraient tentés de les imiter. Cela se pratique encore de nos jours en plusieurs endroits de l'Italie.

Page 106, ligne 20. *Faciemque unguibus sectam.* Cette marque d'une extrême affliction était une coutume que les femmes observaient pour témoigner l'excès de leur douleur. Mais la loi des Douze-Tables abolit cet usage chez les Romains. On trouve dans Cicéron (*Lois,* liv. II): *Mulieres genas ne radunto.* Festus explique ces mots, *radere genas* par *unguibus cruentare.*

Page 110, ligne 11. *Nec venit in mentem, quorum consederis arvis?* Ce vers et le précédent sont empruntés au livre IV de l'*Énéide*, où ils sont employés à peu près dans le même sens que Pétrone leur donne ici. Dans Virgile, Anne conseillant à Didon de ne pas rejeter les services d'Énée qu'elle aime en secret, lui rappelle qu'elle est dans un pays barbare, etc. Ici une servante, qui ne se sent pas d'humeur de mourir de faim, tâche de décider sa maîtresse à se rendre aux empressemens d'un jeune homme qui ne lui est pas indifférent ; et, pour y réussir, elle lui représente l'horreur du lieu où elle se trouve : elle lui a déjà dit précédemment, en citant un autre vers de Virgile :

Id cinerem aut manes, credis, curare sepultos ?

« Croyez-vous qu'une froide cendre et des mânes inanimés se soucient de vos regrets ? »

Mais, dira-t-on peut-être, cette servante, qui cite ainsi Virgile, était donc une savante ? Pas plus que les gens de sa classe parmi nous que l'on entend tous les jours citer Corneille, Racine et Voltaire, qu'ils n'ont sans doute jamais lus, mais dont ils ont retenu quelques vers, en les entendant réciter au théâtre ou ailleurs.

Ligne 12. *Ne hanc quidem partem corporis mulier abstinuit.* Ce passage de notre auteur est remarquable par l'extrême retenue avec laquelle il exprime une idée assez gaillarde ; Pétrone parle dans la suite avec une égale pudeur de l'organe de la virilité, lorsqu'il dit : *Quum a parte corporis, quam ne ad cogitationem quidem admittere severioris notæ homines solent, etc.* Cet endroit et plusieurs autres prouvent que Pétrone, en nous offrant le tableau fidèle de la corruption des mœurs de son siècle, a cependant montré plus de retenue dans ses expressions que Martial, Catulle et plusieurs autres que je pourrais citer, et chez lesquels

Nomen adest rebus, nominibusque pudor.

## CHAP. CXIII.

Page 112, ligne 17. *Et erubescente non mediocriter Tryphœna.* On se doute, d'après les mœurs dissolues que Pétrone attribue à Tryphène, que ce n'était pas par pudeur qu'elle rougissait à la fin du récit d'Eumolpe, mais plutôt au souvenir de quelque aventure semblable à celle de la matrone d'Ephèse, et où elle avait joué peut-être un rôle encore plus coupable.

Page 114, ligne 1. *Non dubie redierat in animum cubile.* Nodot lit *mœchile*, ce qui offre le même sens et fait également allusion à ce que nous avons vu précédemment au ch. CVI : *Lycas memor adhuc uxoris corruptæ.* Burmann, je ne sais pourquoi, imprime *edile*, d'autres *hedile;* le fait est qu'il y a ici une lacune dans les manuscrits anciens, qui portent seulement ces lettres *e... le.*

Ligne 2. *Expilatumque libidinosa migratione navigium.* C'est la première fois qu'il est fait mention du pillage de ce vaisseau dans les manuscrits authentiques. Lycas va y revenir dans le chapitre suivant : *Vestem illam divinam, sistrumque redde navigio.* C'est sur ces deux passages que Nodot s'est fondé, comme nous l'avons déjà dit, pour bâtir cette histoire du pillage qu'Encolpe et Giton font dans le vaisseau d'Isis au ch. XI du *Satyricon.* C'était fort bien à Nodot de compléter le *Satyricon* pour le rendre plus intelligible; mais il fallait se borner là, et ne pas chercher à donner le change aux lecteurs, en offrant ces supplémens comme l'œuvre même de Pétrone. Freinshemius et Brottier, savans illustres, qui écrivaient pour le moins en aussi bon latin que Nodot, n'ont jamais cherché à attribuer à Quinte-Curce et à Tite-Live les supplémens qu'ils ont faits à leurs ouvrages.

## CHAP. CXIV.

Page 120, ligne 2. *Inhorruit mare, nubesque undique adductæ obruere tenebris diem.* Cette description d'une tempête est tracée de main de maître, et annonce le poète qui va bientôt nous offrir un tableau si vrai, si énergique des maux de la guerre civile.

Ligne 7. *Italici litoris Aquilo possessor.* Ces mots rappellent le *Notus Adriæ arbiter* d'Horace, et ce passage de Lucain, liv. II, v. 454 :

>..........Ut quum mare possidet Auster
>Flatibus horrisonis.

On trouve aussi dans Properce, liv. I, élég. 18 :

>Et vacuum Zephyri possidet aura nemus.

Ligne 16. *In mare ventus excussit, repetitumque infesto gurgite procella circumegit, atque hausit.* N'est-ce pas là de la véritable poésie ? cette image de la mer, qui ne semble un instant lâcher sa proie que pour la ressaisir et la plonger de nouveau dans l'abîme, est digne de Virgile, et rappelle ces beaux vers de l'*Énéide*, liv. 1, v. 114 :

>................Ingens a vertice pontus
>In puppim ferit : excutitur, pronusque magister
>Volvitur in caput ; ast illam ter fluctus ibidem
>Torquet agens circum, et rapidus vorat æquore vortex.

Silius Italicus offre un passage semblable :

>..................Correpta sub armis
>Corpora multa virum spumanti vertice torquens
>Immersit fundo.

Page 122, ligne 2. *Ultimum hoc gaudium fatis properantibus rape.* C'est une pensée, souvent reproduite par les anciens et qui semblait leur sourire, que celle de se livrer aux plaisirs à l'approche même de la mort ; elle a inspiré ces jolis vers à Anacréon :

>Ἐγὼ δὲ τὰς κόμας μὲν,
>Εἴτ' εἰσὶν, εἴτ' ἀπῆλθον,

Οὐκ οἶδα· τοῦτο δ' οἶδα,
Ὡς τῷ γέροντι μᾶλλον
Πρέπει τὸ τερπνὰ παίζειν,
Ὅσῳ πέλας τὰ Μοίρης.

En voici la traduction latine, qui reproduit assez bien les grâces de l'original :

At, an comæ supersint,
Defluxerint an omnes,
Hoc nescio ; sed illud
Certe scio, decere
Senem, hoc magis vacare
Amoribus, jocisque,
Quo mors magis propinquat.

Page 122, ligne 9. *Præteriens aliquis tralatitia humanitate lapidabit.* La religion païenne, par la loi appelée *Jus pontificum*, ordonnait, sous peine d'impiété, crime capital, à tous ceux qui trouvaient des corps sans sépulture, de les inhumer, parce que les anciens croyaient que Caron ne passait pas dans sa barque les âmes de ceux qui n'avaient pas reçu les honneurs funèbres ; mais que ces âmes restaient sur le rivage du Styx, exposées à toutes les insultes des Furies qui venaient les tourmenter. On couvrait les corps morts de mottes de terre ; mais si l'on ne pouvait s'en procurer, comme ici, par exemple, sur le bord de la mer, et si l'on n'avait pas ce qui était necessaire pour les brûler, on les cachait sous un amas de cailloux : c'est ce que Pétrone appelle *lapidare*.

## CHAP. CXV.

Page 124, ligne 5. *Mirati ergo, quod illi vacaret in vicinia mortis, poema facere.* Cette préoccupation poétique, d'un homme oubliant tous les dangers qui l'entourent, et composant des vers, même au milieu d'une tempête, a été admirablement décrite par Ovide dans ses *Tristes*, liv. I, élég. 10 :

Quod facerem versus inter fera murmura ponti,
  Cyclades Ægeas obstupuisse puto.
Ipse ego nunc miror, tantis animique marisque
  Fluctibus ingenium non cecidisse meum.
Seu stupor huic studio, sive huic insania, nomen ;
  Omnis ab hac cura mens relevata mea est.

> Sæpe ego nimbosis dubius jactabar ab Hædis :
> Sæpe minax Steropes sidere pontus erat.
> Fuscabatque diem custos Erymanthidos Ursæ ;
> Aut Hyadas sævis hauserat Auster aquis :
> Sæpe maris pars intus erat ; tamen ipse trementi
> Carmina ducebam qualiacumque manu.

Page 124, ligne 23. *Adhuc tanquam ignotum deflebam.* Ce passage semble emprunté presque mot pour mot à ces vers d'Ovide (*Métamorphoses*, liv. XI, v. 719) :

> Qui foret, ignorans, quia naufragus, omine mota est.
> Et *tanquam ignoto lacrymam daret*, Heu, miser, inquit,
> Quisquis es, et si qua es, conjux tibi ! fluctibus actum
> Fit proprius corpus, etc......

Page 126, ligne 7. *Ite nunc mortales, et magnis cogitationibus pectora implete.* Ces réflexions, sur la vanité des projets des mortels, sont pleines de sagesse et d'une véritable philosophie. Juvénal (sat. XII, v. 57) dit à peu près dans les mêmes termes :

> I nunc, et ventis animam committe, dolato
> Confisus ligno, digitis a morte remotus
> Quatuor, aut septem, si sit latissima tæda !

Page 128, ligne 3. *Et Lycam quidem rogus.... adolebat.* Il ne faut pas confondre, dans les auteurs latins, ces trois mots, dont le sens est bien différent : *Pyra, rogus, bustum.* — *Pyra* signifie l'amas de bois qui forme le bûcher ; *rogus*, le bûcher ardent, et *bustum*, le bûcher déjà à demi consumé par le feu. Virgile offre ces différentes nuances dans l'*Énéide*, liv. XI, v. 184 et suiv. :

> Jam pater Æneas, jam curvo in litore Tarchon
> Constituere *pyras* : huc corpora quisque suorum
> More tulere patrum : subjectisque ignibus atris
> Conditur in tenebras altum caligine cœlum.
> Ter circum *accensos*, cincti fulgentibus armis,
> Decurrere *rogos*..........................
> ....................Tum litore toto
> Ardentes spectant socios, *semiusta*que servant
> *Busta*............

## CHAP. CXVI.

Page 130, ligne 9. *Aut captantur, aut captant.* — *Captare*, tâcher de tromper quelqu'un; *captari*, être dupé par quelqu'un, être l'objet de ses flatteries intéressées; *captator*, un coureur de successions. Martial (liv. VI, épigr. 63) adresse ces vers à un certain Marianus, dont l'héritage excitait la convoitise d'un de ces intrigans:

>Scis te captari: scis hunc, qui captat, avarum;
>Et scis qui captat, quid, Mariane, velit.

Pline l'Ancien ( liv. XIV, ch. 1 ) s'élève en ces termes contre cet infâme usage, de courtiser les vieillards pour obtenir un legs dans leur testament : *Postquam cœpere orbitas in auctoritate summa et potentia esse, captatio in quæstu fertilissimo, ac sola gaudia in possidendo: pessum iere vitæ prœtia; omnesque a maximo modo liberales dictæ artes, in contrarium cecidere, ac servitute sola profici cœptum.* Et Ammien Marcellin ( liv. XVIII, ch. 4 ) : *Subsident aliqui copiosos homines, senes aut juvenes, orbos vel cœlibes, aut etiam uxores et liberos, ad voluntates condendas allicientes eos præstigiis miris.*

Ligne 10. *Nemo liberos tollit*: «personne ne lève ses enfans,» parce que la coutume, chez les Romains, était de poser à terre les enfans dès qu'ils étaient nés : si le père voulait prendre soin de leur éducation, il les levait et les embrassait; au contraire, s'il n'était pas dans ce dessein, il les faisait exposer, et les laissait à qui les voulait prendre. Suétone, dans la *Vie de Jules César*, dit : *Deinde humo sustulit pater;* et Térence, dans son *Andrienne*, acte III. sc. 6 :

>Nam quod peperisset jussit tolli.

Festus assure qu'il y avait à Rome une colonne que l'on nommait *Lactaria*, où l'on apportait les enfans trouvés pour leur procurer des nourrices. Les femmes de qualité en prenaient quelquefois, les élevaient, et les faisaient passer pour leurs propres enfans. Juvénal parle ainsi de cet usage, sat. VI, v. 602 :

>Transeo suppositos, et gaudia votaque sæpe
>Ad spurcos decepta lacus, atque inde petitos

Pontifices ; Salios, Scaurorum nomina falso
Corpore laturos. Stat Fortuna improba noctu
Arridens nudis infantibus : hos fovet omnes,
Involvitque sinu : domibus tunc porrigit altis,
Secretumque sibi mimum parat ; hos amat, his se
Ingerit, utque suos ridens producit alumnos.

Page 130, ligne 13. *Qui vero nec uxores unquam duxerunt.* « Trouvez-moi quelqu'un (dit Juvénal, sat. XII) qui sacrifie, en faveur d'un ami qui a des héritiers, seulement une poule malade, et dont les yeux commencent à se fermer. Que dis-je, une poule? on ne sacrifierait pas une caille pour le salut d'un père de famille. Que Paccius et Gallita, ces riches sans enfans, aient ressenti quelques accès de fièvre, les portiques des temples sont aussitôt remplis d'une foule de tableaux dépositaires des vœux de leurs cliens. On en voit qui vont jusqu'à promettre une hécatombe, faute d'éléphans ; car on n'en vend pas à Rome. Mais si Novius et Pacuvius en possédaient un, ils ne tarderaient pas à le conduire aux autels ; les lares de Gallita verraient tomber cette victime, digne de telles divinités et de tels adorateurs.

« Ce Pacuvius, s'il était permis, dévouerait à la mort ses esclaves choisis parmi les plus beaux de l'un et l'autre sexe ; lui-même attacherait sur leur tête les fatales bandelettes ; s'il avait une fille nubile, il livrerait au couteau sacré cette nouvelle Iphigénie, sans espérer que Diane, comme chez les tragiques, dût mettre furtivement une biche en sa place. L'habile homme ! un bon testament est, en effet, de tout autre importance que la flotte des Grecs ; car si Libitine lâche sa proie, le riche patron, vrai poisson dans la nasse, épris d'un trait d'attachement si merveilleux, rayera peut-être son premier testament pour l'instituer son unique héritier.

« Le feu prend-il au palais du célibataire Arturius ? les dames romaines font éclater leur désespoir, la noblesse est en deuil, et le préteur interrompt ses audiences. Le palais brûle encore, et déjà l'on accourt de toutes parts : l'un veut fournir le marbre ; l'autre, faire à ses frais relever le bâtiment ; celui-ci promet les statues les plus rares et les mieux conservées ; celui-là, de superbes morceaux de Polyclète et d'Euphranor ; d'autres offriront les antiques et précieuses dépouilles de la Grèce ; c'est à qui donnera des livres, des tablettes, un buste de Minerve. Dans la même conjoncture, Persicus est encore mieux traité, parce qu'il est le plus opulent de ceux qui n'ont point d'héritiers ; de sorte qu'on pourrait, à juste titre, le soupçonner d'avoir spéculé sur l'incendie de sa maison, et de l'avoir lui-même embrasée. »

Page 130, ligne 16. *Videbitis.... oppidum, tanquam in pestilentia campos.* Pétrone, en traçant cette affreuse caricature, songeait bien moins à Crotone qu'à la capitale de l'empire. Les descriptions que d'autres auteurs en ont faites, sont d'une force de coloris également remarquable, et laissent de Rome une idée vraiment effrayante. Nous nous contenterons d'offrir à nos lecteurs le tableau suivant, tiré d'Ammien Marcellin, liv. XIV, ch. 6 :

« Si vous êtes, à votre arrivée à Rome, dit-il, conduit, comme un honnête étranger, chez un homme opulent, c'est-à-dire très-orgueilleux, vous serez d'abord reçu avec toutes sortes de politesses ; et, après avoir essuyé des questions auxquelles il faut le plus souvent répondre par des contes extravagans, vous vous étonnerez qu'un homme si considérable traite un simple particulier avec tant d'attention ; vous irez même jusqu'à vous accuser de n'être pas venu dix ans plus tôt dans un si beau pays. Mais, lorsqu'encouragé par ce premier accueil, vous retournerez le lendemain pour faire votre cour, vous resterez là comme un homme inconnu et qui tombe des nues, tandis qu'on se demandera tout bas d'où vous êtes et d'où vous venez. A la fin, cependant, vous parviendrez à être reconnu et admis à la familiarité ; mais si, après trois ans d'assiduité, vous vous avisiez de vous éloigner le même espace de temps, on ne vous demandera pas à votre retour le motif de votre absence, car on ne s'en sera pas même aperçu. Bien plus, lorsque le temps viendra de donner ces repas si longs et si perfides pour la santé, on délibérera long-temps si, outre les convives d'obligation, on invitera encore quelque étranger ; et si, après un mur examen, on veut bien s'y résoudre, celui-là seul sera admis, qui, docte en fait de spectacles, monte une garde assidue chez les cochers du Cirque, ou qui est expert dans toutes les subtilités du jeu. Pour les hommes savans et vertueux, on les évite comme des ennuyeux et des trouble-fêtes. Que dirai-je de ces ridicules cavalcades de nos riches fastueux, qui se divertissent à courir la poste dans les rues, au risque de se rompre le cou sur le pavé, traînant à leur suite une si grande quantité de domestiques, que, suivant l'expression du poète comique, ils ne laissent pas même le bouffon pour garder la maison? Et ce divertissement ridicule, les matrones elles-mêmes n'ont pas craint de l'imiter en courant aussi la ville dans des litières découvertes. Le char triomphal marche au centre d'une armée d'esclaves; et l'arrière-garde est formée par les eunuques, dont le nombre et la difformité nous font détester la mémoire de Sémiramis, cette reine cruelle, qui, la première, violant les lois de la nature, fit regretter à cette mère tendre, mais imprudente, d'avoir montré trop tôt, dans les générations à peine commencées, l'espoir des générations futures.

« Avec de pareilles mœurs, on croira facilement que les maisons, où les sciences furent jadis cultivées, ne sont plus maintenant que le réceptacle de plaisirs vains et frivoles; de sorte qu'à la place des orateurs et des philosophes, on n'entend plus, du matin au soir, que le son des flûtes et le chant des musiciens. Pour les bibliothèques, elles sont plus closes et plus abandonnées que les sépulcres; les orchestres, les instrumens hydrauliques en ont pris la place. Enfin on en est venu à ce comble d'indignités, que, lorsque la disette a obligé de chasser de la ville les étrangers, cette loi a été exécutée à la rigueur pour tous ces hommes utiles qui enseignent les arts libéraux, tandis qu'on a conservé les mimes et les histrions, et que jusqu'à trois mille danseuses ont été retenues dans la capitale, ainsi que leur cortège de musiciens et de choristes. Autrefois Rome était un asile assuré pour quiconque y portait les arts et l'industrie; maintenant je ne sais quelle sotte vanité fait regarder comme vil et abject, tout ce qui est né au delà du Pomérium. J'en excepte cependant les célibataires et tous ceux qui n'ont pas d'héritiers. Ceux-là sont comblés d'attentions et de prévenances. Telles sont les mœurs des nobles : pour le menu peuple, il passe souvent la nuit dans les cabarets, ou même dans les théâtres, à l'abri de ces toiles dont nous devons l'invention à Catulus, qui, le premier, introduisit à Rome cette recherche de commodités plus dignes de Capoue que la ville de Romulus ; d'autres s'exposent des journées entières au soleil ou à la pluie, pour juger les cochers et disserter sur les évènemens du Cirque, etc. »

## CHAP. CXVIII.

Page 138, ligne 5. *Belli civilis ingens opus quisquis attigerit, etc.* Notre auteur fait ici une censure indirecte de la *Pharsale* de Lucain ; mais Voltaire, dont l'autorité en matière de goût vaut au moins celle de Pétrone, en porte un jugement tout différent et tout à l'avantage de Lucain. « La proximité des temps, dit-il, la notoriété publique de la guerre civile, le siècle éclairé, politique et peu superstitieux où vivait Lucain, ainsi que les héros de son poëme, la solidité de son sujet, ôtaient à son génie toute liberté d'invention fabuleuse. La grandeur véritable des héros réels qu'il fallait peindre d'après nature, était une nouvelle difficulté. Les Romains du temps de César étaient des personnages bien autrement importans que Sarpédon, Diomède, Mézence et Turnus. La guerre de Troie était un jeu d'enfans, en comparaison des guerres civiles de Rome, où les plus grands capitaines et les plus puissans hommes qui aient jamais été, disputaient de l'empire de la moitié du monde.

« Virgile et Homère avaient fort bien fait d'amener les divinités sur la scène. Lucain a fait tout aussi bien de s'en passer. Jupiter, Mars, Vénus étaient des embellissemens nécessaires aux actions d'Énée et d'Agamemnon : on savait peu de choses de ces héros fabuleux ; ils étaient comme ces vainqueurs des jeux Olympiques que Pindare chantait, et dont il n'avait presque rien à dire. Il fallait qu'il se jetât sur les louanges de Castor, de Pollux et d'Hercule. Les faibles commencemens de l'empire romain avaient besoin d'être relevés par l'intervention des dieux ; mais César, Pompée, Caton, Labiénus vivaient dans un autre siècle qu'Énée : les guerres civiles de Rome étaient trop sérieuses pour ces jeux d'imagination. Quel rôle César jouerait-il dans la plaine de Pharsale, si Iris venait lui apporter une armure, ou si Vénus descendait à son secours dans un nuage d'or ?

« Ceux qui prennent les commencemens d'un art pour les principes de l'art même, sont persuadés qu'un poëme ne saurait subsister sans divinités, parce que l'*Iliade* en est pleine ; mais ces divinités sont si peu essentielles au poëme, que le plus bel endroit qui soit dans Lucain, et peut-être dans aucun poëte, est le discours de Caton, dans lequel ce stoïque ennemi des fables dédaigne d'aller voir le temple de Jupiter Ammon :

>Laissons, laissons, dit-il, un secours si honteux
>A ces âmes qu'agite un avenir douteux.
>Pour être convaincu que la vie est à plaindre,
>Que c'est un long combat dont l'issue est à craindre,
>Qu'une mort glorieuse est préférable aux fers,
>Je ne consulte point les dieux ni les enfers.
>Alors que du néant nous passons jusqu'à l'être,
>Le ciel met dans nos cœurs tout ce qu'il faut connaître :
>Nous trouvons Dieu partout ; partout il parle à nous.
>Nous savons ce qui fait ou détruit son courroux ;
>Et chacun porte en soi ce conseil salutaire,
>Si le charme des sens ne le force à se taire.
>Pensez-vous qu'à ce temple un Dieu soit limité ?
>Qu'il ait dans ces déserts caché la vérité ?
>Faut-il d'autre séjour à ce monarque auguste,
>Que les cieux, que la terre, et que le cœur du juste ?
>C'est lui qui nous soutient ; c'est lui qui nous conduit ;
>C'est sa main qui nous guide, et son feu qui nous luit ;
>Tout ce que nous voyons, est cet être suprême, etc.

« Ce n'est donc point pour n'avoir pas fait usage du ministère des dieux, mais pour avoir ignoré l'art de bien conduire les affaires des hommes, et de faire agir César, Pompée, Caton d'une manière conforme aux traits nobles et sublimes dont il s'est servi pour les peindre, que la *Pharsale* est si inférieure à l'*Énéide* et à l'*Iliade*. »

J'ai rapporté ce jugement motivé de Voltaire sur Lucain, pour l'opposer à Pétrone lui-même et à ses aveugles admirateurs. Il y a moins de génie, selon moi, dans tout le poëme sur la *Guerre civile*, que dans le seul morceau de la *Pharsale* que nous venons de citer, et dont les vers, si ce n'est pas un crime de l'avouer, nous semblent dignes de Boileau, quoiqu'ils soient de la traduction de Brébeuf.

## CHAP. CXIX.

LA GUERRE CIVILE, POEME.

Page 138, vers 1. *Orbem jam totum victor Romanus habebat.* Cette façon de parler, qu'on pourrait regarder comme une hyperbole ridicule, était familière dans la bouche des Romains. Les commentateurs et d'autres savans en rapportent un grand nombre d'exemples, tirés non-seulement des poëtes, mais aussi des orateurs et des historiens. Cicéron, parlant de Pompée, dit : *Ses trois triomphes attestent que le globe de la terre est soumis à notre empire.* Pompée lui-même donna ce titre fastueux à l'un de ses triomphes : *De Orbe terrarum.*

Rien n'est plus fréquent, sur les anciens monumens, que cette manière de parler. De là ces épithètes de *rector, restitutor, locupletator orbis terrarum*, qui sont si souvent données aux empereurs sur leurs médailles ; de là ce globe qui représente la terre et qui décore presque toujours les monumens qu'on leur a consacrés. L'empereur Antonin le Pieux, tout modeste qu'il était, n'a pas rougi de s'appeler lui-même le Maître de l'univers. Justinien, long-temps après la destruction de l'empire d'Occident, n'a pas hésité de nommer Rome la capitale du monde. Il paraît que le plus ancien auteur qui se soit servi de cette expression, est Polybe, qui néanmoins y met un correctif, en disant que les Romains étaient maîtres de toutes les parties du monde alors connues. Depuis, les Romains s'accoutumèrent facilement à s'entendre traiter de maîtres du monde. Mais cette façon de parler, réduite à sa juste valeur, signifiait seulement l'empire romain, *orbis romanus.*

Vers 3. *Gravidis freta pressa carinis Jam peragebantur.* Le président Bouhier, dont nous emprunterons plus d'une fois les savantes et judicieuses remarques sur le poëme *de la Guerre civile*, nous semble s'être grossièrement trompé dans l'interprétation qu'il donne de ce passage. Il lit *Carenis* au lieu de *carinis*, et en fait un peuple au lieu d'une flotte : sa note est trop curieuse pour ne pas la rapporter en entier ; elle prouvera combien la manie des interprétations peut égarer un homme érudit. « Voilà, sans doute, dit-il, quelque chose de bien surprenant, qu'au temps de César la mer fût déjà couverte de vaisseaux richement chargés. Je ne puis croire que Pétrone ait dit une telle sottise ; elle ne serait pas moins choquante quand il aurait écrit *graiis* au lieu de *gravidis*, comme le voulait Philippe Rubens (*Elector.*, II, 10). Je suis donc persuadé que le poète a eu en vue quelque expédition maritime que les Romains avaient faite peu avant la guerre civile dans des pays jusqu'alors inconnus. Cela m'a fait rejeter une idée, qui m'était d'abord venue, que par *Carinis* le poète avait entendu des peuples d'Allemagne, qui portaient ce nom, et que Cluvier (*German. antiq.*, page 641) a placés vers la Baltique ; car ils n'ont été connus que long-temps après. Je crois plutôt que Pétrone a voulu désigner ici la descente que César fit dans la Grande-Bretagne, et dont Florus a parlé à peu près dans le goût de notre poète, en cette sorte : *Omnibus terra marique captis ; respexit (Cæsar) Oceanum et quasi huic romanus orbis non sufficeret, alterum cogitavit*. Lucain en a fait mention à peu près de la même manière, liv. I, v. 369 :

> Hæc manus, ut victum post terga relinqueret orbem,
> Oceani tumidas remis compescuit undas.

Ainsi je soupçonne que Pétrone avait écrit : *Gravidis freta pressa Carenis*. C'était le nom d'un peuple qui habitait à l'extrémité de l'Ecosse, d'après Ptolémée, dans quelques manuscrits duquel on trouve Καρινοὶ au lieu de Καρηνοὶ, suivant Ortelius, et les diverses leçons que Saumaise avait tirées de la bibliothèque Palatine, et que j'ai entre les mains. Auquel cas, il n'y aurait rien à changer dans ce vers. Ce sont apparemment les mêmes peuples dont Pausanias a vanté la taille, et qu'il appelle Καρεῖς. Sur quoi je suis fort de l'avis de Kuhnius, qui en jugeait ainsi. Camden (*Britannia*, page 616, éd. de 1617) a cru que leur vrai nom était *Catini*, nom dérivé de la ville de *Cathnes*, qui est située au même endroit. Quand il faudrait substituer ce nom dans notre poëme, le changement serait léger. Mais je ne crois pas qu'il y ait grand fonds à faire sur cette conjecture, et j'aime mieux m'en tenir aux manuscrits de Ptolémée. On ne niera pas, je pense, que mon explication ne donne plus d'agrément à ce passage. La découverte de la Grande-Bretagne était toute nouvelle dans le temps des brouilleries de César et de Pompée. De la manière dont le premier a décrit cette grande île, il paraît que l'on en avait déjà fait le tour de son temps ; c'est ce que notre poète a donné à entendre en parlant des plus reculés de ces insulaires. L'épithète de *gravidis* leur convenait à merveille ; elle signifie tout ce qui est gros et pesant, comme dans Cicéron (*de la Divination*, liv. I, ch. 11) :

Aut quum se gravido tremefecit corpore tellus;

dans Virgile (*Énéide*, liv. VII) : *Stipites hic gravidi nodis*; et dans Fulgence (*Mytholog.*, liv. I) : *Erat gravido ut apparebat corpore*. Or, telle était la taille des anciens Bretons, selon le témoignage, non-seulement de Pausanias, mais encore de Strabon, liv. IV, qui dit qu'ils étaient Καυνότεροι τοῖς σώμασι. Il ne reste donc plus de difficulté dans ce passage. »

Ne voilà-t-il pas, je le demande, bien de l'érudition dépensée en pure perte ? Quel besoin y avait-il, pour l'intelligence de ce passage, de recourir à Pausanias, à Strabon, et à tant d'autres écrivains tant anciens que modernes, lorsque le sens est si clair par lui-même ? *gravidis* est ici pour *onustis*. Quelle invraisemblance peut-on trouver à ce que, même du temps de César, il y eut sur la mer des vaisseaux pesamment chargés, puisque l'auteur dit lui-même qu'on allait chercher tous les raffinemens du luxe de l'un à l'autre pôle, en Assyrie, dans l'Inde, chez les Numides, chez les Arabes, et jusque chez les Serres, peuple de la Chine ? Du moment qu'il y avait des vaisseaux, pourquoi n'auraient-ils pas été *gravidi*, pesamment chargés ? Quant à ces mots *freta pressa*, ils ne veulent pas dire, comme le suppose Bouhier, que toutes les mers fussent couvertes de vaisseaux, car on sait que les anciens ne s'éloignaient guère des côtes, mais simplement qu'elles étaient foulées par les vaisseaux, comme on lit plus haut, dans le *Satyricon*, ch. LXXIX : *classes premunt mare;* et dans Horace : *premere litus*, côtoyer le rivage.

Page 138, vers 4. *Jam peragebantur*. On trouve dans plusieurs éditions, *peragrabantur;* mais on lit *peragebantur* dans le manuscrit Colbert. On pourrait encore lire *perarabantur*, dans le même sens que *æquor arandum*, dans Virgile.

Page 140, vers 8. *Non usu plebeio trita voluptas.* Quelques commentateurs lisent *risu plebeio tracta voluptas*, ce qui n'offre aucun sens raisonnable, tandis que *usu plebeio trita voluptas*, rappelle ce passage de Sénèque (lettre CXXI) : *Res sordida est, trita ac vulgari via vivere.*

Vers 9. *Assyriæ concham laudarat miles; in Inda*, etc. Voici un des passages les plus controversés de ce poëme. On lit dans les anciens manuscrits :

Æs pireum quum laudabat miles in unda,

dont le sens est une énigme. Scaliger me semble avoir assez bien réussi à rétablir le commencement de ce vers, en lisant *Assyriæ concham*, ou *coccum*; cela se rapproche assez du manuscrit Colbert, où il y a : *ac seyre cum*. On voit, d'ailleurs, par ce qui suit, qu'il est question ici du luxe des habits. Mais les tentatives des commentateurs n'ont pas eu le même succès, en voulant corriger *in unda*, dont on ne saurait tirer un sens clair, non plus que des expressions qu'ils ont voulu y substituer. L'hypothèse de Bouhier, que j'ai adoptée, me semble plus heureuse, en ce qu'elle rend au passage en question toute la clarté désirable, par la simple substitution de *Inda* à *unda*, et de *laudarat* à *laudabat*. Voici sa leçon :

Assyriæ coccum laudarat miles ; in Inda
Quæsitus tellure nitor certaverat astro.

On sait que les anciens donnaient le nom d'Inde à toute l'Afrique. Cuperus en a rapporté un grand nombre de preuves ; mais il a oublié celle-ci, qui est tirée du *Culex*, attribué à Virgile :

. . . . . . . . . . . . . . . . . . . .Nec Indi
Conchea bacca maris pretio est. . . . .

Ce passage prouve d'ailleurs qu'on disait *indus* pour *indicus*. Pétrone a employé la même expression, ch. CXXXV :

Non indum fulgebat ebur, quod inhæserat auro.

Ovide, Stace et Lucain en offrent aussi plusieurs exemples. Quant à cette espèce de pourpre qu'on allait chercher jusqu'aux Indes, et qu'on appelait *gétulienne*, elle se tirait de quelques îles de la mer Atlantique, au rapport de Pline (liv. VI, IX, XXXIII), où il dit qu'elle fut mise en vogue par le roi Juba; quoique d'autres, comme Silius Italicus (liv. XVI), aient prétendu qu'elle était déjà connue dès le temps du roi Syphax. Quoi qu'il en soit, cette pourpre était fort recherchée, et luttait avec celle d'Assyrie, comme on le voit par ces vers d'Horace (ode 16 du liv. II) :

.....Te bis Afro
Murice tinctæ
Vestiunt lanæ;

et par ce passage de Pline l'Ancien, liv. V : *Luxuriæ efficacissima vis sentitur, atque maxima, quum ebori, citroque silvæ exquirantur, omnes scopuli gœtuli muricibus, ac purpuris.* Voilà justement ce que Pétrone reproche aux Romains : « Le soldat, dit-il, avait d'abord loué la pourpre tyrienne ; il alla ensuite jusque dans la mer des Indes chercher une autre teinture qui pût lutter avec celle de Tyr. » C'est le sens exact de ces mots : *Nitor quæsitus in Inda tellure certaverat ostro.*

Page 140, vers 11. *Hinc Numidæ adtulerant, illinc nova vellera Seres; Atque Arabum populus sua despoliaverat arva.* M. de Guerle a pensé que par ces mots : *populus Arabum sua despoliaverat arva*, il fallait entendre les parfums si vantés de l'Arabie; mais Bouhier, dans ses corrections sur le texte de Pétrone, prétend qu'il ne s'agit ici d'aucune espèce de parfums, mais des diverses sortes de soie qu'on tirait de l'Afrique, chez les Numides et les Arabes, et de l'Inde, chez les Serres. Cela peut être ; mais, comme l'examen de cette opinion nous entraînerait dans une trop longue discussion, nous nous contenterons d'extraire de ses notes des détails assez curieux sur les différentes espèces de soies dont, selon Bouhier, il est question dans cet endroit:

« La soie de la Chine, dit-il, est assez connue ; mais comme on connaît moins aujourd'hui celle de l'Afrique, il est bon de rappeler ce que les anciens en ont écrit. Pline nous apprend qu'elle se tirait d'une espèce de cocons qui se formaient sur des arbres du mont Atlas. L'Arabie n'était pas moins fertile que l'Afrique en arbrisseaux qui portaient cette espèce de duvet dont on tirait la soie. Pline en parle en plus d'un endroit ; et, avant lui, Hérodote avait dit qu'elle était d'un grand usage chez les Indiens. Ces soies sont aujourd'hui distinguées des autres par le nom de soie d'Orient, parmi nos commerçans, qui les disent produites par une plante, dans une gousse à peu près semblable à celle des cotonniers. »

Virgile a fait mention des soies de l'Afrique et de la Chine dans les vers suivans (*Géorg.*, liv. II, v. 120) :

<blockquote>
Quid nemora Æthiopum molli canentia lana ?<br>
Velleraque ut foliis depectant tenuia Seres ?
</blockquote>

que Delille a rendus ainsi :

<blockquote>
Là, d'un tendre duvet les arbres sont blanchis ;<br>
Ici, d'un fil doré les bois sont enrichis.
</blockquote>

L'illustre traducteur des *Géorgiques* me semble avoir sacrifié, dans ces vers, la fidélité à la précision. Si je ne me trompe, il fallait nommer les Éthiopiens et les Serres, ou du moins les contrées qu'ils habitaient.

Page 140, vers 14. *Quœritur in silvis Maurifera, etc.* La Mauritanie est une province occidentale de l'Afrique, qui s'étend le long de la mer Atlantique, vers le détroit de Gibraltar. Les forêts de cette côte ont été, de tous temps, très-peuplées de bêtes féroces. Quant à l'Ammon, c'est une portion de la Libye, à l'extrémité orientale de l'Afrique, et séparée de la Mauritanie par une distance d'environ neuf cents lieues. Pétrone entend, par ces deux provinces, l'Afrique en général, et par leurs noms, qui rappellent leur immense éloignement, il a voulu sans doute indiquer la prodigieuse extravagance des Romains, qui faisaient venir de si loin et à si grands frais des bêtes féroces pour les combats du Cirque.

Vers 18. *Ut bibat humanum, populo plaudente, cruorem.* « Quelles mœurs, quelles effroyables mœurs que celles des Romains ! s'écrie Diderot : je ne parle pas de la débauche, mais de ce caractère féroce qu'ils tenaient apparemment de l'habitude des combats du Cirque. Je frémis, lorsque j'entends un de ces nouveaux Sybarites, blasé sur les plaisirs, las des voluptés de la Campanie, du silence et de la fraîcheur des forêts du Brutium, ou des superbes édifices de Tarente, se dire à lui-même : Je m'ennuie ; retournons à la ville ; je me sens le besoin de voir couler du sang.... Et ce mot est celui d'un efféminé ! » ·

Page 140, vers 19. *Heu! pudet effari, perituraque prodere fata!* Ce fut dans une ville appelée Spada que l'on fit les premiers eunuques, si l'on en croit Étienne de Byzance. Dans ce cas, un étymologiste trouverait sans effort dans *spada* l'origine du mot latin *spado*, chapon, eunuque. Mais cette anecdote a bien l'air d'un conte. Quoi qu'il en soit, on ne sait auquel des deux sexes attribuer cette cruelle invention. Plusieurs anciens l'ont imputée à Sémiramis. Mais le reproche n'en doit-il pas plutôt tomber sur les hommes? Ce sont eux, en effet, qui trouvent le plus d'avantages dans cet horrible attentat contre l'ordre de la nature. Il est évident que c'est le sentiment de Pétrone, et c'est aussi l'opinion de Quintilien. La manière la moins dangereuse de faire cette opération, était de se servir d'un couteau de terre cuite qu'on fabriquait à Samos, et qu'on appelait, pour cette raison, *testa samia*, ou *samia* seulement. La paraphrase par laquelle Nodot rend ces huit vers de Pétrone sur les eunuques est vraiment curieuse :

> Ah ! je n'ose poursuivre, et *rappeler des choses*
> Qui, de tous nos malheurs, furent les tristes causes.
> *Ils ôtèrent*, suivant l'usage des Persans,
> *Aux enfans le pouvoir d'avoir d'autres enfans.*
> L'affreux raffinement d'une infâme mollesse
> Défend contre les ans leur honteuse jeunesse,
> Et prolonge *le cours* de leurs faibles appas.
> La nature se cherche et ne se trouve pas.
> *On voit naître pour eux une flamme exécrable*
> Qui ne s'allume point pour un sexe semblable.
> Ces jeunes corrompus laissent au gré des vents,
> D'un air efféminé, leurs cheveux ondoyans.
> *Leurs habits sont lascifs*, leur démarche est lascive,
> *Et les mines qu'ils font demandent qu'on les suive.*

M. de Guerle a emprunté à Nodot ce vers :

> Le nature s'y cherche et ne s'y trouve pas.

C'est la traduction littérale du latin *quærit se natura, nec invenit.* Aussi le président Bouhier, Boispréaux et Durand l'ont-ils traduit de la même manière. Il n'appartenait qu'à Marolles de ne pas trouver ce qui était sous sa main ; et voici comme le bon abbé de Villeloin a rendu ce passage :

> A la mode persique, on taille la jeunesse :
> On l'énerve à dessein d'augmenter sa mollesse :
> On veut que sa beauté n'échappe pas si tôt.
> *La nature se cherche et se tient en dépôt.*

Ces huit vers n'ont pas besoin de glose. Les Romains, selon Pétrone, avaient reçu des Perses l'usage infâme et barbare dont il s'agit ici. Les commentateurs ont dit de fort belles choses sur cette espèce d'eunuques, tour-à-tour hommes et femmes, sans être l'un ni l'autre. *Voyez* surtout Paul Éginette et Frid. Lindinbrog.

Page 140, vers 28. *Ac maculis imitatur vilibus aurum.* Bouhier pense qu'il faut lire : *Heu! maculis mutatur.* Saumaise lisait : *Ac maculis imitatur vilius aurum.* Quoi qu'en dise Bouhier, cette dernière leçon n'est pas si méprisable. Pour mettre d'accord ces deux savans critiques, M. de Guerle a suivi, dans sa version, les deux leçons à la fois. Au reste, Hardouin, d'après un passage de Pline, évalue à cent vingt mille francs de notre monnaie le prix romain des belles tables de citronnier. Martial dit expressément qu'elles étaient plus précieuses que l'or. On trouve aussi, dans Pline et dans Tertullien, des choses presque incroyables sur le prix excessif que les Romains y mettaient. Le *citrum* ou citronnier, dont il est question, n'est pas celui que nous connaissons, mais un arbre beaucoup plus rare, et qui est perdu pour nous. Cicéron reproche à Verrès d'avoir enlevé en Sicile une table superbe, faite de ce bois inestimable. Dans la vente des meubles de Gallus Asinius, il s'en trouva deux de cette espèce, qui furent vendues si cher, que le prix eût suffi, dit Pline, pour acheter deux riches métairies. Ce luxe prodigieux dans les tables excita la bile de Juvénal. « Les tables de nos sobres aïeux, dit-il (sat. XI, v. 118), n'étaient faites qu'avec les arbres du pays : si par hasard l'Aquilon renversait un vieux noyer, il servait à cet usage ; mais aujourd'hui, les riches mangent sans plaisir, et le turbot et le daim leur semblent insipides, les roses et les parfums blessent leur odorat, à moins que leurs tables ne soient

soutenues par un grand léopard à gueule béante, fabriqué avec
l'ivoire des plus belles dents que nous envoient Syène, la Mauritanie, l'Inde et les forêts de l'Arabie, où les dépose l'éléphant
fatigué de leur poids. » — Le travail de ces tables l'emportait encore sur la matière; elles étaient ornées de marqueterie,
de nacre de perles et d'ébène. Mais ce qu'il y a de remarquable,
c'est que l'ivoire était alors plus estimé que l'argent; car, au
dire du même poète, les riches ne dédaignaient pas moins de
faire usage d'une table avec un pied d'argent, que de porter un
anneau de fer au doigt. Ce qui mit probablement cet objet de
luxe en faveur, c'est que les Romains furent long-temps sans
connaître les nappes et les serviettes. Non-seulement ces tables
de citronnier étaient d'un prix exorbitant, mais il fallait, de
plus, que, dans les salles à manger, tout répondît à cette magnificence, soit par la pourpre éclatante dont les lits des conviés
étaient parés, soit par la multitude d'esclaves destinés à les
servir. Cela suffit pour expliquer le vers qui suit celui qui fait
l'objet de cette note:

Citrea mensa, greges servorum, ostrumque renidens!

*Ostrum renidens* est ici la même chose que, dans Horace (liv. III,
Od. 1): *purpurarum sidere clarior usus.*

Page 140, vers 30. *Quæ turbant censum.* Ce texte a été ainsi
réformé par les éditeurs; car tous les manuscrits ont *quæ censum
trahat*, ou *sensim*, ou *sensum*. Bouhier préférerait *quæ censum trahat*, si cela pouvait se lier avec ce qui précède. Mais comme on ne
peut l'admettre avec vraisemblance, il suivrait volontiers l'avis de
Saumaise, qui lisait: *quæ secum trahat.* Ce changement, selon
Bouhier, rend la pensée du poète à la fois claire et juste.

*Hostile ac male nobile lignum.* D'autres lisent *sterile*, au lieu
de *hostile*; mais il ne faut rien changer: *hostile* signifiait *étranger*, non-seulement dans les premiers temps de la république,
comme on le voit par quelques passages de Varron (*de la Langue
latine*, liv. IV) et de Cicéron (*des Devoirs*, liv. I, ch. 12), mais encore postérieurement à Pétrone; témoin ce passage de Florus
(*Hist.*, liv. III, ch. 2): *Hostile potius bellum, an civile dixerim,
nescio.* On pourrait aussi traduire *hostile* par *venant d'un pays en-*

*nemi;* car il est certain, d'après Dion Cassius (liv. XLI), que, pendant la guerre civile de César et Pompée, les différens rois de Mauritanie avaient pris des partis opposés : savoir, Juba, celui de Pompée, et Bocchus, celui de César. Ainsi les uns et les autres étaient regardés comme ennemis par le parti contraire. Horace a dit encore plus poétiquement (liv. II, Épît. I): *Captivum portatur ebur.*

Page 140, vers 31. *Omniaque orbis Præmia*, etc. Ce passage est un des plus corrompus de ce poëme; et l'on tire peu de secours des manuscrits. Celui de Colbert porte : *Correptis miles vagus effurit armis.* Les commentateurs ont proposé diverses conjectures peu satisfaisantes. Boubier soupçonne qu'il faut lire :

................... Omniaque orbis
Præmia tot gestis miles vagus excutit armis.

Ce qu'il explique ainsi : « *Après tant de victoires remportées de toutes parts par nos soldats, ils consument en festins frivoles les dépouilles de l'univers;* » et il ajoute, « *excutere* donne une idée fort convenable à des gens ensevelis dans la crapule, tels qu'on les dépeint ici. Ovide a dit (*Héroïdes*, épît. XI, v. 42), quoique dans un sens différent :

Visceribus crescens excuteretur onus;

et Stace (*Thébaïde*, liv. V) : *excutit ore cibos.* Cela cadre à merveille avec ce qui précède et ce qui suit. »

Burmann et Nodot lisent : *exstruit armis.* Cette leçon que j'ai adoptée, comme la plus probable, peut se développer ainsi : *miles vagus*, le soldat vagabond, *correptis armis*, prenant les armes, *exstruit omnia præmia orbis*, amasse, accumule toutes les productions de l'univers.

Vers 33. *Ingeniosa gula est.* Martial, *de Gallina altili* (liv. XIII) dit exactement dans les mêmes termes :

................... Ingeniosa gula est.

Les anciens, qui avaient inventé toutes sortes de raffinemens pour la table, appelaient un gourmand raffiné, *gulam eruditam.* On trouve dans Sénèque : *ingeniosa luxuria.* L'épithete *ingeniosa* s'applique très-bien à toute invention nouvelle et inconnue jusqu'alors. Suétone, dans *la Vie de Caligula*, ch. XXXVII, dit : *Nepotinis sumptibus omnium prodigorum ingenia superavit ;* et Ovide, *Amours*, liv. III, élég. 8, v. 45 :

> Contra te solers, hominum Natura, fuisti,
> Et nimium damnis ingeniosa tuis.

Page 140, vers 33. *Siculo scarus æquore mersus Ad mensam vivus perducitur.* Sénèque, dans ses *Questions Naturelles*, liv. III, dit exactement la même chose : *Parum videtur recens mulus, nisi qui in convivæ manu emoritur.* — « Le surmulet ne paraît pas assez frais, s'il ne meurt dans la main des convives. »

Vers 34. *Atque lucrinis Eruta litoribus condunt conchylia cœnas.* Au lieu de *condunt*, Cuperus et Bouhier lisent *tendunt* ; ce qui offre un assez bon sens, qu'ils justifient ainsi : *tendunt*, disent-ils, indique que les huîtres servaient à faire durer le repas, parce qu'elles réveillaient l'appétit des convives, comme Pétrone le dit dans le vers suivant :

> Ut renovent per damna famem . . . . . . . .

Le mot *tendere* a évidemment la signification que Bouhier lui attribue, comme on le voit dans ce vers d'Horace, liv. I, *Épît.* 5 :

> Æstivam sermone benigno tendere noctem.

Du reste, Juvénal a fait aussi mention de cet usage des Romains, de manger des huîtres au milieu du repas, sat. VI, v. 302 :

> Grandiaque mediis jam noctibus ostrea mordet.

Vers 39. *Emtique Quirites Ad prædam, etc.* Pierre Daniel soupçonne qu'il faut ici *emtusque Quirites*, et par conséquent *vertit* au vers suivant. Il s'appuie, pour le prouver, sur un passage du grammairien Sergius ainsi conçu : *Legimus apud Horatium*, HANC QUIRITEM. *Vetus nominativus hic* QUIRIS. *Item idem Horatius : quis te redonavit* QUIRITEM *diis patriis ? Cujus nominativus est hic* QUIRITES, *ut dicit Petronius.* Saumaise, en marge de son exemplaire, a proposé la même correction, en ajoutant néanmoins qu'il préférait *Quiritis*, qui se disait, selon lui, comme *ditis* pour *dis*. On trouve aussi dans les anciennes gloses : *Quiritis*, Ἀνὴρ Ῥωμαῖος.

Page 142, vers 45. *Pellitur a populo victus Cato.* Caton fut exclu de la préture l'an de Rome 699, sous le consulat de Pompée et de Crassus, qui, redoutant l'incorruptibilité de ce vertueux citoyen, forcèrent le peuple, par leurs intrigues et leurs violences, de lui préférer Vatinius, leur créature et le plus pervers des Romains dans ce siècle de corruption. Mais, dans cette occasion, s'agit-il de la préture ? Le mot *fasces*, faisceaux, employé par Pétrone, semble désigner le consulat, quoique les autres magistrats supérieurs, tels que les préteurs, en fussent aussi décorés. Ce qu'il y a de certain, c'est que le consulat, au rapport de Plutarque, fut également refusé une fois à Caton. Mais doit-on s'en étonner, dit l'auteur anglais de la Vie de Cicéron ? sa vertu farouche devait lui faire peu d'amis. Sa vie fut un combat continuel contre la corruption de son siècle, et il finit par en être la victime. Sa mort est le plus bel hommage qu'on ait jamais rendu à la liberté.

Mais toutes ses actions ne brillent pas d'un éclat aussi pur : en effet, si l'on veut étudier sans préjugés le caractère de cet illustre Romain, on lui trouvera, quoiqu'il paraisse grand, noble, ami de la vertu, non-seulement des défauts, mais des faiblesses impardonnables dans un stoïcien qui affectait de mesurer tous ses devoirs sur les règles rigoureuses de sa secte, et l'on se convaincra que ses principes exagérés, en le plaçant hors des bornes de la nature, avaient armé son âme d'un orgueil inflexible, et d'une austérité qui le mettaient dans un état de guerre continuelle avec les mœurs de son temps. Dans sa vie privée, il était sévère, sombre, inexorable ; et les plus douces affections de la nature, il s'en défendait comme des plus dangereuses ennemies de la justice, craignant toujours que l'amitié, la clémence et la compassion n'altérassent les motifs pour lesquels il voulait faire le bien.

Sa conduite était encore plus dure dans les affaires publiques, et il ne connaissait qu'une règle en politique : c'était la justice, sans aucun égard aux circonstances, ni même à la force qui pouvait l'arrêter ou l'entraîner. Il régla sa conduite et ses discours comme s'il eût vécu dans la république de Platon, et non parmi la canaille de Rome. Ne distinguant ni les temps, ni les choses, n'accordant rien à la faiblesse de l'état ni au pouvoir de ceux qui l'opprimaient, il ne prenait d'autre chemin que le plus droit pour arriver à son but. Rencontrait-il des obstacles? il marchait du même pas, résolu de les surmonter ou de périr dans l'entreprise. Suivant ses principes, le moindre mouvement rétrograde était une faiblesse. Dans un temps où la discipline et le gouvernement touchaient également à leur ruine, il s'emportait contre la corruption avec un zèle sans mesure, et s'armait avec la dernière obstination contre un pouvoir supérieur. Au lieu de ménager la puissance des grands pour adoucir le mal, ou pour en tirer quelque bien, il les irritait par des clameurs éternelles et par une opposition violente, qui les forçaient tôt ou tard à ne plus garder de mesure avec les lois et la liberté; et c'est ainsi qu'avec les meilleures intentions il rendit souvent les plus mauvais services à sa patrie.

Telle était sa conduite, en général. Cependant on remarque, dans le cours de sa vie, quelques occasions où sa fermeté ne fut pas invincible, où l'ambition, l'injustice, la chaleur de parti trouvèrent accès dans son âme et endormirent sa philosophie jusqu'à le faire entrer dans des mesures absolument contraires à ses maximes. Le plus corrompu des Romains, Claudius, eut l'adresse d'en faire, contre Ptolomée, roi de Chypre, l'agent de ses fureurs, et l'instrument des injustices du peuple, que ce tribun factieux gouvernait. La dernière action de sa vie fut celle qui répondit le mieux à son caractère; lorsqu'il eut perdu l'espérance d'être plus long-temps ce qu'il avait été, ou lorsque la balance du mal l'eut absolument emporté sur celle du bien, il obéit aux principes de sa secte, qui lui marquaient cet instant pour mourir, et termina sa vie avec un courage et une résolution qui feraient croire volontiers qu'il n'attendait qu'une semblable occasion pour se jeter dans les bras de la mort. En un mot, sa vertu a beaucoup d'éclat dans la théorie; mais comme il l'avait fondée sur les raffinemens de l'école, et qu'elle ne coulait point des sources naturelles ni des convenances sociales, elle fut romanesque et rarement utile à sa patrie; et si les incidens de sa vie sont propres à lui attirer de l'admiration, il n'a presque rien qu'on puisse proposer pour modèle.

Mais d'où vient donc cette vénération profonde, et pour ainsi dire religieuse, qu'il inspire? on présume qu'il la doit bien moins aux actions de sa vie, qu'à la circonstance suivante : Après sa mort, Cicéron composa son éloge, et éleva jusqu'au ciel la vertu et le caractère de cette illustre victime de la liberté. Cet ouvrage, où l'auteur déploya toute la force de son génie, fut reçu du public avec des applaudissemens incroyables. César y fit une réponse, où il accusait Caton dans les formes de la justice, avec tout l'art de la rhétorique et de l'éloquence. C'est à ce combat littéraire, qui fit un éclat prodigieux à Rome et dans tout l'empire, que plusieurs attribuent l'admiration exagérée des siècles pour Caton. La gloire de César et de Cicéron, disent-ils, a jeté sur sa mémoire un immense surcroît de célébrité ; ils l'ont environnée de la pompe imposante avec laquelle leurs noms se présentent au souvenir de la postérité, et ils lui ont imprimé, en la discutant, le sceau de leur propre grandeur.

Page 142, vers 49. *Quare jam perdita Roma, etc.* Dorat, dans des vers intitulés : *Fragment d'une satyre de Lucilius*, a peint les mêmes désordres. Mais, sous des noms romains, ce sont les vices du gouvernement, sous la régence et sous Louis XV, que ce poète a décrits avec une vigueur de pinceau qu'on était loin d'attendre de l'auteur de tant de fadeurs et de bouquets à Chloris. Les couleurs étrangères dont il a revêtu son tableau conviennent également à tous les gouvernemens oppresseurs et corrompus ; c'est, sans doute, que les vices des nations que le luxe a dépravées, et les sottises et les crimes de ceux qui les gouvernent, produisent, dans tous les temps, les mêmes résultats. Quoi qu'il en soit, voici les vers de Dorat : perdus dans ses œuvres volumineuses, j'aime à penser qu'on ne me saura pas mauvais gré de les reproduire ici. C'est un diamant que j'ai déterré dans le fumier de ce poète :

> Quel siècle ! quels excès ! quelle aveugle licence !
> La noblesse vendue à l'or du plébéien,
> L'art glacé du sophiste étouffant l'éloquence !
> Des raisonneurs en foule, et pas un citoyen !

L'un, de Thémis en pleurs, a brisé la balance;
L'autre, au blâme endurci, bravant tout, n'aimant rien,
Étale effrontément sa coupable opulence;
Le faste a de l'état séché les réservoirs;
Le palais de Poppée insulte à nos misères :
L'Amour a son trafic, et Vénus ses comptoirs;
La toilette d'Albine est un bureau d'affaires :
Tout est vil ou cruel ; l'égoïsme s'étend ;
L'usure au front d'airain sort de ses noirs repaires,
Et le guerrier lui-même a les mœurs d'un traitant.

Peindrai-je et nos besoins et nos plaisirs factices,
Les crimes enfantés par l'abus du pouvoir,
L'audacieuse intrigue assiégeant les comices,
Des augures trompeurs profanant l'encensoir,
D'imbéciles tyrans dont nos dieux sont complices,
Et de jeunes Romains, notre dernier espoir,
De mollesse hébétés, ou vieillis dans les vices?

Oh! pourquoi suis-je né dans ces jours malheureux!
Pleurons, amis, pleurons, nos maux et nos injures,
De nos proscriptions l'attentat douloureux ;
Rome, hélas! enfonçant le fer dans ses blessures,
Et, la hache à la main, le despotisme affreux,
A ce peuple abattu défendant les murmures;
Pleurons l'oubli des lois, et le mépris des mœurs,
Les progrès menaçans d'une fausse sagesse,
Le rapide déclin des arts consolateurs,
L'indigence qui naît du sein de la richesse,
Et tous les sentimens éteints dans tous les cœurs.

J'ai vu nos légions, parjures à la gloire,
Se laisser, sans combat, enlever la victoire;
J'ai vu nos ports déserts languir dans l'abandon;
J'ai vu le laboureur, écrasé de subsides,
Sacrifiant sa vie à des maîtres avides,
Connaître la famine auprès de sa moisson ;
J'ai vu des proconsuls la débauche effrénée,
Dévorer en un jour les trésors de l'année ;
Et, tandis qu'auprès d'eux leurs lâches complaisans,
De la bassesse active épuisant l'industrie,
Ranimaient les langueurs de leur âme flétrie,
Tandis qu'à leurs festins faisant fumer l'encens,
Ils leur versaient dans l'or le sang de la patrie ;
J'ai vu de vieux soldats, à vivre condamnés,
Traîner dans le besoin leurs jours infortunés :

Je les ai vus, fuyant une pitié frivole,
Ne confier leurs pleurs qu'aux murs du Capitole,
Baiser en soupirant l'urne de nos héros,
Et cacher leur douleur dans le fond des tombeaux.

Page 142, vers 59. *Quæ poterant artes sana ratione movere.* Ce vers, que les commentateurs ont passé sous silence, me paraît néanmoins mériter quelque examen. Si l'on joint *sana ratione* au verbe *movere*, cela signifiera *faire perdre la raison*; ce qui ne peut convenir ici. Si l'on joint ces mots à *artes*, il semble que, dans le vers suivant, la guerre est mise au rang des moyens raisonnables de tirer les Romains de leur léthargie. C'est le vrai sens de ce passage, comme le prouve celui-ci de Cicéron (*Lettres à Atticus*, liv. VIII, lett. 2): *Respublica nunc afflicta est, nec excitari, sine civili pernicioso bello, potest.* Telle est la pensée de Cicéron, qui ne paraît point déraisonnable, quand on considère la déplorable confusion qui régnait alors dans la république romaine. La construction de toute la phrase de Pétrone est celle-ci : *Quæ artes, ni furor, et bellum, et libido excita ferro, poterant movere, sana ratione, Romam mersam hoc cœno et jacentem somno?*

## CHAP. CXX.

Page 142, vers 65. *Et, quasi non posset tot tellus ferre sepulcra, Divisit cineres.* L'hyperbole pourra paraître un peu forte : elle ne l'est pourtant pas plus que celle-ci de Juvénal, lorsqu'en parlant d'Alexandre (sat. X, v. 169) il dit :

Æstuat infelix angusto limite mundi;

ce que Boileau a rendu ainsi, sat. VIII :

..................Qui de sang altéré,
Maître du monde entier, s'y trouvait trop serré.

Du reste, l'idée de Pétrone se trouve reproduite presque mot pour mot dans ces vers de Martial sur Pompée et ses fils, liv. V, épigr. 74 :

Pompeios juvenes Asia atque Europa, sed ipsum
Terra tegit Libyes; si tamen ulla tegit.

> Quid mirum toto si spargitur orbe ? jacere
> Uno non poterat tanta ruina loco.

Page 142, vers 68. *Parthenopen inter magnæque Dicarchidos arva.*— *Dicarchis* ou *Dicæarchia* est le nom grec de Pouzzoles, petite ville située dans la Campanie. Elle était autrefois fort grande, et fut bâtie par les habitans de Cumes, pour leur servir d'arsenal ; ils lui donnèrent le nom de *Dicarchis,* du grec Δίκη, droit, justice, et ἀρχὴ, autorité, gouvernement, parce qu'elle fut fondée par une colonie de Samnites chez lesquels la justice était en honneur : c'est pour cette raison que Pline et Festus l'ont nommée *Dicæarchia colonia.* La glose du manuscrit de Bongarsin prétend que *Dicarchis* signifie *Cumes ;* mais, outre que cette ville n'a jamais été appelée ainsi, Pouzzoles s'accorde mieux avec la topographie et avec la pensée de l'auteur. Quelques commentateurs ont cru voir dans ce passage une description du Vésuve ; ils se trompent : cette montagne est fort éloignée du lieu qui est désigné ici, et n'est point arrosée par le Cocyte, *Cocyta perfusus aqua.* Pétrone entend parler du lieu nommé *Solfatara,* près de Pouzzoles : c'est un ancien cratère où l'on recueille encore de l'alun et du soufre. Si l'on veut de plus amples renseignemens sur ce sujet, on peut consulter la description qu'en a donnée César Capaccio, dans ses *Antichita di Pozzuolo,* ch. XII et XXI.

Page 144, vers 77. *Bustorum flammis et cana sparsa favilla.* On ne conçoit pas trop, dit Bouhier, comment la flamme des bûchers pouvait paraître sur le visage de Pluton. Toute l'antiquité nous le représente avec un visage noir, mais non pas enflammé. Dans Claudien, il est *nigra majestate verendus ;* et c'est sans doute pour cela que Silius Italicus l'a appelé *Jovem nigrum.* Martianus Capellus ( liv. I) en fait cette peinture : *Pluto lucifuga inumbratione pallescens, in capite gestabat sertum ebenum* (ou plutôt *ebeninum*) *ac Tartareæ noctis obscuritate furvescens.* Cela, ajoute Bouhier, me persuade que le texte original de Pétrone portait : *bustorum fumis.*

Vers 79. *Rerum humanarum, divinarumque potestas.* Cette puissance sans bornes, que les anciens attribuaient à la Fortune sur les dieux ainsi que sur les hommes, se trouve confirmée par une belle statue antique de cette déesse, dont Spanheim a donné le dessin et la description dans la *Preuve de sa remarque* 789 *sur les Césars de Julien ;* la Fortune y est représentée avec les attributs de la plupart des principaux dieux, et avec cette inscription :

FORTVN. OMNIVM. GENT. ET. DEOR.

Page 144, vers 80. *Fors, cui nulla placet nimium secura potestas.* Scaliger, dans ses *Catalectes*, a supprimé ce vers, à cause de la répétition du mot *potestas,* qui se trouve déjà à la fin du vers précédent ; mais les anciens n'étaient pas si scrupuleux que nous à cet égard. Il y en a déjà un exemple dans ce poëme, aux vers 50 et 51, où le mot *præda* est répété deux fois. Dans les six premiers vers d'une ode d'Horace assez courte (la 28e du liv. III), il y en a trois qui finissent par les mots *dies* ou *meridies*. Dans la *Sat.* 2 du liv. I, le même Horace emploie deux fois en trois vers le mot *positus,* et une fois le verbe *apponit ;* et Ovide, dans l'élégie 3 du liv. II des *Pontiques*, répète jusqu'à trois fois en quatre vers le verbe *petere.* Il ne serait pas difficile de citer une foule d'autres exemples de ces répétitions. Barthius a donc eu raison lorsqu'il a soutenu que ce vers, qui se trouve dans presque tous les manuscrits, devait être conservé.

Vers 83. *Nec posse ulterius perituram extollere molem ?* Il y a lieu de s'étonner qu'aucun commentateur ne se soit arrêté à ce passage, qui est cependant assez difficile. En effet, le but de Pluton n'est pas d'engager la Fortune à élever plus haut la puissance romaine : il lui reproche au contraire de les avoir jusque-là trop favorisés ; il vient même de lui demander ironiquement si elle ne se sent pas abattue sous le poids de leur grandeur. Bien loin qu'il ait l'intention de reculer la chute de Rome, il exhorte au contraire la Fortune, dans les termes les plus pressans, à la hâter : *Quare age, Fors, etc.* Il ne suffirait même pas, pour rétablir ce passage, de substituer *tollere* à *extollere ;* car l'adverbe *ulterius* suppose une continuation de la chose commencée, et donne par conséquent à Pluton une pensée opposée à la sienne. Brotier propose de changer *ulterius* en *alterius*, en sous-entendant *ponderis,* mot qui se trouve dans le vers précédent. Cela, selon lui, ferait un très-bon sens : *Ne sauriez-vous*, dirait Pluton, *lui opposer une autre puissance, que vous n'éleverez que pour la faire tomber à son tour?* Cela désignerait à merveille l'élévation prochaine de César et sa chute future.

Page 144, vers 87. *Ædificant auro.* Bourdelot et Gonsalle de Sallas pensent à tort qu'il s'agit ici du palais d'or de Néron : il ne peut être question dans ce poëme, que du luxe qui précéda la guerre civile; et cette allusion à Néron serait un anachronisme. Ce passage se rapporte donc uniquement aux dépenses excessives que les Romains, au temps de César et de Pompée, faisaient pour dorer les planchers, et même les murs de leurs appartemens. Pline rapporte ainsi l'origine de ce luxe (*Histoire Naturelle*, liv. XXXIII) : *Laquearia, quæ nunc et in privatis domibus auro teguntur, post Carthaginem eversam primo inaurata sunt in Capitolio. Inde transiere in cameras; in parietes quoque, etc.* C'est ainsi qu'il faut entendre ce passage de Lucain (*Pharsale*, liv. I) : *Non auro tectisque modus.*

Vers 92. *Dum varius lapis invenit usum.* Je ne serais pas éloigné d'adopter la leçon de *parius* au lieu de *varius* dans ce vers. En effet, cette expression, *varius lapis*, ne peut s'appliquer qu'au marbre, et l'on sait que celui de Paros était le plus renommé, comme on le voit, par exemple, dans ce vers d'Ovide :

> Hæret ut e pario formatum marmore signum.

Cependant *varius* offre aussi un très-bon sens, et *varius lapis* signifierait *un marbre veiné*, ou ces marbres de diverses couleurs dont les anciens formaient leurs admirables mosaïques.

Vers 103. *O genitor, cui Cocyti penetralia parent.* N'admirez-vous pas, dans la traduction de Nodot, l'élégante réponse de la Fortune à Pluton?

> . . . . . . . . . . . . . . . . *O Père*, à qui sans cesse
> Le Cocyte obéit, tes désirs sont remplis,
> J'ose te le promettre, et tes vœux accomplis.
> Oui, mon cœur indigné conçoit autant de haine
> Que *tu m'en as fait voir* pour la grandeur romaine.
> Le surprenant éclat où j'ai mis sa splendeur
> Me comble également de honte et de douleur.
> Ce dieu qui leur a fait gagner tant de batailles,
> Lui-même saura bien renverser leurs murailles.
> *Je veux les brûler tous, sans distinguer leur rang,*

Et je veux assouvir *leur* luxe avec *leur* sang.
Des champs Philippiens je vois la plaine affreuse
Qui, par deux grands combats, va devenir fameuse;
Je vois la Thessalie où *l'on brûle des corps*,
J'aperçois dans l'Espagne *un grand nombre de morts.*
La Libye et l'Égypte ont les mêmes alarmes.
Enfin, de toutes parts, j'entends le bruit des armes,
Et déjà d'Actium j'entends mugir les flots
Qui redoutent le dieu qu'on adore à Délos.
Ouvre donc les cachots de tes demeures sombres;
Et *prépare des lieux* pour de nouvelles ombres.
Pour passer tant de morts dans tes vastes états,
La barque de Caron ne te suffira pas;
Fais construire au plus tôt une flotte puissante :
Et toi, viens assouvir la soif qui te tourmente,
Cruelle Tisiphone, *et dévore leur chair;*
*L'univers, par morceaux, va partir pour l'enfer.*

Notez qu'un peu plus haut, Pluton avait dit à la Fortune, en vers non moins polis :

Courage donc, Fortune, *et change de visage;*
Excite, *si tu peux*, l'horreur et le carnage;
Provoque les Romains à chercher le trépas,
Et peuple par le fer *nos royaumes çà bas.*

## CHAP. CXXI.

Page 146, vers 110. *Quippe armare viros, etc.* Au lieu d'*armare*, Bouhier, Tornésius et plusieurs autres lisent *cremare;* mais je préfère la première leçon, adoptée par Gronovius. Il va être question plus loin de bûchers, *Thessaliæque rogos;* et *cremare* ferait ici une répétition inutile.

*Et sanguine pascere luctum.* Burmann lit *luxum* : je pense que *luctum* est la vraie leçon ; car on n'a jamais dit que le *luxe aimât le sang*. Claudien, qui en fait une espèce de divinité, dit seulement dans le liv. I de l'*Invective contre Rufin :*

Et luxus populator opum......

On sait d'ailleurs que le luxe est plus propre à amollir les âmes qu'à les porter à la guerre. Il y a donc toute apparence que Pétrone avait écrit: *Et sanguine pascere luctum.* Les poètes ont fait du *Deuil* une divinité, et Virgile (*Énéide*, liv. VI, v. 273) la place à l'entrée des Enfers:

> Vestibulum ante ipsum primisque in faucibus Orci
> Luctus............

Dans le passage de Claudien ci-dessus cité, le Deuil est représenté déchirant son voile:

> .....Scisso mœrens velamine Luctus.

Stace (*Thébaïde*, liv. III, v. 125) ne se contente pas de lui donner des vêtemens déchirés; il dit, de plus, qu'ils étaient tout sanglans:

> ............Sanguineo discissus amictu
> Luctus atrox......

Pétrone a donc pu dire avec raison que le Deuil se repaissait de sang.

Page 146, vers 111. *Cerno equidem gemino jam stratos marte Philippos.* Ce vers fait allusion aux deux batailles de Pharsale en Thessalie, et de Philippes en Macédoine. Les Romains sous les empereurs désignaient souvent la réunion de ces deux provinces sous le nom général d'*Émathie.*— *Voyez*, à ce sujet, l'excellente note de Delille sur ces quatre vers des *Géorgiques* (liv. I, v. 488):

> Ergo inter sese paribus concurrere telis
> Romanas acies iterum videre Philippi:
> Nec fuit indignum Superis, bis sanguine nostro
> Emathiam, et latos Hæmi pinguescere campos.

M. Helliez, dans sa *Géographie de Virgile*, fait à propos de ces vers la remarque suivante. « Virgile semble mettre la bataille de Pharsale dans la même plaine que celle de Philippes, quoiqu'il y ait quatre-vingts lieues de distance entre ces deux villes. On sauverait cette erreur géographique, si l'on rapportait l'adverbe *iterum* à *concurrere*, et non à *videre*. On sait que ces métathèses sont familières aux poètes, et dès-lors il n'y aura rien que d'exact dans la pensée de Virgile, puisque la bataille de Philippes fut la seconde où les armées romaines en vinrent aux mains pour décider de l'empire du monde. »

Page 146, vers 114. *Et Libyam cerno, et te, Nile, gementia castra.* Cette correction que je propose, au lieu de celle généralement adoptée :

Et Libyen cerno et tua, Nile, gementia claustra,

est la seule qui me paraisse présenter un sens raisonnable. *Timentes* du vers suivant se rapporterait alors à *Libyam*, à *te*, *Nile*, et à *actiacos sinus* : alors *gementia castra* ou *claustra* ne serait plus qu'une espèce d'apposition que l'on pourrait retrancher de ces deux vers sans en changer le sens.

Vers 117. *Vix navita Porthmeus Sufficiet, etc.* Comme ces deux mots, *navita* et *Porthmeus*, du grec πορθμεὺς, signifient la même chose, on ne peut guère douter que l'un des deux n'ait été inséré ici mal-à-propos. Quelque commentateur aura probablement écrit à la marge d'un ancien manuscrit le mot *navita* pour expliquer le sens de *porthmeus*, et un copiste ignorant, comme l'étaient la plupart d'entre eux, aura inséré dans le texte ce mot *navita*. Saumaise pensait, avec quelque apparence de raison, que *navita* avait pris la place d'une épithète se rapportant au mot *simulacra* du vers suivant, et il avait proposé, sur son exemplaire, de lire *tabida* ou *lurida*, ou *squalida*. Au reste, ce n'est pas ici seulement qu'on appelle en latin Caron, du nom de *Porthmeus*; on en voit un autre exemple dans cette inscription sépulcrale, rapportée par Spon, dans ses *Recherches d'antiquités*, où un mari dit :

SAT FVERAT, PORTHMEV, CYMBA VEXISSE MARITAM.

Vers 119. *Classe opus est.* Ces mots renferment une image noble, vive, grande, et qui n'a rien que de naturel, quand on réfléchit au carnage affreux des batailles de Pharsale, de Philippes et d'Actium : ils expriment avec plus de concision et d'énergie cette pensée de Lucain (*Pharsale*, liv. III, v. 16) :

Præparat innumeras puppes Acherontis adusti
Portitor..........

## CHAP. CXXII.

Page 146, vers 126. *Continuo clades hominum, venturaque damna.* Pétrone a encore voulu ici lutter avec Lucain; il a imité le commencement du second livre de la *Pharsale* :

> Jamque iræ patuere deum, etc.

Boispréaux croyait-il de bonne foi avoir rendu, dans ces vers, les images de Pétrone?

> Les augures bientôt annoncent à la terre
> Les troubles, les partis, le carnage et la guerre.
> Phébus, en se levant, paraît ensanglanté ;
> Sa sœur, à nos forfaits, refuse sa clarté.
> D'affreux mugissemens tous les monts retentissent ;
> L'onde interrompt son cours et les astres pâlissent,
> Le démon des combats tonne du haut des cieux,
> On voit pleuvoir du sang. Etna plus furieux,
> Entr'ouvrant ses cachots, brûle, éclate, ravage,
> Et contre Jupiter semble vomir sa rage.
> Les Mânes effrayés quittent leurs monumens,
> L'air retentit au loin de leurs gémissemens ;
> Et le ciel, sillonné d'une affreuse lumière,
> Verse tout son poison sur la nature entière.

Vers 133. *Flumina per notas ibant morientia ripas.* Plusieurs manuscrits portent *fulmina* au lieu de *flumina*. Bouhier s'est décidé en faveur du premier, quoiqu'il préférât le second. Je pense comme lui que, dans la circonstance dont il s'agit, *flumina* tient plus du prodige que *fulmina*.

Page 148, vers 144. *Alpibus aeriis, ubi graio numine, pulsæ, etc.* Les commentateurs qui lisent, d'après les anciens manuscrits, *graio nomine pulsæ* (ce qui désignerait, à n'en pas douter, les Alpes Grecques), reprochent à Pétrone de faire ici une faute grossière de géographie, et de confondre les Alpes Grecques avec les Alpes Maritimes. En effet, ce fut du côté de Monaco, et conséquemment par les Alpes Maritimes, que le vainqueur des Gaules repassa les monts. Virgile le dit expressément :

> Aggeribus socer Alpinis, atque arce Monœci
> Descendens......

Il n'est pas possible que Pétrone ait fait une pareille bévue. Il faut donc accuser les copistes d'avoir falsifié son texte, et ne rejeter que sur eux la faute présumée de l'auteur. Or, si cette leçon, *graio nomine*, comme le prétend M. Bouhier, est défectueuse, il faut lui substituer *graio numine pulsæ*, ou *vulsæ* pour *dejectæ* : alors la difficulté disparaîtra ; et ces expressions, jointes aux mots suivans, *est locus Herculeis aris sacer*, indiqueront clairement les Alpes Maritimes, qui, jusqu'alors inaccessibles, avaient été rendues praticables par Hercule, héros grec, dont ses compatriotes, après sa mort, avaient fait un dieu, et auquel, en reconnaissance de ce service, et pour en perpétuer le souvenir, on bâtit dans la suite un temple sur l'une des hauteurs voisines de Monaco. Cette conjecture de Bouhier devient une certitude pour tout homme qui a manié d'anciens manuscrits, où les mots *numine* et *nomine* sont mille fois confondus.

Page 148, vers 148. *Cœlum illic sedisse putes*. Il n'y a qu'à souscrire à la correction heureuse de Gronovius le père sur cet endroit ; c'est lui qui a substitué *sedisse* au mot *cecidisse* qu'on lisait dans les anciennes éditions, et qui n'offrait aucun sens. Cette correction était déjà venue en pensée à La Peyrarède, qui avait écrit sur son exemplaire : *Lege*, illic sedisse. *Ovidius, de cervicibus Herculis* : cœlum nam sederat illis. *Statius, ingeniose admodum, de Tænaro monte* : Fessisque insiditur astris. *Sic Pindarus ejus modi montes*, κίονας οὐρανοῦ, cœli columnas. Et ita apud Jobum, in sacris litteris.

*Non solis adulti Mansuescit radiis*. Je n'ai pas fait difficulté de rétablir ici le texte tel qu'il est dans quelques éditions anciennes et dans le manuscrit Colbert, c'est-à-dire de lire *adulti* au lieu d'*adusti*, et *mansuescit* au lieu de *mansuescunt*. Il est évident que le verbe *mansuescit* se rapporte à *locus* qui précède ; il ne peut donc être au pluriel.

Vers 153. *Optavitque locum*. On lit dans plusieurs éditions, *oravitque locum*; mais *optavit* offre un bien meilleur sens. *Optavit locum*, id est, *castrametatus est*. Virgile a dit de même, *Optavit locum tecto*.

Vers 157. *Olimque ornata triumphis*. Le manuscrit Colbert porte *honorata*, qui ne convient point à la mesure du vers. Burmann imprime *onerata* : cela pourrait passer, si César avait reçu véritablement les honneurs du triomphe. Mais Suétone, dans la Vie de ce grand homme, ch. XVIII et XXXVII, et plusieurs autres historiens, nous apprennent que, bien que César eût mérité le triomphe, après sa première expédition d'Espagne, il ne l'obtint réellement qu'à la fin des guerres civiles. Il faut donc lire *ornata*, avec Bouhier.

Page 148, vers 159. *Invitas me ferre manus; sed vulnere cogor.* Sans entreprendre de justifier César des motifs qui lui firent porter les armes contre sa patrie, on ne peut se refuser à reconnaître qu'il avait de justes sujets de se plaindre du sénat, de l'aveu même des républicains modérés. Outre ce qu'en ont dit les historiens désintéressés, on peut voir de quelle manière en parle Cicéron lui-même, quoique du parti opposé, dans une lettre qu'il écrivit à César au commencement de la guerre civile : *Judicavi eo bello te violari; contra cujus honorem, populi romani beneficio concessum, inimici atque invidi niterentur.* Il est vrai que dans une autre lettre du même à son ami Atticus (liv. VII), il soutient que les mauvais traitemens du sénat ne devaient jamais porter César à prendre les armes contre son pays. Mais, si l'on y prend garde, on verra que Cicéron n'avait pas meilleure opinion des desseins de Pompée, et que, dès-lors, il prévoyait fort bien qu'il n'était plus question entre lui et son rival que du choix d'un maître; car, répondant à Atticus, qui l'exhortait à se déclarer contre César, et à faire les derniers efforts pour se garantir de la servitude : « A quoi bon ? lui répond-il; pour être proscrits si nous sommes vaincus, ou tomber dans un autre esclavage si nous sommes vainqueurs ? » Ce sont ses propres termes : *Ut quid? si victus eris proscribare? si viceris, tamen servias?* Il ne s'en expliquait pas moins franchement, comme on sait, avec les autres chefs du parti républicain. Comment donc César n'aurait-il pas compris que, s'il cédait à son rival, et s'il se laissait une fois désarmer, il tombait lui-même dans la servitude, sans aucun fruit pour la république. Telle est l'extrémité où il se trouvait réduit, et dont ses amis ne se cachaient point. Voici ce que l'un d'eux, Célius, écrivait à Cicéron : *Pompeius constituit non pati C. Cæsarem consulem aliter fieri, nisi exercitum et provincias tradiderit. Cæsari autem persua-*

*sum est, se salvum esse non posse, si ab exercitu recesserit. Fert tamen illam conditionem ut ambo exercitus tradant.* C'était, ce me semble, entendre la raison, que de consentir à être désarmé, pourvu que son rival le fût aussi. Quoi de plus juste et de plus convenable au salut de la république? Cependant Pompée le refusa, et, par ce refus, poussa d'autant plus César aux dernières extrémités, que personne ne doutait à Rome que, si Pompée devenait le maître, sa domination ne fût aussi cruelle que celle de Sylla : *Mirandum in modum Cnœus noster Sullani regni similitudinem concupivit, etc.*, dit Cicéron lui-même (*Lett. fam.*, liv. IX, lett. 7 et 10). Si donc quelque chose a été répréhensible dans la conduite de César, ce ne fut pas tant de prendre les armes, que l'usage qu'il fit de la victoire, pour asservir sa patrie, et introduire des changemens nombreux dans la constitution de l'état. Que si, au lieu de s'emparer de la souveraineté, il se fût contenté de corriger les abus énormes qui s'étaient glissés dans la république, et s'il en avait assuré la liberté par des lois sages et dignes de son grand génie, il se serait acquis une gloire immortelle et n'aurait pas péri par un assassinat. Mais une modération si héroïque est presque au dessus de l'humanité; et l'histoire contemporaine nous offre l'exemple d'un héros, plus grand encore que César, qui, pour avoir suivi l'exemple du dictateur, et avoir sacrifié les droits du peuple à son ambition, termina ses jours dans un affreux exil, où il dut regretter amèrement de ne pas être resté le premier citoyen d'un peuple libre.

Page 150, vers 181. *Ipse nitor Phœbi, vulgato latior orbe.* Boulier prétend que Pétrone fait ici Phébus favorable à César, et que plus loin (v. 269) il le fait déclarer en faveur de Pompée :

> Magnum cum Phœbo soror, et Cyllenia proles
> Excipit........

C'est, dit-il, une contradiction qu'on a justement reprochée à Pétrone. Ce reproche me paraît dénué de toute justice. Ici, *Phœbus* ne signifie pas Apollon, le dieu de l'Olympe, mais simplement le Soleil, considéré comme signe céleste. Plus loin, c'est Apollon lui-même que Pétrone a désigné.

## CHAP. CXXIII.

Page 150, vers 185. *Prima quidem glacies, et cana vincta pruina.* Comparez cette description avec celle du passage des Alpes par Stilichon (CLAUDIEN, *Guerre des Gètes*).

Page 152, vers 214. *Fervere germano perfusas sanguine turmas.* En traduisant, *teint du sang des Germains*, M. De Guerle a suivi le torrent de ses prédécesseurs. Ils ont tous entendu, par *germano sanguine*, les victoires remportées antérieurement par César sur les peuples de la Germanie. Mais *germano* ne serait-il pas ici synonyme de *fraterno*, pour *romano* ?

Vers 215. *Arma, cruor, cædes, incendia, totaque bella.* On chercherait en vain quelque étincelle du feu poétique qui anime l'auteur latin, dans cette prose rimée de Boispréaux :

> Le pillage, les feux, les meurtres, les fureurs,
> *Volent devant ses pas* et glacent tous les cœurs.
> Rome n'écoute plus que la peur qui la guide.
> L'un cherche son salut *sur l'élément perfide,*
> *Qui l'est moins à ses yeux* que son propre foyer ;
> L'autre porte ses pas aux climats étrangers ;
> Celui-ci, s'animant de ses propres alarmes,
> Plein d'un noble courage, attend tout de ses armes.
> Le senat éperdu, le peuple épouvanté,
> Cèdant à leur effroi, désertent *la cité.*
> L'un, d'un pas chancelant, conduisant sa famille,
> Les yeux baignés de pleurs, *traîne après lui sa fille ;*
> Celui-ci tendrement embrasse sa moitié,
> La crainte fait sur lui l'effet de l'amitié.
> Pour sauver ses trésors, cet avare *peu sage.*
> Les livre à l'ennemi qui l'attend au passage.
> Le désordre et l'effroi *volant de toutes parts,*
> Troublent également *et jeunes et vieillards ;*
> Et chacun, par des vœux enfantés *de sa crainte,*
> Porte à César absent une mortelle atteinte.
> Tel on voit l'Aquilon, troublant le sein des mers,
> De ses fiers sifflemens épouvanter les airs :
> Le pilote effrayé, que son art abandonne,
> Attend avec frayeur *ce que le ciel ordonne.*
> Celui-ci veut gagner un abri vers le bord,
> L'autre aux flots mugissans oppose un vain effort ;

25.

L'un assure le mât, l'autre bande un cordage,
Et tous forment des vœux pour conjurer l'orage.

Page 152, vers 233. *Ac, velut ex altoquum magnus inhorruit Auster.* Bouhier place cette comparaison après le vers 217 de ce poëme :

Pectora, per dubias scinduntur pectora causas.

M. De Guerle la jugeait plus convenablement placée à la fin du tableau, et c'est l'ordre qu'il a suivi dans sa traduction. Burmann a confirmé par son exemple cette transposition. Plutarque, parlant du même fait (*Vie de César*), se sert de la même comparaison : Οἰκτροτατὸν δὲ θέαμα τῆς πόλεως ἦν ἐπιφερομένου χειμῶνος, ὥσπερ νεὼς ὑπό κυβερνητῶν ἀπαγορευόντων πρὸς τὸ συντυχὸν ἐμπεσεῖν κομιζομένης : « A l'approche de cette tempête, l'aspect de la ville était déplorable : on eût dit un vaisseau qui, abandonné de son équipage découragé, est prêt à se briser contre le premier écueil qu'il rencontrera. »

## CHAP. CXXIV.

Page 154, vers 245. *Ergo tanta lues divum quoque numina vicit.* Quelques manuscrits, et celui de Colbert entre autres, portent *vidit* au lieu de *vicit*, et les commentateurs s'évertuent à expliquer ce passage sans pouvoir en venir à bout. Bouhier fait à ce sujet la remarque suivante : « Quoique cette leçon se trouve dans les manuscrits, je ne sais comment on a pu s'en accommoder; car, à supposer que *lues* puisse s'entendre de la Fortune, la phrase signifierait seulement qu'elle a vu les dieux. Or, à quoi cela aboutirait-il ? Il n'y a pas de doute qu'il faut lire *tergo*, qui était dans quelques éditions précédentes, et qui rend la lumière à ce passage. *La Fortune n'a pas vu seulement fuir Pompée : elle a vu encore fuir les dieux.* Otons aussi à la Fortune cette vilaine épithète de *tanta lues*, qui ne lui convient point, et ponctuons ainsi ce vers :

Tergo (tanta lues!) divum quoque numina vidit. »

Cette correction que Bouhier propose, en désespoir de cause, ne me paraît pas du tout nécessaire, d'autant plus que *tergo vidit divum numina* n'est ni très-correct ni très-poétique, surtout lorsque Pétrone vient de dire dans le vers précédent :

Ut Fortuna levis Magni quoque terga videret.

Lisons plutôt *vicit* au lieu de *vidit*, et traduisons *tanta lues*, une si grande contagion (la peur) *vicit quoque numina divum*, triompha aussi de la puissance des dieux. Cette correction se trouve confirmée par le vers suivant :

Consensitque fugæ cœli timor.....

Page 154, vers 250. *Absconditque olea vinctum caput.* Bouhier lit *galea* au lieu de *olea*, et fait à ce sujet une note trop sérieusement comique pour ne pas la rapporter. « *Galea*, dit-il, pourrait bien marquer ici *un tour de faux cheveux*, nommé *galerus* ou *galericon*, dont se servaient quelquefois les dames romaines pour se déguiser, comme l'a dit Juvénal, à propos de Messaline :

........Flavo crinem abscondente galero,

(*Voyez* le fragment de l'*Éloge des Perruques*, page 338 de ce volume) ce qu'un ancien scoliaste explique ainsi : *Crine supposito, rotundo muliebri capitis tegumento, in modum galeæ facto, quo utebantur meretrices.* Il me paraît assez vraisemblable que Pétrone a voulu parler de cette sorte de perruques. »

Le grave président Bouhier affuble, comme on le voit, la Paix d'une perruque, et d'une perruque de courtisane, encore ! Il ne croyait pas à coup sûr être si plaisant. Il aurait pu facilement s'épargner cette bévue, s'il eût réfléchi que l'attribut ordinaire de la Paix étant l'olivier, il était plus probable que Pétrone avait écrit *olea vinctum caput*. On pardonnera sans peine une pareille erreur à un homme d'ailleurs si distingué par son érudition ; mais ce qui est moins excusable, c'est l'étonnement que témoignent plusieurs interprètes de Pétrone, de voir que cet auteur fasse descendre aux enfers la Paix et ses compagnes, la Foi, la Justice et la Concorde ; tandis que, selon eux, la place de ces divinités était dans l'Olympe, et non pas chez Pluton. Ces savans ont oublié, sans doute, que la guerre était allumée dans le ciel comme sur la terre : l'auteur le dit positivement quelques vers plus loin :

>........Namque omnis regia cœli
>In partes diducta ruit......

Quelle retraite pouvait donc choisir la Paix qui lui convînt mieux que les Champs-Élysées, lieux paisibles, habités par les âmes des hommes vertueux, et qui d'ailleurs faisaient aussi partie de l'empire de Pluton ?

Page 156, vers 276. *Atque, interlorto lacerans in pectore vestem.* J'ai préféré cette leçon à toutes celles que proposent les interprètes de ce passage. Les uns lisent, *inter toto laceratam;* quelques autres, *inter torta;* Burmann lit : *Atque inter fremitus laceratam, etc.* Si l'on préfère *inter toto lacerans*, il faut joindre *inter* à *lacerans*.

Vers 283. *Sumite nunc, gentes, accensis mentibus arma.* Voici comment Bouhier traduit ce passage; j'ai indiqué en italique, selon mon habitude, les endroits les plus faibles :

> « O vous qui *croupissez* dans un trop long repos,
> Il est temps d'en sortir : peuples ! courez aux armes ;
> Faites couler le sang, *ce serait peu* des larmes.
> *Qu'on* désole les champs, *qu'on* brûle les cités ;
> *Qu'*amis, parens, voisins, ne soient pas exceptés.
> Femmes, enfans, vieillards, *qu'à la guerre tout vole ;*
> Que tout s'ébranle enfin *de l'un à l'autre pole !*
> Ose, fier Marcellus, faire observer les lois.
> Soulève, ô Curion, le peuple *par* ta voix.
> *Qu'à ton gré*, Lentulus, le carnage s'apprête.
> Mais qu'attends-tu, César, et quel *respect t'arrête ?*
> Détruis, détruis ces murs qui t'osent résister.
> Vois la superbe Rome à *tes pieds se jeter.*
> Pour forcer son trésor, *prépare tes machines ;*
> Et ravis l'or fatal, fruit de tant de rapines.
> Pour toi qui défendis si mal le nom latin,
> Pompée, il faut céder à *ton triste destin ;*
> *Il t'attend* dans la Grèce, où bientôt l'Italie
> Va teindre de son sang les champs de Thessalie. »
> La Discorde a parlé ; son arrêt s'accomplit :
> De sang la terre est teinte, et Pluton s'applaudit.

Vers 288. *Tu legem, Marcelle, tene.* Marcus Claudius Marcellus, ex-consul, du parti de Pompée. Après la défaite et la mort de ce grand homme, Marcellus avait tout à craindre de la part du vainqueur, qu'il avait accusé en plein sénat de plusieurs crimes contre l'état; mais le sénat tout entier, par l'organe de Cicéron, demanda sa grâce à César, qui l'accorda. Le sage Marcellus apprit son rappel avec indifférence; et il s'obstinait à ne pas quitter sa retraite: Cicéron eut besoin de toute son adresse et de toute l'autorité qu'il avait sur son esprit, pour l'y déterminer. Il partit enfin; mais s'étant arrêté, dans sa route, au port du Pyrée, pour y passer un seul jour avec Serv. Sulpicius, son ancien ami, qui avait été son collègue au consulat, il y fut assassiné par un nommé Magius, l'homme du monde qui lui paraissait le plus attaché. On n'a jamais su la cause du crime de Magius, qui se perça le cœur du même poignard, et mourut sur-le-champ. Sulpicius fit porter à Athènes le corps de son ami, dont il célébra les funérailles avec autant de pompe que sa situation, dans une ville étrangère, le lui permettait. Il ne put obtenir des Athéniens une place dans leurs murs pour y déposer les restes de Marcellus, parce que leur religion le leur défendait: mais ils lui laissèrent la liberté de prendre une de leurs écoles publiques; et il choisit celle de l'Académie, regardée alors comme le plus noble endroit de l'univers. Il y fit brûler le corps, et laissa des ordres pour élever à sa cendre un monument en marbre. Marcellus était le chef d'une famille qui avait donné, depuis plusieurs siècles, des grands hommes et des citoyens vertueux à la république. La nature lui avait accordé des qualités qui répondaient à l'éclat de sa naissance. Il s'était formé un caractère particulier d'éloquence, qui lui avait acquis une réputation brillante au barreau: de tous les orateurs de son temps, il était celui qui approchait le plus de la perfection à laquelle Cicéron s'était élevé: son style avait de l'élégance, de la force et de l'abondance; sa voix était douce autant que son action était noble et gracieuse. Sa mort coûta des regrets et des larmes à tous les Romains qui chérissaient encore la liberté et la vertu.

Page 156, vers 288. *Tu concute plebem, Curio.* Curion avait reçu de la nature des qualités égales à sa naissance. Son entrée dans le monde avait été des plus brillantes: il fronda hautement, à la tête de la jeune noblesse, les entreprises des triumvirs, César, Pompée et Crassus. Cette audace le rendit l'idole du peuple : il ne paraissait point au théâtre et dans les assemblées, sans y recevoir des preuves éclatantes de sa faveur; et Pompée n'avait jamais été plus applaudi dans les beaux jours de sa gloire. Cicéron l'aimait beaucoup ; ce grand homme, qui lui connaissait assez de génie et d'ambition pour faire beaucoup de bien ou de mal à sa patrie, tâcha de l'engager de bonne heure dans les intérêts de la république, de lui inspirer du goût pour la véritable gloire, et de le décider à faire un noble usage des biens immenses qu'il avait hérités de son père. Le luxe et la corruption rendirent ses efforts inutiles : Curion, qui venait d'exercer la questure en Asie, donna au peuple, en l'honneur de son père, des jeux qui lui coûtèrent sa fortune. Il y déploya la plus grande magnificence ; mais ce fut surtout par la singularité de l'invention qu'il se distingua. Nous allons mettre le lecteur à même d'en juger, à l'aide des détails suivans : « Il fit construire deux planchers, en forme de croissant, assez vastes pour contenir une portion considérable du peuple romain. Chacun de ces planchers n'avait d'autre point d'appui qu'un pivot sur lequel on le faisait tourner à volonté. Ces deux demi-cercles étaient d'abord adossés l'un à l'autre, mais à une distance convenable, afin d'avoir la faculté de les faire mouvoir. On représentait en même temps sur tous les deux des pièces dramatiques, sans que de l'un à l'autre les acteurs pussent s'entendre ou s'interrompre. Ensuite on faisait tourner ces deux croissans, dont les extrémités, en se réunissant, formaient un cirque, où se donnaient des combats de gladiateurs. »

C'est à cette occasion que Pline s'écrie avec sa causticité ordinaire : « Que faut-il le plus admirer dans ce spectacle? est-ce l'inventeur ou l'invention? le machiniste, ou celui qui le met en œuvre? la hardiesse de celui qui commande, ou la docilité de celui qui obéit? La nouveauté du spectacle a tourné toutes les têtes ; et, dans son ivresse, le peuple romain ne voit pas l'imminent danger de son étonnante et bizarre position : il siège sans inquiétude sur un échafaud mobile prêt à fondre sous lui. Le voilà donc, ce peuple, le roi des nations, le conquérant de l'univers, le distributeur des provinces et des royaumes, le législateur de la terre, cette assemblée de dieux dont les volontés font la destinée du monde !!! embarqué sur deux espèces de navires, spectateur et spectacle tour-à-tour, il pirouette sur deux gonds, et s'applaudit de l'étrange nouveauté du péril qu'il affronte. »

Cicéron, qui craignait que de pareilles dépenses, en absorbant le patrimoine de son élève, ne fussent l'écueil de sa vertu, l'avait inutilement engagé à suspendre son projet. L'évènement justifia ses craintes : Curion fut réduit dans la suite à se vendre à César. Il était alors tribun du peuple : il n'avait d'abord sollicité cet emploi que pour mortifier le vainqueur des Gaules, et s'opposer à ses projets contre la république; mais un million que César lui fit offrir, changea ses dispositions et le détacha de la cause commune. Ce n'était plus le temps des Curius ; et Fabricius, contemporain de César, eût peut-être accepté l'or des Samnites.

Lorsque la guerre civile éclata, Curion sortit de Rome, et se rendit au camp de César, qui le chargea d'aller s'emparer de la Sicile. Caton, que Pompée y avait envoyé pour la garder, prit le parti de l'abandonner à Curion, qui le suivit aussitôt en Afrique pour le combattre. Le malheur et la mort l'y attendaient : ses troupes furent taillées en pièces par celles de Juba, roi de Mauritanie, attaché au parti de Pompée. Ses amis le pressaient d'assurer sa vie, et de fuir avec les débris de son armée ; mais il leur répondit, qu'ayant si mal rempli les espérances de César, il ne se sentait pas la force de paraître à ses yeux ; et, continuant de combattre en homme désespéré, il fut tué entre ses derniers soldats. Sa mort causa des regrets : Rome avait peu de jeunes citoyens dont elle eût conçu de si grandes espérances : et depuis qu'il avait embrassé le parti de César, il avait fait oublier les désordres de sa première jeunesse par une conduite où la prudence n'avait pas eu moins de part que la valeur. On a dit de lui, comme de Catilina, qu'il méritait de mourir pour une meilleure cause. C'est son père qui, dans une harangue, avait appelé César le mari de toutes les femmes, et la femme de tous les maris.

Page 156, vers 289. *Tu fortem neu supprime, Lentule, Martem.* Ici, *non supprimere* est la même chose que *ciere.* Cette façon de parler était fort ordinaire aux Romains ; on en trouve une infinité d'exemples dans Horace : *non spernit* pour *exoptat; non humilis* pour *superbus, etc.*

Vers 291. *Non frangis portas?.... Thesaurosque rapis?* Ce trésor était une caisse particulière qui depuis long-temps était destinée aux frais de la guerre des Gaules, et qu'il était défendu de divertir à d'autres usages, sous peine de l'exécration publique. Mais César s'en moqua, disant que, puisqu'il avait achevé la conquête des Gaules, cette destination devenait inutile, et qu'on ne devait pas se faire un scrupule de la changer. Ce fait est raconté par Appien, au livre II de la *Guerre civile.* Cependant César ne laissa pas de tirer une très-grosse somme de la caisse en question, si nous en croyons le témoignage de Pline (*Hist. Nat.,* liv. XXXIII) : *C. Cæsar, primo introitu Urbis in civili bello, sacro ex ærario protulit laterum aureorum* XXV. M. *argenteorum* XXXV ; *et in numerato* HS. CCCC. Le P. Hardouin a évalué ces sommes à quatre millions de notre monnaie. Mais il y a apparence que les nombres sont fautifs dans Pline, et que les sommes étaient beaucoup plus fortes. On ne saurait en douter, si l'on en croit ce passage de Paul Orose, qui apparemment le tenait des historiens contemporains : *Cæsar protulit ex eo* (*ærario*) *auri pondo* IIII. M. CXXXV, *argenti pondo prope* DCCCC. *millia.*

Vers 293. *Epidauria mœnia quare.* On lit *Epiduni,* dans le manuscrit Colbert ; ce qui prouve qu'il faut lire *Epidamni,* comme Burmann l'a très-bien démontré. On sait que cette ville, située en Macédoine, sur la mer Adriatique, s'appelait anciennement *Épidamne.* Elle était en aversion aux Romains, parce qu'elle servit de passage aux Grecs, dans la fameuse irruption qu'ils firent en Italie ; aussi changèrent-ils son nom en celui de Dyrrachium, aujourd'hui *Durazzo.*

## CHAP. CXXV.

Page 160, ligne 3. *Dii, deæque, quam male est extra legem viventibus! quidquid meruerunt, semper exspectant.* Plaute a dit de même : *Nihil est miserius, quam animus hominis conscius;* Sénèque : *Conscientia aliud agere non patitur, ac subinde respicere ad se cogit. Dat pœnas quisquis exspectat ; quisquis autem meruit exspectat ;* et Macrobe (*Songe de Scipion*) : *Sibi videntur exitium quod merentur excipere.*

## CHAP. CXXVI.

Page 160, ligne 15. *Vendisque amplexus, non commodas.* Les ouvrages des poètes sont remplis d'allusions à cet amour vénal. Ovide, liv. I$^{er}$ des *Amours*, élég. 10, v. 31 :

> Et vendit, quod utrumque juvat, quod uterque petebat :
>   Et pretium, quanti gaudeat ipsa, facit.
> Quæ Venus ex æquo ventura est grata duobus ;
>   Altera cur illam vendit, et alter emit ?

et Properce, liv. I, élég. 2 :

> Teque peregrinis vendere muneribus.

Ligne 17. *Quo facies medicamine attrita?* On trouve dans Ovide (*Cosmétiques*, v. 53) la recette suivante de l'une des compositions, alors en usage parmi les femmes, pour ajouter à l'éclat de leur teint, ou pour en conserver la fraîcheur : « Prenez de l'orge de Libye, ôtez-en la paille et la robe ; prenez une pareille quantité d'ers ou d'orobe ; détrempez l'une et l'autre dans des œufs ; faites sécher, et broyez le tout ; jetez-y de la poudre de corne de cerf, de celle qui tombe au printemps ; joignez-y quelques ognons de narcisse pilés dans un mortier ; faites entrer ensuite dans ce mélange de la gomme et de la farine faite avec du froment de Toscane ; enfin liez le tout par une plus grande quantité de miel, et cette composition rendra le teint plus net que la glace d'un miroir. »

Pline parle d'une vigne sauvage, qui a les feuilles épaisses et tirant sur le blanc, dont le sarment est noueux, et l'écorce ordinairement brisée : « Elle produit, dit-il, des grains rouges, avec lesquels on teint en écarlate : et ces grains, pilés avec des feuilles de la vigne, nettoient parfaitement la peau. » L'encens entrait dans la plupart des cosmétiques alors en usage : tantôt il servait à enlever les taches de la peau, et tantôt les tumeurs. « Bien que l'encens, dit Ovide, soit agréable aux dieux, il ne faut pas néanmoins le jeter tout dans les brasiers sacrés : il est d'autres autels qui réclament sa vapeur parfumée. »

Le même poète a connu, dit-il, des femmes qui pilaient du pavot dans de l'eau froide, et s'en mettaient sur les joues. D'autres se faisaient enfler le visage avec du pain trempé dans du lait d'ânesse. Poppée se servait d'une espèce de fard onctueux, où il entrait du seigle bouilli ; on se l'appliquait sur le visage, où il formait une croûte, qui subsistait quelque temps, et ne tombait qu'après avoir été lavée avec du lait. Poppée, qui avait mis cette pâte à la mode, lui laissa son nom. Les femmes allaient et venaient, ainsi masquées, dans l'intérieur de leur maison. C'était là, pour ainsi dire, leur visage domestique, et le seul connu des maris. « Leurs lèvres, dit Juvénal, s'y prenaient à la glu. Les fleurs nouvelles qu'offrait le visage, après la toilette, étaient réservées pour les amans. »

Il y eut une recette plus simple que celle d'Ovide, et qui eut la plus grande vogue : c'était un fard composé de la terre de Chio ou de Samos, que l'on faisait dissoudre dans du vinaigre. Pline nous apprend que les dames s'en servaient pour se blanchir la peau, de même que de la terre de Selinuse, blanche, dit-il, comme du lait, et qui se dissout promptement dans l'eau. Les Grecs et les Romains avaient un fard métallique qu'ils employaient pour le blanc, et qui n'est autre chose que la céruse. Leur fard rouge se tirait de la racine *rizion*, qu'ils faisaient venir de la Syrie. Ils se servirent aussi, mais plus tard, pour leur blanc, d'un fard composé d'une espèce de craie argentine ; et, pour le rouge, du *purpurissimum*, préparation qu'ils faisaient de l'écume de la pourpre, lorsqu'elle était encore toute chaude. Les qualités nuisibles de ces ingrédiens ont été senties par les anciens, autant que par les modernes. « Des grâces simples et naturelles, a dit Afranius, le rouge de la pudeur, l'enjouement et la complaisance, voilà le fard le plus séduisant de la jeunesse. Quant à la vieillesse, il n'est pour elle d'autre fard que l'esprit et les connaissances. »

Page 160, ligne 17. *Et oculorum quoque mollis petulantia?* Quelques commentateurs lisent *mobilis* au lieu de *mollis* ; ce qui signifierait alors des yeux sans cesse clignotans, ou, comme le disent les poètes comiques, *des œillades assassines*. C'est ce que Pétrone nous semble avoir parfaitement rendu dans l'épigramme suivante qu'on lui attribue :

> O blandos oculos et inquietos,
> Et quadam propria nota loquaces !
> Illic et Venus et leves Amores,
> Atque ipsa in medio sedet Voluptas ;

et non pas *solet voluptas*, comme l'imprime Burmann, ce qui n'offrirait aucun sens, non plus que l'épithète d'*inficetos* au lieu d'*inquietos*, telle qu'on la trouve dans les *Catalectes* à la suite de l'édition Bipontine : c'est, sans doute, une faute d'impression ; car que signifierait *inficetos?* ce serait un contre-sens. On peut traduire ainsi cette épigramme :

« O les beaux yeux ! comme ils sont pétulans, comme ils ont une éloquence qui leur est propre ! Dans leur prunelle, Vénus, les Amours légers et la Volupté elle-même ont placé leur trône. »

Page 160, ligne 18. *Quo incessus tute compositus, etc.* C'est ce qu'on appelle une démarche cadencée. Sénèque, dans ses *Questions naturelles* (liv. VII, ch. 30), dit à ce sujet : *Tenero et molli incessu suspendimus gradum*; Catulle :

> ................Quam videtis
> Turpe incedere, mimice ac moleste ;

et Ovide, *Art d'aimer*, liv. III, v. 299 :

> Est et in incessu pars non temnenda decoris.

Ligne 21. *Nec mathematicorum cœlum curare soleo*. Nous avons déjà dit dans une note, page 328 du premier volume, que *mathematicus* signifiait souvent, chez les anciens, un *astrologue* ; on en voit une nouvelle preuve dans ce passage d'Aulu-Gelle, liv. I, ch. 9 : *Vulgus, quos gentilitio vocabulo Chaldæos dicere oportet, mathematicos dicit.*

Ligne 22. *Ex vultibus tamen hominum mores colligo.* Homère (*Odyssée*, liv. I, v. 411) dit dans le même sens :

> ........Ὀυ μὲν γάρ τι κακῷ εἰς ὦπα ἔοικει.

et Érasme, dans ses *Adages* : *Ex habitu bonum virum præ se fert.* C'est ainsi que Théocrite nous représente Eusthénès, dans ses *Épitaphes* :

Εὐσθενέος τὸ μνᾶμα Φυσιγνώμων ὁ σοφιστὴς
Δεινὸς ἐκ ὀφθαλμοῦ καὶ τὸ νόημα μαθεῖν.

« Ce tombeau est celui d'Eusthénès, physionomiste habile, qui savait lire les pensées d'un homme dans ses yeux. »

Page 162, ligne 7. *Histrio, scenœ ostentatione traductus.* Ce mot *traductus* est une métaphore tirée de ce que les condamnés étaient forcés de traverser l'amphithéâtre, *traducebantur per amphitheatra*, et de se livrer en spectacle au peuple, comme on le voit dans Suétone, *Vie de Titus*, ch. VIII : *Hos assidue in foro flagellis et fustibus cæsos, ac novissime traductos per amphitheatri arenam.* C'est probablement de cet usage que vient notre locution française : *traduire en ridicule.*

Ligne 8. *Usque ab orchestra quatuordecim transilit.* « Ma maîtresse franchirait quatorze gradins au delà de l'orchestre pour aller chercher l'objet de ses désirs. » Cela nous montre la disposition de l'orchestre chez les Romains. Dans le principe, l'orchestre, à l'imitation des Grecs, était la partie la plus basse du théâtre, sur laquelle paraissaient les danseurs. Ce mot, en effet, vient du grec ὀρχηστὴρ, danseur, sauteur, pantomime. Ensuite tous les spectateurs s'y placèrent indifféremment; mais comme il ne parut pas convenable que les sénateurs fussent confondus avec la foule, les édiles, du temps de Scipion l'Africain, séparèrent les sénateurs d'avec le peuple. Enfin, sous le consulat de Metellus et de Mettius, Roscius Othon fit une ordonnance qui eut force de loi, et qui régla ainsi les places de l'orchestre. (*Voyez* CICÉRON, seconde *Philippique*; et PLINE, liv. VII, ch. 30.) Il y avait quatorze rangs de sièges, qu'on nommait communément *quatuordecim* : les premiers étaient occupés par les sénateurs, et les autres, par les chevaliers; le peuple était en bas, *in extrema plebe*, dit notre auteur. Dans la suite des temps, on établit dans l'orchestre une loge en saillie, nommée *podium*, où l'empereur avait son trône. Les vestales, les tribuns et l'*editor* (celui qui donnait l'argent pour le spectacle) étaient aussi dans l'orchestre. Juvénal (sat. III) dit : *Orchestram et populum*, pour distinguer les personnes de qualité d'avec le peuple; et il nous montre, dans le même endroit, qu'il n'y avait qu'à Rome où l'on faisait cette distinction.

Page 162, ligne 17. *Nunquam tamen, nisi in equestribus sedeo.* Ceci est une suite de la satyre contre les femmes de qualité qui se prostituaient à des hommes indignes de leurs faveurs, à des valets, à des muletiers, à des histrions. Mais il faut remarquer cependant que Pétrone, qui connaissait à fond le caractère des femmes, fait dans la suite changer de sentiment à cette soubrette; car elle devient amoureuse folle de celui dont elle rejette ici l'hommage avec tant de dédain.

Page 164, ligne 4. *Frons minima.* La petitesse du front était regardée comme une marque de beauté chez les anciens. Horace, en parlant de sa chère Lycoris, dit: *Insignis tenui fronte.* Arnobe nous apprend que les femmes étaient si curieuses de cet avantage, qu'elles se mettaient des bandeaux sur la tête pour diminuer leur front. Martial dit à ce sujet, liv. IV, épigr. 42:

> Audi quem puerum, Flacce, locare velim.
> Lumina sideribus certent, mollesque flagellent
>   Colla comæ: tortas non amo, Flacce, comas.
> Frons brevis, atque modus breviter sit naribus uncis:
>   Pæstanis rubeant æmula labra rosis.

Ce qui surprendra bien plus, c'est que la petitesse du front était regardée, par les anciens, comme une marque d'esprit; Méletius (*de la Nature de l'homme*, ch. VIII) le dit formellement, et mérite d'être lu à ce sujet. Voici ses propres termes: *Parva vero ac modica fronte ingenii acumine præditos, et ad dicendum propensos opinati sunt.*

*Et quæ apices capillorum retroflexerat.* Cela nous montre que Circé n'avait pas des cheveux postiches, et qu'elle les rejetait en arrière comme les dames les portent aujourd'hui. Du reste, ce portrait d'une belle rappelle, presque mot pour mot, celui de la maîtresse d'Anacréon, ode XXVIII:

> Ἄγε, ζωγράφων ἄριστε,
> Γράφε, ζωγράφων ἄριστε,
> Ῥοδίης κάρατε τέχνης·
> Ἀπεοῦσαν, ὡς ἂν εἴπω,

Γράφε τὴν ἐμὴν ἑταίρην.
Γράφε μοι τρίχας τὸ πρῶτον
Ἀπαλάς τε καὶ μελαίνας·
Ὁ δὲ κηρὸς ἂν δύνηται,
Γράφε καὶ μύρου πνεούσας.
Γράφε δ᾽ ἐξ ὅλης παρειῆς
Ὑπὸ πορφύραισι χαίταις
Ἐλεφάντινον μέτωπον.
Τὸ μεσόφρυον δὲ μή μοι
Διάκοπτε, μήτε μίσγε.
Ἐχέτω δ᾽, ὅπως ἐκείνη,
Τὸ λεληθότως σύνοφρυν
Βλεφάρων ἴτυν κελαινήν.
Τὸ δὲ βλέμμα νῦν ἀληθῶς
Ἀπὸ τοῦ πυρὸς ποίησον,
Ἅμα γλαυκὸν, ὡς Ἀθήνης,
Ἅμα δ᾽ ὑγρὸν, ὡς Κυθήρης.
Γράφε ῥῖνα καὶ παρειὰς,
Ῥόδα τῷ γάλακτι μίξας, κ. τ. λ.

On peut encore comparer ce passage avec le premier fragment de Pétrone, *ad Amicam*.

Page 164, ligne 16. *Nunc pluma canos dissimulare tuos*. Ce vers, qui fait allusion aux amours de Jupiter et de Léda, rappelle une pièce charmante de M. De Guerle, intitulée *les Cygnes*, où l'auteur décrit ainsi la métamorphose de Jupiter. C'est un cygne qui parle :

Tout à coup ( le pourrez-vous croire?.....
En extase je suis encor ! )
Sans bruit, fendant les airs sur un nuage d'or,
Jupiter paraît dans sa gloire ;
Et voilà le maître des dieux,
Le roi des cygnes et des hommes,
Qui, pour mieux plaire à deux beaux yeux,
Se fait cygne... — Quoi, cygne ! ainsi que nous le sommes ?
— Oui, comme nous, beau cygne, au chant mélodieux,
Au plumage d'albâtre..... Amour, tels sont tes jeux !

## CHAP. CXXVII.

Page 166, ligne 2. *Ut videretur mihi plenum os extra nubem luna proferre*. Cette comparaison du visage d'une belle avec la lune dans son plein, ne paraîtrait pas très-flatteuse aux dames de nos jours. Les anciens pensaient autrement que nous à ce sujet, et cette idée se trouve très-fréquemment reproduite dans les ouvrages des poètes grecs et romains.

Page 166, ligne 3. *Mox digitis gubernantibus vocem.* Les petites maîtresses, et même un grand nombre d'hommes chez les Romains, s'étudiaient à accompagner leurs paroles de gestes gracieux; Suétone le dit formellement dans la *Vie de Tibère*, ch. LXVIII : *Sermonem habuisse, non sine molli quadam digitorum gesticulatione.*

Ligne 4. *Feminam.... hoc primum anno virum expertam.* Horace (liv. III, Od. 14) a dit de même :

>..........Et puellæ
>Jam virum expertæ.

Ligne 6. *Habes tu quidem et fratrem.... sed quid prohibet et sororem adoptare?* Nous avons déjà vu, dans la note sur le ch. 9, tome I, page 280, que les mots *frater* et *soror* étaient souvent employés dans un sens obscène pour signifier un *mignon* et une *maîtresse.* C'est ce que Martial exprime ainsi dans le liv. II, épigr. 4 :

>O quam blandus es, Ammiane, matri !
>Quam blanda est tibi mater, Ammiane !
>Fratrem te vocat, et soror vocatur.
>Cur vos nomina nequiora tangunt ?

Ligne 18. *Ut putares, inter auras canere Sirenum concordiam.* Le chant des Sirènes était proverbial chez les anciens. Pétrone reproduit la même idée dans le premier de ses fragmens, *ad Amicam* :

>Sirenum cantus, et dulcia plectra Thaliæ
>Ad vocem tacuisse, reor.

Page 168, ligne 2. *Nec sine causa Polyænon Circe amat.* Ulysse est appelé *Polyænos*, πολύαινος, *digne de beaucoup d'éloges*, dans le liv. XII de l'*Odyssée*, v. 184 :

>Δεῦρ' ἄγ' ἰὼν, πολύαιν' Ὀδυσεῦ.

Pétrone n'a donné ici ce nom à Encolpe que pour faire allusion aux amours si connus d'Ulysse et de Circé. C'est donc à tort que plusieurs commentateurs ont voulu lire *Boliénos* ou *Béliénos ;* cela rendrait inintelligible ce qui suit : *inter hæc nomina fax surgit.*

Page 168, ligne 8. *Idæo quales fudit de vertice flores.* Ces vers ont été évidemment inspirés par ce passage de l'*Iliade* (chant XIV, v. 346), où Homère décrit ainsi les amours de Jupiter et de Junon sur le mont Ida :

Ἦ ῥα, καὶ ἀγκὰς ἔμαρπτε Κρόνου παῖς ἣ παράκοιτιν·
Τοῖσι δ' ὑπὸ χθὼν δῖα φύεν νεοθηλέα ποίην,
Λωτόν θ' ἑρσήεντα, ἰδὲ κρόκον, ἠδ' ὑάκινθον
Πυκνὸν καὶ μαλακόν· ὃς ἀπὸ χθονὸς ὑψόσ' ἔεργε.
Τῷ ἔνι λεξάσθην, ἐπὶ δὲ νεφέλην ἕσσαντο
Καλὴν χρυσείην· στιλπναὶ δ' ἀπέπιπτον ἔερσαι
Ὣς ὁ μὲν ἀτρέμας εὗδε πατὴρ ἀνὰ Γαργάρῳ ἄκρῳ,
Ὕπνῳ καὶ φιλότητι δαμείς· ἔχε δ' ἀγκὰς ἄκοιτιν.

« Il dit ; et le fils de Saturne entoure la déesse de ses bras. La terre complaisante fait sortir de son sein une herbe nouvelle, le lotos humide de rosée, le safran, et la tendre hyacinthe, qui forment une couche moelleuse sous les divins époux ; un nuage d'or les couvre de son voile, et distille à l'entour une brillante rosée. Ainsi, vaincu par le sommeil et l'amour, dormait le père des dieux sur le sommet du Gargare, tenant son épouse dans ses bras. »

Rochefort me paraît avoir assez bien rendu les gracieuses couleurs de ce tableau dans l'imitation suivante :

Il dit ; et, se livrant à toute sa tendresse,
Il vole à son épouse, et dans son sein la presse.
La terre, complaisante et sensible à leurs jeux,
D'un gazon doux et frais se couronne autour d'eux.
Le tapis émaillé s'élève et se colore
Des plus riches présens sortis du sein de Flore ;
Et la molle hyacinthe et le lis orgueilleux
Forment aux deux époux un lit délicieux,
Que d'un nuage d'or l'ondoyante barrière
Dérobe à l'œil perçant du dieu de la lumière :
Tandis que la rosée, en larmes de cristal,
Tombait en humectant le trône virginal, etc.

Ligne 16. *Quærentes voluptatem robustam.* Je préférerais *robustiorem.* Jean de Sarisbéry (liv. I, ch. 4) : *Apri dentibus extinctum Adonidem deflet Venus, habens semper cum venatione vel robusta commercium.* C'est ce qu'Ovide appelle *firmiter coire* (*Héroïdes,* épît. XIX, v. 67):

> Firmius o cupidi tandem cocamus amantes :
> Nec careant vera gaudia nostra fide.

## CHAP. CXXVIII.

Page 168, ligne 20. *Numquid spiritus jejunio marcet?* C'est ce que les Latins appelaient *anima jejuna*, et les Grecs, νησιείας ὄζειν, *sentir le jeûne*. On en voit un exemple plaisant dans les vers suivans de Cécilius Plotius, rapportés par Aulu-Gelle, liv. II, ch. 23 :

> Sed tua morosa ne uxor? quam rogas ?
> Qui tandem ? tædet mentionis : quæ mihi,
> Ubi domum adveni ac sedi, extemplo suavium
> Datat, jejuna anima. Nil peccat suavio ;
> Ut devomas, volt, quod foris potaveris.

Ligne 21. *Numquid alarum negligens, sudore puteo?* Cette négligence de toilette a été stigmatisée par les poètes anciens. Catulle, poëme LXIX :

> Lædit te quædam mala fabula, qua tibi fertur
> Valle sub alarum trux habitare caper.

Horace revient souvent sur ce défaut de propreté, et dit, dans une de ses satyres :

> Pastillos Rufinus olet, Gorgonius hircum.

Ailleurs, *Épode* XII :

> ........Hirsutis cubet hircus in alis.

Ovide (*Art d'aimer,* liv. I, v. 521) recommande à son élève d'éviter avec soin ce double reproche :

> Nec male odorati sit tristis anhelitus oris :
> Nec lædant nares virque paterque gregis.

Page 170, ligne 10. *Rapuit deinde tacenti speculum.* Les premiers miroirs artificiels furent de métal ; Cicéron en attribue l'invention au premier Esculape. Une preuve plus incontestable de leur antiquité serait, si notre traduction est bonne, le huitième verset du ch. XXXVIII de l'*Exode*, où il est rapporté que l'on fondit les miroirs des femmes pour en faire un grand vase d'airain. Quoi qu'il en soit, il paraît que ce meuble n'entrait pas encore dans la toilette des femmes au temps d'Homère ; il n'en parle pas dans sa description de la toilette de Junon, quoiqu'il ait pris plaisir à rassembler tout ce qui contribuait à la parure la plus recherchée.

Après avoir fait des miroirs d'airain, d'étain, de fer bruni, on en fabriqua d'un mélange des deux premiers métaux. L'argent pur obtint ensuite la préférence. Un artiste, nommé Praxitèle, contemporain du Grand Pompée, fut l'inventeur des miroirs de cette dernière espèce. On en fit même d'or, où le luxe prodigua les pierreries et les embellissemens de tous les genres. Il est étonnant que les anciens, qui poussèrent si loin les progrès de la découverte du verre, n'aient pas connu l'art de le rendre propre à la représentation des objets, en appliquant l'étain derrière les glaces ; il ne l'est pas moins que, connaissant l'usage du cristal, plus propre encore que le verre à la fabrication des miroirs, ils ne s'en soient pas servis pour cet objet. Ce ne fut que très-tard qu'ils commencèrent à faire des miroirs de verre ; et les premiers sortirent des verreries de Sidon. Pline ne dit pas à quelle époque ; mais comme il n'y en avait pas encore du temps de Pompée, il est certain qu'ils parurent depuis la destruction de la république. Avant et depuis cette époque, on en ornait les murs des appartemens et les alcoves des lits ; on en incrustait les plats et les bassins dans lesquels on servait les viandes sur la table ; on en revêtait les tasses et les gobelets, qui multipliaient ainsi l'image des convives.

Page 170, ligne 17. *Nocte soporifera veluti quum somnia ludunt*. J'ai déjà donné quelques échantillons de la traduction de Marolles ; en voici un nouveau, où il y a presque autant d'absurdités que de mots :

> Comme pendant la nuit, lorsque les songes trompent
> Plaisamment tous nos sens devant qu'ils se détrompent,
> Un œil voit, en rêvant, de l'or produit au jour
> D'une terre creusée, objet de son amour.

La main d'un méchant homme, apprise au brigandage,
Se jette sur les biens qu'on lui met au pillage :
Elle prend des trésors ; puis un autre en sueur,
Profitant d'un beau jour, se met en belle humeur.
Une âme bien souvent se trouve dans la crainte
Qu'on n'aille de son vol intenter une plainte,
Et que, de son complice, on ne fasse tomber
Tout l'argent de sa poche en se voulant courber.
Puis de l'esprit déçu, lorsque tout se déploie,
Il connaît son erreur et regrette sa joie ;
Il voudrait posséder tout ce qu'il a perdu,
Et se tiendrait heureux que tout lui fût rendu.

On ne se douterait pas que ce galimatias fût, selon Marolles, la traduction littérale des vers faciles de Pétrone.

Page 174, ligne 2. *Non tam intactus Alcibiades in præceptoris sui lectulo jacuit.* Cet hommage éclatant, rendu à la vertu de Socrate par un auteur aussi licencieux que Pétrone, qui ne ménageait pas même, dans ses satyres, l'empereur dont sa vie et sa fortune dépendaient, me paraît digne d'attention. Ces mots *Socratica fides* prouvent d'ailleurs que la continence de Socrate était passée en proverbe chez les Romains. C'est donc à tort que quelques auteurs ont imputé à ce philosophe un vice si commun de son temps, mais auquel il resta toujours étranger. Maxime de Tyr l'a vengé de ces injurieux reproches dans plusieurs de ses dissertations ; et Plutarque, au discours premier *sur les Vertus d'Alexandre*, confirme cette vérité : Σωκράτης ἠνείχετο συγκοιμηθέντος Ἀλκιβιάδου. « Socrate couchait près d'Alcibiade sans violer la chasteté. » Comment donc l'opinion contraire a-t-elle prévalu ? c'est qu'en général les hommes admettent la calomnie sans examen ; il n'y a que l'éloge qui soit pour eux un objet de discussion. Je pourrais rapporter une foule de passages qui prouveraient combien est erronée l'opinion de ceux qui rangent Socrate au nombre des non conformistes ; mais c'en est assez sur cette matière : n'imitons pas Vossius, qui, dit-on, sous prétexte de commenter Catulle, exhuma Béverlan *de veterum prostibulis*.

## CHAP. CXXIX.

Page 174, ligne 21. *Licet ad tubicines mittas.* Mot à mot : « Envoyez chercher les joueurs de flûtes. » C'est comme si nous disions, *Envoyez chercher les croque-morts.* Nous avons déjà vu, au chapitre LXXVIII, Trimalchion faire venir les joueurs de cors pour imiter la cérémonie de son enterrement, parce que, chez les anciens, on portait les morts en terre au son des instrumens ; mais il faut remarquer qu'il n'y avait que les jeunes gens qui fussent enterrés au son de la flûte : les personnes âgées l'étaient au son du cor ou de la trompette. Notre auteur l'indique au chapitre ci-dessus cité : *Consonuere cornicines ;* et Servius le dit positivement dans son Commentaire sur le cinquième livre de l'*Énéide*. Ces joueurs d'instrumens qui accompagnaient les funérailles, portaient encore les noms de *siticines,* de *monumentarii ceraulæ,* chez les Latins, et de τυμϐαῦλαι, chez les Grecs.

## CHAP. CXXX.

Page 178, ligne 12. *Mox cibis validioribus pastus, id est, bulbis, cochlearumque sine jure cervicibus.* Singulier remède, dira-t-on, pour se préparer à une lutte amoureuse, qu'un menu composé d'échalotes et d'huîtres crues ! Tel était cependant la vertu que les anciens attribuaient à cette espèce d'aliment, comme le prouve ce passage du poète Alexis, rapporté par Athénée, liv. II, ch. 23 :

Βολϐοὺς, κοχλίας, κήρυκας, ὠὰ, ἀκροκώλια,
Τοσαῦτα τούτων ἄν τις εὕροι φάρμακα,

dont voici la traduction littérale :

Bulbos, cochleas, cerycas, ova, extremos pecudum artus ;
Tam multa ex his invenias remedia.

Héraclide de Tarente donne la raison suivante de leurs propriétés aphrodisiaques : Βολϐὸς, καὶ ὠὸν, καὶ τὰ ὅμοια δοκεῖ σπέρματος εἶναι ποιητικὰ διὰ τὸ ὁμοειδεῖς ἔχειν τὰς πρώτας φύσεις, καὶ τὰς αὐτὰς δυνάμεις τῷ σπέρματι. *Bulbus, ova et similia gignere semen*

NOTES.   407

*videntur, quia prima illorum natura eamdem cum genitura speciem et potestatem habet.* Pline (liv. XX, ch. 9) dit que les ognons broyés rendent aux nerfs leur vigueur, qu'on les emploie avec succès pour les paralytiques ; et il ajoute : *Venerem maxime megaricâ stimulant.* Ovide, dans son *Art d'aimer* (liv. II, v. 415), ne paraît pas avoir grande confiance dans ces prétendus spécifiques ; et il engage son élève à s'en abstenir comme de vrais poisons :

>   Sunt, qui præcipiant herbas, satureia, nocentes
>     Sumere : judiciis ista venena meis.
>   Aut piper urticæ mordacis semine miscent ;
>     Tritaque in annoso flava pyrethra mero.
>   Sed dea non patitur sic ad sua gaudia cogi,
>     Colle sub umbroso quam tenet altus Eryx.
>   Candidus, Alcathoï qui mittitur urbe Pelasga,
>     Bulbus, et, ex horto quæ venit, herba salax,
>   Ovaque sumantur, sumantur Hymetia mella,
>     Quasque tulit folio pinus acuta nuces.

Il revient sur ce sujet, dans son poëme *des Remèdes d'amour* (v. 795 et suivans), où il conseille à l'amant qu'il veut guérir, de s'interdire toute espèce de nourriture propre à exciter au plaisir :

>   Ecce cibos etiam, medicinæ fungar ut omni
>     Munere, quos fugias, quosve sequare, dabo.
>   Daunius, an libycis bulbus tibi missus ab oris,
>     An veniat Megaris, noxius omnis erit.
>   Nec minus erucas aptum vitare salaces ;
>     Et quidquid Veneri corpora nostra parat.

Page 178, ligne 14. *Hausi parcius merum.* Valerius Flaccus, dans son poëme des *Argonautes,* liv. II, v. 70, offre une illustration remarquable de ce passage. Les Argonautes, dit-il,

>   . . . . . . . . . . . . . . . . . . . . . . . . . Fessas
>   Restituunt vires, et parco corpora Baccho.

Martial nous offre une ingénieuse plaisanterie sur le même sujet, dans son épigramme 107 du livre I :

>   Interponis aquam subinde, Rufe,
>   . . . . . . . . . . . . . . . . . . . . . . . .
>   Numquid pollicita est tibi beatam
>   Noctem Nævia ?. . . . . . . .

Enfin Ovide, qu'il faut toujours citer en pareille matière, dit, dans ses *Remèdes d'amour* (v. 803), déjà cités :

> Quid tibi præcipiam de Bacchi munere, quæris ?
> Spe brevius monitis expediere meis.
> Vina parant animum Veneri, nisi plurima sumas ;
> Ut stupeant multo corda sepulta mero.
> Ignem ventus alit, vento restinguitur ignis.
> Lenis alit flammam, grandior aura necat.
> Aut nulla ebrietas, aut tanta sit, ut tibi curas
> Eripiat : si qua est inter utramque, nocet.

## CHAP. CXXXI

Page 180, ligne 8. *Mox turbatum sputo pulverem medio sustulit digito.* Ce n'est pas sans raison que la vieille Prosélénos prend avec le doigt du milieu ce mélange de poussière et de salive. Le doigt médius était réputé infâme chez les anciens ; et Perse, en parlant d'un semblable enchantement, dit (sat. II, v. 33) :

> Infami digito et lustralibus ante salivis
> Expiat, urentes oculos inhibere perita.

Ligne 12. *Ter me jussit exspuere.* Tibulle a dit de même (élégie II du liv. I) :

> Ter cane, ter dictis despue carminibus.

Ligne 17. *Vides, quod aliis leporem excitavi!* Ovide offre un exemple de cette locution proverbiale, vers 661 du livre III de l'*Art d'aimer* :

> Credula si fueris, aliæ tua gaudia carpent ;
> Et lepus hic aliis exagitandus erit.

Page 182, ligne 1. *Nobilis æstivas platanus diffuderat umbras.* Virgile, Rapin et Delille ne désavoueraient pas cette courte, mais charmante description d'un jardin. Ce que Pétrone dit ici du platane, arbre touffu sous lequel les anciens se plaisaient à goûter le frais, rappelle ces vers d'Horace (liv. II, *Od.* 11) :

> Cur non sub alta vel platano, vel hac
> Pinu jacentes sic temere, et rosa
> Canos odorati capillos,

# NOTES.

Dum licet, Assyriaque nardo,
Potamus uncti?........

Page 182, ligne 6. *Testis silvestris Aedon, Atque urbana Progne.*
Aëdon, du grec ἀηδὼν, un rossignol. Sénèque, dans sa tragédie
d'*Agamemnon* (v. 670), s'est servi du même mot pour rappeler
l'histoire tragique de Philomèle :

> Non quæ verno mobile carmen
> Ramo cantat tristis Aedon,
> Ityn in varios modulata sonos ;
> Non quæ tectis Bistonis ales
> Residens summis impia diri
> Furta mariti garrula deflet.

## CHAP. CXXXII.

Page 184, ligne 5. *Et me jubet catomidiare.* Ou plutôt *catomi-diari*, c'est-à-dire *catomis cædi*, « être fustigé. » Pétrone est le seul des auteurs de la bonne latinité qui se soit servi de ce mot, qu'on retrouve fréquemment dans les écrivains du moyen âge. Ainsi on lit dans la Vie de saint Vitus : *Tunc iratus Valerianus jussit infantem catomis cædi;* dans la Passion de sainte Afrique : *Catomis te cædi jubeam;* et dans Spartianus Hadrianus : *Decoctores bonorum suorum catomidiari in amphitheatro jussit.* Ce mot *catomidiare* vient du grec κατ' ὠμῶν (sous-entendu τύπτειν), frapper sur les épaules.

Ligne 13. *Itaque densatis vibicibus panthera maculosior.* C'est ainsi qu'il faut lire, et non pas *pensatis vicibus,* comme le veut Gronove. Festus explique ainsi le mot *vibices: plagæ verberum in corpore humano dictæ, quod vi fiunt.*

Ligne 17. *Conditusque lectulo, totum ignem furoris in eam converti.* Bussi-Rabutin (*Histoire amoureuse des Gaules,* t. 1) a imité ce passage presque littéralement ; mais qu'il est loin de reproduire les grâces de l'original! Dans Rabutin, le comte de Guiche, chassé honteusement par la comtesse d'Olonne, dont il avait mal rempli l'attente amoureuse, s'exprime ainsi :

« Je sortis brusquement de chez elle, et me retirai chez moi, où, m'étant mis au lit, je tournai toute ma colère contre la cause de mon malheur.

> D'un juste dépit tout plein
> Je pris un rasoir en main :
> Mais mon envie était vaine,
> Puisque l'auteur de ma peine,
> Que la peur avait glacé,
> Tout malotru, tout plissé,
> Comme allant chercher son antre,
> S'était sauvé dans mon ventre.

« Ne pouvant donc lui rien faire, voici à peu près comme la rage me lui fit parler : — Hé bien, traître ! qu'as-tu à dire ? Infâme partie de moi-même et véritablement honteuse (car on serait bien ridicule de te donner un autre nom) : dis-moi, t'ai-je jamais obligé à me traiter de la sorte ? à me faire recevoir le plus sanglant affront du monde ? Me faire abuser des faveurs que l'on me donne, et me donner, à vingt-deux ans, les infirmités de la vieillesse !...... — Mais en vain la colère me faisait parler ainsi :

> L'œil attaché sur le plancher,
> Rien ne le saurait toucher.
> Aussi, lui faire des reproches,
> C'est justement en faire aux roches.... »

Il suffit de jeter les yeux sur l'original, pour se convaincre qu'ici Pétrone parle en courtisan, et Rabutin en laquais.

Page 186, ligne 11. ROGO TE, MIHI APODIXIN *defunctoriam* REDDE. — *Apodixis*, mot tiré du grec ἀπόδειξις, démonstration, preuve, publication : on appelait ainsi un certificat que le créancier donnait à son débiteur quand celui-ci l'avait payé. *Apodixis defunctoria*, était un congé en forme, pour cause d'âge ou d'affaiblissement, et, par extension, un *extrait mortuaire*. En effet, Suétone, dans la *Vie de Néron*, nous enseigne qu'il y avait à Rome des registres, appelés *rationes libitinæ*, où l'on inscrivait le nom de ceux qui mouraient, et que l'extrait qu'on en tirait se nommait *apodixis defunctoria*.

Ligne 25. *Quid? non et Ulyxes cum corde litigat suo?* Cela fait allusion à un passage du XXᵉ livre de l'*Odyssée* (v. 13 et suiv.), où Ulysse combat avec son cœur, au sujet des châtimens qu'il a dessein d'infliger aux servantes de son palais qui avaient donné accès aux prétendans à la main de Pénélope :

> . . . . . . . . . . . Κραδίη δέ οἱ ἔνδον ὑλάκτει.
> Ὡς δὲ κύων ἀμαλῇσι περὶ σκυλάκεσσι βεβῶσα,
> Ἄνδρ' ἀγνοιήσασ' ὑλάει, μέμονέν τε μάχεσθαι·
> Ὡς ῥα τοῦ ἔνδον ὑλάκτει ἀγαιομένου κακὰ ἔργα·
> Στῆθος δὲ πλήξας, κραδίην ἠνίπαπε μύθῳ·
> Τέτλαθι δὴ κραδίη καὶ κύντερον ἄλλο ποτ' ἔτλης.
> Ἤματι τῷ, ὅτε τοι μένος ἄσχετος ἤσθιε Κύκλωψ
> Ἰφθίμους ἑτάρους· σὺ δ' ἐτόλμας, ὄφρα σε μῆτις
> Ἐξάγαγ' ἐξ ἄντροιο, ὀιόμενον θανέεσθαι.

## CHAP. CXXXIII.

Page 190, ligne 4. *Nympharum, Bacchique comes, quem pulchra Dione, etc.* C'était une ingénieuse allégorie des anciens, de faire naître Priape des amours de Bacchus et de Vénus : et Suidas en explique ainsi la raison : Διονύσῳ Φαλὴν ἑταῖρον εἶναί φησι· ἀκόλουθα γὰρ Διονυσιακῷ τὰ Ἀφροδίσια. « Priape, dit-il, est le compagnon de Bacchus, parce que la liqueur de Bacchus excite aux plaisirs de Vénus. »

Voyons maintenant comment M. Durand, le dernier traducteur de Pétrone, a rendu cette hymne à Priape, qui étincelle de verve et de gaîté dans l'original :

> Compagnon de Bacchus, des Nymphes bocagères,
> Toi, qu'à l'ombre des bois adorent les bergères,
> Que d'un pampre éternel on couronne à Lesbos,
> Pour qui fume l'encens des peuples de Thasos,
> A qui le Lydien, *charmé de tes exemples*,
> Dans la brûlante Hypæpe a consacré des temples,
> Puissant fils de Vénus, protecteur des jardins,
> Exauce ma prière, *et change mes destins !*
> Je ne viens point t'offrir *les remords d'un perfide*,
> Les pleurs d'un sacrilège ou ceux d'un homicide ;
> Mais les vœux d'un amant *vaincu dans les combats*,
> *Condamné*, jeune encor, *au calme du trépas* :
> Qui pèche malgré soi n'est qu'à moitié coupable
> Pardonne à ma *faiblesse* un malheur excusable.

> *Si ton feu dans mon sein, brûle de vains désirs,*
> *Féconde et rajeunit la source des plaisirs,*
> *Priape à tes autels, chargés de mes offrandes,*
> *Embellis par mes mains de fleurs et de guirlandes,*
> *Je voue un sacrifice, où le roi d'un troupeau*
> *Viendra mêler son sang à celui d'un agneau;*
> *Ou deux boucs, immolés à la fleur de leur âge,*
> *Espieront mon opprobre écrit sur ton image;*
> *Des torrens d'un vin pur y seront répandus,*
> *Et des chœurs dans l'ivresse, et d'amour eperdus,*
> *Dans leurs joyeux ébats, rivaux de ta puissance,*
> *Chanteront tes faveurs et ma reconnaissance!*

Ces vers, et surtout les passages que j'ai *soulignés* ne vous semblent-ils pas une bien faible et bien pâle copie du latin ? Que devient, dans M. Durand, ce mouvement inspiré : *Huc ades, ô Bacchi tutor!* Croit-il aussi avoir rendu *timidas admitte preces*, par cette ligne prosaïque ?

> Exauce ma prière, et change mes destins !

Et ce vers charmant de Pétrone :

> Et, quandoque mihi Fortunæ arriserit hora;

On le chercherait en vain dans cette paraphrase ampoulée :

> Si ton feu dans mon sein, brûlé de vains désirs,
> Féconde et rajeunit la source des plaisirs.

Est-ce là, je le répète, le sens de *quandoque mihi Fortunæ arriserit hora ?* M. De Guerle, ce me semble, l'a très-heureusement traduit par ce joli vers :

> Ah ! du berger, si l'heure m'est rendue !

M. Durand ne me paraît pas non plus avoir compris *spumabit pateris hornus liquor*, qu'il rend par

> Des torrens d'un vin pur y seront répandus.

*Hornus liquor* ne signifie pas un *vin pur*, mais un *vin nouveau*, un vin de l'année : *hornus* par contraction pour *hornotinus;* on le trouve dans Horace, *Épode* II, vers 47 :

> ......Et horna dulci vina promens dolio.

Les vers de M. De Guerle laissent bien quelque chose à désirer : je n'y retrouve pas ces mots qui font image, *spumabit pateris*; mais du moins le *hornus liquor* est bien rendu :

> La coupe en main, aux pieds de ta statue,
> Je veux trois fois répandre un vin nouveau.

Mais ce qui surtout me paraît d'une faiblesse désespérante dans la traduction de M. Durand, c'est la fin de cette hymne si vive, si poétique dans Pétrone :

> ....................Et ter ovantem
> Circa delubrum gressum feret ebria pubes ;

qu'il rend par ces vers si flasques, si décolorés, je dirai même si incorrects :

> Et des chœurs dans l'ivresse, et d'amour éperdus,
> Dans leurs joyeux ébats, rivaux de ta puissance,
> Chanteront tes bienfaits et ma reconnaissance!

Qu'est-ce que c'est que *des chœurs dans l'ivresse, et d'amour éperdus?* Des chœurs de quoi ? Pétrone le dit, *ebria pubes*, une jeunesse ivre ; c'est la conséquence naturelle de ce qui précède, c'est l'effet du *hornus liquor*. On retrouve encore moins dans M. Durand, *Ter feret gressum ovantem circa delubrum*; en échange de quoi il nous dit seulement : *Dans leurs joyeux ébats*. Ce n'est pas là traduire, ce n'est pas même imiter, c'est défigurer son texte, c'est le rendre méconnaissable. Les vers de M. De Guerle sont loin d'offrir une traduction littérale de ce morceau ; mais, à défaut d'exactitude, on y reconnaît, du moins, la grâce, la vivacité, le coloris du poète latin ; enfin, comme l'a dit M. Villemain (à propos de la traduction du *Paradis perdu*, par Delille), si ce n'est pas toujours Pétrone, c'est toujours un poète.

## CHAP. CXXXIV.

Page 192, ligne 5. *Quod purgamentum nocte calcasti in trivio, aut cadaver?* Les anciens jetaient *trans caput*, par dessus leur tête, en certains endroits réservés, dans les carrefours, dans les courans d'eau, et dans la mer même, *purgamenta*, les choses qui avaient servi à expier un crime; parce qu'ils appréhendaient qu'on ne marchât dessus, et qu'ils croyaient que ceux à qui ce malheur arrivait, par hasard ou autrement, s'attiraient, par une espèce de contagion, la peine que méritait le crime expié. *Voyez*, à ce sujet, VIRGILE, *Égl.* VIII, v. 101 :

> Fer cineres, Amarylli, foras : rivoque fluenti,
> Transque caput jace : ne respexeris ....

CLAUDIEN, *quatrième Consulat d'Honorius*, v. 330 :

> Trans caput aversis manibus jaculatur in altum
> Secum rapturas cantata piacula tædas;

et NÉMÉSIEN, églogue IV :

> Quid prodest, quod me pagani mater Amyntæ
> Ter vittis, ter fronde sacra, ter thure vaporo
> Lustravit, cineresque aversa effudit in amnem.

Page 192, ligne 5. *Aut cadaver*. Les anciens regardaient comme une très-grande impureté qu'il fallait expier, de toucher un corps mort. Cette superstition leur venait des Grecs, auxquels elle avait probablement été transmise par les Hébreux; car nous lisons au livre des *Nombres*, ch. LX, verset 9 : *Celui qui touchera un corps mort, sera impur pendant sept jours; mais s'il jette sur lui de cette eau le troisième jour et le septième, il sera purgé.*

Ligne 7. *Tanquam caballus in clivo*. Expression proverbiale pour désigner un homme faible et énervé. *Caballus*, un vieux cheval, une vieille rosse. Ovide, *Remèdes d'amour*, v. 394 :

> Principio clivi vester anhelat equus.

Page 194, ligne 1. *Lorum in aqua*. Autre proverbe. Martial (liv. VII, épigr. 58) l'a employé dans le même sens :

> ........Madidoque simill ma loro
> Inguina........

et liv. X, épigr. 55 :

> Loro quum similis jacet remisso.

Page 194, ligne 10. *Quum volo, siccatis arescit languida sulcis, etc.* Ovide a dit de même (*Métamorphoses*, liv. VII, v. 199) :

> ......Quum volui, ripis mirantibus, amnes
> In fontes rediere suos : concussaque sisto;
> Stantia concutio cantu freta; nubila pello;
> Nubilaque induco : ventos abigoque vocoque.

Ligne 15. *Lunæ descendit imago, carminibus deducta meis.* Les anciens croyaient que les magiciennes avaient le pouvoir de faire descendre la lune du ciel par la force de leurs enchantemens, et surtout en frappant sur des bassins d'airain. Ovide se moque ainsi de cette superstition, dans son poëme des *Cosmétiques*, v. 41 :

> Et quamvis aliquis Temesæa removerit æra;
> Nunquam Luna suis excutietur equis.

Cependant il s'est montré plus crédule dans l'élégie I du livre II des *Amours* (v. 23-24) :

> Carmina sanguineæ deducunt cornua Lunæ,
> Et revocant niveos Solis euntis equos.

Ce dernier vers exprime la même idée que ceux de Pétrone :

> ....................Trepidusque furentes
> Flectere Phœbus equos revoluto cogitur orbe.

## CHAP. CXXXV.

Page 196, ligne 6. *Postea mensam veterem posuit in medio altari.* Ces tables étaient couvertes de fer, et on les appelait *anclabres,* de l'ancien verbe *anclare,* sacrifier, puiser de l'eau pour servir l'autel. Aussi servaient-elles d'autels, au rapport de Festus : *Mensæ in ædibus sacris ararum vicem obtinebant.* Lutacius dit qu'il y avait trois sortes de lieux qu'on choisissait pour expier les crimes. « Nous faisons, dit-il, un trou dans la terre pour sacrifier aux dieux infernaux; nous sacrifions sur la terre aux dieux terrestres; et nous élevons des autels et des foyers aux dieux célestes. » Tel est, selon le même Lutacius, l'étymologie du mot *autel,* en latin *altare : Unde etiam nominata sunt altaria, ad quæ sacrificantes manus porrigimus in altum.* Festus confirme cette opinion : *Altaria*, dit-il, *ab altitudine dicta sunt, quod antiqui diis superis in œdificiis a terra exaltatis sacra faciebant.*

Page 196, ligne 10. *Mox incincta quadrato pallio.* Tertullien, dans son livre du *Manteau*, ch. 1, dit : *In viris autem, pallii extrinsecus habitus, et ipse quadrangulus ;* et saint Isidore (*Orig.*, liv. XIX, c. 25) : *Palla, est quadratum pallium muliebris vestis, deductum usque ad vestigia.* Cette robe était extrêmement longue et paraissait carrée par en bas, parce qu'elle avait toutes ses extrémités d'une égale longueur ; elle était indifféremment à l'usage des hommes et des femmes, dans les cérémonies. Horace (*Sat.* 8, v. 23 du liv. 1) dit que les sorcières s'en servaient pour faire leurs conjurations :

> Vidi egomet nigra succinctam vadere palla
> Canidiam pedibus nudis......

Ligne 20. *Mirabile quidem paupertatis ingenium, singularumque rerum quasdam artes fames edocuit.* C'est ainsi que Socrate, dans *Xénophon*, appelle la pauvreté : Πενίαν σοφίαν αὐτοδίδακτον, et que Théocrite dit, dans son *Idylle des Pêcheurs* :

> Ἁ πενία, Διόφαντε, μόνα τὰς τέχνας ἐγείρει,

et Manilius, dans son poëme de l'*Astronomie*, liv. I :

> Et labor ingenium miseris dedit, et sua quemque
> Advigilare sibi jussit Fortuna premendo.

Page 198, ligne 16. *Digna sacris Hecales, quam Musa loquentibus annis, etc.* Hécalès était une vieille femme qui, bien qu'elle fût pauvre, recevait les voyageurs du mieux qu'elle pouvait. Elle donna l'hospitalité à Thésée encore fort jeune, lorsqu'il passa pour la première fois par l'Attique, et fit pour lui des vœux qui furent exaucés. En mémoire de quoi ce héros, revenant victorieux, et n'ayant point retrouvé la vieille Hécalès, qui était morte pendant son absence, institua en son honneur une fête nommée Hécalésion, où l'on sacrifiait à Jupiter Hécalus. C'est ce que Plutarque raconte avec plus de détails dans la *Vie de Thésée*. Apulée rappelle cette aventure en ces termes, dans le livre I de l'*Ane d'or* : *Nam et majorem domum dignatione tua feceris ; et tibi specimen gloriosum arrogaris, si contentus lare parvulo,*

*Thesei illius cognominis patris tui virtutes œmulaveris, qui non est aspernatus Hecales anus hospitium tenue.*

*Musa Battiadæ veteris*, signifie la Muse antique de Callimaque, parce que ce poète, fils de *Battus*, composa un poëme sur Hécalès.

## CHAP. CXXXVI.

Page 200, ligne 14. *Tales Herculea Stymphalidas arte coactas.* Les Stymphalides, oiseaux d'une prodigieuse grandeur, qui infestaient les bords du lac Stymphale, en Arcadie. Pausanias (liv. VIII) rapporte qu'ils persécutaient si cruellement les habitans de cette contrée, que ceux-ci supplièrent Hercule de les en délivrer. Ce héros en vint à bout par le secours de Minerve qui lui conseilla de faire un grand bruit en frappant sur des chaudrons : ce qui réussit ; car ces oiseaux, épouvantés, quittèrent le pays et se réfugièrent dans l'île d'Arétie. Pétrone appelle ce stratagème *ars Herculea*, pour le distinguer des autres travaux d'Hercule, qui avait coutume de vaincre par la force, non par l'adresse, *vi, non arte.*

Page 202, ligne 6. *Animadverto Œnotheam, cum testo ignis pleno venientem.* — *Testum*, une tuile, un tesson de vase d'argile, sur lequel les pauvres gens allaient quérir du feu chez leurs voisins. On employait plus ordinairement en ce sens le mot *testa*, comme on le voit dans ce passage de Cornificius à Hérennius, liv. IV : *Hic de tanto patrimonio tam cito testam qua sibi petat ignem non reliquit.* Ovide a dit de même, liv. II, v. 645 des *Fastes* :

..........Huc ignem curto fert rustica testo.

C'est de là, sans doute, qu'est venu le vieux proverbe français : *Je ne te donnerais pas du feu sur une tuile.*

Ligne 11. *Tribus nisi potionibus e lege siccatis.* Conformément à la loi des buveurs, qui ordonnait à chaque convive de boire *trois, ou trois fois trois rasades*, et qu'Ausone a ainsi formulée :

Ter bibe, vel totiens ternos, sic mystica lex est.

Suétone, dans la *Vie d'Auguste*, et Platon, dans sa *République*, font mention de cette coutume.

Page 204, ligne 4. *Occidisti Priapi delicias, anserem omnibus matronis acceptissimum.* L'oie était consacrée à Priape, parce que, selon plusieurs auteurs anciens, et Pausanias, entre autres, ce ne fut pas en cygne, mais en oie que Jupiter se métamorphosa pour séduire Léda. C'est ce que l'on trouve exprimé d'une manière positive dans le poëme de *Ciris*, attribué à Virgile :

............Formosior ansere Ledæ.

Page 206, ligne 4. *Duos aureos pono, unde possitis et deos, et anseres emere.* Les philosophes païens avaient, comme les nôtres, un gros grain d'irréligion, qui tantôt les rendait plaisans, et tantôt enflammait violemment leur bile. Parmi les preuves que nous en pourrions citer, nous nous contenterons de ce passage curieux de Juvénal (sat. XIII) : « Quelle est la fête assez solennelle pour arrêter la fraude, la perfidie, le brigandage et la cupidité ? Que les gens de bien sont rares ! nous sommes dans le neuvième âge, et nous vivons dans un siècle pire que le siècle de fer : les noms manquent aux crimes, et la nature n'a plus de nouveau métal pour les désigner. Cependant nous ne cessons de réclamer l'équité des mortels et des dieux. Réponds, auguste et vertueux vieillard ; tu ne sais donc pas que l'on rit de ta simplicité, quand tu prétends nous persuader qu'un dieu vengeur réside dans nos temples, et sur les autels teints du sang des victimes? Cette vieille probité fut en honneur chez les premiers habitans du Latium, avant que Saturne, déposant son diadème, prît, en fuyant, la faux des moissonneurs ; lorsque Junon n'était qu'un enfant, et Jupiter qu'un simple particulier dans les antres du mont Ida ; quand les dieux n'avaient pas encore de banquet dans l'Olympe ; quand on n'y voyait ni Ganymède ni la jeune Hébé servir d'échansons, ni Vulcain essuyant, après avoir bu le nectar, ses bras enfumés dans sa forge. Alors chaque dieu dînait chez soi ; la foule en était bien moindre qu'elle ne l'est aujourd'hui ; et le ciel, content de quelques divinités, pesait moins sur les épaules du malheureux Atlas. Le sort n'avait pas encore décidé qui d'entre eux gouvernerait le triste empire des gouffres de la mer ; le farouche Pluton et l'épouse qu'il ravit dans les champs siciliens, ne régnaient pas encore dans le Ténare ; la roue d'Ixion, le rocher de Sisyphe, les torches des Furies, le vautour de Prométhée, y étaient inconnus; et les enfers sans tyrans, ne contenaient que des Ombres satisfaites. »

Page 206, ligne 16. *Jurisconsultus*, PARET, NON PARET, *habeto*. Ou, d'après une autre leçon, PATET NON PATET : formules selon lesquelles les jurisconsultes donnaient leur opinion, et que Festus interprète ainsi : *Si inveniatur, si comparet, si adparet.*

Ligne 17. *Atque esto, quidquid Servius, et Labeo.* Servius Sulpicius, jurisconsulte très-estimé, non-seulement pour son érudition, mais encore pour la vigueur avec laquelle il résista aux entreprises de César ; exprimant librement ce qu'il croyait avantageux pour la république. Quelques-uns de ses amis lui ayant représenté le danger qu'il courait à lutter contre un ennemi aussi puissant que César, il leur répondit avec fermeté : *Suum cuique judicium est.*

Labéon, autre jurisconsulte fort considéré. Appien, au livre de la *Guerre civile*, en parle comme d'un homme d'une intégrité et d'une fermeté admirables. Horace, au contraire, meilleur courtisan que philosophe, le traite de fou, dans sa troisième satyre, pour avoir refusé le consulat qu'Auguste lui offrait.

Page 208, ligne 4. *Extraxit fortissimum jecur, et inde mihi futura prædixit.* L'auteur fait allusion aux aruspices, qui prédisaient les choses futures par l'inspection du foie et du cœur des animaux sacrifiés, dont ils tiraient de bons ou de mauvais augures, selon le bon ou le mauvais état de ces parties. C'est pour cela que Pétrone dit *fortissimum jecur ;* peut-être serait-il mieux de lire *fartissimum*, très-gras, très-bien engraissé, du verbe *farcire, farcio, fartum.* Cette science de l'inspection du foie, que les Grecs nommaient ἡπατοσκοπία, était très-ancienne. Dans Philostrate, liv. VII, Apollonius en parle en ces termes : Τὸ ἧπαρ, ἐν ᾧ φασι τὸν τῆς αὐτῶν μαντικῆς εἶναι τρίποδα οἱ δεινοὶ ταῦτα. « Le foie dans lequel réside le siège de la prédiction, comme le disent les hommes habiles dans cet art. »

## CHAP. CXXXVIII.

Page 208, ligne 19. *Urticis ustum, fuga subductum, exæsuan-*

*tes aniculæ consectantur.* C'est ainsi qu'il faut lire, au lieu de *urticis ustum... excestuans consectatur,* comme dans Burmann. Nodot, selon son habitude, dénature ainsi ce passage, sous prétexte de le restituer : *Tum me urticis ustum fuga subduco, aniculæ exœstuantes consectantur.*

Page 210, ligne 21. *Quid huic formæ aut Ariadne habuit, aut Leda simile?* On trouve cette pensée reproduite dans le XXIX<sup>e</sup> fragment attribué à Pétrone, page 264 de ce volume :

> Non Helenæ mater, nec par tibi filia Ledæ;
> Quamvis hæc Paridem moverit, illa Jovem.

Ligne 23. *Ipse Paris, dearum litigantium judex.* C'est ainsi que je lis ce passage avec Douza; et non pas *lividinantium,* comme le porte l'édition de Burmann; ni *vitilitigantium,* comme le voulait Thomas Munckerus, qui aurait dû laisser ce vieux mot dans Caton, où il avait été le déterrer; ni, comme l'imprime Nodot, *libidinantium,* qui signifie *se livrant aux débauches,* ce qui serait ici un contre-sens. Du reste je ne crois pas que le jugement de Pâris ait jamais fourni une allusion plus ingénieuse que celle exprimée dans ces six vers du XXIX<sup>e</sup> fragment, ci-dessus cité :

> De prælio formæ quum tres certamen inissent,
> Electusque Paris arbiter esset eis;
> Præfecit Venerem Paridis censura duabus,
> Deque tribus victæ succubuere duæ.
> Cum tribus ad Paridem si quarta probanda venires,
> De tribus a Paridi quarta probata fores.

Page 212, ligne 4. *Nec me contumeliæ lassant. Quod verberatus sum, nescio, etc.* L'auteur peint ici avec autant de grâce que de sentiment cette patience infatigable des vrais amans, qui souffrent tout sans se plaindre de leurs maîtresses, même les traitemens les plus indignes. On trouve, à ce sujet, dans une épigramme grecque :

> Ὕβρις ἔρωτας ἔλυσε· μάτην ὅδε μῦθος ἀλᾶται.
> Ὕβρις ἐμὴν ἐρέθει μᾶλλον ἐρωμανίην.

et dans Properce, liv. II, élég. 19 :

> Ultro contemptus rogat, et peccasse fatetur
> Læsus, et invitis ipse redit pedibus;

et plus loin, dans la même élégie :

> Nil ego non patiar, nunquam me injuria mutat.

Ovide, dans son *Art d'aimer* (liv. II, v. 533), fait à son disciple un précepte de cet oubli des injures :

> Nec maledicta puta, nec verbera ferre puellæ,
> Turpe, nec ad teneros oscula ferre pedes.

## CHAP. CXXXIX.

Page 212, ligne 20. *Gemini satiavit numinis iram Telephus.* Les deux divinités dont il est question ici sont Minerve et Bacchus. Pour l'intelligence de ce passage, mal compris par la plupart des commentateurs, je suis obligé d'entrer dans quelques détails sur l'histoire fabuleuse de Télèphe, telle que la rapporte Apollodore, au livre III de l'*Origine des dieux*. Hercule, passant par Tégée, devint amoureux d'Auge, prêtresse de Minerve, et lui fit violence. Elle devint mère, et mit au monde un enfant qu'elle cacha dans un bois qui environnait le temple de la déesse ; ce qui irrita tellement Minerve, qu'elle envoya la stérilité dans le pays. Les oracles consultés répondirent *qu'il y avait une impiété cachée dans le bois sacré*. Il fut visité ; on y trouva l'enfant, et le père d'Auge le livra à Nauplius, pour le faire mourir. Mais celui-ci le remit à Teutras, roi de Mysie, qui le fit exposer sur le mont Parthenius, où il fut allaité par une biche, en grec ἔλαφος, ce qui lui fit donner le nom de *Télèphe*. Étant devenu grand, il se rendit à Delphes pour savoir quels étaient ses parens, et, par le conseil des l'oracle, il prit le chemin de la Mysie, où Teutras l'adopta pour son fils, et le déclara son héritier. Il fut donc, comme on le voit, persécuté dans son enfance par Minerve. Voici maintenant comment il éprouva le courroux de Bacchus. Ce dieu protégeait les Grecs : lorsqu'ils se rendaient au siège de Troie, Télèphe voulut défendre contre eux le passage de la Mysie ; mais les pieds de son cheval s'empêtrèrent dans un cep de vigne ; il tomba par terre, et fut blessé par Achille, qui le guérit ensuite avec la même lance dont il l'avait frappé. Les commentateurs, qui ne connaissaient que la moitié de cette histoire, ont dit à ce sujet bien des absurdités ; ils prétendent, par exemple, que *gemini numinis* désigne ici Minerve, qui méritait ce surnom comme étant à la fois la déesse des beaux-arts et des combats.

Page 214, ligne 20. *Teneo te, inquit, qualem speraveram.* Cette exclamation, *teneo te!* « je te tiens! » lorsqu'on rencontre quelqu'un à l'improviste, a passé dans notre langue. Elle était familière aux auteurs latins. Apulée (*Métamorphoses*, liv. x) : *Teneo te, inquit, teneo meum palumbulum, meum passerem.* Térence, dans son *Heautontimorumenos*, acte II, sc. 3 :

ANTIPHILA.
O mî Clinia, salve.
CLINIAS.
Ut vales?
ANTIPHILA.
Salvum advenisse gaudeo.
CLINIAS.
Teneone te
Antiphila, maxume animo exoptatam meo?

## CHAP. CXL.

Page 218, ligne 6. *Philumene nomine, quæ multas sæpe hereditates officio ætatis extorserat.* Juvénal parle de ces gens qui extorquaient des testamens par de honteuses complaisances, sat. I, v. 37 :

Quum te submoveant, qui testamenta merentur
Noctibus......

Ligne 20. *Non distulit puellam invitare ad pygesiaca sacra.* — *Pygesiaca*, en grec πυγησιακά, du verbe πυγίζειν, *pœdicare*.

Page 220, ligne 23. *Ut scias, me gratiosiorem esse, quam Protesilaum, etc.* Protésilas, un des héros grecs au siège de Troie, débarqua le premier et fut tué par Hector. Il était fameux dans l'antiquité par le nombre de ses exploits amoureux. Laodamie, sa femme, l'aimait si éperdûment, que, pendant son absence, elle satisfaisait sa passion pour lui, en embrassant une statue de cire qu'elle avait fait faire à sa ressemblance. Lorsqu'il fut mort, elle obtint des dieux sa résurrection pour trois jours, selon Lucien ; cependant Hyginus assure qu'elle n'en jouit que pendant trois heures. Trois heures! c'était bien peu ; mais l'aimable revenant sut si bien mettre le temps à profit, que Laodamie mourut de plaisir entre ses bras.

Page 222, ligne 4. *Liberorumque experientiam in arte.* Pétrone a déjà dit plus haut, en parlant du fils de l'honnête Philumène, *doctissimus puer,* « ce garçon bien appris. » Cela rappelle cette vieille épigramme sur une jeune fille, savante avant l'âge :

> Hic jacet exutis Dionysia flebilis annis ;
> Extremum tenui quæ pede rupit iter.
> Cujus in octavo lascivia surgere messe
> Cœperat, et dulces fingere nequitias
> Quod si longa suæ mansissent tempora vitæ,
> Doctior in terris nulla puella foret.

Ligne 11. *Socrates, deorum hominumque judicio sapientissimus.* Allusion à l'oracle d'Apollon, ainsi conçu :

> Σοφὸς Σοφοκλῆς, σοφώτερος δ' Εὐριπίδης·
> Ἀνδρῶν δὲ πάντων Σωκράτης σοφώτατος.

## CHAP. CXLI.

Page 224, ligne 10. *Apud quasdam gentes scimus adhuc legem servari, ut a propinquis suis consumantur defuncti.* Jean Boëmus (*Mœurs des nations*, liv. II, ch. 8) assure que les Scythes, les Massagètes, les Galates et d'autres peuples de l'antiquité, étaient anthropophages ; ce qui est confirmé par le témoignage de Tertullien (*Apolog.*, ch. IX) : *Aiunt apud quasdam gentes Scytharum defunctum quemque a suis comedi;* par celui de saint Jérôme (liv. I, contre *Jovien*) : *Massagetæ miserrimos putant, qui ægrotatione moriantur, et parentes cognatos, propinquos, quum ad senectam venerint, jugulatos devorant;* par Zénobius, à l'égard des Sidoniens : Οἱ Σιδῶνες τοὺς γονεῖς ἐσθίουσι, χωρὶς τῆς κεφαλῆς, τὴν δὲ κεφαλὴν χρυσοῦσι. « Les Sidoniens mangent leurs parens, à l'exception de la tête, qu'ils font dorer. »

Page 226, ligne 16. *Perusii idem fecerunt in ultima fame.* Au lieu de *Perusii*, Burmann lit *Petavii*, d'autres *Petelini;* et ils s'appuient, pour défendre cette leçon, sur plusieurs passages de Frontin (*Stratagèmes*, liv. IV, ch. 5), d'Athénée (*Dipnosophistes*, liv. XII), de Tite-Live (liv. XXIII), de Polybe (liv. VII) et de Valère-Maxime (liv. VI). Cependant, malgré ces imposantes autorités, je pense, avec le docte Joseph Scaliger, qu'il faut lire *Perusii*, et que c'est ainsi que Pétrone avait écrit. *Pérouse*, comme on sait, est une ville de Toscane, bâtie par les Achéens sur les bords du lac Trasimène. L. Antoine y fut assiégé par Auguste, qui ne parvint à s'emparer de la ville, qu'après en avoir réduit les habitans à une si horrible famine, qu'ils furent obligés de se nourrir de chair humaine, comme le rapportent Tite-Live, liv. CXXVI; Suétone, dans la *Vie d'Auguste*, ch. XV; Frontin, liv. IV, ch. 5. Ausone confirme encore l'opinion de Scaliger par ce passage de sa vingt-deuxième épître, où il joint, comme Pétrone, les Sagontins aux Pérousins :

Jamjam perusina et saguntina fame
  Lucaniacum liberet.

C'est à ce trait si connu que Lucain fait allusion par ces mots *perusina fames*.

Juvénal (sat. XV, v. 93) rapporte un trait semblable des Vascons, ou Gascons de la ville de *Calaguris*, aujourd'hui *Calahorra*, dans l'Espagne Tarragonaise : assiégés par Pompée et Metellus, et réduits aux dernières extrémités, *ils furent forcés*, dit Valère-Maxime, liv. VII, ch. 6, *de faire un horrible festin de la chair de leurs femmes et de leurs enfans*. Voici les vers de Juvénal :

Vascones, hæc fama est, alimentis talibus olim
Produxere animas : sed res diversa, sed illic
Fortunæ invidia est bellorumque ultima, casus
Extremi, longæ dira obsidionis egestas.
Hujus enim, quod nunc agitur, miserabile debet
Exemplum esse cibi : sicut modo dicta mihi gens
Post omnes herbas, post cuncta animalia, quidquid
Cogebat vacui ventris furor, hostibus ipsis
Pallorem ac maciem, et tenues miserantibus artus,
Membra aliena fame lacerabant, esse parat
Et sua. Quisnam hominum veniam dare, quisve deorum
Viribus abnuerit dira atque immania passis,
Et quibus illorum poterant ignoscere manes
Quorum corporibus vescebantur? etc.

Page 228, ligne 11. *Massilienses quoties pestilentia laborabant, etc.* Ce passage de Pétrone est cité par Servius, dans son Commentaire sur ce passage du III<sup>e</sup> livre de l'*Énéide* : *auri sacra fames.* Lactance Placide, dans son Commentaire sur le livre X de la *Thébaïde* de Stace, dit que cette coutume était commune à tous les Gaulois, et fait une ample description des cérémonies que l'on observait dans le sacrifice de ces victimes expiatoires : *Lustrare civitatem,* dit-il, *humana hostia gallicus mos est. Nam aliquis de elegantissimis pellicebatur prœmiis, ut se ad hoc venderet : qui anno toto publicis sumptibus alebatur purioribus cibis; denique certo et solemni die per totam civitatem ductus ex urbe, extra pomœria saxis occidebatur a populo.* Si quelque lecteur trouvait la conclusion du roman satyrique de Pétrone trop horrible et trop peu vraisemblable, ce passage de Lactance suffirait, je pense, pour justifier notre auteur.

# NOTES

## SUR LES FRAGMENS ATTRIBUÉS A PÉTRONE.

### I.

Page 232, vers 2. *Cedit crinibus aurum*. On trouve la même idée dans une pièce attribuée à Gallus :

Pande, puella, pande capillulos
Flavos, lucentes, ut aurum nitidum;

et dans Stace, *Achilléide*, liv. I, v. 162 :

.......Fulvoque nitet coma gratior auro.

Vers 11. *Ipsa tuos quum ferre velis per lilia gressus.* Cette image gracieuse ne le cède guère à celle de Virgile (*Énéide*, liv. VII, v. 808), lorsqu'il dit, en parlant de Camille, reine des Volsques :

Illa vel intactæ segetis per summa volaret
Gramina, nec teneras cursu læsisset aristas.

### II.

Page 234, vers 15. *Non est, quem Tityi vocant poetæ.* Ces vers, dans lesquels Pétrone compare l'Envie et le Chagrin au vautour qui dévorait le foie de Tityus, rappellent cette épigramme de l'*Anthologie* :

Ὄρνεον ἠσθίομεν κεκλημένοι ἄθλιοι ἄνδρες,
Ἄλλων ὀρνίθων βρώματα γιγνόμενοι.
Καὶ τὸν μὲν Τιτυὸν κατὰ γῆς δύο γῦπες ἔδουσιν
Ἡμᾶς δὲ ζῶντας τέσσαρες αἰγυπιοί.

### IV.

Page 236, vers 6. *Transversosque rapit fama sepulta probris?* Ces mots *transversos rapit*, répondent à ce passage de Septimius

(*Guerre de Troie*, liv. I, ch. 7) : *Præda ac libidine transversi agebantur.*

## V.

Page 236, vers 13. *Primus in orbe deos fecit timor.* Nous retrouvons, dans Lucrèce, les mêmes idées :

>Nunc quæ causa deum per magnas numina gentes
>Pervolgarit, et ararum compleverit urbes;
>..............................
>Unde etiam nunc est mortalibus insitus horror,
>Qui delubra deùm nova toto suscitat orbi
>Terrarum.........................
>..............................
>Præter ea cœli rationes, ordine certo,
>Et varia annorum cernebant tempora verti;
>Nec poterant, quibus id fieret, cognoscere causis ;
>Ergo perfugium sibi habebant omnia divis
>Tradere, et illorum nutu facere omnia flecti.

Voici la traduction de ce passage, par M. de Pongerville :

>Apprenons quel pouvoir ou quel grand phénomène
>A révélé les dieux à la faiblesse humaine.
>..............................
>Recherchons dans la nuit des temps et de l'erreur,
>Comment l'homme adora l'objet de sa terreur;
>Et pourquoi chaque jour, esclave tributaire,
>De temples et d'autels il surchargea la terre.
>..............................
>Il ne concevait pas le grand ordre du monde,
>Le retour des saisons, leur puissance féconde;
>Et le ciel parsemé d'orbes mystérieux,
>Sous ses voiles d'azur semblait cacher les dieux,
>Qui, rois de la nature, arbitres du tonnerre,
>D'un coup d'œil ébranlaient ou rassuraient la terre.

## VI.

Page 238, vers 10. *Nec noto stomachum conciliare mero.* Les anciennes éditions portent *toto* au lieu de *noto;* mais il est évident qu'il faut lire *noto* avec Palmerius, auteur de cette correction. Barthius l'approuve dans ses *Adversaria,* liv. XXII, ch. 4; et Broukhusius rapporte ce vers ainsi corrigé, dans ses notes sur la neuvième élégie du liv. 1 de Tibulle, où il cite à l'appui ce passage de Némésien, *Noti pocula Bacchi.*

## VIII.

Page 240, vers 1. *Invenias quod quisque velit.* Bourdelot a inséré cette épigramme dans le chapitre CXXVI du *Satyricon*, après ces mots : *Nisi in equestribus sedeo.*

## XI.

Page 242, vers 8. *Sic commissa verens avidus reserare minister.* Pétrone semble avoir emprunté à Ovide (*Métamorphoses*, liv. XI) ces détails sur la fable si connue des oreilles de Midas ; Ausone, dans sa vingt-troisième épître, la rapporte en ces termes :

> Depressis scrobibus vitium regale minister
> Credidit, idque diu texit fidissima tellus.
> Inspirata dehinc vento cantavit arundo.

## XII.

Page 242, vers 12. *Fallunt nos oculi, vagique sensus.* Lucrèce a traité le même sujet, liv. IV, v. 354 :

> Quadratasque procul turres quum cernimus urbis,
> Propterea fit, uti videantur sæpe rotundæ,
> Angulus obtusus quia longe cernitur omnis ;
> Sive etiam potius non cernitur, ac perit ejus
> Plaga, nec ad nostras acies perlabitur ictus.

Ce que M. de Pongerville, dont je me plais à reproduire l'élégante traduction, a rendu ainsi :

> Quand, au loin, des cités se découvrent les tours,
> Leur surface carrée arrondit ses contours ;
> L'angle confus s'efface, et la masse lointaine
> Blanchit, et n'offre plus qu'une forme incertaine.

## XIV.

Page 244, vers 13. *Sic format lingua fœtum, quum protulit, ursa.* On lit dans Ovide (*Métam.*, liv. XV, v. 379) :

> Nec catulus, partu quem reddidit ursa recenti,
> Sed male viva caro est ; lambendo mater in artus
> Fingit : et in formam, quantam capit ipsa, reducit.

Page 244, vers 14. *Et piscis nullo junctus amore parit.* C'est une des nombreuses erreurs des anciens sur la génération des animaux; elle n'a pas besoin d'être réfutée, non plus que la prétendue virginité des mères abeilles, que Pétrone exprime ainsi trois vers plus loin :

> Sic, sine concubitu, textis apis excita ceris
> Fervet, et audaci milite castra replet.

Presque tous les traducteurs de Virgile ont prouvé dans leurs notes l'absurdité de cette opinion, à propos de ces vers (v. 198 et 199) du quatrième livre des *Géorgiques* :

> Quod neque concubitu indulgent, nec corpora segnes
> In Venerem solvunt, aut fœtus nixibus edunt.

## XV.

Page 246, vers 4. *Naufragus, ejecta nudus rate, quærit eodem, etc.* Ces vers ne semblent-ils pas inspirés par ceux-ci de Properce, liv. II, élég. 1, v. 43?

> Navita de ventis, de tauris narrat arator,
> Enumerat miles vulnera, pastor oves.

Vers 6. *Grandine qui segetes et totum perdidit annum.* Ovide a dit de même (*Métamorphoses*, liv. I, v. 273) :

> ....... Longique perit labor irritus anni.

## XVI.

Page 246, vers 12. *Omnia, quæ miseras possunt finire querelas.* L'idée de ce fragment semble empruntée à un passage de Ménandre (cité par Stobée, *Serm.* V), ou plutôt d'Euripide, comme le prétendent Athenée, liv. IV, ch. 28, et Agellius, liv. VII, ch. 16 :

> Ἐπεὶ τί δεῖ βροτοῖσι, πλὴν δυεῖν μόνοιν
> Δήμητρος ἀκτῆς, πώματος δ' ὑδρηχόου,
> Ἅτινα πάρεστι, καὶ πέφυχ' ἡμᾶς τρέφειν.

« Que faut-il donc aux mortels ? Deux choses : les fruits de Cérès, et de l'eau pour leur boisson ; or, ces choses se trouvent partout, et ne semblent créées que pour nous nourrir. »

## XVII.

Page 248, vers 7. *Judæus et licet porcinum numen adoret, Et cœli summas advocet auriculas.* Pétrone, par une mauvaise foi commune à tous les païens, qui accusaient les Juifs et les chrétiens de toutes sortes de crimes et d'infamies, prétend ici qu'ils adoraient la divinité sous la forme d'un porc, tandis que leur aversion pour cet animal immonde est un fait notoire. Peut-être prenaient-ils pour une preuve de respect religieux cette abstinence de la chair de porc. Juvénal est tombé dans la même erreur, lorsqu'il dit, sat. XIV, v. 98 :

> Nec distare putant humana carne suillam.

Quant à cette autre assertion de Pétrone, *et cœli summas advocet auriculas,* on sait que Tacite, Appien d'Alexandrie, Molon et d'autres historiens profanes ont reproché aux Juifs de conserver dans le sanctuaire de leur temple une tête d'âne d'or massif, qui était l'objet de leur culte : le motif de ce culte (disent les auteurs païens) était que les Hébreux, traversant le désert sous la conduite de Moïse, et dévorés par la soif, furent redevables de leur salut à l'instinct de leurs ânes, qui découvrirent des sources d'eau où tout le peuple de Dieu se désaltéra. L'historien Josèphe et Tertullien ont démontré clairement l'absurdité de cette fable. Cependant les Romains désignaient les chrétiens ainsi que les Juifs par le nom grossier d'*asinarios;* et dans d'infâmes caricatures, exposées en public, ils représentaient le Christ avec des oreilles d'âne : l'un de ses pieds se terminait par un sabot de corne, il était vêtu d'une longue robe, et portait un livre dans sa main ; et au dessous de ces images monstrueuses ils mettaient cette inscription insolente : *Deus christianorum* ἀνόχητος. L'origine première de cette calomnie vient peut-être de ce que le Christ avait fait son entrée dans Jérusalem, monté sur un de ces patiens animaux, ou encore de ce que Moïse était représenté par les Hébreux ayant sur la tête deux rayons lumineux, que les païens parodièrent par deux oreilles d'âne. Et voilà quelle était la bonne foi de ces Romains qui se disaient et se croyaient le peuple le plus éclairé de l'univers !

## XVIII.

Page 250, vers 3. *Sed sic, sic sine fine feriati.* Donat, à propos d'un passage de Térence (*Andrienne,* acte 1er, sc. 2), nous apprend que ce mot *sic* s'employait souvent dans le sens de *leviter, negligenter,* et répond au grec οὕτως, et il en cite pour exemples Horace, liv. II, *Od.* 11 :

> Cur non sub alta vel platano, vel hac
> Pinu jacentes *sic* temere;

et Apulée, *Métamorphoses,* liv. v : *Tunc forte Pan deus rusticus juxta supercilium amnis sedebat, complexus* SIC *canam deam.* Selon Priscien, le mot *sic* est employé ici dans le sens de *incuriose*.

## XIX.

Vers 8. *Delos, jam stabili revincta terræ.* Ce fragment est évidemment imité de Virgile, *Énéide,* liv. III, v. 73 :

> Sacra mari colitur medio gratissima tellus
> Nereidum matri, et Neptuno Ægeo :
> Quam pius arcitenens, oras et litora circum
> Errantem, Gyaro celsa Myconoque revinxit,
> Immotamque coli dedit, et contemnere ventos.

Vers 9. *Olim purpureo mari natabat.* Dans ce vers, *purpureus* signifie *brillant,* et non pas *pourpré;* c'est encore une imitation de Virgile, *Géorgiques,* liv. IV, v. 373 :

> In mare purpureum violentior effluit amnis.

## XXI.

Page 252, vers 3. *Quando ponebam novellas arbores.* Parny semble avoir voulu imiter cette idée gracieuse dans ces vers :

> Bel arbre, je viens effacer
> Ces deux noms qu'une main trop chère,
> Sur ton écorce solitaire,
> Se plut elle-même à tracer.
> Ne parle plus d'Éléonore,
> Rejette ces chiffres menteurs;
> Le temps a désuni les cœurs
> Que ton écorce unit encore.

## XXXI.

Page 270, vers 1. *Nolo nuces, Amarylli, tuas, nec cerea pruna.* Allusion à ces vers de la 11ᵉ *Églogue* de Virgile :

> Ipse ego cana legam tenera lanugine mala,
> Castaneasque nuces, mea quas Amaryllis amabat.
> Addam cerea pruna.......

Vers 3. *Horreo sanguineo male mora rubentia succo.* Autre allusion aux amours si connus de Pyrame et Thisbé, et au mûrier sous lequel ils périrent, et dont les fruits, arrosés de leur sang, devinrent rouges de blancs qu'ils avaient été jusqu'alors. Ovide (*Métamorphoses*, liv. IV, v. 125), après avoir raconté la fin tragique de ces deux amans, dit :

> Arborei fœtus, aspergine cædis in atram
> Vertuntur faciem : madefactaque sanguine radix
> Purpureo tinguit pendentia mora colore.

M. De Guerle, dans un conte intitulé : *Pradon, à la comédie*, dit en parlant de la tragédie de *Pyrame et Thisbé*, par Pradon :

> Ce n'est pas tout : sous le mûrier tragique,
> Où côte à côte innocemment tombé,
> En s'embrassant meurt le couple pudique,
> Plus d'un plaisant, d'un rire sardonique,
> Poignarde encore et Pyrame et Thisbé.

## XXXIII.

Page 272, vers 5. *Quum mea me genitrix gravida gestaret in alvo.* Cette épigramme est, certes, un tour de force pour la précision ; on ne peut dire plus en moins de mots. « L'*Anthologie* entière, s'écrie La Monnoye dans l'enthousiasme de l'admiration, n'a rien de mieux tourné, de plus fin, ni de plus joliment imaginé. » (*Œuvres choisies de La Monnoye*, t. III, page 418.) La langue grecque est peut-être la seule jusqu'ici qui ait pu rendre avec grâce les dix vers latins par dix vers équivalens ; et c'est ainsi que Politien, Lascaris et La Monnoye ont su traduire agréablement en grec l'épigramme de *l'Hermaphrodite*. Nicolas Bourbon l'a refaite, je ne sais pourquoi, en latin ; elle se trouve dans ses *Nugæ*. Il s'en faut bien que cette copie vaille l'original. Jean Doublet, mademoiselle de Gournay, et La Monnoye lui-même, ont essayé d'en donner chacun une traduction française. La première est en seize vers irréguliers, la deuxième en dix-huit vers alexandrins, la troisième en quatorze vers de dix syllabes. Ainsi la plus courte des trois est d'un tiers plus longue que l'original ; je la cite comme la meilleure, la voici :

> Ma mère enceinte, et ne sachant de quoi,
> S'adresse aux dieux ; là dessus grand'bisbille.
> Apollon dit : C'est un fils, selon moi ;
> Et selon moi, dit Mars, c'est une fille.
> Point, dit Junon, ce n'est fille ni fils.
> Hermaphrodite ensuite je naquis.
> Quant à mon sort, c'est, dit Mars, le naufrage ;
> Junon, le glaive ; Apollon, le gibet.
> Qu'arriva-t-il ? Un jour, sur le rivage,
> Je vois un arbre, et je grimpe au sommet.
> Mon pied se prend ; la tête en l'eau je tombe,
> Sur mon épée. Ainsi, trop malheureux,
> A l'onde, au glaive, au gibet je succombe,
> Fille et garçon, sans être l'un des deux.

M. de Guerle a essayé de faire en français ce que Politien, Lascaris et La Monnoye ont fait en grec ; voici son imitation qui, à défaut d'autre mérite, a du moins celui de la précision :

> Ma mère enceinte, un jour, vint consulter les dieux.
> — Que dois-je mettre au jour ? — Un fils, dit Aphrodite.
> — Phébus dit, une fille ; — et Junon, nul des deux. —
> Enfin, me voilà né. Que suis-je ? Hermaphrodite.
> Sur ma mort divisés, Pan me voue au gibet,
> Mars au glaive, Bacchus m'envoie à la rivière.
> Aucun ne faut. Un saule ornait une onde claire ;
> J'y grimpe. Sur ma brette, en glissant du sommet,
> Je tombe, nez dans l'eau, pieds en l'air, et rends l'âme,
> Percé, noyé, pendu, sans nul sexe, homme et femme.

### XXXIV.

Page 272, vers 15. *Me nive candenti petiit modo Julia.* Charmé de la délicatesse qui caractérise la pensée et l'expression de l'épigramme de Pétrone, La Monnoye a voulu la faire passer dans notre langue ; on va juger si la copie a conservé les grâces de l'original :

> Que dans la neige il se trouve du feu,
> Pas n'aurais cru que cela se pût faire ;
> Mais lorsqu'Iris, par manière de jeu,
> Hier m'en jeta, j'éprouvai le contraire.
> Par un effet qui n'est pas ordinaire,
> Mon cœur d'abord brûla du feu d'amour ;
> Or, si ce feu part du propre séjour
> Où le froid semble avoir élu sa place,
> Pour m'empêcher de brûler nuit et jour,
> N'usez, Iris, de neige ni de glace :
> Mais, comme moi, brûlez à votre tour.

Long-temps avant La Monnoye, Clément Marot avait imité la même épigramme, dans son style naïf et badin :

> Anne, par jeu, me jeta de la neige,
> Que je cuidais froide certainement :
> Mais c'était feu, l'expérience en ai-je,
> Car embrasé je fus soudainement.
> Puisque le feu loge secrètement
> Dedans la neige, où trouverai-je place
> Pour n'ardre point ? Anne, ta seule grâce
> Esteindre peult le feu que je sens bien,
> Non point par eau, par neige, ne par glace,
> Mais par sentir un feu pareil au mien.

FIN DU SECOND ET DERNIER VOLUMES.

# TABLE

## DU SATYRICON ET DES FRAGMENS.

### TOME PREMIER.

|   | Pages. |
|---|---|
| Avertissement du traducteur.............................. | j |
| RECHERCHES SCEPTIQUES SUR LE SATYRICON ET SUR SON AUTEUR. | |
| *Première partie*....................................... | 1 |
| *Deuxième partie*....................................... | 18 |
|     Objet du Satyricon............................. | Id. |
|     Forme du Satyricon............................ | 20 |
|     Style du Satyricon............................. | 27 |
| *Troisième partie*...................................... | 36 |
|     Des principales éditions de Pétrone................ | Id. |
|     Des principales traductions françaises de Pétrone..... | 45 |
| LE SATYRICON. — Chap. I-LXXVIII...................... | 55-275 |
|     Notes des chap. I-LXXVIII................. | 276-396 |

### TOME SECOND.

|   | |
|---|---|
| LE SATYRICON. — Chap. LXXIX-CXLI..................... | 3-229 |
|     Notes des chap. LXXIX-CXLI................ | 230-280 |
| FRAGMENS attribués à Pétrone. | |
|     1. A sa maîtresse................................ | 233 |
|     2. L'envie, vautour de l'âme...................... | 235 |
|     3. L'art de plaire. — A une belle.................. | Id. |
|     4. Sur la corruption des mœurs.................... | 237 |
|     5. La crainte, origine des dieux.................... | Id. |
|     6. La variété prévient l'ennui..................... | 239. |
|     7. Ma femme et mon bien........................ | Id. |

## TABLE DES MATIÈRES.

|   |   | Pages. |
|---|---|---|
| 8. | Chacun son goût............................. | 241 |
| 9. | Rien n'est à dédaigner........................ | Id. |
| 10. | Exhortation à Ulysse......................... | Id. |
| 11. | Les oreilles de Midas......................... | 243 |
| 12. | L'illusion des sens........................... | Id. |
| 13. | L'automne................................... | 245 |
| 14. | Génération diverse des animaux............... | Id. |
| 15. | L'affliction rapproche les malheureux.......... | 247 |
| 16. | La nature nous donne le nécessaire............ | Id. |
| 17. | Sur la circoncision des Juifs.................. | 249 |
| 18. | Le vrai plaisir............................... | Id. |
| 19. | L'île de Délos................................ | 251 |
| 20. | Apollon et Bacchus........................... | Id. |
| 21. | Sur un chiffre gravé sur l'écorce d'un arbre..... | 253 |
| 22. | Les mœurs d'outremer........................ | Id. |
| 23. | Préceptes de sagesse.......................... | Id. |
| 24. | Un roi et un poète, oiseaux rares............... | 255 |
| 25. | Épithalame................................... | Id. |
| 26. | Allocution à une nouvelle mariée............... | 257 |
| 27. | La fable de Pasiphaé, sur tous les mètres employés par Horace. | Id. |
| 28. | Le dédommagement. Imitation de Ménandre...... | 259 |
| 29. | L'inutilité de la parure........................ | 261 |
| 30. | La vie heureuse............................... | 269 |
| 31. | La pomme de Grenade........................ | Id. |
| 32. | La Métempsychose. Imitation de Platon......... | 271 |
| 33. | L'hermaphodite............................... | 273 |
| 34. | La boule de neige............................. | Id. |
| 35. | Épitaphe de Claudia Homonéa, épouse d'Atimetus.. | 275 |
| 36. | Épitaphe d'une chienne de chasse............... | 277 |
|   | Notes des Fragmens..................... | 426-434 |

www.ingramcontent.com/pod-product-compliance
Lightning Source LLC
Chambersburg PA
CBHW071104230426
43666CB00009B/1825